普通高等教育“十二五”应用型本科规划教材·专业课（经管）系列

管理学基础与实务

中国高等教育学会　组织编写

主　编　姚丽娜

副主编　叶永良　徐　凌

中国人民大学出版社

·北京·

图书在版编目（CIP）数据

管理学基础与实务/姚丽娜主编；中国高等教育学会组织编写．—北京：中国人民大学出版社，2014.8

普通高等教育“十二五”应用型本科规划教材．专业课（经管）系列

ISBN 978-7-300-19960-3

Ⅰ.①管… Ⅱ.①姚…②中… Ⅲ.①管理学-高等学校-教材 Ⅳ.①C93

中国版本图书馆 CIP 数据核字（2014）第 202942 号

普通高等教育“十二五”应用型本科规划教材·专业课（经管）系列

管理学基础与实务

中国高等教育学会　组织编写

主　编　姚丽娜

副主编　叶永良　徐　凌

Guanlixue Jichu yu Shiwu

出版发行	中国人民大学出版社		
社　　址	北京中关村大街 31 号	**邮政编码**	100080
电　　话	010－62511242（总编室）		010－62511770（质管部）
	010－82501766（邮购部）		010－62514148（门市部）
	010－62515195（发行公司）		010－62515275（盗版举报）
网　　址	http://www.crup.com.cn		
	http://www.ttrnet.com（人大教研网）		
经　　销	新华书店		
印　　刷	北京密兴印刷有限公司		
规　　格	185mm×260mm　16 开本	**版　　次**	2014 年 10 月第 1 版
印　　张	23.5	**印　　次**	2018 年 1 月第 3 次印刷
字　　数	558 000	**定　　价**	39.80 元

前　言

管理，作为一种社会活动与人类文明的历史一样悠久，但作为一门科学而存在却只有百年左右的时间。目前，管理学已经发展成为一个大的学科门类，其触角已伸向社会生活的各个领域。随着时代的发展，管理学的知识也在不断演进。目前，管理学科的专著、教材很多，一方面，为我们开展管理学的教学工作提供了更多的方便；但另一方面，大量不同版本的专著和教材又显得过于庞杂，教师在参考过程中有时感到无所适从。因此，在多年的教学实践过程中，我们一直有一个愿望，就是希望能吸取各方面的精华、结合最新的管理学研究成果，并采用新的编排方式，编写一本更实用、更适合本科院校管理类专业教学的教材。在学校教务等部门的支持下，这一愿望终于得以实现。

本着古为今用、博采众长的原则，在本教材中我们把中国古代管理思想的精华较多地融入有关章节中，并且注重对国外（主要是西方发达国家）管理思想和理论最新动态的介绍。本着理论和实际相结合的原则，我们在力求全面、系统地介绍管理知识的同时，更加注重各章节内容之间的内在逻辑关系；在全面介绍管理职能的情况下，重点介绍管理思想、管理道德与社会责任、决策、组织、领导、控制等内容。

本教材既注重理论性，也注重实践性，形式灵活，每章都有学习目标、导入案例、知识链接、管理故事及课后的复习题和实践练习，方便学生的阅读和学习。教材结构合理、层次清楚，具备较强的实用性、适用性和可读性，适应目前学生学习和阅读方式的变化，既方便教师教学，也方便学生学习，真正做到了通俗易懂。

本教材由姚丽娜担任主编，各章的编写分工如下：第一、二、三、四、十一、十二、十三、十四章由姚丽娜撰写，第五、六、七、十五、十六章由叶永良撰写，第八、九、十章由徐凌撰写。全书由姚丽娜统稿。

在本书撰写过程中，参考和引用了国内外一些优秀专著、教材和其他形式的研究成果，在此，向这些成果的贡献者深表感谢。

由于水平所限，书中不当之处敬请读者批评指正。

编　者

2014 年 4 月

目 录

第一篇 管理总论

第一章 管理与管理者 …… 3

第一节 管理的定义与特征 …… 4

第二节 管理的职能 …… 6

第三节 管理者 …… 6

第二章 中国传统的管理思想 …… 11

第一节 儒家的管理思想 …… 12

第二节 兵家的战略谋划 …… 19

第三节 道家的无为而治 …… 28

第四节 商家的计然之策 …… 33

第三章 西方管理思想及理论 …… 37

第一节 西方早期管理思想与实践 …… 38

第二节 古典管理理论 …… 39

第三节 行为管理理论 …… 45

第四节 现代管理理论 …… 47

第五节 新经济时代的管理变革 …… 50

第四章 社会责任与管理道德 …… 66

第一节 企业社会责任 …… 67

第二节 影响管理道德的因素 …… 74

第三节 鼓励有道德的行为 …… 76

第五章 管理环境 …… 82

第一节 管理环境概述 …… 83

第二节 管理环境因素分析 …… 85

第三节 环境分析方法 …… 96

第二篇　决策

第六章　计划 …… 103

第一节　计划概述 …… 104

第二节　计划工作的原则和程序 …… 109

第三节　计划的方法 …… 112

第七章　决策 …… 126

第一节　决策概述 …… 127

第二节　决策的类型 …… 130

第三节　决策的程序 …… 135

第四节　决策方法 …… 138

第三篇　组织

第八章　组织结构设计 …… 157

第一节　组织结构设计的任务和原则 …… 158

第二节　组织结构设计的过程 …… 163

第三节　组织结构设计的类型 …… 171

第九章　人力资源管理 …… 185

第一节　人力资源的规划与设计 …… 186

第二节　人员招聘与培训 …… 193

第三节　绩效管理 …… 200

第十章　组织文化与组织变革 …… 207

第一节　组织文化的内涵 …… 208

第二节　组织文化建设的途径 …… 213

第三节　多元文化组织的管理 …… 217

第四节　组织变革 …… 219

第十一章　团队管理 …… 229

第一节　团队概述 …… 230

第二节　团队管理的绩效 …… 234

第三节　全球团队管理的差异 …… 237

第四篇　领导

第十二章　领导 …… 245

第一节　领导及领导者影响力 …… 246

第二节　领导方式及理论 …… 250

第三节　领导艺术 …… 262

第十三章　激励 …… 274

第一节　激励概述 …… 275

第二节　激励理论 …… 277

第三节　激励实务 …………………………………………………… 289
第十四章　沟通 …………………………………………………… 297
第一节　沟通概述 …………………………………………………… 298
第二节　人际沟通 …………………………………………………… 301
第三节　组织沟通 …………………………………………………… 305

第五篇　控制

第十五章　控制与控制过程 ………………………………………… 317
第一节　控制概述 …………………………………………………… 318
第二节　控制的类型 ………………………………………………… 324
第三节　控制的原理和要求 ………………………………………… 327
第四节　控制的过程 ………………………………………………… 330
第十六章　控制方法和手段 ………………………………………… 337
第一节　预算和非预算控制 ………………………………………… 338
第二节　财务分析和审计控制 ……………………………………… 346
第三节　产品库存和质量控制 ……………………………………… 348
第四节　现代组织绩效综合控制技术 ……………………………… 352

参考文献 …………………………………………………………… 364

第一篇

管理总论

第一章

管理与管理者

学习目标

1. 了解管理的定义和特征。
2. 了解管理的属性。
3. 掌握管理的职能。
4. 了解哪些人是管理者。
5. 掌握管理者应掌握的三种技能。

导入案例

袋鼠与笼子

一天，动物园的管理员们发现袋鼠从笼子里跑出来了，于是开会讨论原因，他们普遍认为是笼子的高度过低所致。于是他们决定将笼子的高度由原来的十米加高到二十米。结果第二天他们发现袋鼠还是跑到了外面，于是他们又决定再将笼子的高度加高到三十米。没想到隔天袋鼠全跑到了外面，管理员们大为紧张，于是他们决定一不做二不休，将笼子的高度加高到一百米。

一天，长颈鹿和几只袋鼠们闲聊："你们看，这些人会不会再继续加高你们的笼子？"长颈鹿问。

"很难说，如果他们再继续忘记关门的话！"袋鼠说。

问题：动物园在管理方面是否存在问题？到底什么是管理？

第一节　管理的定义与特征

管理是人类行为中最重要的活动之一，广泛存在于社会经济生活之中。凡是由两个以上的人组成的、有一定目的的集体就离不开管理，大到国家、军队，小到企业、医院、学校等，无一例外。随着社会共同劳动的规模日益扩大，劳动分工协作更加细化，社会化大生产日趋复杂，管理的重要性也日益提高。

想一想： 何为管理？为什么要进行管理？

一、管理的定义

管理（management）一词在当今社会已被普遍使用，但关于管理的定义至今仍未得到统一，原因就在于它的含义一是随着社会的发展而发展的，它的外延和内涵随着社会进步被不断地丰富和充实。从字面上看，管理有管辖、管教、管人、理事、治理等意思，主要内容包含管人与治事两层含义。

自 20 世纪初，管理学作为一门新兴学科形成与发展以来，对管理一词的定义便多种多样。例如，管理过程学派的创始人亨利·法约尔（Henri Fayol）认为管理是计划、组织、指挥、协调和控制这五种因素的运用和体现过程；管理科学学派的创始人弗雷德里克·温斯洛·泰勒（F. W. Taylor）认为管理就是对工人进行挑选和培训，对生产和操作进行统计和记录以及定额管理的过程；组织理论代表者马克斯·韦伯（Max Weber）则认为管理是通过行政组织体系层层下达并实现企业经营者意图的过程。曾获得 1978 年诺贝尔经济学奖的美国管理学家赫伯特·西蒙（Herbert A. Simon）认为管理就是决策。目前，在西方的一些教科书中把管理定义为：管理就是由一个或更多的人来协调他人的活动，以便收到个人单独活动无法取得的效果。

上述定义基本上是从某一侧面揭示了管理的含义或基本属性，也体现了不同时代的人对管理的看法。这里，我们认为管理是：一定组织中的管理者，通过有效地利用人力、物力、财力、信息等各种资源，并通过决策、计划、组织、领导、激励和控制等职能，来协调他人的活动，使别人与自己共同实现既定目标的活动过程。

想一想： 企业、学校、军队、医院、政府以及家庭的管理是一样的吗？

二、管理的基本特征

管理具有以下几个方面的基本特征：

（1）管理的产生来自于社会活动组织的要求，即这种社会活动不是单个人的活动，而是两个人以上的社会活动。共同劳动的规模越大，劳动分工和协作越复杂，管理工作就越重要。

（2）管理的“载体”是组织，即在社会这个大系统中，组织是一个子系统，管理通过组织这个子系统去实现管理目标。

（3）管理的核心是协调，是处理好各种关系。管理既要协调人与人、人与社会的关系，也要处理人与自然的关系。关系处理得好坏，直接影响组织目标的实现。

（4）管理的目标是有效地利用人力、财力、物力、技术、信息等各种资源，有效地通过决策、计划、组织、领导和控制等各种管理职能，用尽可能少的支出去实现既定的目标。

三、管理的属性

管理是组织内的一种活动，是对作业劳动必不可少的组织、指挥、监督等工作。作业劳动既包含体力劳动，也包含脑力劳动，随着社会生产力的发展，后者的比例在不断上升。管理就其基本意义而言，它对作业劳动的管理包含着两重含义：即与社会生产力、社会化生产、社会的正常秩序相联系的自然属性，以及与生产关系、社会制度相联系的社会属性。

想一想：何为管理的自然属性和社会属性？

1. 管理的自然属性

管理的自然属性是指管理要处理人与事的关系，处理人和物的关系，要合理地组织生产力，维护社会化生产的秩序，这和社会生产力的发展程度密切相关，所以又称为管理的生产力属性。它要求凡是进行社会化生产的地方都要按照客观规律的要求合理地组织生产力，即管理是社会生产力发展和有效组织社会化生产的客观要求，社会生产力发展得越快，社会化生产水平越高，对管理的要求也就越高。管理这种与社会生产力相联系的自然属性，并不因社会制度的不同而产生差异，它主要取决于生产力的发展水平和劳动社会化的程度。因此，管理中有关合理组织生产力、组织社会化生产的一些形式和方法，在不同的社会制度下具有共性，是可以相互借鉴的。

2. 管理的社会属性

管理的社会属性是指管理要处理人与人之间的关系。人生活在社会中，受到生产方式、生产关系、政治制度和意识形态的影响与制约。所以管理必然体现社会统治阶级和生产资料所有者的意志。管理的社会属性是一定生产关系的体现，是为一定的生产关系服务的，在不同的社会制度下具有本质的区别，它主要取决于社会生产关系。因此，管理中关于维护生产关系的制度、原则和方法都是为适应和维护特定的生产关系需要服务的，并不是各种社会生产方式都适用。

特别提示：由于社会生产过程是生产力和生产关系的统一体，要保证社会生产过程的正常进行，就必须要求一方面合理地组织生产力，另一方面又要维护和巩固生产关系。管理要实现这两个方面的要求，决定了它同时具有自然属性和社会属性的二重性。

第二节 管理的职能

想一想：管理的职能有哪些？各职能之间的关系如何？

20世纪初，法约尔在其著作《工业管理与一般管理》中提出，所有管理者都行使着五种管理职能：计划、组织、指挥、协调和控制。20世纪50年代中期，美国加州大学的两位教授孔茨和奥唐内尔（Koontz and O'Donnell，1955）在教科书中，把管理的职能划分为：计划、组织、人员配备、指导和控制。此书一问世就成为最畅销的教科书。20世纪70年代，美国的管理学家西蒙因决策理论的提出被授予诺贝尔经济学奖，自此决策问题被人们重点关注。因此，本书将决策作为管理的第一职能，计划只作为决策的一个部分。

一、决策职能

决策就是针对未来将要发生的事预先考虑五个W（What，Who，When，Where，Why），在此基础上最后定案。决策在现代管理中处于中心地位，是首要职能，决策的正确与否决定事业的成败。这就如同作战要考虑战略一样，战略正确了，胜利就有了基础。决策职能包括环境分析、决策方法以及计划的编制与执行。

二、组织职能

为了保证组织目标的顺利实现，管理者要对组织活动中的各种要素和各部门在工作中的分工合作关系进行合理的安排，包括静态的组织结构设计和动态的组织行为，具体主要有组织结构设计、人力资源管理、组织文化与组织变革及团队管理。

三、领导职能

领导即根据计划目标的要求对下属部门单位和职工进行领导调度，以便同心协力地完成企业的预定目标。领导职能包括领导方式及理论、激励、沟通等内容。

四、控制职能

控制职能也称监督职能，是为保证组织的正常运行并顺利实现计划目标而对组织的经济活动和共同劳动过程进行检查、分析、督导的过程。其内容主要包括控制原理、过程和方法。

第三节 管理者

想一想：谁是管理者？管理者的职责有哪些？

一、管理者的类型

1. 按管理层次划分，可分为高层管理者、中层管理者和基层管理者

（1）高层管理者。高层管理者是对整个组织的管理负有全面责任的人。其主要职责是制定组织的发展目标和发展战略，把握组织的发展方向。组织与环境的相关性要求高层管理者与外部人员和组织要密切合作。传统意义上，高层管理者的作用是通过制定战略和控制资源确定总体方向。但现在，高层管理者通常被叫做真正的组织领导者，他们确立和阐述一个为人们所认识和积极认同的组织目标，并在组织中努力创造一个人们为之积极工作的环境。

（2）中层管理者。中层管理者是指处于高层管理者和基层管理者之间的一个或若干个中间层次的管理者，如部门或办事处主任、事业部经理、大学的二级学院院长等。其负责将高层管理者制定的总目标和计划转化为更具体的目标和活动，并监督和协调基层管理者的工作。传统意义上的中层管理者是作为高层和基层之间桥梁的管理控制者。而现在，需要他们不仅是管理控制者，而且还应是其下属的成长教练，他们必须支持下属并指导他们，使他们更具创新精神。

（3）基层管理者。基层管理者是组织中处于最底层的管理者，他们所管理的仅仅是作业人员，如班组长、工段长等。其主要职责是给下属作业人员分派具体工作任务，直接指挥和监督现场作业活动，以及保证各项任务的有效完成。

2. 按管理的领域划分，可分为综合管理者和专业管理者

综合管理者是指负责管理整个组织或组织中某个事业部的全部活动的管理者。专业管理者是指仅仅负责管理组织中某一类活动的管理者。

二、管理者的技能

想一想：作为一个管理者，应该具备哪些技能？各个层次的管理者应具备的技能是一样的吗？

尽管管理者的种类很多，工作也各不相同，但他们发挥作用的大小以及能否进行有效的管理工作，在很大程度上都取决于他们所具备的管理技能。技能是来源于知识、信息、实践和资质的特殊的能力。管理者需要的一些技能通常分为三类：技术技能、人际技能和概念技能。如图 1—1 所示。

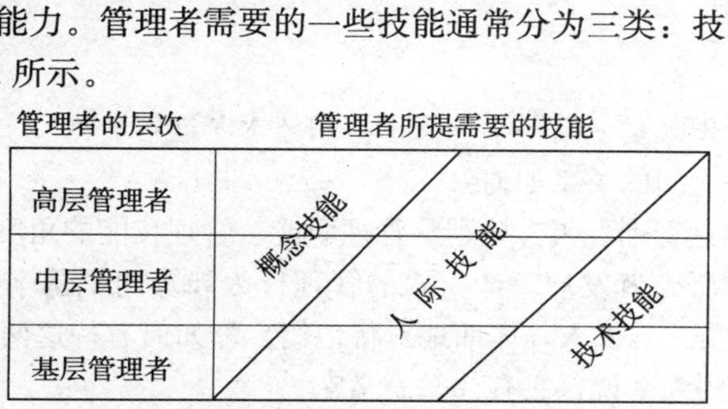

图 1—1　管理者所处的层次与管理技能之间的关系

1. 技术技能

技术技能是指拥有和使用与某一专业领域有关的程序、技术、知识和方法及完成组织任务的能力，如工程师的设计能力、医生的医术、教师的授课能力、推销员的推销能力等。对于管理者来说，虽然不一定要使自己成为精通某一领域技能的专家，但需要了解并初步掌握与其管理的专业领域相关的基本技能，否则将很难与他所主管的组织内的专业技术人员进行有效的沟通，也无法对他所管辖的业务领域内的各项管理工作进行指导。当然，不同层次的管理者，对技术技能要求的程度也不一样。相对而言，技术技能对基层管理者最重要，而对高层管理者来说，只需有较浅的了解即可。

2. 人际技能

人际技能是指与处理人际关系有关的技能，即沟通、理解、激励他人并与他人共事的能力。管理者必须花大部分时间与人打交道，因为他不仅要领导下属，还得与上级和同级人员打交道，与组织外部的利益相关者打交道。对成功的管理者而言，拥有与不同类型的人相处愉快并交换信息的能力是非常重要的。因此，人际技能对于高层、中层、基层管理者有效地开展管理工作都非常重要。

特别提示： 在许多公司，一个管理者失败的原因不是他没有技术技能，而是没有人际技能。

3. 概念技能

概念技能是指纵观全局、系统分析和解决问题的能力，也就是洞察组织与环境要素间相互影响和相互作用关系的能力。当管理者考虑组织的整体战略和目标时，考虑组织各个部分的相互关系和组织在外部环境中的角色时，管理者就需要这种概念技能。当然，管理者所处的管理层次越高，其面临的问题就越复杂，也就越需要具备概念技能。

特别提示： 这三种技能对于任何层次的管理者都是需要的，只是不同的层次侧重点不同。层次越高，需要的概念技能越高；层次越低，需要的技术技能越高；而人际技能对三种层次的管理者都相当重要。

复习题

一、思考题

1. 如何理解“管理既是一门科学，又是一门艺术”这句话？

2. 管理各个职能之间的关系如何？

3. 你的授课老师是管理者吗？分别从管理职能、管理技能的角度进行阐述。

4. 哈佛商学院的研究者发现，最重要的管理行为涉及两个基本事项：使员工能够在工作中取得进步；把员工当做人，体面地对待他们。你如何看待这两种管理行为？对于一个像你一样学习管理的人来说，它有什么意义？

5. 如果让你的朋友到你的公司工作，这可能会带来什么样的问题？你将如何解决？

二、判断题

1. 管理的有效性在于充分利用各种资源，以最少的消耗正确地实现组织目标。（ ）
2. 管理的对象是组织的全体成员。（ ）
3. 企业的大量日常管理在很大程度上要由中层管理者来负责进行。（ ）
4. 基层管理者对操作工人的活动进行直接监管。（ ）
5. 技术技能是指沟通、领导、激励下属的能力。（ ）
6. 技术技能对管理人员非常重要，因为它能使管理人员通过分析，确定问题的所在，得出解决的办法。（ ）
7. 管理自从有了人类集体活动以来就开始了。（ ）
8. 管理的基本活动对任何组织都有普遍性，但营利性组织比非营利性组织更需要加强管理。（ ）
9. 高层管理者花在计划决策上的时间相对更多一些。（ ）
10. 中层管理者往往处理现场管理、指导操作，技术性工作较多。（ ）

三、选择题

1. 以下不属于领导职能范畴的是（ ）。

A. 指挥　B. 人事　C. 激励　D. 沟通

2. 管理的二重性是指（ ）。

A. 艺术性与科学性　B. 基础性与边缘性

C. 自然属性与社会属性　D. 普遍性与重要性

3. 中层管理者的主要工作是（ ）。

A. 战略管理　B. 现场管理　C. 组织协调　D. 开拓创新

4. 在特定工作领域内运用技术、工具、方法等的能力称为（ ）。

A. 人际技能　B. 技术技能　C. 概念技能　D. 以上均不是

5.（ ）更需要洞察事物、抽象形成概念的能力。

A. 高层管理者　B. 中层管理者　C. 基层管理者　D. 中、高层管理者

6. 对中层管理者来说，相对更重要的技能是（ ）。

A. 概念技能　B. 人际关系技能　C. 计划技能　D. 技术技能

四、案例分析

总经理的烦恼

陈某是某高校的优秀毕业生，刚步入社会的他对自己的前程感到一丝迷茫。走进人才市场，面对众多企业，陈某开始犹豫了，最后他挑了几家自己认为不错的公司并投了简历。由于陈某是个优秀的毕业生，专业技能非常出色，没过多久就被一家正在发展的公司聘用，开始了他的职业生涯。

在试用期期间，当陈某的部门经理分派任务给他时，他都会一心一意地尽最大努力保质保量地完成，并经常加班到深夜。有一次陈某接到的任务是整理一份材料，这是他从来没有做过的材料，对他来说是个挑战。因此，陈某接到任务后自己找了很多关系讨教，并上网收集了许多案例样本，参照着整理了材料。任务完成以后，部门经理对陈某大加赞

赏，对他的工作态度表示肯定，并开会讨论决定结束陈某的试用期，正式签订劳动合同。成为正式员工的陈某经常会被分派任务和机会进行锻炼，他也非常虚心求教前辈、同事，因此他的专业技能有了长足的进步。几年后管理层人事变动，陈某因其工作出色以及老部门经理的极力举荐顺利当上了部门经理。

在部门经理任上，陈某也是尽心竭力做好分内工作，对于上面交代下来的工作总是能够在第一时间完成，并时常受到总经理等领导的褒奖。陈某对自己的下属也很是宽容和理解，从不让他们超量工作，分派下去的也只是些琐碎简单的事情。甚至有些事情分派下去前都已经做好了流程、步骤和时间的规划，他的下属只需要按照制定好的方案实施就够了，部门权力牢牢地掌握在陈某一个人的手上，以他个人的意志在运转着。另外陈某也非常重视处理好与其他部门的关系，了解他们的工作与难处，尽自己所能地予以帮助，因此获得其他部门的信任与支持。由于陈某的出色表现以及其他部门的支持，在五年后的董事会上决定让陈某出任公司总经理一职。

陈某坐上总经理位子后回想他这十几年来兢兢业业、勤勤恳恳的经历，忽然感到身上的担子越来越重，自己其实还没有做好当总经理处理各项事务的准备，很怕自己的一个决定，一项措施对公司产生严重的损失和不好的影响，为此他更加严谨细致、埋头苦干，事无巨细，事事亲力亲为。

一段时间过去后，陈某觉得自己每天都有忙不完的工作，看不完的文件，开不完的会议。此外，每天还必须去各部门指导工作，保证各部门按照自己的意志运转。不久，几个部门的经理开始对陈某有了意见，觉得陈某管的太宽了，无形地剥夺了自己的一些权力，渐渐地也就丧失了工作的积极性。而底下的员工更是觉得无所适从，他们一会儿接到的是直属部门经理的指示，一会儿接到的是总经理的亲自指示，都觉得这工作没法干了。而在他原来的工作部门情况更糟，由于陈某在当部门经理期间都是分派一些小事给员工做，导致员工没有太多的机会得到锻炼，因此现在他们独当一面后对陈某派下来的工作根本就不知道怎么开展。而董事会这边，由于公司业绩连年下滑，也开始对陈某显出不满和怀疑，为此，陈某感到非常苦恼。

（**注：**该案例是浙江海洋学院A10机械1班的吴建森同学根据一些社团组织的现象及自己的调研编写的现代职场案例。）

问题：

1. 作为一个管理者，陈某在哪些管理技能方面比较擅长，而哪些技能比较欠缺？

2. 你觉得陈某是个合格的管理者吗？为什么？

3. 你觉得陈某应该具备哪些管理技能才能胜任总经理一职？如何提高其技能？

五、实践练习

1. 至少阅读一种当前的商业期刊，如《21世纪经济导报》、《经济参考报》、《中国经营报》、《商业周刊》等，将你发现的关于管理者或管理的有趣的信息记录下来。

2. 利用当前的各种信息渠道，找出五位你认为是管理大师的管理者，介绍这五位管理者，并讨论他们之所以为管理大师的原因。

3. 如果你参加了社团组织，可以有意扮演领导角色，或参与使你能够对不同项目和活动进行计划、组织、领导和控制的工作。

4. 用自己的语言写出你在本章中学到的关于如何成为一名优秀管理者的三个要点。

第二章

中国传统的管理思想

学习目标

1. 理解儒家学派中的“中庸”、“经常与权变”、“矩之道”等思想。
2. 理解并掌握道家学派中的“无为而治”的思想。
3. 理解并掌握兵家学派中的“论五事”、“校七计”、“保五全”等思想。
4. 掌握商家管理思想的要点。

导入案例

鲨鱼的天敌——强与弱的辩证法

没有人能说清，鲨鱼在大海称霸了多少年，它们的凶悍不仅表现为高居食物链的顶端，通吃海中众生，还在于它们戏耍已经到手猎物的本性。当海豹、海狮和信天翁等动物不幸成为它们的午餐时，鲨鱼并不急于吃掉猎物，而是将猎物在水面抛来抛去，使其在毙命前饱受煎熬。所以，人们将鲨鱼比作冷面杀手。

难道鲨鱼就没有天敌吗?

当然有，鲨鱼的克星是盲鳗。盲鳗接近鲨鱼时，非常的温柔，让鲨鱼根本感觉不到威胁。它用黏滑的吸盘吸附在鲨鱼身上，而将其中的利齿藏好，缓缓滑向鲨鱼腮边。它那不断分泌黏液的吸盘，在皮肤上移动，想必是麻酥酥的，所以鲨鱼美滋滋的，很是受用，已然把盲鳗当做自己的朋友了。

已经是稳操胜券了，但盲鳗依然不急不火，在鲨鱼的腮边停留好一会儿，才在鲨鱼盯住一只海龟时迅速闪身而入，进入鲨鱼的身体。至此，它将在这海洋霸主的体内一显身手，让稳居食物链顶端的家伙尝尝纤柔盲鳗的厉害。

得手的盲鳗立刻在鲨鱼体内施展饕餮之功，它吸盘的口内有肉质的舌，舌上两排角质利齿，以活塞状啃食猎物，一小时能吃下自己体重两倍的血肉，小东西集体观念还挺强，一边进食一边释放黏液向同类传递信息，呼朋引类，分而食之。用不了多久，一条鲜活的大鲨鱼便被它们从里往外吃得只剩下空荡的皮囊。

正如老子所认为的，至柔往往能克至刚。面对强者，弱者最有力的武器，往往就是索性示弱。而另一方面，从古至今，那些令海内臣服，叱咤风云的帝王英雄，往往毁于身边看似手无缚鸡之力的小人之手，如齐桓公、汉武帝。那些看起来的弱者，比任何人都更了解强者的柔弱之处。

第一节　儒家的管理思想

儒家在很长的一段时期内是中国的主导伦理思想，对中国的管理思想产生过深刻的影响。儒家文化作为东方文化的核心，源远流长。儒学的内容广博而深远，但其最核心的内容就是修身、齐家、治国、平天下。

一、修齐治平

《大学》上载："古之欲明明德于天下者，先治其国；欲治其国者，先齐其家；欲齐其家者，先修其身；欲修其身者，先正其心；欲正其心者，先诚其意；欲诚其意者，先致其知。致知在格物。""修身""齐家"和"治国""平天下"所表述的管理思想，有着内在的联系。"齐"反映的管理思想是由远至近、由小至大，从自身的修养做起，目标是平天下。孔子曰："其身正，不令而行；其身不正，随令不从"，讲的就是修身与管理者权威之间的关系。

1. 修身

"修身"被儒家看做是进行社会管理的逻辑起点，没有"修身"和"齐家"，"治国"和"平天下"就无从谈起。这里主要是指个人的道德修养的重要性以及如何培养。"修身"实际上包含三层意思：

（1）强调个人道德修养的重要性。《大学》规定："所谓齐其家在修其身者，人之其所亲爱而辟焉，之其所贱恶而辟焉，之其所畏敬而辟焉，之其所哀矜而辟焉，之其所傲惰而辟焉。故好而知其恶，恶而知其美者，天下鲜矣！"孟子也说："天下之本在国，国之本在家，家之本在身。"

（2）强调教化的重要性。孔子说："善教民七年，亦可以即戎矣"，"不教而杀谓之虐"，"道之以德，齐之以礼，有耻且格"等，反映出孔子十分重视道德教化。孟子也有类似的看法。他说："善政不如善教之得民也。善政，民畏之；善教，民爱之。善政得民财，善教得民心。"

（3）强调统治者个人道德修养的重要性。孔子说："其身正，不令而行；其身不正，虽令不从。"孟子也说："君子之守，修其身而天下平。"《大学》中也有类似的表述："尧舜帅天下以仁，而民弃之，桀纣帅天下以暴，而民从之。"强调的就是修身与管理者权威之间的关系。

2. 齐家、治国、平天下

“齐家”、“治国”、“平天下”是“修身”所要达到的目的。《大学》视家为国之本，认为家庭道德是国家安治和社会道德风尚的根本。它明确规定：“孝者所以事君也；悌者，所以事长也。慈者，所以使众也。”又说：孝、悌、慈“其为父子兄弟足法，而后民法之也”，所以“一家仁，一国兴仁；一家让，一国兴让”。这就是“齐家而后国治”。

特别提示：“齐家先修身”，孔子讲的“修身”，其目的不是发展个人的独立人格和人格自由，而是把个人束缚在家庭道德中，进而受制于君臣上下的等级制度。也就是说在家通过“孝”（父是纵向家族利益的代表）、“节”（夫是横向家族利益的代表）两个德目维系家庭利益，倡导的是个人绝对服从家庭，是家庭本位。在国则是通过“忠”的德目维系国家，是国家或社会本位。所以，在封建社会倡导个人绝对服从家庭乃至社会的要求蕴含着整体主义思想。

二、仁义礼智信

儒家的三纲五常是实现“修身、齐家、治国、平天下”的主导理论，强调的是维护统治的秩序和基本规则。三纲：君为臣纲，父为子纲，夫为妻纲；五常则为：仁、义、礼、智、信。

1. 仁爱

仁爱即“仁者爱人”。“仁”是孔子道德哲学的最高范畴，也是儒家管理思想的理论基础。“仁”有许多定义，其中最重要的是“爱人”。而“爱人”分为三个层次：第一要爱自己的亲人，即“君子笃于亲”；第二朋友之间也要相互友爱，即“故旧不遗”；第三“泛爱众”，即不仅亲族、朋友之间要互相友爱，而且还要爱其他人，包括“小人”。孔子主张爱小人，并且以君子之道教育小人，就是为了使他们更容易接受君子的役使，缓和管理者和被管理者之间的矛盾，从而有助于实现管理目标。董仲舒为“仁爱”的解释就是：爱别人而不是爱自己。

特别提示：“仁爱”在儒家思想中扮演着重要的角色。从“修身”到“齐家”“治国”正是循着由孝悌开始，由亲及疏、由近及远、由内而外进行的（即内圣外王）。从孔子所讲的“孝悌也者，其为仁之本欤”到孟子所讲的“亲亲而仁民”，“老吾老，以及人之老；幼吾幼，以及人之幼”就是其具体体现。这一原则也是孔孟伦理思想的核心。

2. 重义（義）轻利

知识链接

“義”者宜也。“義”从古汉语的解释上说是：上羊下我。羊在古时候是美好的象征，例如，“大羊”为“美”，“鱼羊”共炖为“鲜”；而“我”字拆开来看是一个士兵扛着一杆枪。由此，“義”就可以解释为：一个士兵扛着一杆枪去猎羊。其强调的是猎羊、是耕耘、是付出，因而称为“義”。“利”从古汉语的解释上说是：左禾右刀，是以刀割禾。其强调的是收获、是分配而不是耕耘，因而称为“利”。

孔子曰：“君子喻于义，小人喻于利。”“见得思义”，“义然后取”。因此，义与利的关系，反映了耕耘与收获、创造与分配、投入与产出之间的关系。这也是现代管理学研究的重要内容，也是每一个组织面临的难题。

“义以生利、义利统一、以义制利”的思想构成了儒家的义利统一观。春秋时代晋国大夫里克就曾说过：“夫义者，利之足也；贪者，怨之本也。”就是说，作为管理者而言，“义”是“利”之根本，不讲“义”就谈不上“利”；而管理者、统治者贪“利”则是下属、老百姓不满意的根源。义以生利，义是手段，利是目的。

为了实现义利统一，达到以义制利的目的，孔子又提出了“礼”的概念。“上好礼则民易使也”，所谓“礼”也就是规矩，是规范管理者和统治者分配“利”的行为准则，也是监督管理者“义”的行为标准。有了“礼”，就有了分配的法，就有了衡量管理者是不是君子的典，因而也就从根本上解决了下属、老百姓“怨恨”的问题。

特别提示： 义是利之根本，但是如果不能很好地解决分配不公的问题，就不可能激励组织成员创造义的行为，没有了利的合理分配，就没有义。因此，以义制利要靠礼的说法仍旧正确、可行。

3. 齐之以礼，以和为贵

（1）礼之用，和为贵。孔子说：“礼之用，和为贵。”孟子说：“天时不如地利，地利不如人和。”从某种意义上说，“和为贵”是按照“齐家、治国、平天下”和“仁爱”原则处理家庭、家族、社会和国家以及人与人之间的关系时所应遵循的又一重要原则，儒家对此非常重视。

（2）齐之以礼。“齐之以礼”强调“礼治”是儒家管理思想的基本方法。在荀子看来，一个人无论如何注意保养身体，也比不上长寿的彭祖；而如果注意修养道德，就可以同尧舜齐名。但要想修养成功，就必须遵循礼法的标准去办事。孔子认为：“安上治民，莫善于礼。”礼就是管理人民的标志，千万不能废除，以免使人民迷惑而陷入祸患。荀子指出：“礼之于国家也，如权衡之于轻重也，如绳墨之于曲直也。故人无礼不生，事无礼不成，国无礼不宁。君臣不得不尊，父子不得不亲，兄弟不得不顺，夫妇不得不欢。少者以长，老者以养。故天地生之，圣人成之。”总之，在儒家看来，礼，无论是作为修身的标准，还是治国的标志，或者是作为治国的依据，都带有规范性的作用。

特别提示：“道之以德，齐之以礼”就是强调道德价值观的精神指导作用。管理要求管理者通过自身的模范行为把一定的价值观念灌输到组织成员的头脑中去，使之转化为发自内心的自觉行为。

（3）矩之道。“矩之道”是在孔子“恕道思想”基础上扩展而成的，子贡问孔子：“有一言可以终身行之者乎?”孔子说：“其恕乎！己所不欲，勿施于人。”通过推行“矩之道”，以求“情得其平”，达到平等待人、和谐共处的目的。“矩之道”的实质是把“人”与“我”看成平等的，即把别人当做自己一样来对待。

特别提示：儒家的“矩之道”就是理解和换位思考，从而有助于加深管理者与被管理者之间的沟通，提高管理的效率。

（4）无功不赏，无罪不罚。荀子认为，赏罚是“一人之本也，善善恶恶之应也，治必由之，古今一也”。其意为，赏罚是治理人民的根本。荀子认为赏罚要坚持以下三个原则：无功不赏，无罪不罚；赏不欲僭，刑不欲滥；刑不过罪，爵不逾德。

4. 智者知也

五常中的“智”反映了儒家重教育、举贤才的为政思想。智者知也、学而时习之、学而知之、温故而知新……儒家诸子对此的论述举不胜举。

为政在人，举贤得贤。孔子认为人是政治的关键因素。“其人存，则其政举；其人亡，则其政息”（《礼记·中庸》），“故为政在人”。

想一想：既然人能决定政事的兴衰，那么如何“以人治人”，如何“得人”？

孔子明确提出了“得人”的说法，并认为“得人”首先是得“贤才”，强调政治管理的要务之一是“举贤才”。孟子发展了孔子“举贤才”的思想，把“尊贤”作为实现仁政的重要内容，让“贤者在位，能者在职”，“尊贤使能、俊杰在位，则天下之士皆悦，而愿立于其朝矣”。做到了这一点，就能广招人才，给政治带来好处，达到“王天下”的目的。

5. 治国之道，以信为上

儒家的治国之道中“信”占有重要的地位。“民无信不立”、等，均说明了管理者若不以信为上，则组织很难生存。

（1）道之以德。“道之以德”强调“德治”是儒家管理思想的基本原则。孔子说：“道之以政，齐之以刑，民免而无耻；道之以德，齐之以礼，有耻且格。”（《论语·为政》）

特别提示：儒家并不是主张完全不要刑律，不要政法，他们把道德教化放在首位，主张德主刑辅是因为相对于刑法而言，道德更容易获得民心，获得有效、持久的管理效果。

（2）民为贵与君为轻。儒家管理思想中对“民”的重要性的论述极为丰富，孟子的“民为贵，社稷次之，君为轻”充分表述了孟子的民本思想，对后世产生了积极的影响。在孟子看来，政权的更迭，君主的易位，都取决于民众的态度，因为“得民心者得天下”。孟子以民为本，贵民轻君的思想达到了时代认识的巅峰，在当时及后世都产生了巨大的影响。

三、人性论

人性论是儒家管理思想的理论根据。儒家关于人性的许多论述不仅在时间上远远地早于西方学者有关人性的假设，而且在论述的深度上也与其不相上下。儒家认为只有先对管理的对象作出正确的判断，管理才能因人而异，取得理想的效果。但即使都是儒家，不同的人对管理的基本认识及对管理的主要出发点是做事还是管人的认识也不同，因而对人性的基本假设也就不同了。

1. 孟子的“性善论”

孟子认为：人之初，性本善，性相近，习相远。因此，“人皆可以为尧舜”，关键在于后天的教育和引导。他赞成办学，对人进行教育，就像当年母亲为他几移其家，慎择邻里那样，避免不良环境对人的影响，从而实现人皆可以为尧舜的目标。由此基本点出发，孟子制定了许多教育的法则，“男女授受不亲”就是其中最为明显的例证。男女授受不亲了，也就没有犯这方面错误的可能了。

知识链接

孟母三迁

孟子的父亲在他年幼的时候就去世了，其母仉氏不再结婚。孟子和母亲住在墓地旁边，孟子就和邻居家的小孩一起学大人跪拜、哭嚎的样子，玩起办理丧事的游戏。孟子的母亲看到了，就皱起眉头：“这个地方不适合我的孩子居住。”然后就带着孟子搬到集市。到了集市，孟子又和邻居家的小孩，学起商人做生意。孟子的母亲知道了，又皱皱眉头：“这个地方也不适合我的孩子居住。”于是，他们又搬家至屠宰场附近。这次，孟子又学屠夫宰杀猪羊，孟子母亲知道了，皱皱眉头：“这个地方也不适合我的孩子居住。”于是，他们又搬家了。这一次，他们搬到了学校附近。每月夏历初一这个时候，官员到文庙行礼跪拜，互相礼貌相待，孟子见了之后都学习记住。孟子的母亲满意地点着头说：“这才是我儿子应该住的地方呀。”于是就定居在了这个地方。后来，大家就用“孟母三迁”来表示人应该要接近好的人、事、物，才能学习到好的习惯。这也说明了环境能改变一个人的爱好和习惯。

除此之外，孟子还提出：以德服人的观点。“以力服人者，非心服也；以德服人者，中心悦而诚服也。”他的这种思想和基本认识，即现代的以人为本、宽容待人、教育培训、育人留人的管理理念，也是他主张以仁治国，实施仁政思想的基础。这与西方学者关于人性的 Y 理论正好吻合。

知识链接

XY、Z、H 理论

“XY 假设”也称“XY 理论”，是由道格拉斯·麦克里戈（Douglas M. McGregor，1906—1964）在其著的《企业的人性面》一书中首次提出来的。

“X 理论”的内容为：多数人天生都是懒惰的，他们都尽可能逃避工作；多数人都没有雄心大志，不愿负任何责任，而心甘情愿受别人的指导；多数人的个人目标都是与组织的目标相矛盾的，必须用强制、惩罚的办法，才能迫使他们为实现组织目标而工作；多数人工作都是为了满足基本的生理需要和安全需要。因此，只有金钱和地位才能鼓励他们努力工作。人大致可以分为两类，多数人都是符合上述设想的人，另一类是能够自己鼓励自己、克制感情冲动的人，这些人应负起管理的责任。

“Y 理论”是与“X 理论”根本对立的，其基本内容为：一般人都是勤奋的，如果环境条件有利，工作如同游戏或休息一样自然；控制和惩罚不是实现组织目标的唯一方法，人们在执行任务中能够自我指导和自我控制；在正常情况下，一般人不仅会接受责任，而且会主动寻求责任；在现代工业条件下，一般人的潜力只利用了一部分。

“Y理论”告诉管理者，要尊重和相信下属员工，要为他们提供工作和发展的条件和机会，要想办法激励和调动员工的工作积极性，使员工的智力、才能得到充分的发挥，在满足个人需求和目标的同时完成组织的目标。

此外，现在还出现了“Z理论”和“H理论”。“Z理论”是“以争取既追求效率又尽可能减少当局与职工的对立，尽量取得行动上的统一”。目前管理界还提出了“H理论”，“H”即“Haier”，海尔创造的是具有中国特色的“H理论”，即：主动变革内部的组织结构，使其适应员工的才干和能力，从而最终实现企业、个人共同发展。

2. 荀子的“性恶论”

荀子对人性的看法正好与孟子相反。他认为：人之初，性本恶。大多数人都是“饥而欲饱，寒而欲暖，劳而欲休”，因此，崇尚治国要严，立法要严，执法更要严的依法治国理念。不对被管理者施加一定的压力，国之不成为国。这与“X”假设正好吻合。

3. 董仲舒的“性未善论”

正像西方学者有人赞成“X”理论，有人赞成“Y”理论，有人既不完全赞成“X”理论也不完全赞成“Y”理论一样，董仲舒就认为：人性在出生时是不确定的，或者说人性中既有善的一面，也有恶的一面。因此，他也赞成以德治国，以教化为主，刑法为辅。

4. 韩愈的“性三品论”

韩愈认为，所谓人性是指儒家的五常——仁、义、礼、智、信，是生而有之的。而情则是指：喜、怒、哀、惧、爱、欲、恶，是后天才有的。因此不同的人其性可以分为三品：上品则只有善，下品则只有恶，中品为性不确定，向上则可变为以善为主，向下则可变为以恶为主。对性为上品的人，以教为主，学而聪明；对性为下品的人，以治为主，要有法来约束其行为，下之性畏威而寡罪。

特别提示： 人性的假设是管理理论的基础，是设计礼的基石，对人性的假设不同，管理的基本理念也就不同，治国方略也就不同。儒家学派对人性的认识，逐渐地从单一的、绝对的、非此即彼的假设变为辩证的、客观的、实事求是的观点，说明了儒家理论的成熟以及从高深的理论到实际可以运用的理念之间的转变。

四、常之谓经，变之谓权

所谓“常之谓经，变之谓权”，指所有的管理原则、治国之术、做事的规则从某种意义上说都可以分为：“经常”——应该严格遵守，不能随机应变的准则；“权变”——应该根据当时的环境、任务、人物、情景等实际情况随机应变因地制宜。这充分地说明了儒家思想中辩证唯物主义的理念。

子曰：“可与共学，未可与适道；可与适道，未可与立；可与立，未可与权。”意思是：可以一起学习的人，未必可以一起学道；可以一起学道的人，未必可以一起坚守道；

可以一起坚守道的人，未必可以一起通权达变。道这里“道”是规律，掌握了规律的人，不一定会灵活运用。这是孔子对权变的最精辟的论述。

特别提示：权变思想中的四个层次：共学、适道、立和权，层层为上一个层级的依托，又为上一个层级的实现提出了更高的要求。能够委以权力的人应该不仅可以共学，而且可以适道；不仅可以适道，而且可以立。因此，选人是一件慎之又慎的大事。

朱熹认为：“知为己，则可与共学矣。学足以明善，然后可与适道。信道笃，然后可与立”。他对孔子的观点进行了补充，加进去了笃（忠厚老实）这样一个用人或者说是委权的标准。

而孟子则认为“权变”是相对于“经常”而言的，礼是“经常”，脱离了“经常”而谈“权变”，就会没有规矩可言；但是不管实际情况一味地强调“经常”，就会僵化。他列举了一个例子说明这一观点：“男女授受不亲”就是“经常”，一般情况下是要遵守的，但是当嫂子掉到河里去了，她伸出手来向小叔子求救，这时要是以“男女授受不亲”为由而见死不救，就是只知“经常”，不知“权变”了。

特别提示：现实生活中“权变”与“经常”也是一对矛盾，管理者的能力很多时候也是通过其对权变与经常的把握以及对这两者的度的分寸的掌握加以体现的。

五、中庸之道

中庸是孔子学说中的一个重要观点，由于后世一些学者对中庸思想的曲解，中庸成了因循守旧、没有立场、原则的代名词。但从孔子的思想行为看，中庸是追求卓越的法则，但能把握这个法则的人却很少。庸是做事的原则和方法，中是指综合各种倾向而反映出来的事物的现实状态，最接近客观事物的本身，不带有个人主观色彩，中就是“度”。中庸在管理实践中广泛应用，如集权与分权的关系、组织规模的大小、管理幅度的宽窄等。

想一想：儒家管理思想的局限性在哪里？

六、儒家管理思想的局限性

从现代的观点看，儒家的管理思想存在着一定的局限性，主要表现在以下几个方面。

1. 管理思想不够系统

尽管论述很多但是没有形成一个涵盖各个方面的系统的思想体系，因此经常可以被不同的统治者或管理者断章取义地使用，也就不可能像西方各个管理流派那样在更大范围内产生更深远的影响。

2. 可操作性不强

从修齐治平到仁义礼智信，从人性论到经之常、权之变，儒家学派提出了很多今天看来仍然不过时的深奥的理念和思想，但是在如何将这些理念与思想运用到治国的具体实践中去，儒家诸子所做的贡献太少。因此，很多的理念与思想仅仅停留在国家统治阶级的上层，而不能深入人心，成为基层管理者乃至老百姓熟知并且愿意实践的指导。在儒家思想统治中国精神文明领域两千年的时间内，其实没有哪一个朝代的统治者真正地实践了儒家的思想，基本都是为了实现为我所用的统治目的。

3. 过于保守，缺少创新

尽管有经之常和权之变，但是儒家留给历代统治者最多的是：以礼为中心的经之常。加上三纲，使得儒家的思想在某种程度上，或在某些条件、某种特定的时刻，更显出其守规的一面，而缺少对创新的激励。

第二节　兵家的战略谋划

《孙子兵法》不仅是中国文化宝库中的一颗明珠，而且在世界军事文库中也占有重要地位，受到了国内外的普遍重视。美国哈佛大学商学院和日本的许多大公司都把《孙子兵法》作为培训管理人员的必读教材。美国管理学家乔治在《管理思想史》中甚至说：“你若想成为管理人才，就必须读《孙子兵法》。”从现代管理学的角度研究《孙子兵法》，实际上是在研究其主要的战略及策略思想。其富有深刻哲理的治兵作战之论对现代企业竞争也具有极高的借鉴意义和实用价值。

一、论五事——胜负的关键要素

想一想：何为五事？

兵战之事是一个国家的头等大事，关系到一个国家的生死存亡，不能不经谋略就简单地决策。尤其值得注意的是，孙子在《孙子兵法》中多处提及这一观点，并且在每一次提及这一观点时，都是将“死”置于“生”之前。“国之大事，死生之地，存亡之道，不可不察也”，这充分说明了战略性决策对兵战乃至国家的生死存亡是何等的重要，同时也说明了孙子的主导思想是在决策时更看重失败后的威胁，而不是胜利后的收获。战略决策要抓大事、抓关键。尽管影响兵战胜负的因素很多，但是其中最为关键的要素只有五个，即道、天、地、将、法。

1. 道

道者，令民与上同意也。故可以与之死，可以与之生，而不畏危。所谓“道”有两重含义：一是指“道义”，即这场战争是不是正义之战，是否符合道义；二是指“指导思想”，即这场战争的具体战略方针、行动谋略是不是符合老百姓的根本利益。如果这场战争符合道义、符合老百姓的根本利益，老百姓和参与战争的军人就会与决策者的认识和想法一致，具有相同的意愿，同意去打这场战争，才会有不怕死的将领、军官和士兵。如果真正达到了可以为之而死，也可以为之而生，不惧怕任何的危险，那才叫做得“道”。缺乏这一条，即统治者无“道”，战争的胜利也就无从谈起。“得道者多助，失道者寡助”就是这一深刻道理的进一步解释。

2. 天

天者，阴阳，寒暑，时制也。不只是孙子，中国古代许多的流派、许多的学者都非常看中“天时”对“世事”的影响。阴阳是有一定道理的，山之北为阴，在许多海拔高的山上，北坡常年积雪不化，高山的南坡与北坡温度会有明显的差异。同样，水也有阴阳之分，也需要区别对待。从现代战争的角度看，这些道理依然正确，因为它们符合自然界的一般规律。

同时，天时还包含对气候、季节、昼夜、阴晴、寒暑等自然现象的认识。在不同的天时作战，对战争的影响肯定不同。如果不考虑这些客观的因素，仅从决策者主观的角度出发去考虑问题，战争取胜的概率就会降低许多。

3. 地

地者，远近、险易、广狭，死生也。作战时的地利是孙子视为死生的大事。不论是在古代还是在现代，不论是兵战还是商战，如果被对手逼到一个又险、又狭的角落，就很难死里逃生。有多少企业正是因为在竞争中犯了这方面的错误，而痛失生存和发展的机会。

4. 将

将者，智、信、仁、勇、严也。得道、顺天时、占地利之后，孙子进一步提出了善用将的观点，还提出了他认为是至关重要的选将标准——五德。在所有五事中，孙子对于将的描述最为具体，不仅有用将是大事的思想，而且还有选将的标准。在孙子提出的五条标准之中，注重的是人的本性，也可以说是将人品的要求置于较高的地位，即信与仁；但是孙子选将以智为先的观点也是很明确的。

5. 法

法者，曲制、官道、主用也。“法”是指挥战争的方法。它包括组织结构的设计、法令的制定与执行、人员的编制与构成、学习与通信联络系统及其运行方式、岗位职责的设计与考核等有关管理方法的选择与运用。

五事可以分为主观因素与客观因素。主观因素有三个：道、将与法。道是道义和指导思想，是由决策者的决策所决定的；将是由决策者所选择的，尽管有标准，但是不同的决策者对标准的理解不同，对其中五德的重要性的认识也不同，因而会选择不同的将才；法是指作战时采用的方法，这也因决策者而异，不同决策者的选择也不相同。客观因素有两个：天时与地利。这两项完全是客观的存在，是事实，是每一个决策者在作出决策时都要面对的条件，并且绝对不会因为决策者的意志而有所不同。决策者的任何活动如果违背了客观的事实与存在，就不会成功。

特别提示： 在所有决定胜负、存亡大事的要素中，人或者说决策者是最重要的因素，而其是否得道是关键。然后是天时和地利，要尊重客观规律，再英明的决策者如果违背了这两条客观条件，一味地以个人的意志行事，是不可能成功的。最后是将与法，决策者即使在得道义、顺天时、占地利的条件下也仍然需要运用正确的将领和作战方法才能取得战争的胜利。

二、校七计——知己知彼，百战不殆

1. 未战先算——五算

孙子认为战争是有规律的，规律是可知的，但是需要我们去学习、了解。掌握客观规律，首先要了解己方的实力与不足，真实、客观地看待自己。因此，未战先算既是必要，又是可能的，避免盲目性和妄动性。同时，未战先算还应包含数量分析的要求。孙子重视数量分析，他要求把彼己的情况尽可能转化为可计量的数，这是定计、用计的常法。《形篇》中指出："兵法，一曰度，二曰量，三曰数，四曰称，五曰胜；地生度，度生量，量生数，数生称，称生胜。"算的结果是："吾以此知胜负矣！"他的结论是："多算胜，少算不胜，而何况无算乎？"

（1）度。指度量一国的耕地面积。在那个时期，反映一个国家竞争实力的最主要指标是该国一段时期内可以生产的粮食总量，而这是由这个国家所拥有的耕地面积所决定的。实际上未战先算首要的是要明确什么是决定成败的关键要素，抓住了关键要素，也就真实地掌握了自己的实力。

（2）量。指人力、物力、财力。指三个方面的计量：其一是计算一个国家可以参战的人力资源的总量，15 岁以上、50 岁以下的男丁总数就是战时可以动员的人力总量。其二是计算战时可以动员起来的物质资源总量，包括粮食的库存总量等等。其三是计算国库中可以用来支持战事的资金总量。实际上，这就是我们常说的资源总量，包括人、财、物等方方面面。而且要找到一种计量的方式，得到定量化的结果。

（3）数。虚实之数。数原指要分清在"度"与"量"的过程中得到的有关我方实力的数据的真伪，不能被虚假的情报和数字混淆了视听。在战争中辨别真伪情报是至关重要的。但是在战争中善于使用真伪情报，迷惑敌方也是至关重要的。兵法中增兵减灶、减兵增灶的做法不仅被孙子推崇和成功地使用过，而且也是诸葛亮推崇和成功使用过的制胜法宝。正因为他们曾经成功的使用了真伪之术，所以在算计时，首先对自己要客观，不能夸大其词；其次，对敌方要实事求是，辨别真伪，以免上当。

知识链接

公元前 341 年，魏惠王又派庞涓联合赵国引兵伐韩，包围韩都新郑（今属河南省）。韩昭侯求救于齐。齐以田忌、田婴、田盼为将，孙膑为军师，率军经曲阜、亢父（今山东济宁），由定陶进入魏境，矛头直指与大梁近在咫尺的外黄（今河南民权）。庞涓闻讯，忙弃韩而回。魏惠王深恨齐国一再干预魏国的大事，乃起倾国之兵迎击齐军，仍以庞涓为将，太子申为上将军，随军参与指挥，誓与齐军决一死战。孙膑见魏军来势凶猛，且敌我力量众寡悬殊，只可智取，不可力敌，便决定采用欲擒故纵之计，诱庞涓上钩。他命令军队由外黄向马陵方向撤退。马陵位于鄄邑北 60 华里处，沟深林密，道路曲折，适于设伏。孙膑命令兵士第一天挖 10 万个做饭的灶坑，第二天减为 5 万个，第三天再减为 3 万个。庞涓一见大喜，认为齐军撤退了三天，兵士就已逃亡过半，便亲率精锐之师兼程追赶。天黑时赶到马陵，命兵士点火把照路。火光下，只见一棵大树被剥去一块树皮，上书"庞涓死于此树之下"八个大字。庞涓顿悟中计，刚要下令撤退，齐军伏兵已是万箭齐发。魏军进退两难，阵容大乱，自相践踏，死伤无数。庞涓自知厄运难逃，大叫一声："一着不慎，遂使竖子成名！"拔剑自刎。齐军乘胜追击，正遇太子申率后军赶到，一阵冲杀，魏军兵败如山倒。齐军生擒太子申，大获全胜。史称此战为"马陵之战"，称孙膑的战法为"减灶之计"。此战后，魏国由盛转衰，孙膑却因善于用兵而名扬天下。

（4）称。即称量德业和才能。指对统治者和将要使用的将才的德业和才能的度量。在五事中提及的"德"也就是这里所说的德业和才能。统治者、将领的德业和才能是战争中非常重要的砝码，要能够有办法称量出来。可以通过事实检验，也可以通过比较得出结论，总而言之是需要认真地加以算计和权衡的。

（5）胜。胜负之政。指一个国家的统治者是否是明君，其所作所为是否得到老百姓的拥护，其执政的方式是不是老百姓所期望的，他采取的是取胜的政体还是注定要失败的政体。五事中提及的"道"也就是胜负之政。

2. 未战先知

在战争中想要取得成功，除了要了解自己，还要了解竞争对手的实际状况。

（1）知彼知己，百战不殆。《孙子兵法》说：知彼知己，百战不殆；不知彼而知己，一胜一负；不知彼，不知己，每战必殆。"这里用精练的语言概括了指挥战争的规律，突出了了解自身及对手的极端重要性。

（2）知天知地，胜乃不殆。孙子还强调"知彼知己，百战不殆；知天知地，胜乃不殆"。这里使用"彼"、"己"、"天"、"地"等来代表主客体之间的关系，强调决策必须建立在对主客观条件的周密调查和充分估量之上。这是具有普遍意义的。

孙子认为，了解自己的部队可以打，而不了解敌人不可以打，胜利的可能只有一半；了解敌人可以打，而不了解自己的部队不可以打，胜利的可能也只有一半；既了解敌人可以打，也了解自己的部队可以打，但不了解地形不利于作战，胜利的可能依然只有一半。所以，他告诫人们说，不了解诸侯列国的战略意图，不宜与其结交；不了解山林、险阻、沼泽等地形状况，不能行军；不用向导，就不会得地利。

他还强调要善于根据敌人的动态来预测他们的行为。敌人逼近我们而保持镇静，是倚仗他们占据着有利的地形；敌人离我们很远而前来挑战的，是想引诱我军入其圈套；敌人驻扎在平坦地带，必定是有利可图；许多树木无风而动，是敌人隐蔽前来；草丛中有许多障碍，是敌人故意在迷惑我们……这些方方面面，如有一样忽略了，均不能成为百战不殆的军队。

3. 校以七计

孙子不但要求"未战先算"，还要求"校以七计"。即必须对敌我双方进行七个方面的比较和计算。这七个方面是："主孰有道?""将孰有能?""天地孰得?""法令孰行?""兵众孰强?""士卒孰练?""赏罚孰明?"这就将我们在现代商战中所说的竞争对手分析以及双方实力分析落到了实处。

特别提示：这七个方面都是重要的，但是"道"是关键；"将"是第二位的因素，因为一项再好的决策、再有利的形势都需要人去把握与执行，用人的失误就是最大的失误。况且，与道相比，用人是可以选择的，是可以由自己决定的；天时与地利是第三位的；管理则是第四位的。这就好比：选择做正确的事——得道；选择合适的人——用将；适应企业内外部的条件——顺应天时与地利；建立良好的具有活力的管理机制——赏罚与规章；合理地培训与使用人力资源——兵与士。

三、保五全——不战而胜智为先

《孙子兵法》中还有一个著名的论点："不战而屈人之兵，善之善者也。"体现了孙子的中心思想是"以智取胜"；孙子所追求的最高境界就是"不战而胜"。

1. 全与破

孙子说："凡用兵之法，全国为上，破国次之；全军为上，破军次之；全旅为上，破旅次之；全卒为上，破卒次之；全伍为上，破伍次之。"这里所说的"全"是保全的意思。战争的最终目的是要保全国家，因此战争要以国家的最根本利益为出发点。这里所说的"破"，是破坏、危及的意思。

特别提示： 战争以"全"为主，以破为辅；"全"是目的，破是手段；"全"是一定要坚持的原则，破是不得已而为之的行动；"全"是上策，"破"则次之。权衡利弊要由大至小，国、军、旅、卒、伍顺序排列；为实现上一层次的"全"，可以牺牲下一层次的"全"，或者说应该"弃卒保车"。战争要看重结果，要追求"全"，就要避免用兵，以智取胜。孙子说，这是用兵的法则。

所以-孙子告诫决策者和将帅们："主不可怒而兴师，将不可愠而致战，合于利则动，不合于利则止。怒可以复喜，愠可以复悦。亡国不可复存，死者不可复生。故明君慎之，良将警之，此安国全军之道也。"一切指挥作战的将帅们都必须以国家、人民的利益为重，用理智对待一切，不可把战争这样的大事建筑在一时冲动之上。

2. 伐与攻

孙子认为，能够百战百胜，还不算最高明的将帅；只有不战而使敌人屈服的将帅，那才称得上是高明中之最高明者。"故上兵伐谋，其次伐交，其次伐兵，其下攻城。"善于用兵的人，不必直接交战就能使敌军屈服，不必硬攻就能夺取敌人的城池，不必久战就能毁灭敌人的国家。"必以全争于天下，故兵不顿，而可全，此谋攻之法也"。

特别提示： 孙子反复强调的是这样的思想：要获得全国、全军、全旅、全卒、全伍的"全"胜，就一定要用全胜的谋略来取胜于天下——这就是谋攻的法则。也就是"以智取胜"。

3. 有利与不利

孙子认为，聪明的将帅考虑问题，必须充分考虑到有利与不利两个方面。在不利的情况下看到有利的条件，才能提高信心，胜利完成任务；在顺利的情况下看到不利的因素，才能戒骄戒躁，解决可能发生的隐患。他认为，争夺制胜条件最困难的地方是要把看似迂远的弯路变成近便的直路，化不利条件为有利条件。因此，要以“小利”引诱敌人，将其“近直之利”变成“迂远之患”。这样，我方就能比敌人后出发而先抵达战略要地。做到这一点，就是掌握了“以迂为直”的计谋。

特别提示：孙子的这些言论充分体现了“一分为二”的辩证分析方法。同时，他并没有停留在仅仅是看到“有利”、“无利”的阶段上，而是进一步提出了要促使矛盾向有利的方向转化，化不利为有利的思想。孙子的这种趋利避害、扬长避短、转化矛盾、争取主动的观点，在今天依然是竞争中获得成功的法宝，也是组织的领导者在进行决策时必须遵守的一条基本原则。在利害相杂的情况下，决策定计应遵照“两利相权从其重，两害相衡趋其轻”的原则；要力求做到“以己之长，击人之短”，这样既发挥了自己的优势，又利用了对手的劣势，可使自己立于不败之地；要想方设法促进利害的转化，做到化害为利，变短为长。这样，可使自己在下一轮的竞争中，处于更加有利的地位。

四、重五德——将帅是胜利之本

想一想：五德是指哪五个方面？

1. 五德——智、信、仁、勇、严

（1）智。指人的聪明与才智。智者先见而不惑，能谋虑，通权变也。这里讲的智有三点涵义：首先表现在比他人有先见之明，在各种复杂的问题与情况面前善于思考，不为表面现象所迷惑；其次是多谋善虑；比他人看得远、想得多、虑得深；最后是善于根据所面对的情况、任务、人员及其问题的性质调整自己的管理方式，随机应变地解决问题。为将五德，智为首。在“将以道心”的前提下，就五德之间的关系而言，“智”居首位。强调将要有智慧，有才能，善于用兵。

“智”的另一层涵义是冷静、善思、讲求理性。因而，孙子又说“将军之事，静以幽，正以治”。为将者凡事应冷静而深思，理智地对待战事，切忌感情用事。

（2）信。指人的诚信或者说人品。信者号令一也。关于信的解释或者说关于人品的解释各式各样，但是孙子的解释最为精辟。值得信赖的人品确实是：号令一也。下令前与下令后表现相同，承诺与兑现表现相同，上级面前与下级面前表现相同，对有背景的人与没背景的人表现相同，对高学历的人与低学历的人表现相同，对权力大与权力小的人表现相同，对当官与不当官的人表现相同……如果真正做到了与这些数不清的表现相同，就确确实实有了诚信。

（3）仁。指仁义。仁者惠抚恻隐，得人心也。每个人都有自己的想法，有时候有些想法是不可以说出来与大家共享的。作为带兵用将之人，胸怀要宽广，要能体谅下属的难处，尤其是要能够替下属想到他们不方便说出来的要求和需求，所谓“恻隐之心”正是对将才的高度要求。

（4）勇。指勇敢、果毅。勇者循义不惧，果敢坚毅。勇不是鲁莽，勇是为正义两肋插刀，勇是为国家大义灭亲，勇是关键时刻的果断行动，勇是在危急时刻处变不惊。

（5）严。指威严。严者以威严肃众心也。不仅立法要严，执法更要严格，并且在执法中要一视同仁，才能树立威信，取信于士兵。

孙子的这些用将论断，得到了历代军事家的认同。汉代的军事家曹操就曾说过：“将宜五德备也”；宋代名将岳飞也曾说过：“智、信、仁、勇、严缺一不可”。

特别提示：对一个将才而言，五德的水平虽然可能有所差异，但是确实缺一不可。有智而无信在老百姓看来就是欺诈之人；勇而不仁就会四面楚歌，智勇双全而无仁就会失去人心；仁而无智就是愚笨；仁而无勇就是懦夫；仁而无严就会丧失权威；勇而无智就是鲁莽；严而不仁就是苟暴。

2. 将帅的素质和修养

孙子认为，为将帅者担负着事关国家和人民生死、安危的重大责任，扮演着非常重要的角色。在战争年代尤其如此。为此，孙子非常重视将帅的素质和修养。

首先，在“道”和“将”的关系上，孙子强调“道”对“将”的指导和制约作用。他把“主孰有道”放在“将孰为能”之前。《十一家注孙子·贾林》解释说，将若以道为心，与人同利共患，则士卒服，自然心与上者同也。

其次，身为将帅必须做到“进不求名，退不避罪，唯人是保，而利合于主，国之宝也。”也就是说，为将帅者，要有宽阔的胸怀，高尚的思想境界，不计较个人的进退得失，一切以国家和人民的利益为前提，这样的将帅才是国家真正的宝贵财富。

第三，对于将帅应如何对待士卒，孙子认为将帅应当“视卒如婴儿，故可以与之赴深溪；视士卒如爱子，故可以与之俱死。”但爱兵不是溺爱、放任。因而兵法中又有“厚而不能使，爱而不能令，乱而不能治，譬若骄子，不可用也”之说，以警示将帅们。

3. 懂得放权

想一想：为什么一定要给将帅足够的权力？

《孙子·谋攻》中指出，有五种情况可以预见到胜利，“将能君不御”就是其中一种。将帅若是有足够的能力，国君就不应该管得过严。也就是说，对有能力的将帅，不要管得过多、过死。这里就牵涉到领导体制中权力和责任的关系问题。

文中还指出：“故君之所以患于军者三：不知军之不可以进，而谓之进；不知军之不可以退，而谓之退；是谓縻军。不知三军之事，而同三军之政者，则军士惑矣！不知三军之权而同三军之任，则军士疑矣！”就是说在作战中，作为最高领导的国君切不可对将帅随意干预，瞎指挥，否则，必然会造成混乱而致失败。

《孙子·九变》还提到：“将受命于君”，但要精通“九变”，懂得灵活权变，因而，“涂有所不由，军有所不击，城有所不争，君命有所不受”。这就是后来兵家所说的“将在外，君命有所不受”。大将在外作战，情况瞬息万变，必须授予将帅相应的自主权。在这个问题上，孙子甚至主张“故战道必胜，主曰无战，必战可也，战道不胜，主曰必战，无战可也”。以上这些，都说明孙子很重视将帅应有的权力。这是因为在战争中，将帅承担着重大的责任，权力和责任必须对等。这是战争给予古人的教训，它对于现代管理也有着直接的借鉴价值。

五、造势——才能所向无敌

想一想： 何为势？

《孙子兵法》中提及的势是指战争中的战略态势，指力量对比上的格局。作战打仗，既要讲究“形”，即实力；还要讲究“势”，即态势。战争是力量的对比和较量。孙子说：“是故胜兵先胜而后战”、“败兵先战而后求胜”；“故胜兵若以镒称铢，败兵若以铢称镒。胜者之战民也，若决积水于千仞之溪者，形也”；“故善战者，求之于势，不责于人，故能择人而任势。”所谓“任势”，就是凭借优势，以势压敌。这种“势”，不是消极等待得来的，而是要去主动地造就，这就叫做“造势”。“造势”，包括以强压弱、以勇压怯、以治击乱、以奇制胜等等。因此“势者，因利制权也”。这种原则在管理的实践中带有普遍性。任何管理都有任势和造势，即善于凭借自己的优势和造就自己的优势的问题。创造优势，并且形成一种气势，“如转圆石于千仞之山者”，从而所向无敌。”

孙子非常注重“造势”的谋略，他说，善于用兵打仗的人，要依靠有利的形势取胜，而不是过分苛求部下，因此，他就能够选择不同的人才去创造和利用各种有利的态势。善于利用态势的人指挥军队作战，就有如滚动木头、石头一样灵活。所以，善于指挥作战的人所造成的有利态势，就如同是将圆石从万丈高山上推滚下来一样，这就是所谓的“势”。

1. 顺势而为谓之神

孙子和老子一样，都很崇尚水。不过，老子崇尚的是水的品质，孙子崇尚的则是水的形势。兵法中说：“夫兵形象水，水之形，避高而趋下；兵之形，避实而击虚。水因地而制流，兵因敌而制胜。”

“因敌制胜”就是要以敌情作为制定战略战术的依据。“兵无常势，水无常形，能因敌变化而取胜者，谓之神。”水之性是避高而趋下，兵之形是避实而击虚，集中优势兵力，攻击敌人的空虚薄弱点，这就是兵之性。孙子又说：“料敌制胜，上将之道。”善于了解敌情，根据敌情及其变化制定战略战术，从而取胜，这是一流将才的作战原则。不仅如此，还要做到“能为敌之司命”，就是能够当敌人的司令，牵着敌人的鼻子走，然后让他暴露出破绽，乘虚而入，战而胜之。把敌人的命运掌握在我们的手中，这就叫做“为敌之司命”。

2. 善出奇计以创新取胜

孙子说“奇正之变，不可胜穷”。这里所讲的“正”是正常，常规；“奇”则是不正常，非常规。《孙子·势篇》说：“三军之众，可使必受敌而无败者，奇正是也”；“凡战者，以正合，以奇胜”。这就是兵家常说的，以正常的战术抵挡敌军，以非常规的手段夺取胜利，叫做“出奇制胜”。《孙子兵法》说：“出其不意，攻其不备，乃取胜之道。”“善出奇者，无穷如天地，不竭如江河。”善于出奇制胜，以巧取胜者，他的奇想妙法千变万化，无穷无尽，源源不断。

掌握奇正之变，来源于创造性思维。孙子比喻说，声、色、味，每样都不过五种。但是五音、五色、五味，各自采取不同的组合，便产生音调、色彩和滋味的千差万别和千变万化。高明的将帅，其巧妙就在善于运用“奇”和“正”的结合，导演出变化莫测、有声有色的战争活剧来。所以说，战势不过奇正，奇正之变，不可胜穷也。善于运用创造性思维的人，能够善于把常规思维和非常规思维结合起来。奇正相生，变化无穷。这是一切领导艺术的思想源泉。

“避实就虚，出奇制胜”是《孙子兵法》的精髓。孙子说，与敌方作战，要出击敌人无法急救的地方，要奔袭敌人预料不到的处所。行军千里而不劳累，是因为行进在没有敌人防备的地方；进攻而必然取胜，是因为所攻击的是敌人未曾防御的地方；防御而必然稳固，是因为所扼守的是敌人无法攻取的地方。所以，善于进攻的，敌人不知道该如何防守；善于防守的，敌人不知道该如何进攻。

管理故事

马尼拉的矮人餐厅

一个叫吉姆的美国人在马尼拉开了一家餐馆，开始时，他按照常规招了一些漂亮的姑娘当服务员，但生意一直很冷淡。一个偶然的机会，吉姆认识了身高不足三英尺的矮人鲁比。于是，他灵机一动，招收了一支以鲁比为首的矮人队伍，办起了世界唯一的矮人餐厅。在这里，上至经理，下至厨师、服务员，都是身高不足1.3米的矮人。这里的服务方式也很独特：当客人走进餐厅时，马上会受到一位大头小身体的矮人迎候，满面笑容地为客人递上擦脸毛巾。待顾客坐定后，又有一位矮人捧出一个几乎与自己身高相等的大菜谱，请顾客点菜。由于他们的动作滑稽可爱，常常使得顾客笑得合不拢嘴。就这样，矮人餐厅闻名遐迩，顾客慕名着纷至沓来，络绎不绝。

六、集兵力——速战速决

1. 兵贵神速

孙子强调在战争中要争取时间，速战速决。在《孙子兵法》中，他对此有多次论述。他认为，用兵作战，要运用轻车千辆，重车千辆，军队十万，要向千里以外运送军需粮饷、前方后方的费用、招待宾客的开销、制造和维修作战器材的消耗、保养武器装备的支出，每天要花费大量财力。因此，用这样的军队去作战，就要求速战速决，旷日持久就会带来严重后果，造成无法挽回的危局。他指出，“兵闻拙速，未睹巧之久也”，又说“兵贵胜，不贵久”。

2. 集中优势兵力

战线过长、多面迎敌是兵家大忌，而集中兵力、突出重点、攻其一点则是取胜的要诀。孙子非常重视这一谋略，他在《孙子兵法》中指出，“故用兵之法，十则围之，五则攻之，倍则分之，敌则能战之，少则能守之，不若则能避之。故小敌之坚，大敌之擒也。”同时他也又认为“故形人而我无形，则我专而敌分。我专为一，敌分为十，是以十攻其一也，则我众而敌寡，则吾之所与战者，约矣。吾所与战之地不可知，不可知，则敌所备者多；敌所备者多，则吾所与战者，寡矣。”

3. 防奸识诈，谨防受骗

在战场上，为了保持自己的主动和优势，立于不败之地，必须做到“我能知人，人莫知我”。而要做到这一点，一方面，要诓骗敌人，故意制造、散布或向敌人传递假情报，或者通过示形、佯动迷惑敌人，诱敌上当；另一方面，要随时掌握可靠的情报信息，做到遇事先知，洞悉敌情。

孙子说，用兵打仗是诡诈之术，“故能而示之不能，用而示之不用，近而示之远，远而示之近。利而诱之，乱而取之，十而备之，强而避之，怒而挠之，卑而骄之，佚而劳之，亲而离之。”佯动、示形达到最高境界，就再也看不出什么形迹；那么，即使是深藏的间谍也窥察不出我们的底细，老谋深算的敌人也想不出对付我们的办法。

为了获取敌人的情报，孙子主张必须向敌方派出间谍。间谍有因间、内间、反间、死间、生间等五种。一个企业，为了在竞争中立于不败之地，也应该像在军事战场上一样，一方面要及时、准确、全面、系统地掌握国内、国际市场上的各种信息，另一方面要严守自己的经营秘密和科技秘密，使其不被对手所窃取。

第三节　道家的无为而治

老子曰：“之执古之道，以御今之有。”现代中国人的思想深处有许多根深蒂固的观念，因此明确被管理者的思想轨迹就显得十分重要。从老子的智慧言论中，可以悟出许多管理理念和深刻的道理。

管理故事

松下幸之助的成功之道

日本松下公司的创始人松下幸之助被誉为“经营之神”，他在世的时候，有人问他，成功的秘诀是什么？他说，“我并没有什么秘诀，我经营的唯一方法是经常顺应自然的法则去做事”。正所谓人法地，地法天，天法道，道法自然。

一、无为而治的特点

想一想：什么是无为？如何理解无为？

1. 无为而治是哲学

无为的哲学性体现在老子学说的方方面面。《老子》实际上是一本哲学书，谈论的内容大多是哲学的、放之四海而皆准的真理。在治国之道方面有“政简刑轻与繁复苛重，察察与缺缺，大国与小鲜，授权与控制”等等哲学关系的论述；在认识世事方面有“安与危，静与动，奇与正”的关系的理解和运用；在做事与管理方面有“刚与柔，弱与强，难与易，大与细”的论述与示例；在做人方面有“无为与无不为，远大目标与脚踏实地，言传与身教”等。所有这些深刻的道理都是从哲学的角度、辩证的关系方面论述的。道理深刻，寓意深远。

2. 无为原则适用于一切人

对统治者和管理者而言，治理国家、管理组织都需要使用“道是根本、无为而治”的理念。对自己要尽量返璞归真，活动和应酬要少，不首先去享受社会文化、技术进步的成果，以免形成领导奢侈浮华的享乐之风；政治上要减政、轻刑，要有长期稳定的政策，要给下级自主工作的权利等等，这就是无为。上级无为，下级可以无不为了。

对一般人而言，要“千里之行始于足下”，更要“图难于其易，为大与其细”。从大处上无为了、踏实了，于小事上也就无不为了。这也就是说，假如一个人好高骛远，不从小事做起，就注定他最终无为；反之注重从小事做起，从表面上看似无为，实际上却会达到无不为的境界。

3. 无为原则适用于任何过程

“无为”是一个普遍适用于任何管理过程的原则，不论是政治管理、经济管理、军事管理或社会文化管理，都概莫能外。但是，《老子》首先却是把“无为”作为一个政治管理原则提出来的。《老子》所主张的“无为”，首先是在政治活动方面的“无为”。他认为：国家政权为管理人民而制颁的法令规章越多，人们为规避、利用这些法令、规章而采取的手段也就越多；国家为禁止人民而使用的刑罚越繁苛，人民的反抗也就越强烈，社会也就越乱，越不安宁：“其政察察，其民缺缺”，“法令滋彰，盗贼多有”，“民不畏死，奈何以死惧之?”从这种认识出发，《老子》在治国问题上一贯强调“政简刑轻”，反对以繁复苛重的政治、法律手段治国。

特别提示： 对于管理过程而言，组织的规章制度也并不是越多越严越好。规章制度越多越严，尽管组织的一致性程度会越高，但是组织成员规避规章制度的行为也会越多。更主要的是为了不违反这些制度、少受罚，组织成员会采取保护自己的做法，不主动积极地为组织目标服务，而以自己不受罚作为工作目标的上限；更有甚者，有人会采取措施，钻这些规章制度的空子，做出对组织不利的事情来。同样会是“其政察察，其民缺缺”。

二、无为而治的内容

1. 无为而无不为

（1）道是根本，道常“无为而无不为”。老子认为：世间万物有自己本身的规律，这种规律是不能违背的，他将其称为之道。因此道是世间最高的境界。道是宇宙本源，万物均是由道派生出来的。道法自然，道常“无为而无不为”。遵守客观规律，顺应自然，所谓无为；符合客观规律，改造现实世界，所谓无不为。“为无为，则无不治”，“无为而无不为”，后者则叫做“为者败之”。

“无为”，绝不是要人们什么都不干，它是指人的行动及其指导思想必须顺应自然，必须符合自然规律的要求，不能违反自然规律而主观随意地蛮干、胡为。同时，“无为”也绝不是主张消极地、盲目地听任自然支配自己，绝不是主张听天由命，而是认为人要在符合自然要求的情况下行动。只有人的思想行动充分符合自然的要求，才能在花费力气较少，遇到的挫折和损失也较小的情况下达到自己的目的。反之，如果违反自然要求而蛮干、胡为，就会枉费气力并且遭受惨重失败，而且往往是费力越大，失败得越惨。

(2) 无为是一种做事认真审慎的态度。《老子》说的无为，不但不是教人什么事都不干，而且对干的要求还是非常认真、非常审慎和非常严格的。不但对大事、难事要认真、谨慎地干；对小事、细事也必须十分踏实地、一丝不苟地做好。所谓“图难于其易，为大于其细。天下难事，必作于易；天下大事，必作于细”。

“合抱之木，生于毫末；九层之台，起于累土；千里之行，始于足下。”自然界的一切事物都是由小变大的，树是这样，高楼是这样，人也应该是这样。万事都应由小逐渐积累成大，做人要有远大的理想，更要有实事求是的、从小事做起的精神。

(3) 无为就要注重稳定性。《老子》说：“治大国若烹小鲜”，意思是说，治理大国要像烹煎小鱼一样，少搅动。烹小鱼时不停地翻来翻去，就不可能做出条条完整、色香味俱佳的一道菜，而只会弄成有的地方焦黑、有的地方不熟的一锅碎肉渣；治理国家的政策没有稳定性，就会造成严重的混乱和烦扰。国家越大，造成的矛盾和混乱就会越严重，损害也会越大。

事物是运动的，但运动中也包含着相对静止的阶段。治理国家的政策，必须随形势的变化而调整、改变；在形势发生大的变化时，必须适应形势进行改革。但是，政策又必须有稳定性，在形势未要求对政策进行改变时而轻易改变政策，尤其是轻易作重大的改变，就会使人们产生疑虑，害怕政策会改变而观望不肯执行，有些人甚至可能按自己所推测的变化采取“对策”，那就会造成混乱和不安。

(4) 无为就要知足常乐，适可而止。老子曰：“甚爱必大费，多藏必厚亡。故知足不辱，知止不殆可以长久。”意思是说，贪得无厌，贪心不足，是最大的灾祸和过错，最终将落到一无所有的下场。所以要知足、自制，适可而止。这样才能避免危险和失败的屈辱，立身长久。

(5) 无为就要摆脱琐事，清静自得。老子认为：天地之间，就像只风箱，空虚但不穷竭，发动起来生生不息。因此，圣人以“无为”的态度处理世事。虽有豪华的气派，可观的权力，却安居泰然，清静超脱。对生活的追求、对人生的态度莫不如此。如果真能做到这一点，人的境界也就上升到了一个新的高度，组织中的人际关系也就会好相处得多。

2. 无为是南面之术

《老子》所说的“无为”，对领导人而言，还包含着领导方法方面的要求。《老子》很注意“君人南面之术”，即君主统治、驾驭臣民的方法。

(1) 诚信为先。老子曰：“言善信，政善治。”言而有信，政事才好处理；轻视诺言，必然导致没有信誉。孔子甚至将取信于民作为治国的头等大事，放在粮食、军队之前，认为“自古皆有死，民无信不立。”将失信于民看得比死亡还可怕。所以一个企业管理者为了实现企业目标，必须赢得职工的信赖和尊重，而这要靠自己在群众中的可信程度。故而，在管理活动中必须谨言慎行，一诺如千金。

(2) 天下无无用之人。老子认为，“圣人常善救人，故无弃人；常善救物，故无弃物，是谓袭明。”天下无无用之物，无无用之才。明智的管理者应以职量才，用其所长，不求全责备，有超凡脱俗的招才之道，用人之德。“夫物之不齐，物之性也。”“圣人不仁，以百姓为刍狗”，圣人应该摒弃一切极端的、过度的、过分的做法，人性不一是自然现象，圣人应无所偏爱。

用人是管理的重要内容。中国还有句古语：用人之长，避人之短。但现实中常常是用其所短，而不用其所长。老子却说：天下无无用之人。关键在于你怎么去用。一个优秀的管理者应该能够容忍人之所短而去用人之所长。这就需要将看人所短的一只眼闭上，而将看人所长的一只眼睁得大大的，需要有老子无为的宽大胸怀。

（3）圣人行不言之教。老子说："美言可以市尊，美行可以加人。""圣人行不言之教"。所以圣人执行的是"不言之教"，即以身作则。这和孔子的修身为先的理念是完全一致的。组织中有许多的遗传特征是由领导者产生和示范的。组织的文化会留下领导者深深的烙印。如果领导者是重"言教"胜于"身教"就会在组织中留下只会动口不会动手的习惯，久而久之官僚现象就会形成了。

（4）退让求和，不争之德。老子说："善为士者，不武；善战者，不怒；善胜敌者，不与；善用人者，为之下。是谓不争之德，是谓用人之力，是谓配天古之极"；"天之道，利而不害；人之道，为而不争。"退让求和、不争之德是管理者的基本修养，也是做人的根本原则之一。争强好胜之人，难成大器，也是不争的事实。每临大事有静气，才是大将之风度，才是成就大事业之人才。管理者首先要赢得部属的拥戴和信服，要有相当的威望和号召力。而要拥有这些，就必须舍小利以求大德，示民以无私，示民以谦让。只有这样，方能得民之倾服，"不战而屈人之兵"，永远立于不败之地。

（5）不代大匠之斫。老子认为"无为"就是要求领导人要善于抓大事，把具体的工作分配给具体的机构和人员去做，而不要事无巨细都亲自插手，否则就像是你不懂如何做木工活，但是却要代木工去砍木材、去下料，这样不仅不会将活做好，而且还会砍了自己的指头。分工协作，权责分明，各展其长，各尽其力，领导人看似比较清闲，但却能把整体的以及各部分的工作都做得井井有条，取得最佳效果，也就做到"无为而无不为"。

（6）处罚有度。老子说："善有果而已，不敢以逞强；果而勿矜，果而勿伐。果而勿骄，果而不得已，果而勿强。"现代管理与治家之道是相同的道理。因此应该使惩罚成为警示他人不要轻易犯规的工具，而不是要常常拿来鞭笞他人的工具。

（7）以德报怨。老子曰："报怨以德"。以此大度之心宽容之怀，使人人向善，人人守信，天下和谐如一体。管理者要能容常人所不容，行众人所难行。"海纳百川，有容乃大。"只有能承受一切耻辱和风险，善待他人，信任部属，真正达到"以德报怨"的境界，才能逐渐培养起下属对组织的忠诚、信赖和责妙，而这些优良的心理素质和工作态度才是组织生存和发展的源泉和管理成功的内在功力。

三、无为而治的"弱用"论

美国艾搏契特在其《二十二种新管理工具》一书修订本序中就引用了《老子》的话："善用人者为之下，是谓不争之德，是谓用人之力。"日本企业家运用老子管理思想也很普遍，如"无为"、"清静"等，就常常被作为以柔克刚必需的境界。老子的管理思想很丰富，然而，在当今市场竞争愈发显得激烈的情况下，其高度运用辩证法的、以弱胜强的"弱用"论，则显得尤为精到与适用。

1. 弱胜强柔克刚

（1）天下莫柔于水。针对强者往往是胜者的观点，老子还阐述了以柔克刚的道理。"天下莫柔于水，而功坚强者莫之能胜。以其无以易之。弱之胜强，柔以胜刚，天下莫不知，莫能行。”

（2）其脆易泮，其微易散。有优势者必有弱点，“其脆易泮，其微易散。”犹如一条长长的铁链，那么多的环节怎么可能都是一样的坚硬，总会有某一环脆弱一些，这就成为易泮之点；强与大往往是相互联系的，强大的环节越多则合作与团结就越成为影响成功的关键因素。那么多的人、那么多的资源、那么多的环节，怎么可能完全达到一致，这就成为易散之点。这也就是越强大的势力也就越孕育着危机的道理。

（3）坚强者死之徒与柔弱者生之徒。强者有不利的一面，弱者也会有有利的一面。“坚强者死之徒”，强大的一方，容易招致对手强烈的抵抗，这就是他的致命弱点和不利，这一点不因情景、不因场合、不因是商战还是兵战而异，只要是强者都会如此。对于个人而言，一个人能力过强，能干的事情过多，也会招致众人的嫉妒，也会有不利。“柔弱者生之徒”，柔弱的一方，往往会团结一致御敌，这就产生了无法抗拒的力量。使得他们从逆境中获得生路，这就是他们的有利之处。这一点同样不因情景、不因场合、不因是商战还是兵战而异，只要是弱者都会如此。对于个人而言，一个人能力过弱，能干的事情过少，也会引起众人的同情，也会有有利的一面。

（4）反者道之动，弱者道之用。“反者道之动，弱者道之用”。强弱之间的相互转化是运动的规律，既没有一直强的强者，也没有永远弱的弱者，善用道者即掌握自然规律而行事的弱者，用自己的行为转弱为强。

（5）居安思危。偶尔以弱胜强，也许并非难事；对大多数的决策者来说，始终保持“弱用”的心态，就不太容易了。因此，老子对甘于示弱予以特别的强调。他的这一观点首先以“水”作比喻：“上善若水，水善利万物而不争。”“天下莫柔弱于水，而攻坚强者莫之能胜。”而人们为什么不能示弱呢？老子说道：“人之生也柔弱，其死也坚强。万物草木之生也柔脆，其死也枯槁。故坚强者死之徒，柔弱者生之徒。”在他看来，凡“生”者必是“弱”的，而以“强”自居者，“死”期已将至。所以，治国治军者，就必须明白“祸兮福之所倚，福兮祸之所伏”的辩证法。因此，“圣人不为大，故能成大”。

2. 哀兵可胜

（1）哀兵可胜的原因——同仇敌忾。老子曰：“抗兵相加，哀者胜矣。”这也是成语“哀兵必胜”的由来。而越王勾践的“卧薪尝胆”、汉将韩信演绎的“背水一战”，证明的也正是“哀者胜”。老子所说的“哀者”，主要是指弱势却拥有正义的一方，因“哀”而对强敌悲愤切齿，同仇敌忾。无疑，老子在这里强调的是以弱胜强必须具备的主体意识，或者说士气因素。

特别提示： 这里所说的哀者，是指哀痛，是指一致的悲愤；也指哀怜，是指双方以外的势力对柔弱一方的广泛同情与支持。正是有了这两条，才能够激发组织成员的动力，上下一心，摒弃前嫌，一致对外，获得前所未有的成功。在兵家也有“釜底抽薪，背水一战”的说法。

（2）哀兵可胜的基础——以正治国。要想以弱胜强，转“哀”为“胜”，就必须通过充分的内治来加强自身的实力，打牢克敌制胜的基础。如此，才能使自己“无死地”，或孙子所说的“立于不败之地”。而要做到“无死地”，就得把内治做得周密切实，一丝不苟，即老子所说的“以正治国”。对于如何“以正治国”？老子强调：“图难于其易，为大于其细。天下难事，必作于易；天下大事，必作于细。”“合抱之木，生于毫末；九层之台，起于累土；千里之行，始于足下。”老子特别告诫人们必须“慎终如始”，才可避免“于几成而败之”。

(3) 哀兵可胜的实现——以奇用兵与处后反先。老子的“弱用”论，不仅主张“以正治国”，而且要求“以奇用兵”。“以奇用兵”往往能“出奇制胜”。

管理故事

老子的“以奇用兵”

《三国演义》中曹操的“官渡之战”以弱胜强，而“赤壁之战”执强势尝败绩，其关键就在于出“奇”与否。“官渡之战”，曹操暗出奇兵，乌巢焚粮，从而以七万人马的弱旅大胜袁绍的七十万大军；而赤壁之战，曹操携八十三万人马浩浩南下，面对周瑜的数万军士，无疑成泰山压卵之势，然而征战中见曹操横架赋诗、喝令进军，却不见用谋划策，只听凭孙刘联军用尽“草船借箭”、“苦肉计”、“反间计”、“连环计”、“火攻”诸计，其结果只能是败下华容道。曹操的一胜一败，典型地说明了“以奇用兵”在临战中的作用。

老子的“以奇用兵”最突出的是后动制敌。老子说：“将欲歙之，必固张之；将欲弱之，必固强之；将欲废之，必固兴之；将欲夺之，必固与之。”这里一口气又说了四点辩证关系，都是讲的用兵与管理之道。他说：“用兵有言，吾不敢为主而为客，不敢进寸而退尺。”又说：“后其身而身先”，“不敢为天下先，故能成器长”。其中，“歙”与“张”、“弱”与“强”、废”与“兴”、“夺”与“与”、“主”与“客”、“进”与“退”、“先”与“后”、“不”与“成”，均构成了战争中的辩证统一关系，且共同说明了老子的后敌而动、后发制人，以把握主动、出奇制胜的思想。

第四节　商家的计然之策

中国古代关于经商的理论较之治国和作战的理论要少得多。而且也没有比较系统的继承与发展。比较著名的是范蠡、计然的“积著（贮）说和计然之策”。

一、计然之策

1. 贵出如粪土，贱取如珠玉

“论其有馀不足，则知贵贱。贵上极则反贱，贱下极则反贵。贵出如粪土，贱取如珠玉。”这些话极为精辟地揭示了商品价格与市场需求之间的平衡关系。“一贵一贱，极而复反”。在进行经营活动时，不能苛求过高的利润，在价格高到适当程度时应果断抛售，这就是“贵出如粪土”；在价格返谷时，应大胆地买进，这就叫“贱取如珠玉”。事物的量变在积累的过程中达到一定程度就会有一个质的飞跃。对于商家来说，对事物“度”的把握是至关重要的。

2. 知斗则修备，时用则知物

“知斗则修备，时用则知物，二者形则万货之情可得而观已。”“岁在金，穰；水，毁；

木，饥；火，旱。”影响市场变化的无非是这样一些基本因素，根据这些因素的变化做出判断是经营成功的关键。

范蠡还曾提出农业经济循环学说，他认为“六岁穗，六岁旱，十二岁一大饥”，即天下六年一次大丰收，六年一次小丰收，十二年一次大的饥荒，这些都是气候变化引起的，是有规律的。掌握了这些规律就可以提前做好准备。“水则资车，旱则资舟”。“夏则资皮，冬则资”，只有将经营的眼光放到未来需求最迫切的市场上，才能获得更多的利润。

3. 财币欲行如流水

“财币欲行如流水”，“无息币”。这就是说，在经营过程中，要特别注意保持资金流转的通畅，不能把过多的资金积聚在自己的手中，这就叫做“无息币”。不要看轻薄利，在资金加速运转的情况下，实际上就已经达到了增加利润的效果。而一味地囤积居奇，抬高物价，则有可能血本无归。这就是“无敢居贵”。毕竟高额利润不可能时时存在，薄利多销实际上就是将风险转化为利润的最佳方法。范蠡认为谷贱伤农，太贵又伤害商贾的积极性，因此缩小价格波动的幅度，无论是对商家和买家来说，都是最受欢迎的。

4. 务完物

“务完物”意为一定要保证所经营的货物质量。在采购货物时，对易腐烂的东西，切勿长期存储，贪图价高；还要防止以次充好，坑害消费者。务指一定，是强调的意思，说明对产品质量的看重。

5. 择人任时

“择人任时”是指范蠡的经营策略。商业经营需要认真选择贸易伙伴和良好的贸易时机。“择人”强调的是职业道德，在这一点上，他的观点是“与时逐而不在责于人”。“任时”强调的是贸易时机的预测。“择人”与“任时”二者之间有着不可忽视的有机联系，既不可只顾贸易伙伴的和谐而放弃适宜的贸易时机，更不可看准了贸易时机而认钱不认人。

计然之策具有很强的实践性，“计然之策七，越用其五而得意”。范蠡使用计然之策中的五条，在十年之中将越国建设得国富民强，报复了强大的吴国，成为历史上著名的以弱胜强的实例。而范蠡在功成名就后弃官，也是他为人聪明、申明道理的明举。范蠡研究了商业经营的地理条件，看中“陶”地处中原，四通八达，有利于事业发展，因而选择陶地定居，将计然之策用于家庭的经商活动，“十九年之中三致千金”，获得了“陶朱公”的称誉。

二、其他相关理论

1. 白圭的经营三原则

第一，根据生产季节，抛出手中现货，换取行情疲软又预期价格上涨的货物。

第二，减少耗费，降低经营成本。

第三，与手下的人同甘苦，团结得力的人才。

2. 墨翟的分工思想

公元前 468—前 376 年，墨翟就曾提出分工合作的思想，他说：“比如筑墙然，能筑者筑，能实壤则实壤，能欣者欣，然后墙成。”

3. 董博霄的百日运粮术

元代的董博霄提出了百日运粮术，即每人行十步，三千六百人可行百里，每人负米四升，以布囊盛之，用印封识，人不息肩，米不差地，排列成行，日行五百回，计路二十八里。轻行十四里，重行十四里，日可运米一百石，每运给米一升，可供二万人。

4. 丁渭的一举三得

据沈括《梦溪笔谈》记载，宋真宗相符年间（公元 1008—1016 年），宰相丁渭负责主持修复宫室的任务，因嫌取土太远，丁渭下令选几条主要街道，挖成渠道，从中取出大量的土就地烧成砖瓦；同时引汴水入渠，由水路使用竹排木筏，运进建筑材料；待宫室修复任务完成后，又将建造中弃置的断砖破瓦和灰土等填人渠内，修复路面恢复街道。真所谓一举三得这也反映出古代系统工程思想的萌芽。

5. 张之洞的商术

清朝的张之洞对于商术有如下描述：“其精于商术者，则商先谋之，工后做之。先察之何器利用，何货易销，何物易变新式，何法可轻成本，何国喜用何物，何术可与他国争胜，然后命工师思新法，创新器，以供商之取求。”

除此之外还有长城的修建、大运河的开凿以及四川的都江堰工程都是中国古代管理思想的实践性的杰作，在许多的书上都有介绍，这里不再赘述。

复习题

一、思考题

1. “修身”对现代管理者来说意味着什么？
2. 结合实际谈谈义与利的关系。
3. 谈谈中庸之道在现代管理中的利弊。
4. 谈谈管理中权变与经常的辩证关系。
5. 如何运用“五事”中的主客观因素获得成功的管理？
6. 举例说明“知已知彼”在商战中获得成功的重要性。
7. “任势”和“造势”在现代管理中如何运用？
8. 现代管理者应如何运用“无为”这一原则？
9. “退让求和、不争之德”与现代商战强调的竞争精神是否矛盾？为什么？
10. 小企业能从《老子》的“弱用”理论中借鉴哪些内容？
11. 薄利一定能多销吗？应该如何把握薄利多销的时机？
12. 现代商业交往中，应如可处理择人与任时的关系？

二、填空题

1. 儒学最核心的内容是 ________、________、________、________。
2. 儒家的仁爱分为三个层次：________、________、________。

3. 儒家的“矩之道”就是____________________。

4. 人性论包括孟子的______、荀子的______、董仲舒的______、韩愈的______。

5. 决定战争胜负的五个最关键的因素为：__________、__________、__________、__________、__________。

6. “未战先算”的“五算”包括：________、________、________、________、________。

7. “五德”是指：________、________、________、________、________。

8. “任势”意为：__________________；“造势”意为：________________。

9. “无为”意指：____________________。

10. “务完物”即：__________________________。

三、实践练习

1. 从儒家、道家、兵家、商家中至少选出一派的代表作仔细研读，写读书笔记，并以5～6人为一组进行读书分享。

2. 选择古代某个人的管理思想进行仔细研究，提出该思想在现代管理中该如何运用，写一篇报告，准备在课堂上发言。

3. 用自己的语言，写下自己在本章中学到的关于如何成为一名优秀管理者的三个要点。

第三章

西方管理思想及理论

学习目标

1. 描述西方早期的管理思想。
2. 解释古典管理理论中的各个理论。
3. 讨论人际关系理论的发展和运用。
4. 解释现代管理理论中的各种理论。
5. 描述新经济时代的特点及各种管理创新。

导入案例

管理理论真能解决实际问题吗?

海伦、汉克、乔、萨利四个人都是美国西南金属制品公司的管理人员。海伦和乔负责产品销售，汉克和萨利负责生产。他们刚参加过在大学举办的为期两天的管理培训学习班。在培训班里主要学习了权变理论、社会系统理论和一些有关职工激励方面的内容。他们对所学的理论有不同的看法，并展开了激烈的争论。

乔首先说："我认为社会系统理论对于像我们这样的公司是很有用的。例如，如果生产工人偷工减料或做手脚，如果原材料价格上涨，就会影响到我们的产品销售。系统理论中讲的环境影响与我们公司的情况很相似。我的意思是，在目前这种经济环境中一个公司会受到环境的极大影响。在油价暴涨时期，我们当时还能控制自己的公司。现在呢？我们要想在销售方面每前进一步，都要经过艰苦的战斗。这方面的艰苦，你们大概都深有体会吧?"萨利插话说："你的意思我已经知道了。我们的确有过艰苦的时期，但是我不认为这与社会系统理论之间有什么必然的内在联系。我们曾在这种经济系统中受到过伤害。当然，你可以认为这是与系统理论是一致的。但是我并不认为我们就有采用社会系统理论的必要。我的意思是，如果每个东西都是一个系统的话，而所有的系统都能对某一个系统产生影响的话，我们又怎么能预见到这些影响所带来的后果呢？所以，我认为权变理论更适用于我们。如果你说事物都是相互依存的话，系统理论又能帮我们什么忙呢？”

海伦对他们这样的讨论表示有不同的看法。她说：“对社会系统理论我还没有很好地考虑。但是，我认为权变理论对我们是很有用的。虽然我们以前亦经常采用权变理论，但是我却没有认识到自己是在运用权变理论。例如，我有一些家庭主妇顾客，听到她们经常讨论关于孩子和如何度过周末之类的问题，从她们的谈话中我就知道她们要采购什么东西了。顾客也不希望我们逼他们去买他们不需要的东西。我认为，如果我们花上一两个小时与他们自由交谈的话，那肯定会扩大我们的销售量。但是，我也碰到一些截然不同的顾客，他们一定要我向他们推荐产品，要我替他们在购货中做主。这些人也经常到我这里来走走，但不是闲谈，而是做生意。因此，你们可以看到，我每天都在运用权变理论来对付不同的顾客。为了适应形势，我经常改变销售方式和风格，许多销售人员也都是这样做的。”

汉克显得有点激动，他插话说：“我不懂这些被大肆宣传的理论是什么东西。但是，关于社会系统理论和权变理论问题，我同意萨利的观点。教授们都把自己的理论吹得天花乱坠，他们的理论听起来很好，但是他们的理论却无助于我们的实际管理。对于培训班上讲的激励要素问题我也不同意。我认为泰勒在很久以前就对激励问题有了正确的论述。要激励工人，就是要根据他们所做的工作付给他们报酬。如果工人什么也没有做，则就用不着付任何报酬。你们和我一样清楚，人们只是为钱工作，钱就是最好的激励。”

管理理论真的能解决实际问题吗？

第一节　西方早期管理思想与实践

西方古代文化起源于希腊、罗马、埃及、巴比伦等文明古国。埃及金字塔、巴比伦“空中花园”等伟大的古代建筑与中国的万里长城一样，被称为世界古文化中的奇观。其中，埃及金字塔建于公元前2500年左右，堪称世界建筑史上的奇迹。

公元前2000年左右，巴比伦古国在汉穆拉比国王时期，已经制定出关于个人财产、贸易、家庭、劳动、契约等各种法规，形成了最早的“汉谟拉比法典”。

公元3世纪，古罗马帝国建立后，为加强其对帝国领域的控制，扩大等级制度，形成了分层次授权的集权制，这种帝国行政权力组织形式，成为以后行政组织管理的雏形。

西方早期管理思想的主要代表人物有：

(1) 英国古典政治经济学家亚当·斯密（Adam Smith，1723—1790）。亚当·斯密是较早对经济管理思想进行系统论述的学者。他在1776年发表的《国民财富的性质和原因研究》文章中，系统地阐述了劳动价值论和劳动分工协作理论。他认为：①劳动是创造国民财富的源泉。各个国家的人们每年消费的生活必需品来源于本国人民每年的劳动。而在工厂，劳动创造的价值是工资和盈利的唯一源泉，而工资与盈利之间存在矛盾，工资越低，盈利越高，反之，工资越高，盈利就降低，从而揭示了资本主义经营管理中的剥削本质。②科学的劳动分工与协作，能有效地提高劳动生产率。亚当·斯密认为，劳动分工使得每一个生产者的操作变得简单，容易掌握，便于提高劳动熟练程度，从而提高劳动效率；同时，劳动分工也节省了生产者改变生产工序所花费的时间；另外，劳动分工使得复杂的生产分解为许多简单的操作工序，便于创造新的劳动工具和生产设备。

(2) 英国人查理·巴贝奇（Charles Babbage，1792—1871）。巴贝奇进一步发展了斯密的一些学述论点，阐述了许多关于生产组织方面的科学管理思想。巴贝奇原来是一名数学家，他设计出小型差数机和计数机器，并将计算技术首先应用于管理实践。他制定了"对制造业进行观察的方法"，认为企业管理中应该弄清每种作业在一个小时内重复的次数，应该确定每种工序的精确成本。在1832年发表的《论机器和制造业的经济》一书中，阐明了他的管理思想，论述了专业分工、工作方法、机器与工具的使用、成本记录等管理理论。他同意斯密关于劳动分工能提高劳动效率的论点，还进一步提出分工可减少工资支付的论点。巴贝奇通过对制针业的调查，证明了他的论点是正确的。

巴贝奇强调劳资合作，他认为劳资双方存在利益共同点。在工资分配上，他提出固定工资加利润分享的制度，认为这种方法可以使员工的利益与工厂的生产效益挂钩，使每个员工都来关心生产和管理问题。他认为员工的收入应该由以下三部分构成：按照不同岗位所确定的固定工资；按照生产效率及所作贡献分得的利润；为提高生产效率而提出的合理建议所得的奖励。

(3) 美国管理学者普尔（Henry V. Poor，1812—1905）。他提出企业管理不能依靠创办人和投资者，必须聘用专职管理人员进行。他对企业的管理提出了以下几条基本原则：①科学组织。它是企业管理的基础，在企业内部，从总经理到一般员工都必须有各自的职责分工，每个人都对自己的直接领导负责。②信息反馈。企业内部应规定各种报告制度，如生产报告制度、会计报告制度等等，这样可以使企业领导能连续地、确切地了解企业各方面的情况。③情报资料。企业必须编制保存有关成本、收益、定额测定等多方面的系统资料，并通过对资料的计算分析来改善管理工作。

特别提示： 普尔对西方早期的管理思想有很大的影响，他在泰勒之前就提出了专职管理与管理制度的问题；在梅奥之前就提出了对人的因素的重视的问题。

第二节　古典管理理论

古典管理理论形成于19世纪末和20世纪初的美欧，它主要分为科学管理理论和组织管理理论。

一、科学管理理论

科学管理理论着重研究如何提高单个工人的生产率。其代表人物主要有：泰勒（Frederick W. Taylor，1856—1915）、吉尔布雷斯夫妇（Frank B. Gilbreth，1868—1924：Lillian M：Gilbreth，1878—1972）以及甘特（Henry L. Gantt，1861—1919）等，他们的贡献综合起来被称为"泰勒制"。

1. 泰勒的贡献

知识链接

“科学管理之父”——泰勒

泰勒出身于美国费城一个富有的律师家庭，中学毕业后考上哈佛大学法律系，但因眼疾而被迫辍学。1875 年，泰勒进入费城的一家机械厂当学徒工，1878 年转入费城的米德维尔钢铁公司当技工，1884 年升任总工程师。1898—1901 年泰勒受雇于宾夕法尼亚的伯利恒钢铁公司。1901 年以后，他把大部分时间用在写作和演讲上。1906 年担任美国机械工程师学会会长。泰勒的代表作有：《计件工资制》（1895 年）、《车间管理》（1903 年）、《论成功之道》（1909 年）和《科学管理原理》（1911 年）等。因为他在科学管理方面的突出贡献，被后人称之为“科学管理之父”。

泰勒的科学管理理论主要包括以下几方面：

（1）工作定额。指出要制定有科学依据的工人的合理的日工作量，就必须进行时间和动作研究。方法是把工人的操作分解为很多基本动作，再对尽可能多的工人测定完成这些基本动作所需的时间。同时选择最适用的工具、机器，确定最适当的操作程序，消除错误的和不必要的动作，将最后得出的最有效的操作方法作为标准。最后，将完成这些基本动作的时间汇总，加上必要的休息时间和其他延误时间，就可以得到完成这些操作的标准时间，据此制定一个工人的合理的日工作量。

（2）标准化。要使工人掌握标准化的操作方法，使用标准化的工具、机器和材料，并使作业环境标准化。

知识链接

泰勒的铁锹试验

铁锹实验首先系统地研究了铲口的负载应为多大的问题，其次研究的是各种材料能够达到标准负载的铁锹的形状和规格问题，与此同时还研究了各种原材料装锹的最好方法问题，此外还对每一套动作的精确时间做了研究，从而提出了一个“一流工人”每天应该完成的工作量。这一研究的结果是非常出色的。堆料场的劳动力从 400～600 人减为 140 人。平均每人每天的操作量从 16 吨提高到 59 吨，每个工人的日工资从 1.15 美元提高到 1.88 美元。

（3）能力与工作相适应。为了提高劳动生产率，必须为工作挑选第一流的工人。第一流的工人是指：能力最适合做这种工作而且也愿意去做这种工作的人。要根据人的能力把他们分配到相应的工作岗位上，鼓励他们努力工作，并进行培训，教会他们科学的工作方法，使他们成为第一流的工人。

（4）差别计件工资制。是指计件工资率随完成定额的程度而上下浮动。如果工人完成或超额完成定额，则定额内的部分连同超额部分都按比正常单价高 25％计酬；如果工人完不成定额，则按比正常单价低 20％计酬。

（5）计划职能与执行职能相分离。泰勒认为应该用科学的工作方法取代经验工作方法。为了采用科学的工作方法，泰勒主张把计划职能同执行职能分开，由专门的计划部门承担计划职能，由所有的工人和部分工长承担执行职能。计划部门的具体工作包括：进行时间和动作研究；制定科学的工作定额和标准化的操作方法，选用标准化的工具；拟定计划，发布指示和命令；对照标准，对实际的执行情况进行控制等。

（6）例外原则。泰勒认为管理者尤其是高层管理者不可能事无巨细，事必躬亲，要善于将事情进行分类，并将事情交给合适的人去做。也就是说企业管理的日常事务交给基层管理者处理，高层管理者拥有对重大问题的决策权和监督权。

管理故事

联合邮包服务公司的科学管理

联合邮包服务公司（UPS）雇佣了15万员工，平均每天将900万个包裹发送到美国各地和180个国家。为了实现他们的宗旨——在邮运业中办理最快捷的运送，UPS的管理当局系统地培训他们的员工，使他们以尽可能高的效率从事工作。看看他们具体是如何做的：

联合的工业工程师们对每一位司机的行驶路线进行了时间研究，并对每种送货、暂停和取货活动都设立了标准。这些工程师们记录了红灯、通行、按门铃、穿院子、上楼梯、中间休息喝咖啡时间，甚至上厕所时间，将这些数据输入计算机中，从而给出每一位发动机每天中工作的详细时间标准。

为了完成每天取送130件包裹的目标，司机们必须严格遵循工程师设定的程序。当他们接近发送站时，他们松开安全带，按喇叭，关发动机，拉起紧急制动，把变速器推到1档上，为送货车完毕的启动离开做好准备，这一系列动作严丝合缝。然后，司机从驾驶室下到地面上，右臂夹着文件夹，左手拿着包裹，右手拿着车钥匙。他们看一眼包裹上的地址把他记在脑子里，然后以每秒3英尺的速度快步跑到顾客的门前，先敲一下门以免浪费时间找门铃。送完货后，他们回到卡车上的路途中完成登录工作。

这种刻板的时间表是不是看起来有点繁琐？也许是，但能带来高效率！生产率专家公认，UPS是世界上效率最高的公司之一。举例来说，联邦捷运公司平均每人每天不过取送80件包裹，而UPS却是130件。在提高效率方面的不懈努力，看来对UPS的净利润产生发积极的影响。虽然这是一家未上市的公司，但人们普遍认为它是一家获利丰厚的公司。

2. 甘特的贡献

美国管理学家、机械工程师甘特是泰勒在米德维尔钢铁公司和伯利恒钢铁公司的重要合作者。他最重要的贡献是创造了“甘特图”——这是一种用线条表示的计划图。这种图现在常被用来编制进度计划。

特别提示： 甘特图是一种应用广泛、非数字的、低成本的工具，用来帮助管理者确定进度计划包含的所有任务，给所有任务排好先后顺序，估算每个任务所需要的时间，估算项目所需要的总时间等。因为简单易懂，很受管理者的欢迎。

甘特的另一贡献是提出了“计件奖励工资制”，即对于超额完成定额的工人，除了支付给他日工资，超额部分以计件方式发给他奖金；对于完不成定额的工人，工厂只支付他日工资。

想一想：计件奖励工资制与泰勒的差别计件工资制有何不同？有何好处？

管理故事

达美航空公司地勤人员如何完成飞机平稳起飞任务

从圣胡安起飞的199次航班的大型喷气式飞机载着200名乘客在奥兰多滑行跑道上缓慢降落。一个小时后，飞机将再次起飞。

然而，在飞机起飞前要作很多事情：几百名乘客下机登机，几百吨重的行李和货物要卸下，并把新的行李和货物装载上；储备几百份食物和软饮料、几千加仑飞机燃料；清洁机舱和卫生间；检查发动机、机翼及起落架。

12名地勤人员知道无论哪里出现错误，如装货设备损坏，行李丢失，由于误导使乘客登错机……这些都可能使飞机延迟起飞，并引起从奥兰多到其他目的地城市转机的一系列麻烦。

丹尼斯·得特罗是达美航空公司在奥兰多国际机场的运作经理，她喜欢把飞机起飞前的这些准备成为一场和谐的交响曲。就像一组维修人员等待着赛车一样，一组训练有素的人员准备就绪等待着199次航班——准备好行李手推车、拖车、液压装备设备、用来装饮料和食物的车子、运送清洁人员的车子、装燃料的车子、排污水的车子。通常整个工作和谐平稳地进行，大部分乘客对地勤人员的工作都非常放心。如图3—1所示，甘特图帮助达美和其他航空公司安排人员和进度，从而使得整个工作顺利完成。

图3—1　达美航空公司在60分钟起降过程中的地勤任务甘特图

二、组织管理理论

组织管理理论着重研究管理职能和整个组织结构。其代表人物主要有：亨利·法约尔（Henri Fayol，1841—1925）、马克斯·韦伯（Max Webber，1864—1920）。

1. 法约尔的贡献

知识链接

“组织管理之父”——法约尔

法约尔，法国人，1860年从圣艾帝安国立矿业学院毕业后进人康门塔里—福尔香堡采矿冶金公司，成为一名采矿工程师。不久他被提升为该公司一个矿井的经理。1888年他出任该公司总经理。1916年法国矿业协会的年报公开发表了他的著作《工业管理与一般管理》。这本著作是他一生管理经验和管理思想的总结。他的管理理论虽以大企业为研究对象，但除了可应用于工商企业外，还可应用于政府、教会、慈善机构和军事组织等。所以，法约尔被公认为是第一位概括和阐述一般管理理论的管理学家。他的理论贡献主要体现在他对管理职能的划分和管理原则的归纳上。其主要著作有《工业管理和一般管理》。

（1）企业的基本活动和管理的五种职能。法约尔指出，任何企业都存在着六种基本活动，管理只是其中的一种。这六种基本活动是：

①技术活动，指设计、制造和加工。

②商业活动，指采购、销售。

③财务活动，指资金的筹措、运用和控制。

④安全活动，指设备的维护和人员的保护。

⑤会计活动，指货物盘点、成本统计和核算。

⑥管理活动，指计划、组织、指挥、协调和控制。

特别提示： 法约尔明确了管理与经营的关系。法约尔认为，经营就是努力确保六种基本活动的顺利运转，把组织拥有的资源变成最大的成果，从而导致组织目标的实现。而管理只是六种活动中的一种。

（2）管理的14条原则。法约尔提出了管理人员处理问题时应遵循的14条原则：

①分工。在技术工作和管理工作中进行专业化分工可以提高效率。

②权力与责任。权力是指“指挥他人的权以及促使他人服从的力。”在行使权力的同时，必须承担相应的责任，不能出现有权无责和有责无权的情况。更为重要的是法约尔区分了管理者的职位权力和个人权力，前者来自个人的职位高低，后者是由个人的品德、智慧和能力等个人特性形成的。一个优秀的领导人必须两者兼备。

③纪律。纪律是企业领导人同下属之间在服从、勤勉、积极、举止和尊敬等方面所达成的一种协议。组织内所有成员都要根据各方达成的协议对自己在组织内的行为进行控制。

④统一指挥。组织内每一个人只能服从一个上级并接受他的命令。

⑤统一领导。凡目标相同的活动，只能有一个领导、一个计划。

⑥个人利益服从集体利益。集体的目标必须包含员工个人的目标，但个人和小集体的利益不能超越组织的利益。当两者矛盾时，领导人要以身作则，使其一致。

⑦报酬合理。报酬制度应当公平，对工作成绩和工作效率优良者给予奖励，但奖励应有一个限度。法约尔认为，任何优良的报酬制度都无法取代优良的管理。

⑧集权与分权。提高下属重要性的做法是分权，降低这种重要性的做法是集权。要根据企业的性质、条件和环境、人员的素质来恰当地决定集权和分权的程度。当企业的实际情况发生变化时，要适时改变集权和分权的程度。

想一想：企业的性质、条件、环境、人员素质等与集权的关系如何？

⑨等级链与跳板。等级链是指“从最高的权威者到最低层管理人员的等级系列。”它表明权力等级的顺序和信息传递的途径。为了保证命令的统一，不能轻易违背等级链，请示要逐级进行，指令也要逐级下达。有时这样做会延误信息，鉴于此，法约尔设计了一种“跳板”，便于同级之间的横向沟通。但在横向沟通前要征求各自上级的意见，并且事后要立即向各自上级汇报，从而维护了统一指挥的原则。

⑩秩序。秩序是指“有地方放置每件东西，而每件东西都放在该放置的地方；有职位安排每个人，且每个人都安排在应安排的职位上”。

⑪公平。在待人上，管理者必须做到“善意与公道结合”。

⑫人员稳定。培养一个人胜任目前的工作需要花费时间和金钱。所以，人员特别是管理人员的经常变动对企业很不利。

⑬首创精神。首创精神是创立和推行一项计划的动力。领导者不仅本人要有首创精神，还要鼓励全体成员发挥他们的首创精神。

⑭集体精神。在组织内部要形成团结、和谐和协作的气氛。

想一想：法约尔的组织管理理论有何不足之处？

2. 韦伯的贡献

韦伯是德国著名的社会学家。他的主要贡献是提出了理想的行政组织体系理论。韦伯认为等级、权威和行政制是一切社会组织的基础。对于权威，他认为有三种类型：个人崇拜式权威、传统式权威和理性——合法的权威。其中，个人崇拜式权威的基础是“对个人的明确而特殊的尊严、英雄主义或典范的品格的信仰”；传统式权威的基础是先例和惯例；理性——合法的权威的基础是“法律”或“处于掌权地位的那些人发布命令的权利。”韦伯认为，在三种权威中只有理性——合法的权威才是理想组织形成的基础。

韦伯的“理想的行政组织体系”具有以下一些特点：

(1) 存在明确的分工。把组织内的工作分解，按职业专业化对成员进行分工，明文规定每个成员的权力和责任。

(2) 按等级原则对职位进行法定安排，形成一个自上而下的指挥链或等级体系。每个下级都处在一个上级的控制和监督下。每个管理者不仅要对自己的决定和行动负责，而且要对下级的决定和行动负责。

(3) 根据经过正式考试或教育培训而获得的技术资格来选拔员工，并完全根据职务的要求来任用。

（4）除个别需要通过选举产生的公职（例如，选举产生的公共关系负责人，或在某种情况下选举产生的整个单位负责人等）以外，所有担任公职的人都是任命的。

（5）行政管理人员是专职的管理人员，领取固定的薪金，有明文规定的升迁制度。

（6）行政管理人员不是其管辖的企业的所有者，只是其中的工作人员。

（7）行政管理人员必须严格遵守组织中的规则、纪律和办事程序。

（8）组织中成员之间的关系以理性准则为指导，不受个人情感的影响。组织与外界的关系也是这样。

特别提示： 韦伯认为，这种高度结构化的、正式的、非人格化的理想行政组织体系是强制控制的合理手段，是达到目标、提高效率的最有效形式。这种组织形式在精确性、稳定性、纪律性和可靠性等方面都优于其他形式，适用于当时日益增多的各种大型组织，如教会、国家机构、军队、政党、经济组织和社会团体。韦伯的这一理论，是对泰勒、法约尔理论的补充，对后来的管理学家，特别是组织理论家产生很大影响。

第三节　行为管理理论

行为管理理论形成于 20 世纪 20 年代，早期被称为人际关系学说，以后发展为行为科学，即组织行为理论。

一、人际关系学说

人际关系学说是由美国人梅奥及罗特里斯伯格等人通过“霍桑试验”后创立的。其特点是将社会学、心理学等引进了企业管理的研究领域，特别重视人的因素，该学说的主要内容有：

（1）工人不仅是“经济人”，而且还是“社会人”。科学管理学派认为金钱是刺激人们工作积极性的唯一动力，把人看作“经济人”。梅奥认为，工人不但是经济人，也是社会人，除了物质需求外，还有社会、心理等方面的需求，因此不能忽视社会和心理因素对工人工作积极性的影响。

（2）企业中存在着非正式组织。企业成员在共同工作的过程中，相互间必然产生共同的感情、态度和倾向，形成共同的行为准则和惯例。这就构成了“非正式组织”。非正式组织以它独特的感情、规范和倾向，左右着其成员的行为。非正式组织与正式组织相互依存，对生产率有重大影响。

知识链接

非正式组织

非正式组织是伴随着正式组织的运转而形成的。在正式组织开始运转以后，正式组织中某些成员，由于工作性质相近、社会地位相当，对一些具体问题的认识基本一致、观点基本相同，或者由于性格、业余爱好和感情比较相投，他们在平时相处中会形成一些被小群体成员所共同接受并遵守的行为规则，从而使原来松散、随机形成的群体渐渐成为趋向固定的非正式组织。任何组织，不论规模多大，都可能有非正式组织存在。非正式组织与正式组织相互交错地同时并存于一个单位、机构或组织之中，这是组织生活的一个现实。

非正式组织是未经正式筹划而由人们在交往中自发形成的一种个人关系和社会关系的网络。单位里午休时间的扑克会、工余时间的球友会等，都是非正式组织的例子。在非正式组织中，成员之间的关系是一种自然的人际关系，他们不是经由刻意的安排，而是由于日常接触、感情交融、情趣相投或价值取向相近而发生联系。与正式组织的特征相对应，非正式组织的基本特征是：自发性、内聚性和不稳定性。

非正式组织的存在及其活动，既可能对正式组织目标的实现起到积极促进的作用，也可能产生消极的作用。非正式组织的积极作用主要表现在：它可以为员工提供在正式组织中很难得到的心理需要的满足，创造一种更加和谐、融洽的人际关系，提高员工的相互合作精神，最终改变正式组织的工作情况。

非正式组织的消极作用主要在于：如果非正式组织的目标与正式组织目标发生冲突，则可能对正式组织的工作产生极为不利的影响；非正式组织可能会束缚其成员的个人发展；此外，非正式组织的压力还会影响到正式组织的变革进程，造成组织创新的惰性。

(3) 新型领导者的作用在于提高职工的士气和满足感，以此提高生产率。梅奥认为生产率主要取决于工人的工作态度以及他和周围人的关系。提高生产率的主要途径就是提高工人的满足度，即工人对社会因素，特别是人际关系的满足程度。

知识链接

霍桑实验

霍桑实验是由梅奥（George E. Mayo，1880—1949 年）等人于 1924—1932 年在芝加哥西部电气公司霍桑工厂进行的一系列试验。该试验的主要目的是想找出工作条件的改变对工作效率的影响。实验分四个阶段：

第一阶段：工作场所照明试验（1924—1927 年）。研究人员选择一批工人，并把他们分成两组：一组是试验组，变换工作场所的照明强度，使工人在不同照明强度下工作；另一组是对照组，工人在照明强度保持不变的条件下工作。研究人员希望通过试验得出照明强度对生产率的影响，但试验结果却发现：①工作场所的照明只是影响工人生产率的微不足道的因素；②由于牵涉因素较多，难以控制，且其中任何一个因素都可能影响试验的结果，所以照明对产量的影响无法准确衡量。

第二阶段：继电器装配室试验（1927 年 8 月—1928 年 4 月）。研究人员选择了 5 名女装配工和 1 名女画线工在单独的一间工作室内工作，1 名观察员被指派加入这个小组，记录室内发生的一切，以便对影响工作效果的因素进行控制。这些女工们在工作时间可以自由交谈，观察员对她们的态度也很和蔼。在试验中分期改善工作条件，如改进材料供应方式、增加工间休息、供应午餐和茶点、缩短工作时间、实行集体奖励工资制等，这些条件的变化使女工们的产量上升。但过了一段时间，在取消工间休息和供应的午餐和茶点并恢复每周工作六天后，她们的产量仍维持在高水平上。这一超乎寻常的现象，导致了霍桑实验的重大转变。

第三阶段：大规模访谈（1928—1931 年）。研究人员在上述试验的基础上进一步在全公司范围内进行访问和调查，参与此次访问和调查的员工达 2 万多人次。结果发现，影响生产力的最重要因素是工作中发展起来的人际关系，而不是待遇和工作环境。每个工人的工作效率不仅取决于他们自身的情况，还与其所在小组中的同事有关。任何一个人的工作效率都要受同事们的影响。

第四阶段：接线板接线工作室试验（1931—1932 年）。该工作室有 9 名接线工、3 名焊接工和 2 名检查员。根据研究人员的推测，工人的产量应保持在较高的水平上。但是经过六个月的统计却发现，大部分成员都自行限制产量。公司规定的工作定额为每天焊接 7 312个接点，但工人们只完成 6 000—6 600 个接点。同时还发现：工人对不同级别的上级持不同态度。他们把小组长看作小组的成员。对于小组长以上的上级，级别越高，工人对他越尊敬，但同时工人对他的顾忌心理也越强；成员中存在小派系，每个派系都有自己的行为规范。谁要加人这个派系，就必须遵守这些规范。派系中的成员如果违反这些规范，就要受到惩罚。

二、行为科学

1949 年在美国芝加哥大学召开了一次由哲学家、精神病学家、心理学家、生物学家和社会学家等参加的跨学科的会议，讨论了应用现代科学知识来研究人类行为的一般规律。会议给这门综合性的学科定名为“行为科学”。此后，行为科学蓬勃发展，产生了一大批影响力很大的行为科学家及其理论，主要有马斯洛（Abraham Maslow，1908—1970 年）的需要层次理论、麦克雷戈（Douglas Mcgregor，1906—1964 年）的 XY 理论、麦克利兰（David McClelland，1917—1998 年）的成就需要理论、赫茨伯格（Frederick Herzberg，1923—2000 年）的双因素理论、弗鲁姆（Victor Vroom）的期望理论等（这部分内容我们主要在激励一章讲述）。

第四节　现代管理理论

现代管理理论是从霍桑实验发端的。通过霍桑实验，人们看到了古典管理理论在现实中暴露出来的最大缺陷，即忽视人的因素，忽视社会、心理因素对管理组织中的人的影响，既而形成了行为科学理论；同时，他继承了古典管理理论将管理建筑在科学基础之上的正确逻辑，将现代科学技术成果移植于管理学研究，形成了管理科学理论。这是现代管理发展的两个基本方向。在这两个基本的方向上又形成了许多理论学派，被称之为现代管理理论丛林。这些主要学派有行为科学学派、管理过程学派、社会系统学派、系统管理学派、数量管理学派、决策理论学派、权变理论学派、经验管理学派等。下面，我们介绍其中几种学派的主要观点。

一、数量管理理论

数量管理理论产生于第二次世界大战期间。它以现代自然科学和技术科学的成果（如先进的数学方法、电子计算机技术、系统论、信息论和控制论等）为手段，运用数学模型，对管理领域中的人、财、物和信息资源进行系统的定量分析，并做出最优规划和决策。其理论基础是运筹学。其代表人物有美国人伯法（E. S. Buffa）。

数量管理理论的主要特点：

（1）要求以总体的最少消耗获得总体的最大经济效益。

（2）使衡量各项活动效果的标准定量化，并借助于数学模型找出最优的实施方案，描述事物的现状及发展规律，摈弃单凭经验和知觉确定经营目标与方针的做法。

（3）依靠电子计算机进行管理。

（4）特别强调使用先进的科学理论和管理方法。如系统论、信息论、控制论、运筹学、概率论等数学方法及模型。

（5）较少考虑人的因素。

知识链接

运筹学

运筹学是指在实行管理的领域，运用数学方法，对需要进行管理的问题统筹规划，作出决策的一门应用科学。它使用许多数学工具（包括概率统计、数理分析、线性代数等）和逻辑判断方法，来研究系统中人、财、物的组织管理、筹划调度等问题，以期发挥最大效益。运筹学作为一门现代科学，是在第二次世界大战期间首先在英美两国发展起来的。当时迫切需要把各项稀少的资源以有效的方式分配给各种不同的军事经营及在每一经营内的各项活动，所以英美的军事管理当局都号召大批科学家运用科学手段来处理战略与战术问题，实际上这便是要求他们对种种（军事）经营进行研究，这些科学家小组正是最早的运筹小组。

战后工业恢复繁荣时，由于组织内与日俱增的复杂性和专门化所产生的问题，使人们认识到这些问题基本上与战争中所曾面临的问题类似，只是具有不同的现实环境而已。于是运筹学就这样潜入工商企业和其他部门，在20世纪50年代以后得到了广泛的应用。对于系统配置、聚散、竞争的运用机理深入的研究和应用，形成了比较完备的一套理论，如规划论、排队论、存贮论、决策论等等。电子计算机的问世，又大大促进了运筹学的发展，世界上不少国家已成立了致力于该领域及相关活动的专门学会，美国于1952年成立了运筹学会，并出版期刊《运筹学》，世界其他国家也先后创办了运筹学会与期刊，1957年成立了国际运筹学协会。

二、系统管理理论

系统管理学派的代表人物是美国管理专家卡斯特（F. E. Kast）和罗森茨威克

(J. E. Rosenzweig)。他们主要运用系统理论中的范畴、原理，对组织中的管理活动和管理过程，特别是组织结构和模式进行分析的理论。其要点如下：

（1）组织是一个系统，是由相互联系、相互依存的要素构成的。根据需要，可以把系统分解为子系统，子系统还可以再分解。如为了研究一个系统的构成，可以把系统分解为各个结构子系统；为了研究一个系统的功能，可以把系统分解为各个功能子系统。这样，对系统的研究就可以从研究子系统与子系统之间的关系入手。

（2）系统在一定的环境下生存，与环境进行物质、能量和信息的交换。系统从环境输入资源，把资源转换为产出物，一部分产出物为系统自身所消耗，其余部分则输出到环境中。系统在投入——转换——产出的过程中不断进行自我调节，以获得自身的发展。

（3）运用系统观点来考察管理的基本职能，可以提高组织的整体效率，使管理人员不至于只重视某些与自己有关的特殊职能而忽视了大目标，也不至于忽视自己在组织中的地位和作用。

三、权变管理理论

权变管理理论是20世纪70年代在美国形成的一种管理理论。其主要代表人物有美国的弗雷德·卢桑斯（Fred Luthars）和英国的伍德沃德（Joan Woodward）。这一理论的核心是力图研究组织与环境的联系，并确定各种变量的关系类型和结构类型。它强调管理要根据组织所处的环境随机应变，针对不同的环境寻求相应的管理模式。

权变管理理论着重考察有关的环境变量与各种管理方式之间的关系。在通常情况下，环境是解释变量，而管理方式是被解释变量。

特别提示： 组织所处的环境决定着何种管理方式更适合于组织。如在经济衰退时期，由于企业面临的市场环境是供大于求，集权的组织结构可能更为适合；在经济繁荣时期，由于企业面临的市场环境是供不应求，分权的组织结构可能更为适合。

四、决策理论

决策理论学派是以统计学和行为科学作为基础的。自第二次世界大战以后，许多运筹学家、统计学家、计算机专家和行为科学家都力图在管理领域寻找一套科学的决策方法，以便对付在众多方案中进行明确的、合理的、迅速地选择。随着这方面研究工作的进展，决策理论得到了迅速的发展。

美国的赫伯特·西蒙（Herbert Simon）是该学派的代表人物。他在卡内基梅隆大学长期教授计算机和心理学等课程，还从事过经济计量学的研究。决策理论学派的主要观点有：

1. 管理就是决策

传统的观点认为，决策是高层管理人员的事，是用来解决经济管理中的发展目标和经营方针等重大问题的。西蒙等人认为，管理活动的全部过程都是决策的过程。确定目标，制定计划，选择方案，是经营目标极其计划决策；机构设计，生产单位组织，权限分配，是组织决策；计划执行情况检查，在制品控制及控制手段的选择，是控制决策。决策贯穿于整个管理过程，所以管理就是决策。

2. 决策分为程序性决策和非程序性决策

程序性决策即按既定的程序所进行的决策。对于经常发生的需要解决的问题，往往可指定一个理性程序，凡遇到这类问题，就按照既定程序进行决策，如存储。当问题的涉及面广，又是新发生的，非结构性的，或者问题极为重要而复杂，没有理性程序可以遵循，就要进行特殊处理。对这类问题的决策就是非程序性决策。如开辟新市场、增加新产品的决策就是非程序性决策。

想一想：现实生活中，哪些属于程序性决策？哪些属于非程序性决策？

五、全面质量管理

在20世纪80～90年代，西方的工商企业界和公共管理部门掀起了一场革命——全面质量管理。威廉·爱德华兹·戴明（W. Edwards Deming）和约瑟夫·莫西·朱兰（Joseph M. Juran）是“质量管理之父”。20世纪50年代，戴明和朱兰的思想在美国没有得到支持和欢迎，而在日本得到欢迎和实践。到80年代，在诸如电子、家电、汽车等一些产业，日本企业的产品质量和竞争力超过美国，这引起了美国等西方理论界和实践界对全面质量管理的高度重视。全面质量管理的本质是由顾客需求和期望驱动企业持续不断改善的管理理念。它包括以下几个要点：

（1）关注顾客。顾客不仅包括购买组织产品或服务的外部顾客，而且包括组织内相互联系的内部顾客。

（2）注重持续改善。“很好”不是终点，质量能够永远被提升和改善。

（3）关注流程。全面质量管理把工作流程视为产品或服务质量持续改善的着眼点，而不仅仅是产品和服务本身。

（4）精确测量。全面质量管理运用统计方法对组织工作流程的每一关键工序或工作进行测量，把测量的结果与标准或标杆进行比较，识别问题，深究问题根源，消除问题产生的原因。

（5）授权于员工。质量管理是全体员工而不仅仅是管理者或质检员的职责和任务。全面质量管理事关组织中的一切员工，质量管理小组、工作团队全面质量管理广泛运用于工作之中。

想一想：为什么现代管理理论的代表人物大多为美国人？

第五节　新经济时代的管理变革

想一想：何谓新经济时代？新经济时代有何特征？

一、新经济时代的基本特征

新经济是以现代科学技术为核心，建立在知识和信息的生产、分配和使用之上的经济。新经济时代是以知识经济、虚拟经济和网络经济为标志的经济时代，是传统产业与知识经济、虚拟经济和网络经济的全面结合的经济。

新经济时代的其基本特征是高技术化和全球化。与传统经济相比，有5个明显不同的特征：

(1) 经济主体交往范围不同。传统经济的交往主体有很强的地域性，主体比较狭窄，而新经济的主体更广泛，趋向全球一体化。

(2) 交换方式不同。传统经济的交换方式以传统的实体交易为手段，而新经济以电子商务为主要交换手段。

(3) 生产方式不同。传统经济中粗放型的生产方式较多，而新经济以集约型为主。

想一想：何为粗放型？何为集约型？

(4) 增长动力不同。传统经济以投资和消费作为增长的原动力，而新经济以高科技、信息为增长原动力。

(5) 资源是共享的。传统经济的资源供给是有限的，资源的共享也极其有限，而新经济对人类供给是无限的，通过信息技术，能够实现最大程度的资源共享。

知识链接

大数据时代的传统商业革命

随着电脑、智能手机、互联网等重要发明快速进入日常生产与生活，数据在全球范围内的爆炸性增长。事实上，在当前典型经济体中，任何一个行业及公共服务部门都已积累了海量数据，而信息技术的快速发展及广泛应用则进一步加快了其增长速度。大数据带来的信息风暴，正在开启思维变革、经营变革和管理变革。

2012年3月22日，奥巴马政府宣布投资2亿美元拉动大数据相关产业发展，将数据定义为“未来的新石油”，将“大数据战略”上升为国家意志，表明对未来数据的占有和控制将成为陆、海、空权之外的另一种国家核心资产。对于传统零售企业来说，如何有效整合海量数据，并加以分析利用，已成为企业经营发展的必然趋势和焦点问题。

最早与零售相关的大数据应用的案例发生在美国第二大的超市——塔吉特百货（Target）。当时孕妇对于零售商来说是个含金量很高的顾客群体，但是她们一般会去专门的孕妇商店而不是在塔吉特百货购买孕期用品。如何把她们从孕妇产品专卖店的手里截留下来呢？由于在美国出生记录是公开的，等孩子出生了，新生儿母亲就会被铺天盖地的产品优惠广告包围，那时候塔吉特百货再行动就晚了，因此必须赶在孕妇第二个妊娠期行动起来。这样市场营销部门就可以在恰当的时间给她们发出量身定制的孕妇优惠广告提前锁定目标客户。负责顾客数据分析的经理首先利用了塔吉特百货迎婴聚会的登记表，并对这些登记表里的顾客消费数据进行建模分析，不久就发现了许多非常有用的数据模式。模型发现，许多孕妇在第2个妊娠期的开始会买许多大包装的无香味护手霜；在怀孕的最初20

周大量购买补充钙、镁、锌的善存片之类的保健品。最后这位顾客数据分析经理选出了25种典型商品的消费数据，构建了“怀孕预测指数”。通过这个指数，塔吉特百货能够在很小的误差范围内预测到顾客的怀孕情况，也就能早早地把孕妇优惠广告寄发给顾客。同时为避免顾客因收到这样的广告而担心是否个人隐私会遭到泄露，塔吉特百货就把孕妇用品的优惠广告夹杂在其他一大堆与怀孕不相关的商品优惠广告中。在制定了全新的营销方案后，塔吉特百货的孕期用品销售呈现了爆发性的增长。

麦肯锡公司认为，数据已经成为生产过程中的基本要素，如同固定资产和人力资源一样。对于具体的零售企业，数据的收集、分析和应用已经穿透了整个行业，数据不仅是信息的载体，也同样可以为企业创造价值和利润，企业需要重新认识和利用数据。传统的零售企业应该如何行动用才能让大数据带来红利呢？

首先，企业的领导要重视大数据的发展、重视企业的数据中心，构建与企业发展相关的大数据分析平台。传统企业的信息系统数据分析模型比较简单，大多数是在分析一些结果化的数据，如销售同期对比，库存结构等等，因此对决策和解决实际问题帮助十分有限。而大数据大都是一些类型丰富的碎片化数据而且没有相对固定的模式，我们所看到的结果往往是一些多因素、聚类的结果，相对复杂。因而构建以客户为中心的大数据分析平台，这是一项从无到有、富有挑战性的工作，它将整合所有客户的接触点，包括线上、线下、虚拟和实体等，对企业的创新能力、精细化管理、专业化经营都要有很高的要求。

其次，对企业内部人员进行培训及建立收集数据的软硬件机制。大数据的分析与传统数据分析有很大区别，传统企业现有的管理支持类数据分析主要基于报表等一些结构化的数据，很难勾勒出企业经营的全景视图。大数据的进入就需要分析人员具有更高的素质，既要有扎实的业务基础又要具备很强的数据挖掘能力。利用大数据平台和大数据分析可以将零散的市场数据、客户数据等迅速高效地转化成决策支持数据，这样才能使企业及时把握市场环境变化做出快速反应。

此外，在具体的业务层面要做的主要有：

(1) 顾客分析：分析顾客群的结构、流量、购买周期、不同顾客群的利润贡献率；具体顾客的购买频率、感兴趣商品的预测、忠诚度和流失的可能性分析。顾客分析的目标是确定可靠的顾客群体、预测消费意愿，主动提供个性化销售和促销服务，提高销售额和利润率。

(2) 产品分析：产品分析是建立在顾客价值基础上的。通过顾客分析的结果，结合内部生产能力、库存规模、渠道类型进行产品开发。例如：产品的时尚性、功能性、库存量和产品开发结构等。

(3) 价格分析：产品的定价（需要建立基于消费者视角的产品价值模型），消费者对于不同产品的价格弹性，竞争品牌的定价策略等。

(4) 营销策略：新产品的导入期及旧产品的最佳消化期，产品的分类上架、位置布局和捆绑销售合理性；节前节后、淡季旺季不同时间段的定价策略等

(5) 供应链分析、运营效率分析：主要针对供应商选择、物流优化、现金流计划、人力资源配置等。

革命的思想只有转换为革命的行动才能够真正为企业创造价值，传统零售企业在大数据时代下的数据思维和“数据经营”理念指引下只有采取精准和快速行动才能焕发生机赢

得未来，鲁迅先生曾说过不在沉默中爆发就在沉默中死亡，时代也是这样，不在时代中变革就在时代中消亡。

二、新经济时代的标志

与新经济的基本特征相对应的是整个人类社会环境发生了极为深刻的变化，展现在人们面前的是一个全新的经济时代，这个时代的主要标志有：

（1）信息化、网络的飞速发展。自20世纪以来，计算机、互联网和光纤的出现，使整个世界进入了信息化时代，人们可以在世界的任何一个地方了解到世界上在任何瞬间发生过的事件，实现“足不出户的沟通”和参与，且这种沟通的手段和方法越来越简洁透明。

（2）传统的交通运输业的长足进步。高速公路、高速铁路得到了飞速发展，空中运输的日益普及，实物传输的速度和规模大大地提升了。

（3）经济呈现全球一体化趋势。集中表现在市场全球化，即需求市场向全球的任何企业和自然人开放，且企业与自然人有可能在全球范围内寻求自己的市场；资源配置全球化，即人们在选择配置资源时，再也不是只局限在自己的国家和地区，而是可以运用自己的实力和嗅觉，在全球范围内选配自己所认可的各类资源，从而提升自己的配置效率；竞争规则的国际化，最显而易见的就是绝大多数国家加入了世界贸易组织（WTO），并承认和运用它的竞争规则。由于人们在抢夺市场、占有资源方面的能力不同，以及在国际经济组织中的实质性地位不同，经济全球化给各国和集团带来的利益影响也不大相同。

（4）资源更加匮乏，经济发展与资源短缺的矛盾更加突出。

（5）环境保护问题更加突出，可持续发展成为人们日益广泛关注的焦点。

新经济时代的出现，既给各国经济发展带来了新的机遇，也给经济不发达国家的企业带来了新的挑战。事实上，历次经济技术革命无一不在资源配置的手段、途径及效率上产生了重大变革，对人们的生活方式也带来了深远的影响。

知识链接

传统企业应该向互联网企业学习什么？

最应该学习的是，对于自己的核心用户群时刻保持巨大的吸引力，并且尽可能高提高这些核心用户的活跃度以及转换率。甚至更进一步，把这些用户打造成自己的粉丝，这需要让你的用户获得真正的极致体验。在这方面，传统企业有需要向互联网企业学习借鉴的地方。

首先，为用户带来难以抵挡的价值。

这种价值也许来源于对用户非常贴心的专业服务。以摇篮网为例，从2008年开始，摇篮网就推出了婴幼儿能力发展测评和个性化指导的科学育儿系统，以及一个叫天才妈妈培训班的服务，前者通过多达100多万人次的测评，使摇篮网获得了大量的一手用户信息，涵盖这些婴幼儿的方方面面，这些信息有助于摇篮网吸引更多的广告客户，因为他的广告客户可以更加精准的有针对性的进行广告投放。天才妈妈培训班则是通过互动，在给妈妈们进行育儿教育的传递的过程中，把一些广告主的产品知识巧妙的融入进去面向85后、90后群体，这种价值更多体现为对用户心理上的支持。一般而言，在任何群体中，如果想牢牢地吸引住这个群体，很典型的一招就是抓住金牌客户，也就是这个群体中的代言人或偶像。有很多平台都会运用这样的策略，其中最典型的首推“乐蜂网”，“乐蜂网”微博发布后续几天内，很多明星就会转发，这些名人微博所涉及的粉丝数量和转发量，粗略估计超过一亿人次，这就是达人模式也就是金牌客户所具备的威力。“乐蜂网”有诸多来自于时尚界和美容界的专家、明星进驻，面向女性提供时尚解决方案服务。“乐蜂网”聚拢了国内大批有影响力的达人资源，而且，它还通过海选的模式发布美妆达人征集令，寻找更多来自民间代表民意的草根美妆达人，形成“乐蜂网”广泛的达人群，达人推荐已经成了“乐蜂网”上用户信赖和追捧的代名词，也成为影响用户购物决策的关键影响因素。“乐蜂网”凭借达人模式，已经聚拢了大量用户并逐步提高用户多次购买比例。“乐蜂网”受到消费者追捧的背后，是达人代表了代主流消费人群最主要的形象投射，达人模式表达了对当代主流消费人群的尊重和认同。

其次，为用户带来极佳的过程体验。

不要为了商业利益，短视地伤害用户。以面向儿童群体的“淘米网”来说，《摩尔庄园》是一款非常成功的社群化产品，但《摩尔庄园》始终要警惕不能在商业化的道路上走得更远，因为《摩尔庄园》首要的使命是要保证孩子在虚拟世界中有一个安全、洁净的环境。《摩尔庄园》和普通社交网站最大的区别是：这里限制沟通，禁止输入数字，电话，手机，同时还要避免其他的一些负面因素。包括孩子的在线时间也会被严格限制，避免孩子的过度依赖。因为每个孩子的家长都希望孩子使用的游戏是一款绿色的、安全的产品，过多的商业化引入可能会破坏目标客户群对于该平台的忠诚。因此如果想在竞争中胜出，一个底线性的策略是要时刻保持对自己服务的警惕和小心翼翼，避免用户转网，实现用户真正的、长久的忠诚。

为核心用户提供良好的交互感受。比如女性购物分享社区“美丽说”，曾经与海豚浏览器合作，推出了一款女性浏览器，在这个浏览器上可以帮助女性用户分享购物经验、搭配秘籍、当红好店等诸多信息，这款定制的浏览器有助于客户获得更多的时尚信息，而且在交互上更加优越、便捷。这个浏览器有很多细节的设置，都用于优化女性用户体验，比如说这款界面有着粉色的主题和“美丽说”的界面相匹配，除此之外，海豚浏览器为美丽说网站预置了默认手势——用户只需在屏幕上画一个心形，即可跳转到美丽说网站。此外，在浏览器专用的快访问区、阅读首页和默认书签栏中，美丽说都占据中心位置。使用“海豚阅读”功能，用户可以像浏览时尚类杂志那样浏览包括美丽说在内的各种网站。这能让网页的海量信息和时尚杂志的体验结合在一起，符合了女性用户的浏览体验。

用户的消费行为是端到端的整体过程，要为用户提供提供一体化的、完整的、交互体验过程。美丽说与电商网站的合作非常紧密，美丽说可以把电商网站上的商品信息，包括图片、价格，整个抓取过来，再进行分享和品评。如果一个客户在电商网站上看到一件她中意的商品，她可以把这个信息发到美丽说，由相关的网友帮她进行评价。同样，如果一个女性客户在美丽说上看到一款感兴趣的衣服，点击这个商品直接可以链接到电商网站。这就意味着，美丽说和电商在系统上是完全打通的，整个消费过程对于消费者的体验是非常顺畅的。对于电商网站来说，类似美丽说这样的垂直平台的最大价值就在于，它能够帮助他们导入一些非常高质量的流量。对于美丽说来说，电商网站的最大价值是帮助美丽说把自身价值套现。

最后，为用户“建档”，保持对核心用户群的持续吸引力。

对用户数据进行长期积累。以麦考林为例，麦考林是以直邮起家的，凡是在麦考林有过购物经历的顾客，无论通过什么渠道，他的资料都会录入麦考林的数据库，这些资料包括姓名、住址、电话、职业、家庭成员等，还包括个性爱好、购买趋向、购买的产品价位、偏好流行时尚等等。这些数据经过数据挖掘，对于整个麦考林的设计、销售、客服、物流都将提供有力的决策支持。由于长期的数据积累，麦考林可以把女性群体进行细分，比如按照年龄，已经结婚成家的女性比 20 岁的女性对家具用品的需求明显大得多，通过分析，可以提供及时的、针对性极强的服务。麦考林开发适合中国女性特点的服装配饰，正是基于这样长期的数据积累，同时这样面向女性群体的细分还在不断地进行。

要对于数据进行足够专业化的挖掘。一个专注于某个特定目标用户的平台，与一般的电商网站区别就在于，如果用户到一个服装电商网站上想买件衣服，它的衣服是按长袖、短袖进行分类的，而在一个专注型的平台里面，平台会认为买了一个长袖之后，下面一定不会是一个短袖，而是与这个长袖搭配的其他的服饰。因此这里面隐含的思路就在于，如果真正地站在用户的角度考量的话，用户不是概念性的批量客户，每个用户都是独特的，她都在选择自己最合理的时尚解决方案。因此垂直平台的做法是，围绕他们海量的数据，把时尚领域当中的关键词抽取出来，然后在词与词之间建立某一种联系。比如说上身服饰和下身服饰的搭配，机车包和哈伦裤之间英伦风格的搭配，把所有的这样的规律找出来，然后与目标客户群的潜在需求进行适配，这样才能真正的获得客户的满意，转化成为真正的购买行为。因此，通过数据挖掘的手段，对于客户在网站上的痕迹进行规律性的理解，把时尚定量化、规律化是垂直型专业化平台需要做好的。

为用户带来难以抵挡的价值、极佳的过程体验、通过大数据分析保持对核心用户群的吸引力，是传统企业必须掌握的核心能力。

想一想：新经济时代的管理与以往相比有何不同?

三、新经济时代的管理变革

新经济时代的上述特点影响着现代企业的管理，使管理正在朝着如下几个方面变革。

1. 管理思想变革

传统的企业管理是以资源稀缺性原理和投资收益递减规律作为理论基础的。新经济时代的企业管理将以知识的无限性和投资收益递增规律为指导思想。在新的时代，知识和掌握知识的员工将比资本和土地等自然资源更为重要，知识将成为创造财富的最重要的资本。人本管理将真正成为企业管理的指导思想。

企业原有的劳资关系和雇佣关系将受到挑战。掌握知识的员工将获得剩余价值索取权，并将更多地参与管理。

由于知识在企业经营各要素中的相对重要性增强，企业在资本运行中将更重视知识产权和无形资产的运用。如品牌、专利、专有技术等的运用。据研究，在企业形象上花费 1 美元将可获得 270 美元的收益。

2. 管理原则的创新

在《第五代管理》一书中，查尔斯·萨维奇博士（Charles M. Savage）用计算机发展历程形象地比喻管理发展历程。按萨维奇的论述，前四代属于农业时代晚期、工业时代早期和晚期，其财富和权力分别来源于对土地、劳动力和资本的所有权，其组织形式分别是封建制、所有权制和严格的等级制。前四代管理的基本原则包括：

劳动的分工和再分工（斯密）；自身利益（斯密）；依据精细划分的工作付酬（巴贝奇）；管理的分工和再分工（泰勒）；所有权与管理权分离（泰勒、韦伯）；每个人应该只有一个上司（法约尔）。

在新经济时代，管理将建立在新的原则基础上：

（1）对等的知识联网。对等知识联网包括对等技术、对等新经济和对等知识三个方面。对等的技术使得每一个节点能够直接与其他节点交流；对等的新经济即不论新经济位于企业何处，其他人员和应用工具都能够容易地获得；对等的知识即不论其他人的知识在企业中处于何处，每个人都能够获得它。

（2）集成的过程。集成过程要求在企业内部和外部与关键的模式保持联系，并且集成的过程不是固定的东西，它要求对思想、人员、过程和资源不断地进行动态的重新配置。

（3）对话式工作。人们对其工作的整个过程都有所了解，并能展开想象，而非被分割和局限于工作过程的某一工序或某一环节。

（4）人类的时间与计时。工作过程不仅是连续的，而且人类的时间也是连续的，人们记忆着过去，感受着现在，并且想象着未来。

（5）建立虚拟企业和动态团队。建立虚拟企业是一个过程，通过这个过程，公司联合它们的能力，依赖这些能力在需要的时候确定和重新确定复合的跨职能团队。这些团队不仅包括公司的成员，而且也可能包括来自卖主或顾客公司的人员。建立虚拟企业更多地依靠人员的才干，而不是他们的职能。虚拟企业把成批的活动作为项目，由团队反复和平行地工作来形成一个团队的组合。任务集中的团队的主要目标是，识别来自市场、竞争、供应商和合伙人，以及自己公司内部的问题，然后它们必须设计产品、过程和服务战略，在整个生命周期内支持产品。通过在对等的基础上共同工作，他们就可能反复重申可能的解决办法，直到开发出一个成熟的和适应市场的计划。

3. 经营目标创新

（1）以可持续发展代替利润最大化。长期以来，企业都以利润最大化作为企业经营的目标，以盈利能力作为评价企业好坏成败的唯一标准。新的时代，企业将以可持续发展作为企业最主要的战略目标。由于战略目标的改变，企业亦将更多地注重对员工、对社会、对用户及其他相关利益者的责任。

知识链接

美国《幸福》杂志评选世界最优秀企业的九项指标，可以作为企业经营目标导向变化的一个例证。这九项指标是：创新精神；总体管理质量；长期投资价值；对社区和环境的责任；吸引和保留有才华人员的能力；产品和服务的质量；财务的合理性程序；巧妙使用公司财产的效率；公司做全球业务的效率。

（2）以公司市场价值代替市场份额。传统的经营目标都是集中力量扩大公司的市场份额，争做本行业的老大或老二。似乎其他问题均可迎刃解决，而忽视争取最大的市场价值份额。

管理故事

随时变化的行业价值

IBM公司1980年在新经济技术行业价值中占50%。IBM公司自行开发所有的硬件、软件，在自己的工厂中生产所有的产品并通过自己的销售机构。在销售产品10年后的1996年，尽管仍占有很大的市场份额，但在新经济技术行业的市场价值只有15%。数字设备公司、布尔公司、西门子公司和IBM公司走同样的路，但微软、英特尔、萨普公司却走完全相反的路，他们占有了很高的市场价值份额，公司产值得到了迅速的增长。

4. 经营战略创新

传统的竞争战略是你死我活的博弈。新经济时代的经营战略则是竞争与合作并存的双赢战略。战略联盟得到广泛应用。为了实现长期的战略目标，企业将集中力量增强有别于其他企业的核心能力。多角化的选择将愈来愈谨慎，许多大公司正纷纷放弃非核心的业务，而加强主业。企业的扩张、联合、兼并的目的也在于达到优势互补，增加企业的核心能力。

如制造业的波音兼并麦道，宝马收购劳斯莱斯，到金融业的花旗集团兼并旅行者公司，美国第一银行与第一芝加哥公司合并，美洲银行和国民银行合并等等，这些大手笔的并购案例，造就了全球性的经济巨头。从国内来看，一汽集团通过收购天津汽车弥补一汽集团在家庭低端轿车市场上的不足，同时通过收购天津汽车达到与丰田合作的目的，三元牛奶收购北京卡夫则是希望通过收购其现有的生产设备，进一步扩充市场份额，达到规模经济。

管理故事

联想的并购之路

2005年5月1日，联想以12.5亿美元并购了IBM的PC业务，一跃成为全球第三大PC厂商，当时的联想是中国的民族品牌，IBM是世界水平的品牌，联想对IBM PC业务的收购成功，大大提升了企业的国际影响力，为中国民族品牌向国际品牌发展创造了一个范例，也为中国企业的国际化做出了非常有益的探索。在并购IBM PC业务后，联想通过强化产品组合和客户群、拓展全球行销网络以及积极的市场推广策略，不仅打消了公众在并购初期的疑虑，而且实现了业绩的有效增长。特别是其高超的品牌宣传和营销策略，在助力联想由一家本土化公司成长为全球性企业的过程中发挥了巨人的作用。接下来的几年，联想一直在进行自己的国际化之路：

2009年1月29日，联想收购了总部位于美国西雅图的消费者技术公司Switchbox Labs。

2011年1月27日，联想与日本NEC公司宣布成立合资公司，形成战略合作，共同组建日本市场上最大的个人电脑集团，这次收购，也使得联想PC重回世界前三。

2011年6月1日，联想收购德国个人消费电子企业Medion，并希望通过这笔收购占据德国 PC 市场 14%份额，以及西欧 PC 市场 7.5%份额。

2014 年 1 月 30 日，联想以 29 亿美元从谷歌收购摩托罗拉移动。交易预计将花费 6 到 9 个月的时间。本次收购，使得联想集团获得了一个在全球有知名度的移动品牌，将进一步巩固联想在智能终端市场（智能终端包括 PC、平板、智能手机）的地位，获得大量手机专利、人才，尤其进入欧美等成熟智能手机市场的运营商关系。缩短与三星、苹果公司的差距。

业务外包也正在成为许多企业的战略选择。把一些重要但非核心的业务职能实行外包，交给外面的专业企业去做，这样就可把多家公司最优秀的人才集中起来为我所用。

5. 生产系统创新

进入 1980 年代后，出现了计算机集成制造系统，简称“CIMS”（computer integrated manufacturing systems）。CIMS 的核心是集成。它把成熟的管理方法与先进的制造技术，用数字化的新经济技术联成一体，形成四大系统：计算机管理信息系统、计算机设计与开发信息系统、生产自动化信息系统和质量控制系统。从而大大提高了工作效率，从根本上改变了管理工作的面貌。

20 世纪 90 年代后，由 MRP Ⅰ 和 MRP Ⅱ 发展出 ERP（企业资源计划）。ERP 的核心管理思想就是实现对整个供应链的有效管理，主要体现在以下三个方面。

（1）体现对整个供应链资源进行管理的思想。企业不仅依靠自己的资源，还必须把经营过程中的有关各方如供应商、制造工厂、分销网络、客户等纳入一个紧密的供应链中，才能在市场上获得竞争优势。

（2）体现精益生产、同步工程和敏捷制造的思想。

知识链接

“精益生产”（lean production，LP）即企业把客户、销售代理商、供应商、协作单位纳入生产体系，同他们建立起利益共享的合作伙伴关系，进而组成一个企业的供应链。消除浪费，是精益生产方式的精髓。根据用户需求定义企业生产价值，按照价值流组织全部生产活动，使要保留下来的、创造价值的各个活动流动起来，让用户的需要拉动产品生产、而非把产品硬推给用户，这样便可暴露出价值流中所隐藏的浪费。当市场上出现新的机会，而企业的基本合作伙伴不能满足新产品开发生产的要求时，企业组织一个由特定的供应商和销售渠道组成的短期或一次性供应链，形成“虚拟工厂”，把供应和协作单位看成是企业的一个组成部分，运用“同步工程”（simultaneous engineering，SE；在美国称之为“concurrent engineering”），组织生产，用最短的时间将新产品打入市场，时刻保持产品的高质量、多样化和灵活性，这即是“敏捷制造”（agile manufacturing）的核心思想。

（3）体现事先计划与事中控制的思想。ERP 系统中的计划体系主要包括：主生产计划、物流需求计划、能力计划、采购计划、销售执行计划、利润计划、财务预算和人力资源计划等，而且这些计划功能与价值控制功能已完全集成到整个供应链系统中。另一方面，ERP 系统通过定义事务处理相关的会计核算科目与核算方式，在事务处理发生的同时自动生成会计核算分录，保证了资金流与物流的同步记录和数据的一致性。从而实现了根据财务资金现状，可以追溯资金的来龙去脉，并进一步追溯所发生的相关业务活动，便于实现事中控制和实时做出决策。

传统的组织结构建立在职能和等级制的基础上。虽然这种模式过去曾经很好地服务于企业，但是对于知识经济时代的竞争环境的要求，它的反应已经显得缓慢和笨拙。业务流程再造对许多传统的组织构造原则提出了挑战，将流程推到管理日程表的前列。通过重新设计流程，可以在流程绩效的改善上取得飞跃，激发和增进企业的竞争力。企业若要 ERP 系统成功地实施，必须再造企业业务流程。没有进行很好的业务流程再造，实施 ERP 将事倍功半。迈克尔·哈默（Michael Hammer）和詹姆斯·钱皮（James Champy）在 1993 年出版的《再造公司》一书中，主张采取上述的方法来对变化和为提高产品和经营的质量而付出的努力进行管理。他们把再造定义为"对经营过程彻底进行再思考和再设计，以便在业绩衡量标准（如成本、质量、服务和速度等）上取得重大突破"。采取再造方法的公司迅速学会对其所做的一切以及为何这样做提出疑问。"'再造'首先确定公司必须做什么，然后确定它如何去做。'再造'不把任何事想当然，它对'是什么'有所忽视，而对'应该是什么'相当重视。"

再造中最关键的部分是在公司的核心竞争力和经验的基础上确定它应该做什么，即确定它能做得最好的是什么。之后确定需要做的事最好是由本组织来做还是由其他组织来做。采取再造方法的结果是公司规模的缩小和外包业务的增多。

知识链接

业务流程重组

业务流程重组最早由美国的 Michael Hammer 和 James Champy 提出，在 20 世纪 90 年代达到了全盛的一种管理思想。强调以业务流程为改造对象和中心、以关心客户的需求和满意度为目标、对现有的业务流程进行根本的再思考和彻底的再设计，利用先进的制造技术、信息技术以及现代的管理手段、最大限度地实现技术上的功能集成和管理上的职能集成，以打破传统的职能型组织结构，建立全新的过程型组织结构，从而实现企业经营在成本、质量、服务和速度等方面的戏剧性的改善。

业务流程重组是国外管理界在全面质量管理（TQM）、准时生产（JIT）、工作流管理（WORK-FLOW）、团队管理（WORKTEAM）、标杆管理等一系列管理理论与实践全面展开并获得成功的基础上产生的。是西方发达国家在世纪末，对已运行了 100 多年的专业分工细化及组织分层制的一次反思及大幅度改进。BPR 是对企业僵化、官僚主义的彻底改革。

BPR 最重要的是在组织高管层面有完善的业务流程重组管理计划与实施步骤以及对预期可能出现的障碍与阻力有清醒认识。CEO 必读 12 篇，协助企业主及 CEO 塑造业务流程重组领导能力，提升流程重组及优化成功概率。

BPR 的 IT 应用支撑最佳工具为：BPM 业务流程管理软件，该类软件国际上的产品以：IBM、微软为主，国内以协达软件、用友、金蝶为主，其中用友、金蝶的 BPM 软件均采用来自于协达软件的工作流引擎技术。

6. 企业组织创新

(1) 企业内部组织结构正趋向扁平化方向发展。例如，美国通用公司航空发动厂8 000人，通过企业再造，实行“零管理层”，通用公司实行“无边界行动”，管理层次由24～26层减到5～6层。

想一想： 何为扁平化？扁平化的基础是什么？

(2) 建立学习型组织。彼得·圣吉在《第五次修炼》中指出，企业应成为一个学习型组织，并提出了建立学习型组织的四条标准：①人们能不能不断检验自己的经验；②人们有没有生产知识；③大家能否分享组织中的知识；④组织中的学习是否和组织的目标息息相关。合资企业中合作双方更应成为学习型组织，这是长期合作的保证。

(3) 规模经济传统的观点正在改变。人们在新经济时代经营中逐渐认识到，企业规模不是愈大愈好。企业组织向两极分化，联合兼并发展的企业集团，成为本行业的领头羊；小企业迅速崛起。

(4) 虚拟公司正代替传统的实体型企业。建立虚拟公司首先要拥有核心技术，能够抓住市场机遇，经过工业新经济网络或国际互联网，寻找合适的合作伙伴，合作成员之间保持竞争与合作的企业文化。各成员都在利益驱动下加盟，通过协作达到互助的目的。随着市场机遇和项目的结束，虚拟公司也随之解体（也称动态联盟）。

知识链接

中国互联网创业者正在告别“硅谷崇拜”

硅谷已经不再是中国那些比较成功的创业者的“灵感”来源。那种大规模集体复制美国社交应用、图片分享应用和团购网站的日子已经一去不复返了。在过去的2013年，我们看到中国和硅谷在科技创新趋势上越来越像两条平行线：在美国，2013年“大数据”的爆炸是最惊心动魄的一件事：一系列大数据分别侵入网络存储、金融、法律、电信、社交网络广告、人才招聘、信用体系和物流等领域的初创公司；越来越多个性化界面和设计的企业级软件工具，开始出现并服务对办公的移动性、灵活性和远程协作有着日益迫切需求的新型公司，而这一领域的明星级公司Box也传说将在2014年上市了。而在中国，大数据相关的公司这两年仍普遍集中在社交媒体分析与广告营销领域，企业级服务市场波澜不惊，偶尔的一两家在扮演“先驱”角色。这边最热门的趋势是互联网金融和理财产品，以及无处不在深入到人们生活需求细节各个方面的O2O本地生活服务，还有以智能电视和路由器为代表的传统硬件改造——硅谷的创业者绝对不会想到，智能电视和路由器能在中国被做成这个样子。

即便是在交通工具类APP和比特币这两个在中国与硅谷看似高度重合的热门领域，它们做的事在实际上也有本质的不同：在硅谷，Uber和Lyft这种租车和搭车类的工具更流行，而在中国则切换到了大城市“打车APP”的情境中。在硅谷，与比特币相关的创业者更多地下沉到了支付和交易环节，例如比特币钱包（Coinbase）如何让人们使用比特币获得PayPal那样的体验，而在中国，比特币创业仍处在上游环节：例如挖矿、兑换和安全。

现在还无从评价中国创业者与硅谷创业者日益“离心离德”这件事是好是坏，但至少意味着一种做事方式的转变：是追着“概念”还是追着“需求”。至少，中国有了一款掌握全国10%电影票房收入的APP“猫眼电影”，那是因为看电影贵、人多且院线信息不对称，人们需要这样的东西；中国有“阿姨帮”和“饿了么”这类的O2O产品，是因为这种快速的寻找到附近生活援助服务的需求变得越来越迫切；打车app在中国迅速引爆是因为交通问题和打车永远是在国内一线大城市生活的痛点。而百度和支付宝等推出理财产品，是因为国内金融机构理财产品的信息化程度极低、沟通流程及其繁琐，但互联网能激发人们潜在或已经存在的理财需求。

造成中国和硅谷两个“平行世界”，以及中国创业者越来越少在灵感、情感和模式上依赖硅谷“创新源泉”的原因，除了人所共知的一些原因——比如政府监管与市场特殊性等因素，其实还与中国近两年来互联网创业生态系统的深层次演进和变化有关。至少有三点因素是不可忽视：

第一，中国的互联网巨头开始建设性地参与国内互联网创业的生态，让创业者发现现实方向和出路的可能性，也让创业者更容易获得回报。

2009～2012年，中国互联网创业者普遍“向硅谷学习”或“复制硅谷模式”的现象是建立在对国内创业环境的苦闷和绝望的前提下的：一个精益的创业团队的创业项目一旦初有起色获得关注，巨头马上扑过来复制它，依靠自己的流量红利迅速消灭初创公司。而“借鉴硅谷模式”对创业公司的成本和风险相对偏低，相同领域而一旦国内巨头也复制或抄袭的话，则面临更高的来自海外的诉讼和法律风险。

但从2012年开始，国内以BAT和360为代表的互联网巨头与初创公司的关系发生了显著变化：前者成了后者的战略投资者，甚至最后的收购金主。算一算过去一年就多少家初创公司甚至已经进入成长期的创业公司接受过巨头的战略投资或索性被收购就清楚了，这种关系的变化是根本的：因为获得回报的可能性加强，创业者就更容易专注在思考如何探寻本地用户的需求这件事，从而加速了“接地气”的过程。另一方面，创业公司也能从腾讯、百度、阿里巴巴、360、携程和小米等方向和需求上，更精准地定义自己的产品和业务方向——这些巨头深谙国内用户的需求和运营，更重要的是，与过去不同，它们现在或多或少地都留出了投资初创公司，或与初创公司在一些领域进行合作的空间，帮着初创公司“接地气”。

第二，创业者本身质素的提升，让中国互联网创业团队在一些领域的产品和运营水准，日益接近或等同于硅谷的创业公司甚至超过它们，这在一些领域内降低了对硅谷的心理依赖与崇拜。

这两年国内创业者的构成发生了很大变化。传统意义上的“草根创业者”人数从比例上开始降低，而具有在国内一线主流科技公司——例如腾讯、百度、阿里巴巴、360、盛大、新浪、网易和Google中国等工作背景的创业者越来越普遍。这些在大公司做到一定管理层位置、获得了财务相对自由的创业者，心态不同于传统意义上的草根创业者。他们在大公司积累的产品开发的方式、对国内用户习惯和需求的熟知程度与长期以来、运营和参与公司运营的规范化经验，加上自己在业内一些既有的人际网络关系和知名度，让他们的创业起点和质量明显高于几年前的那一批创业者。正是这样的一群人，做出了唱吧、陌陌、原题库和YY这样的明星和准明星级产品，而这些产品的经验和灵感，更多的是来自他们既有的从业经历和观察，而不是硅谷。而且在新兴的领域，中国的一部分创业者与他们的硅谷同行们的水准是相当接近的，有时候甚至超过了硅谷的同行们。

第三，在中国创业者告别硅谷崇拜之前，硅谷的风投已经告别了中国创业者。

这几年，一些国内的风险投资基金和大公司投资基金，开始有意地瞄向硅谷的初创公司或东南亚地区的创业公司，寻求战略投资以助其实现海外扩张。但另一方面，硅谷本土领先的风险投资基金，对中国的态度越来越封闭。而一些新崛起的投资业绩显赫的VC机构，中国甚至从来没在它们的视线中出现过。

这一点也不是夸张之辞。在中国的美国VC机构，老牌的除了DCM、KPCB、红杉资本和GGV以及彻底本地化的经纬中国投资基金，大多数基金在中国基本处于静止状态，你很少会在那些著名的投资和交易中看到那些“大牌美国VC”的身影。其中曾投资过百度的老牌硅谷VC德丰杰基金（DFJ）将解散在中国的办公室。这其实是一种“有意为之”的态度——中国的案子对他们来说越来越贵，退出通道少，而且又不容易一下子看懂，于是索性放弃了。

在中国单笔投资案子越来越贵、退出机会匮乏和上市窗口期关闭的局面还没来得及改变的2012年，大量的硅谷VC对中国采取了观望甚至放弃的态度。而这也在相当程度上影响了新崛起的一代硅谷风险投资机构对中国市场的判断和态度。

硅谷最强势的新一代VC与中国的隔膜，让中国创业者与硅谷VC实质性的接触也越来越少。而与此同时，本土VC“推案子”甚至翻出老案子寻找接盘者的动作却日益频繁。

复习题

一、思考题

1. 简述管理实践、管理思想、管理理论三者之间的关系。
2. 产业革命如何增加了对规范的管理理论的需求？
3. 泰勒制的利弊有哪些？
4. 简述定量方法对管理领域做出的贡献。
5. 简述全面质量管理的内容。

二、判断题

1. 法约尔被誉为“科学管理法之父”。 （　　）
2. 泰勒是科学管理学派的杰出代表人物。 （　　）
3. 企业中存在非正式组织是人际关系学说的基本要点之一。 （　　）
4. 科学管理对人性的假设是“社会人”的假设。 （　　）
5. 法约尔认为每个雇员能听命于一个上司，否则无法把事情搞好。 （　　）
6. 法约尔认为在企业绝大部分工作中都包含六种基本活动。 （　　）
7. 韦伯认为理想的组织形态是神秘化的组织。 （　　）
8. 泰勒的科学管理是以工厂管理为对象，以提高工人劳动生产率为目标的。 （　　）
9. 差别计件工资制对同一种工作设有两个不同的工资率，按工作完成工作的时间、质量使用不同工资率付酬。 （　　）

10. 运用运筹学解决问题构建模型时，要求所有变量都是可控的，即排除了不可控因素。（ ）

11. 科学管理仅适用于工业企业。（ ）

12. 管理科学家说的主要目标是应用科学的方法来解决生产和作业管理的问题。（ ）

13. 运筹学在管理中的应用开创了运用数量化方法解决问题的先河。（ ）

14. 权变理论认为虽然两种情景不能完全一样，但有可能类似，因此解决问题的方法可以是相同的。（ ）

15. 梅奥通过“霍桑试验”得出职工是“经济人”。（ ）

三、选择题

1. 韦伯指出个人服从命令的原因是上级拥有（ ）

A. 权力　B. 权威　C. 权利　D. 权益

2. 法约尔提出的组织中平级间的横向沟通被称为（ ）

A. 等级原则　B. 协商原则　C. 跳板原则　D. 秩序原则

3. 企业的技术、商业、财务、安全、会计、管理六种职能的总体运动是（ ）

A. 经营　B. 管理　C. 运营　D. 运转

4. 法约尔认为企业职能中最重要的职能是（ ）

A. 管理　B. 商业　C. 会计　D. 财务

5. 韦伯的行政性组织又可称为（ ）

A. 神秘化组织　B. 传统组织

C. 现代的组织　D. 合理化—法律化的组织

6. 管理科学源于（ ）

A. 人际关系理论　B. 系统管理理论　C. 权变管理理论　D. 科学管理理论

7. 系统分析把（ ）观点和思想引入管理方法之中。

A. 科学管理　B. 数学　C. 系统　D. 管理原则

四、案例分析

贾厂长的无奈

江南某机械厂是一家拥有职工 2 000 多人，年产值约 5 000 万元的中型企业。厂长贾明虽然年过五十但办事仍风风火火。每天都要处理大大小小事情几十件，从厂里的高层决策、人事安排，到职工的生活起居，可以说无事不包，每天都骑着他那辆破旧的自行车穿梭于厂里厂外。因此厂里的威信很高，大家有事都找他，他也有求必应。贾厂长的生活的确很累。有人劝他少管些职工的鸡毛蒜皮的事。他说：“我作为一厂之长，职工的事就是我自己的事，我怎能坐视不管呢！”为了把这个厂办好，提高厂里的经营效益，改善职工生活，每天从两眼一睁忙到熄灯，没有节假日，妻子患病他没时间照顾，孩子的家长会他也没时间出席，把全部的时间和心血都花在了厂里。正因为贾厂长这种勤勤恳恳、兢兢业业的奉献精神，他多次被市委、市政府评为市先进工作者。

在厂里，贾厂长事必躬亲，大事小事都要过问，能亲自办的事决不交给他人办；可办可不办的事也一定是自己去办；交给下属的一些工作总担心办不好，常插手过问，有时弄得下属不知如何是好，心里憋气。有一次，厂里小王夫妇闹别扭，闹到了贾厂长那里。当时贾厂长正忙着开会，让工会领导去处理一下，工会主席很快就解决了。可贾厂长开完会后又跑来重新了解，结果本已平息了的风波又闹起来了。像这样例子在厂里时有发生。

随着市场环境的变化。厂里的生产经营状况每况愈下，成本急剧上升，效益不断下滑，急得贾厂长夜不能寐。不久决定推行成本管理，厉行节约。他自己以身作则，率先垂范。但职工并不认真执行，浪费依旧，考核成了一种毫无意义的形式。贾厂长感叹职工没有长远眼光，却总也拿不出有力的监督措施，就这样，厂里的日子一天天难过。最后在有关部门撮合下，厂里决定与一家外国公司合作，由外方提供一流的先进设备，厂里负责生产。当时这种设备在国际上处于先进水平，国内一流，如果合作成功，厂里不仅可以扭转困境，而且可能使厂里的生产、技术和效益都上一个新台阶，因此大家都对此充满着信心。经多方努力，合作的准备工作已基本就绪，就等双方举行签字仪式。

仪式举行的前一天，厂里一个单身职工生病住院，贾厂长亲自到医院陪他。第二天，几乎一夜未合眼的贾厂长又到工厂查看生产进度，秘书几次提醒他晚上有重要会议，劝他休息一下。但他执意不肯，下午，贾厂长在车间听取职工反映情况时病倒了。晚上，贾厂长带病出席签字仪式，厂里的其他许多领导也参加了，但贾厂长最终没能支撑下去，中途不得不送进医院。外方领导在了解事情的经过后，一方面为贾厂长的敬业精神所感动，也对贾厂长的能力表示怀疑，决定推迟合作事宜。

贾厂长出院后。职工们都对他另眼相看，他在厂里的威信也从此大大下降。对此，贾厂长有满肚的无奈。

问题：

1. 贾厂长是一个好人，你认为贾厂长是一名优秀的管理者吗？

2. 内陆银行总裁大卫·拜伦一直坚守这样一句格言：一是决不让自己超量工作；二是授权他人后立刻忘掉这回事。你认为这句格言对贾厂长有何启示？

3. 你认为一名高层管理者的主要工作是什么？

五、实践练习

1. 选择两门你刚学过的非管理课程，从中挑选三个可能会帮你成为一名更优秀管理者的观点和概念，并进行阐述。

2. 每周至少阅读某份商业报纸或管理期刊上的一篇管理类文章，讲述你所看到每一篇文章的主要内容，以及每一篇文章与本章学到的管理理论或方法有何联系。

3. 选择一项你经常从事的任务，如洗衣服、做饭、购物、为考试做准备等，写下完成该任务所需要的步骤，然后对任务进行分析，看看是否存在可以被合并或消除的动作，找到一种最佳的方法来从事该任务。当下次你需要从事该任务时，尝试科学管理的方法，看看你是否变得更有效率。

4. 挑选一家企业并研究他的历史，看看该公司这么多年来是如何发生变化的？根据你的研究，你从中学到了哪些能够帮助你成为一名更优秀管理者的东西？

5. 找出五本当前最热卖的管理类图书。阅读这些书评或整本书，写下简短的一段话来描述每本书的主要内容，同时看看这些书符合本章管理理论中的哪一种或几种？为什么？

6. 挑选发生在21世纪的一个历史事件，并对他进行相应研究，写一篇文章在描述该事件对管理产生的影响。

7. 用自己的语言写下在本章中学到的关于如何成为一名优秀管理者的三个要点。

第四章

社会责任与管理道德

学习目标

1. 了解社会责任和管理道德的概念。
2. 清楚承担社会责任对组织所具有的意义。
3. 掌握影响组织承担社会责任的因素及如何承担社会责任。
4. 清楚影响管理道德的因素及如何选择有道德的行为。
5. 能判断当代社会中出现的社会责任和管理道德问题。

导入案例

沃尔玛的环保举措

沃尔玛是世界上规模最大的零售商，在全球拥有 8 400 家商场，其经营业务涵盖了海量的商品，他正在努力使自己转型为一家环境友好型公司。它发表声明指出：将从其供应链中减少约 2 000 万吨的温室气体排放（这相当于让超过 380 万辆轿车一年不行驶）。为此，他宣称将为其产品的环保程度创建一项可持续性的指标，这一活动主要分为三个阶段：

第一个阶段是使用一份包含 15 个问题的调查问卷来了解 100 000 多家供应商对温室气体、废水和固体垃圾的减排努力及其他具体的企业行为，截至 2009 年 10 月，他已经获得了这些信息。第二个阶段是把这些信息输入一个海量的数据库。第三个阶段是把所有这些数据最终简化为一个容易理解的全球评估系统，类似于一种营养标签，但重点关注与环境和社会的可持续发展相关的具体事项。这项工作在 2013 年完成。

这并不是沃尔玛公司首次采取的环保行动。近年来，沃尔玛公司已经启动许多环保创新措施，包括提高公司运输车队的效率，与 20 世纪福克斯电影公司合作，通过减少 CD 产品中的塑料包装来降低温室气体的排放。这里最困难的是说服自己的供应商花费时间和资金来追踪和减少他们对环境的影响。他要求供应商考察其产品中碳元素的生命周期，从产品制造时使用的原材料知道产品的回收阶段。虽然他们并没有强制要求供应商参与，但沃尔玛明确宣布，他仅仅有兴趣与参与此项目的供应商合作。沃尔玛还与众多的环保组织合作。这些组织向沃尔玛及其供应商提供建议，并帮助他们评估和测量环保成效。

沃尔玛的这些举措对实现其经营目标有帮助吗?

第一节　企业社会责任

对国内一些抱负远大、追求卓越的企业来说，企业的社会责任已经不再是一个生疏的概念了。但是总的来说，国内企业的社会责任意识与发达国家的企业仍旧有着非常大的差距。绝大多数的国内企业认为，企业通过社会活动来履行社会责任，只能是白白地付出企业的资源，而回报至多是给企业增加点儿知名度。因此，这些企业不愿意主动参加社会活动，觉得只要自身不触犯法规、不违背道德就行了，而没有义务去帮助解决各种社会问题。它们没有认识到，社会活动也是它们实现各种经营目标和企业使命的机会和途径，可以给它们自身以及社会公益事业带来各种切实的利益。

想一想：什么是企业的社会责任?

一、企业社会责任的含义

企业的社会责任（Corporate Social Responsibility，CSR）概念是在20世纪60年代后提出来的，其说法不一。结合各种观点，我们认为企业的社会责任就是企业对市场化的资源配置和消耗采取更加积极的社会态度，对顾客、员工、投资者等公众采取更为主动的态度，同时在环境保护、社会服务和社会福利事业参与等方面更多地承担责任和义务。

管理故事

将慈善和商业融为一体

如果卖掉一双鞋子，就向一名贫困儿童捐助一双鞋子。这是美国休闲鞋品牌汤姆布鞋采取的商业模式。作为哥伦比亚广播公司的一档真人秀节目《极速前进》的参赛者，汤姆布鞋公司的创建者布莱克·麦柯斯基在2006年对阿根廷进行了一次访问，“看到许多没有穿鞋的孩子正在遭受腿脚受伤的折磨”。他想，其实这些孩子并不愿意光着脚，只是没有钱买鞋。麦柯斯基对这次经历深有感触，以至于他希望为此做些什么。这就是汤姆布鞋公司正在做的事情：把慈善和商业融为一体，为全世界没有鞋穿的儿童提供鞋子。

该公司捐助的那些鞋子对公司的品牌大获成功至关重要。现在，该品牌在青少年中极为流行。到2010年年初，该公司已经捐助了400万双鞋。如果把你放在麦柯斯基的位置上，你觉得如何才能在承担社会责任和追求利润之间达成平衡?

二、企业社会责任的发展趋势

自20世纪60年代提出社会责任的概念之后，经过近半个世纪的发展，人们对于社会责任的理解及具体行动也在发生着变化，除了在捐献数额上增长较快之外，还出现了以下一些新的发展趋势：

1. 企业针对社会责任活动的报告增多

从《财富》500强企业的网站可以发现，大多数企业都有针对捐献的专门报告，而且这部分内容往往被标记为“企业的社会责任”、“企业的公民责任”、“社区发展”、“社区捐献”或“社区参与”。在这些报告当中，有很多都详尽地介绍了像捐献额、慈善活动的优先次序、重大活动、员工志愿者行为以及可持续的商业实践这种的主题。

2. 企业履行社会责任的社会标准开始确立

在诸多企业的年度报告和网站中，来自于CEO们的信息暗示企业对社会责任的承诺已经成了一件必做之事，已经进入了企业对话的主流。

名人名言

慈善行为＝经营之道……企业回报其置身的社区，这不仅是恰当的，而且是精明的做法。健康的社区对社会安定和总体经济非常重要，而且还可以为美国运通这样的企业提供一个良好的环境，有助于企业发展、创新和吸引杰出的人才。

——美国运通董事长兼首席执行官哈维·戈卢布

戴尔是一家全球性企业，为190多个国家提供着产品和服务。我们拥有4万多名员工，他们生活和工作在6个不同的大陆上。正因如此，向我们称之为家的所有社区提供技术，这是非常重要的。

——戴尔董事长兼首席执行官迈克尔·戴尔

好的企业与伟大的企业之间是有差别的。一家好的企业可以提供优秀的产品和服务；一家伟大的企业也可以提供优秀的产品和服务，但它还要努力地让这个世界变得更美好。

——福特汽车公司董事长兼首席执行官小威廉·克莱·福特

耐克和其他每一家21世纪的全球化企业来说，绩效的评价既要考虑营收增长率和利润率，也要重视企业对生活质量的影响。我们希望能有一个良好的开端。

——耐克董事长兼首席执行官菲尔·奈特

3. 社会责任从义务向战略的转变

1994年，克雷格·史密斯在《哈佛商业评论》上发表了一篇开创性的文章，确认了“新的企业慈善行为”，将之描述为一种转变：对特定的社会公益事业和活动做出长期的承诺；不仅仅提供现金捐助；既从经营单位也从慈善预算中获得资金；形成战略联盟；以同样也会促进商业目标的方式来完成这一切。

史密斯认为，对这种发展有贡献的一个里程碑，是联邦最高法院在20世纪50年代做出决定，废止了直到那时还禁止或至少限制企业对社会公益事业的捐助和参与的法律和不成文法规。后来到了 20 世纪 60 年代，大多数的美国企业开始感受到了要证明自身社会责任的压力，纷纷建立了内部的基金会和捐赠计划。

4. 企业社会责任与企业目标的一致性

更多的企业选择少数适合自身价值观的战略性重点领域，挑选可以支持企业经营目标的社会活动，选择与自身的核心产品及核心市场相关的主题，支持可以为实现营销目标（比如提高市场份额、市场渗透或建立理想的品牌识别）提供机会的主题，评价不同主题对陷入危机或面临国家政策变动时提供积极支持的潜力，让更多的企业部门参与选择过程，以便为支持计划的实施打下基础，承担那些社区、客户和员工最关心的主题。

在这种新的模式中，策划和实施活动看起来更像是尽全力去做最多的好事，而不仅仅是做些好事。企业在更加努力地与公益事业合作伙伴分享销售渠道，鼓励员工去做志愿者，把选定的主题融合到营销、企业传播、人力资源、社区关系以及运营中，与一个或多个外部的合作伙伴形成战略联盟，从营销和人力资源其他经营单位获得资金。

同时，评价也变得越来越重要了。在以前这种做法几乎不会为企业或社会公益事业建立任何可量化的结果，它只是简单地相信好事发生了。而现在，这些反馈被看成是一个战略架构的一部分，随后会被这个架构用于方向修正以及可信的公开报告。

管理故事

与众不同的管理者

伊冯·乔伊纳德是一名自学成才的铁匠，他在 1957 年开始制作登山时使用的岩钉，继而创办了户外服装公司巴塔戈尼亚。随着公司的不断成长，乔伊纳德认识到该公司做的每一件事情都会对环境产生影响，而其中绝大多数都是负面的影响。今天，他提出了公司在保护生态方面的使命：使用商业来创造和实施环境危机的解决方案。乔伊纳德已经把环保行动视为公司的头等大事。自 1985 年以来，巴塔戈尼亚公司每年把 1%的销售额捐赠给草根环保团体，并且通过努力使得 1 200 多家公司跟随他的脚步，成为“为地球捐赠 1%”团体中的成员。乔伊纳德认识到，每一个产品，无论为其倾注多少智慧，都会对地球产生破坏作用。但无论如何，他还是一如既往地付出努力，因为这是他认为的“应该去做的正确的事情”。

想一想：乔伊纳德的行为对中国的诸多企业有何启示？企业为什么要关注和履行社会责任？

三、社会责任与经济绩效

BSR（Business for Social Responsibility）是一家处于领导地位的、全球性的非营利组织，就如何把企业的社会责任整合到企业的经营和战略中，向企业提供相关的新经济、工具、培训和咨询服务。它们的研究和经验表明，参与社会活动的企业已经得到了一系列的实际利益，包括：销售额和市场份额增长；品牌定位得到巩固；企业形象和影响力得到提升；吸引、激励和保留员工的能力得到提高；运营成本降低；对投资者和财务分析师的吸引力增大。

由国际环境调查有限公司、威尔士亲王企业领导者论坛和经济咨商局在1999年共同完成的一项研究就企业的社会责任问题调查了23个国家的25 000名公民。得出以下调查结论：90%的被调查者希望企业不要仅仅关注盈利能力；60%的人说他们会基于对企业社会责任的感觉来形成对一家企业的印象；40%的人说对于他们认为没有尽到社会责任的企业，他们要么会消极地对待，要么会消极地评论；17%的人说如果他们觉得企业没有尽到社会责任，那么他们实际上会远离这些企业的产品。

四、企业履行社会责任的策略

1. 公益事业宣传

企业提供资金、非现金捐助或其他的企业资源，以促进公众对某项社会公益事业的了解和关心，或者为某项公益事业的募捐活动、参与或志愿者招募提供支持。

管理故事

沃尔玛和儿童奇迹网络

沃尔玛基金会在其使命陈述中清楚地表明，其关心的重点是沃尔玛的会员、他们的孩子、家庭以及当地社区。沃尔玛认为，这种深入基层的捐赠风格，可以让会员们有机会找出并支持那些将会改善自己所在社区的生活质量的公益事业。他们还进一步解释说，他们的优先资助对象包括儿童。“儿童是任何社区的心肝宝贝儿，是社区的灵魂和未来，所以能在社区层次上参与对儿童有的计划，这让我们感到骄傲。让每一个孩子都有机会度过健康、快乐、满足的童年，这是我们最强烈的愿望。”

因此沃尔玛会成为儿童奇迹网络（CMN）的赞助商就毫不奇怪了。而对于他们自1988年以来为170家儿童医院筹集到的超过2.5亿美元的捐款而言，会员们的直接参与显然至关重要。仅在2002年，全国范围内的会员就为CMN募集到了3 400多万美元。

儿童奇迹网络说，沃尔玛的会员们喜欢挑战不可能的目标，尤其是涉及帮助孩子们的时候。例如，一家商店发起了一项“怪帽子”活动：会员们戴着看起来滑稽可笑的帽子，说服店里的顾客捐钱，然后他们把纸币粘在自己的帽子上。在两个月的时间里，这家商店仅仅通过这一项活动就募集了6 000美元。一位商店经理介绍说，他们都开心地比着看谁募捐到的钱多，因此常常有类似这样的闲谈：“上个星期六，我用自己的怪帽子募集到了102美元。”他们显然也把顾客吸引过来了；一个会员无意中听到一位顾客兴奋地大声说：“那顶帽子上的那张1美元是我捐的啊！”

在2002年，因为在员工关系以及社区活动方面取得的杰出成绩，沃尔玛获得了最高总统奖项“罗恩布朗奖”。

2. 公益事业关联营销

企业承诺基于产品销售来为某项特定的公益事业捐款，或者捐献出一定比例的营业收入。通常为一家企业最常与某个非营利组织合作，建立二种互利的关系，旨在增加某种特定产品的销售并为该公益机构创造财务支持。

管理故事

康卡斯特与麦当劳之家慈善基金会

康卡斯特有线电视是美国最大的有线电视服务提供商，为了扩展自身的有线业务，提供数字服务和高速的互联网服务，他们一直努力从事公益事业关联营销活动。他们选择的合作伙伴是麦当劳。麦当劳之家慈善基金会曾被《价值》杂志评选为“2002 年美国 100 家最佳慈善机构”之一，康卡斯特与他们的联合品牌努力显然会引起公众的注意。

1999 年，康卡斯特与麦当劳在南加利福尼亚的一次交叉促销锁定了美籍西班牙人的市场。他们的广告中说：“让整个家庭收看到最好的有线电视节目，与康卡斯特一道来帮助南加利福尼亚的麦当劳之家慈善基金会（RMHC）。”他们开出的优惠条件是：签约成为康卡斯特的用户，每月的有线电视费仅为 19.99 美元，而康卡斯特会把 7 美元的安装费捐献给麦当劳之家慈善基金会；在安装后的 6 周里，康卡斯特承诺向家庭用户赠送麦当劳的优惠券，可以在南加利福尼亚参与活动的麦当劳餐馆换购 4 支冰旋风或蛋卷冰淇淋。这种做法通过让现有的客户结成合作伙伴的方式来支持有益于社区的公益事业，可以让各方面得到极大的满足感，效果非常好。

此次活动，麦当劳得到了价值 100 万美元的有线电视和直邮广告宣传，麦当劳之家慈善基金会得到了 85 000 美元，而康卡斯特则得到了可以用来吸引新用户的凉爽赠品、无处不在的麦当劳店头广告这一传播媒介以及合作的广播宣传；而且最重要的是，麦当劳长期以来在美籍西班牙人当中享有的品牌声誉和牢固的社区地位，更是让康卡斯特受益颇多。这次促销的销售额比预期高出了 30%，而麦当劳之家慈善基金会所得到的捐款是预期的 3 倍。

这次促销是如此的成功，以至于在接下来的几年里康卡斯特的几个地区市场（比如西华盛顿）纷纷效仿，并且都在总体市场上取得了积极的成果。

3. 企业的社会营销

企业对某种行为改善运动的策划或实施，意在改善公共卫生、安全、环境或社区福利。这种活动的一个显著特征是以行为改善为中心，这使它有别于公益事业宣传，常见的情况是，企业会与公用事业机构或非营利组织合作。

管理故事

普雷莫拉蓝十字与明智使用抗生素

健康专家们认为，有高达 50%的抗生素治疗可能是不必要的。这个问题直接影响到了公共健康和总体的卫生保健成本，并且也在一定程度上影响了普雷莫拉蓝十字（一项在华盛顿、俄勒冈和阿拉斯加实施的区域性健康计划）这类组织的盈利能力。为了努力地降低抗药性越来越强的细菌带来的地区威胁，普雷莫拉加入了一个包括华盛顿州医学会和华盛顿州卫生局在内的联盟，以宣传抗生素的明智使用。

具体的活动包括：

通过印刷材料和教育性的讨论会锁定内科医生，并报告内科医生个人的处方风格。

通过业务通讯、海报和小册子锁定会员，传达清楚的行为新信息：不要强迫医生给你开抗生素；完成整个疗程；千万别把药物省下来。

通过主要报纸上的新闻来锁定社区。

在 2001 年，普雷莫拉估计，仅仅是针对上呼吸道感染的处方过量，其节约潜力就能够每年为此项计划及其会员（110 万人）节省 800 万美元的保健成本。

4. 企业的慈善活动

企业直接捐助某个慈善机构或某项公益事业，选择一个重点并把慈善活动与企业的经营目标联系起来。最常见的形式是现金拨款、捐款或非现金的服务。

管理故事

纽约时报公司支持新闻行业和新闻工作者

纽约时报公司基金会支持各种各样的慈善活动，其中包括：向新闻、教育、文化、环境和服务五个领域中的国内组织提供拨款；匹配和发挥员工、主管和退休人员的才能；在大学里设立奖学金；在节日期间为“最贫困者基金”募集资金；资助曼哈顿的一所以一位出版人的名字命名的小学——正是此人在 1896 年创立了现代的《纽约时报》。

基金会的《2002 年度报告》中，特别强调了那些表明基金会对新闻工作者和新闻行业格外关注的活动。2000 年，他们启动了一项计划，提供一门为期一周的课程，旨在就新兴的主题启发和培养新闻工作者。该计划通过网站来支持参与者，为他们提供了一个交换新经济的论坛，包括让新闻工作者在任何地方都能获得相关主题的新经济。在 2002 年，这项计划继续扩大，为新闻工作者提供了五个主题的短期培训班：国土安全、戏剧评论、外语新闻、老龄化学术讨论和大脑研究前沿。在 2002 年，这些短期培训班向 60 多名记者和作者提供了专门的培训。基金会的拨款还继续支持高中的新闻学训练，继续提供一项名为“校园新闻网”的服务，旨在帮助学生们创办在线校报。

他们过去支持新闻事业的其他慈善努力，还包括在 1997 年向位于查布尔希尔的北卡罗来纳大学的新闻和大众传播学院捐款 5 万美元。这笔钱被用于购买设备、书籍和期刊。为了表示感谢，该大学在 1998 年将他们的一间研究室命名为“纽约时报公司基金会研究室”。[14]

2003 年，在《财富》杂志评出的“美国最值得尊敬的企业”榜单上，纽约时报公司连续第三年排在了出版行业的首位。同时他也获得了《商业道德》杂志 2003 年评出的“百名最佳企业公民”称号。

5. 社区志愿者活动

企业支持和鼓励自己的员工、零售合作伙伴或特许经营成员，志愿奉献他们的时间来支持当地的社区组织和公益事业。这种活动可以是独立的努力，也可以是由企业与非营利组织合作来完成。志愿者的活动可以由公司来组织，或者员工们也可以自己选择活动，并通过带薪休假和志愿者数据库匹配计划来得到公司的支持。

管理故事

福特汽车公司

亨利·福特一直有着强烈的社区意识，而且很早就通过实际行动证明了他的这种承诺，比如在底特律建设住宅小区来向数千名工人提供他们买得起的住房，建立了底特律第一家大型的综合医院等等。如今，还有层出不穷的事例证明，这种赢得了社区声誉的文化在福特汽车公司仍旧充满了活力，因为他们每年还要向领薪员工提供16小时的带薪社区服务时间。

多年来，福特汽车公司一直是人类家园的合作伙伴和支持者。2000～2002年，有1 000多名福特的员工志愿拿出自己的时间来帮助底特律人类家园建设住宅，向急需的家庭提供一个安全的、负担得起的居所。2000年，公司还有过一项支持底特律人类家园的慈善活动，向该组织捐献了125 000美元。

连续十年来，福特都参与了一项利用贺卡来支持被遗弃或被忽视的儿童的活动。这项独特的计划要求福特的员工们收集旧的贺卡，送给圣犹大儿童院的孩子们，而这些孩子会利用这些旧的贺卡做出新贺卡，并把卖的钱用于支持该非营利组织。儿童院的孩子们也可以靠做贺卡来为自己挣到一些钱。2003年2月，有重达2吨的35万多张旧贺卡被送到儿童院的孩子们手中。福特公司的一位高级主管赞扬这种努力说："我们的72名员工志愿者应该感到骄傲和自豪。今年又是成功的一年，他们的努力不仅帮助大自然把数吨的垃圾变成了有用的原材料，而且也帮助了圣犹大儿童院里值得帮助的孩子们。"

6. 对社会负责的商业实践

企业采纳并实施自主的商业实践和投资，来支持社会公益事业以改善社区福利和保护环境。这些活动可以由企业来策划和实施，也可以由企业与其他组织合作来完成。

管理故事

摩托罗拉与美国环保署

摩托罗拉的环境愿景，要求他们通过专注于保护土地、保护空气和节约用水三个主要领域的商业实践，不遗余力地支持地球资源的可持续利用。

在以保护土地为目标的计划中，有一项名为"明智减废"的计划。这项计划由美国环保署发起，企业自愿参加，旨在鼓励企业消除处理成本很高的城市固体废物，从而同时给企业的财务结果和环境带来益处。据说，自从在1994年加入"明智减废"计划以来，摩托罗拉在美国的生产厂已经回收利用了大约12.5万吨的废料。2000年，摩托罗拉因为在减废方面成绩突出而得到了表彰，成为了被EPA选入"年度超大规模明智减废合作伙伴"的三家企业之一。

摩托罗拉还开发了一些包装再利用系统，比如"紧凑包装"系统用一个标准化的托盘来接收供应商送来的零部件，然后再次利用这个托盘把成品寻呼机运送给客户，从而消除了对单独产品包装的需要。这个系统每年可以为摩托罗拉减少140多吨包装废料，节约将近430万美元。"紧凑包装"系统曾被美国环保署的"明智减废"简报评为最佳创新。

为了对保护空气做出贡献，摩托罗拉在1992年成为了全球第二家停止在生产过程中使用氟氯化碳的电子企业。1991年，美国环保署曾经授予摩托罗拉"平流层臭氧保护计划奖"，以表彰他们不再使用氟氯化碳来清洁电子元件的创新方法。

第二节　影响管理道德的因素

想一想：什么是管理道德？

一、管理道德的概念

从管理道德概念的内涵看，管理道德有多种表现：有作为管理者操守和品质的道德，有作为管理组织的理念和价值的道德，有作为管理的机制和原理的道德，有作为组织行为和组织中个体行为的人文动力的道德，有作为个体和组织的行为规范的道德，“管理道德”具有诸多的内涵。

在这里，我们把管理道德界定为管理者的道德行为与道德品质。

想一想：销售代表向采购人员行贿，引诱其购买，是有道德的行为吗？如果这些贿赂是销售代表的自己的薪水，情况是否会有所不同？

如果把公司的车辆用于私人用途，是有道德的行为吗？

把公司的电话用于私人事务，是有道德的行为吗？

如果你管理的一名员工因为特殊情况不得不请假一周，于是你在员工上班后以两倍工资扣掉了该员工请假期间的工资，因为这是公司的规定，这是道德的吗？

二、影响管理道德的因素

“一个管理者的行为合乎道德与否，是管理者道德发展阶段（水平）与个人特征、组织结构、组织文化和道德问题强度之间复杂地相互作用的结果”（斯蒂芬）。正是这些调节因素，决定着管理者面对道德困境时，是选择道德行为，还是非道德行为。

1. 道德发展阶段

西方管理学者的一项实证研究表明，人们的道德发展可分三个阶段，每一阶段体现着一级水平。

（1）前惯例水平。在这个水平上，人们仅受个人利益的影响，按照怎样对自己有利来制定决策，并按照什么行为方式会导致奖或惩来确定自己的利益。其行为特征是：严格遵守规章以避免物质惩罚；仅在符合其直接利益时才遵守规则。

（2）惯例水平。在这个水平上，人们受他人期望的影响，表明道德价值存在于维护传统秩序和他人的期望之中。其行为特征是：做你周围的人所期望的事情；通过履行你所赞同的准则和义务来维护传统秩序。

（3）原则水平。在这个水平上，人们受个人认为正确的行为准则的影响。其行为特征是：遵循自己选择的道德原则；尊重他人的权利。

可见，在这一阶梯式的发展过程中，个人对道德判断变得越来越不依赖外界的影响，而逐渐具备道德的主体性。斯蒂芬认为，一个管理者达到的阶段越高，他就越倾向于采取符合道德的行为。

2. 个人特征

一个成熟的人一般都有自己相对稳定的价值准则。这些准则是个人在早年通过学习、受教育而获得的，即关于什么是正确、什么是错误的基本信条，故管理者有不同的个人准则，它构成了道德行为的个人特征。此外，还有两种个性变量会影响人们的行为，斯蒂芬称之为“自我强度”和“控制中心”。自我强度是衡量个人自信心强度的一种个性度量。自我强度高的管理者比低者在道德判断和道德行为之间表现出更大的一致性。控制中心是衡量人们自己掌握自己命运程度的个性度量。斯蒂芬把控制中心分为内在和外在两种类型，具有内在控制中心的人，自信他能控制自己的命运；具有外在控制中心的人，认为他自己的一切全凭运气，不能自控。

特别提示： 具有外在控制中心的人不大可能对他们行为的后果负个人责任，更可能依赖外部力量；而有内在控制中心的人，更可能对其行为后果承担责任，并依据自己的内在是非标准来指导自己的行为。

3. 组织结构

织结结构设计最关键的是，对管理者的道德行为能否提供强有力的指导、评价、奖惩的原则，从而减少模糊性。“模糊性小的结构设计有助于管理者的道德行为”。组织中正式的规则和完善的制度可以减少模糊性；上级的行为对组织成员有很强的影响力，以此确定什么是可接受的和期望的行为标准；合理的绩效评价系统也是组织结构的重要部分，绩效评价系统的合理性体现在既评价结果又评价手段，如果仅以成果作为标准，则会使人们在追求成果指标的压力下不择手段，从而加大放弃道德准则的可能性；最后，与评价系统紧密相关的报酬的分配方式、奖惩标准是否合理、公正，也是影响管理者道德行为的重要方面。

4. 组织文化

组织文化对管理道德的影响表现在两方面，一是组织文化的内容；二是组织文化的力量。一种较高道德标准的文化，是一种具有高风险承受力、高控制力，以及对冲突高度宽容的文化。在这种文化支撑下，管理者容易被激励进取，勇于创新，能自觉地抵制不道德的行为。组织文化的力量对管理道德也有很大影响，如果组织文化的力量很强且支持高道德标准，它会对管理者的道德行为产生强烈的和积极的影响。

5. 问题强度

问题强度是指道德（本身）对于管理者的重要性程度。斯蒂芬认为，关于道德问题的强度有六个方面的影响：

（1）某种道德行为的受害者（受益者）受到多大程度的伤害（利益）？

（2）有多少舆论认为某种行为是邪恶的（善良的）？

（3）某种行为实际发生和将会引起可预见的危害（利益）的可能性有多大？

（4）行为和它所期望的结果之间，持续的时间是多久？

（5）你觉得你与某种邪恶（有益）行为的受害者（受益者）有多接近？

（6）道德行为对有关人员的集中作用有多大？

以上六个因素决定了道德问题的重要性。

第三节　鼓励有道德的行为

一、进行员工甄选

甄选程序如面试、笔试、测验、背景调查等是详细了解一个员工的道德发展水平、价值观、自我强度的有效方式。但是，这些甄选程序并非万无一失，即便是最好的情况，是非对错标准有问题的员工也可能被雇佣。但是，如果其他道德控制措施发挥作用的话，这个问题是可以克服的。

二、确立道德准则

道德准则是表明一个组织基本价值观和它希望雇员遵守的道德规则的正式文件。

研究表明，97%的员工数量超过 10 000 名的组织都有一套书面的道德准则。即便是规模更小的组织，也有近 93%的组织有书面的道德准则。道德准则在全球越来越被重视。全球道德研究所的研究表明，诸如诚实、公正、尊重、责任和关爱等共享价值观已经在很大程度上得到了全球的认可。此外，对 22 个国家的企业进行的一项调查发现，78%的企业已经正式制订了道德标准，且超过 85%的《财富》全球 200 强企业具有一套明文规定的道德准则。

一方面，道德准则应尽量具体，以向雇员表明他们应以什么精神从事工作；另一方面，道德准则应当足够宽松，从而允许雇员们有判断的自由。道德准则的内容往往可以归为以下三类：

类型 1：做一个可靠的组织公民

(1) 遵守安全、健康和保障规则；

(2) 表现出礼貌、尊敬、诚实和公平；

(3) 禁止生产非法药品和酒精；

(4) 管理好个人财务；

(5) 出勤率高和准时；

(6) 听从监督人员的指挥；

(7) 不说粗话；

(8) 穿工作服；

(9) 禁止上班携带武器。

类型 2：不做任何损害组织的不合法或不恰当的事情

(1) 合法经营；

(2) 禁止付给非法项目的报酬；

(3) 禁止行贿；

(4) 避免有损职责的外界活动；

(5) 保守秘密；

(6) 遵守所有的反托拉斯和贸易规则；

(7) 遵守会计规则和管制措施；

(8) 不以公司财产谋取私利；

(9) 雇员对公司基金负有个人责任；

(10) 不宣传虚假和误导新经济；

(11) 制定决策不考虑个人利益。

类型 3：为顾客着想

(1) 在产品广告中传递真实的新经济；

(2) 以你最大的能力履行分派的任务；

(3) 提供最优质的产品服务。

道德准则的实施，要求管理者尤其是高层管理者要以身作则，起表率作用。改善管理道德的重要手段是进行独立的社会审计与社会监督，提升管理道德意识，加强培训与教育。道德准则是表明组织的基本价值观和组织期望员工遵守的道德规则的正式文件。道德准则既要相当具体以便让员工明白应该以什么样的精神来从事工作、以什么样的态度来对待工作，也要相当宽泛以便让员工有判断的自由。

正直和高道德标准要求我们努力工作、具有勇气和做出艰难选择。有时，为了确定正确的行动路线，员工、高层管理人员和董事会之间要进行必要的沟通。有时正直和道德可能要求组织放弃某些商业机会。但是，从长远看，做正确的事比做不正确、不道德的事对组织更有利。

管理者对道德准则的态度以及对违反者的处理方式对道德准则的效果有重要影响。如果管理者认为这些准则很重要，经常宣讲其内容，并当众训斥违反者，那么道德准则就能为道德计划提供坚实的基础。

三、设定合理的工作目标

想一想：如果目标的设置不合理会产生什么问题？

员工应该有明确和现实的目标。如果目标对员工的要求不切实际，即使目标是明确的，也会产生道德问题。在不现实的目标的压力下，即使道德素质较高的员工也会感到迷惑，很难在道德和目标之间做出选择，甚至有时为了达到目标而不得不牺牲道德。而明确和现实的目标可以减少员工的迷惑，并能激励员工而不是惩罚他们。

四、对员工进行道德教育

越来越多的组织开始意识到对员工进行适当的道德教育的重要性，并积极采取各种方式（如开设研修班、组织专题讨论会等）来提高员工的道德素质。有研究表明：①向员工讲授解决道德问题的方案，可以显著改变其道德行为；②这种教育提升了个人的道德发展阶段；③道德教育增强了有关人员对商业道德问题的认识。

此外，组织中的高层管理人员要以身作则，通过一言一行来感化员工，让他们树立起高的道德标准。如果高层管理人员把组织资源据为己有、虚报支出项目或优待好友，那么这无疑向员工暗示，这些行为都是可接受的。

最后，高层管理人员还可以通过奖惩机制来影响员工的道德行为。选择什么人和什么事作为提薪和晋升的对象和原因，会向员工传递强有力的新经济。管理人员在发现错误行为时，不仅要严惩当事人，而且要把事实及时公布于众，让组织中所有人都认清后果。这就传递了这样的新经济：做错事要付出代价，行为不道德不是你的利益所在。

五、对绩效进行全面评估

如果仅以经济成果来衡量绩效，人们为了取得好的绩效，就会不择手段，从而可能产生不道德行为。如果管理者想让员工坚持高的道德标准，在绩效评价过程中就必须把道德方面的要求考虑进去。例如，在评估业绩时，不仅要考察行为的经济成果，还要考察行为的道德后果。

六、建立正式的保护机制

正式的保护机制可以使那些面临道德困境的员工在不用担心受到斥责与报复的情况下自主行事。

例如，组织可以任命道德顾问，当员工面临道德困境时，可以从这些道德顾问那里得到指导。道德顾问首先要成为那些遇到道德问题的人的倾诉对象，倾听当事人对道德问题本身的认识、对产生这一问题的原因的分析以及对可能的解决办法的设想。在各种解决方法变得清晰之后，道德顾问应该积极引导员工选择正确的方法。

另外，组织也可以建立专门的渠道，使员工能放心地举报道德问题或告发践踏道德准则的人。

七、进行独立的社会审计

具有不符合道德的行为的人都有害怕被抓住的心理，被抓住的可能性越大，产生不符合伦理的行为的可能性越小。根据组织的道德守则来对决策和管理行为进行评价的独立审计，会使不符合道德的行为被发现的可能性大大提高。

审计可以是例行的，如同财务审计；也可以是随机的，并不事先通知。有效的道德计划应该同时包括这两种形式的审计。审计员应该对公司的董事会负责，并把审计结果直接交给董事会，这样做是为了确保客观、公正。

综上所述，高层管理人员可以采取多种措施来提高员工的道德素质，单个措施的作用可能是有限的，但若把它们综合起来，就很可能收到预期的效果。

复习题

一、思考题

1. 对你个人来说，社会责任意味着什么？你是否认为公司应该承担社会责任？

2. 你是否认为基于价值观的管理是一种中看不中用的方法？为什么？

3. 管理者可以采用什么具体的方法来鼓励有道德的行为？

4. 对于告密者和组织来说，员工告密可能会带来什么问题？

5. 陈光标被称为“中国首善”，做过很多慈善捐助工作，以下是他曾经做出的惊世骇俗的举动，对他的慈善行为，你怎么看？有没有更好的方式？慈善行为如何与企业的目标相结合？

2011 年 3 月 27 日，数百名新竹县低收入户和弱势民众带着身心障碍的学童来到“县政府”大礼堂，准备领陈光标的大红包。此外，陈光标也另外捐钱给新竹县 9 个社会福利机构，邱镜淳以县政府的名义颁发感谢状给陈光标。陈光标将 657 万元（新台币，下同）送给新竹县政府，请其转发给 315 名弱势者每人 1 万元红包，加上 9 个身障和慈善团体，陈光标 27 日发出 700 万元。

2011 年 9 月 16 日，陈光标在公司内砸掉奔驰车、新购自行车发给员工，率百名员工骑自行车上路，并承诺给骑单车上班的员工发放补贴。

2012 年 12 月 21 日，陈光标拿出 2.3 亿元人民币并堆积成“钱山”，寻找中国青少年发明创新获得者。

2013 年 1 月 25 日，为了倡导节约粮食和水电，陈光标亲自上阵，带领公司 40 位员工去酒店吃别人的剩饭剩菜。

二、案例分析

向科的困惑

苏北某市是江苏最贫困的城市之一。该市只有少数具有高技术含量的企业。科创公司就是其中之一。它原是一家国有企业，主要业务是生产变压器，大经营状况不佳，亏损严重。为加快经济发展，市政府决定进行改制。政府已比较低的价格让民营企业家向科买断了产权，组建成股份有限责任公司。买断的条件是原有的 400 多个工人必须保留 100 人。向科是一个十分精明能干而又具有比较优良素质的企业家，受过高等教育，在特区搞过经营。接手后，他进行了两项改革：一是提高科技开发的投入比重；二是提高少收成本的比例。前者由原来的 1%提高到 5%，后者由 3%提高到 12%。两项措施都比较有力地推动了企业的经营，不仅提高了产品的科技含量和产品自身的竞争力，而且由于销售成本的提高，开拓市场的能力也得到较大的增强。不过，这些高比例的销售业务费用中的相当一部分被产品推销人员用来作为回扣或向有关人员送礼打开市场。高比例的回扣以及客观的好处费时期打开市场占有率的重要原因。向科认为，现在该企业的产品虽然在同行业中市场占有率不算最高，但如此发展下去，前景很乐观。另一方面，为了加大管理力度，在改制后的第二年，他就解雇了原企业留下的部分工人，解雇的数量还在不断增加。

向科认为，他已经陷入经济与道德、企业自身发展与履行社会责任的困境之中。首先，作为本地的窗口企业，该企业的发展必将推动地域的经济发展，然而为了打开市场，他明知提高销售成本会滋长企业经营中的一些乃至很严重的不道德现象，导致严重社会后果，形成不正当竞争，可谓了企业的生存，它必须这么做。其次，在低价买断产权后，向科签约接受了 100 名工人，后来的实践证明，这些人的相当一部分难以达到它的管理要求，于是，他就面临两种选择：要么进行培训，而培训需要大量的经费；要么逐步解雇，这就意味着不能忠实地履行高知识的承诺，同时，这也会加重当地政府的社会负担，导致新的社会问题，特别是在经济不发达的苏北，在目前下岗工人众多的情况下，这一举措无异于雪上加霜。为了本企业的发展，向科同样选择了后者。

讨论题：

1. 您认为在这种困境中经营者应如何抉择？

2. 是否存在某种两全的办法？如不能，选择的侧重点应在哪里？

3. 你如何评价向科这位经营者？

雷曼兄弟公司的教训

2008 年 9 月 15 日，雷曼兄弟公司向纽约南区联邦破产法院提交了破产保护申请。这桩美国金融史上涉及金额最大的破产申请引发了一场信心危机，导致自 1929 年以来最严重的危机。

雷曼兄弟公司存在的问题之一是他的企业文化和奖励结构。公司公开称赞过于冒险的行为并给予丰厚的奖励。一些可疑的交易受到赞赏，并被视为摧城拔寨的英雄。另一方面，对决策提出质疑的员工常常被忽视或驳斥。如在该公司担任副总顾问长达 9 年的奥利弗·布德负责为公司高管的薪酬填写纳税申报单。他认为该公司故意瞒报公司高层管理者获得的薪酬，并对此感到极为愤怒，于是他和上司为此争论了数年都无济于事。于是，有一次当外部会计师事务所建议降低医疗保险成本以避税时，他拒绝该建议并说：“我的直觉认为，这仅仅是调整几页文件以便把这项开支从资产负债表中挪走。这是不正确的行为，我会向上汇报。”然而，他的上司却批准了这项建议。

雷曼兄弟公司的另一个主要问题是最高管理层的领导力。检察官的报告对该公司“应该做更多事情且做得更好”的高管提出了严厉批评。他指出，那些高管通过自己的行为，其范围从严重但并不有罪的商业误判到可判有罪的资产负债表操纵行为，使得该公司的行为更加恶化。在导致该公司发布误导性的定期报告方面，前首席执行官至少犯了严重的玩忽职守罪。这些误导性的报告是一种被称为回购 105 的会计手段的组成部分。雷曼兄弟公司通过这种会计手段把大约 500 亿美元的不良资产从 2008 年第一季度和第二季度末的资产负债表中移走，而不是亏本出售。雷曼兄弟公司的审计公司知道该公司使用了 105 回购交易，但是并没有对此提出质疑或疑问。有足够的证据表明，前首席执行官也知道这种会计手段在公司的使用，但他签署并批准了对此交易没有丝毫提及的公司季报。安永会计师事务所的一位发言人说，雷曼兄弟公司的破产时金融市场上一系列前所未有的错位事件导致的结果。

问题：

1. 从一种道德角度描述雷曼兄弟公司的情况，你对发生在该公司的事情有何看法？

2. 雷曼兄弟公司的组织文化是怎样的？对于该公司的垮台，这种组织文化发挥了什么作用？

3. 对于该公司的垮台，公司的高管扮演了什么角色？他们是尽忠职守的或者是有道德的人吗？

4. 该公司之前是否能够采取一些不同的措施来防止这些事情的发生？

5. 在公众对安然公司普遍谴责以及随后通过的《萨班斯——奥克斯利法案》一保护

股东利益之后，为什么还会继续看到这样的事情？期望企业能够和应该有道德地行事是不是一厢情愿的事情？

三、实践练习

1. 在本章内容学习期间，你观察到哪些道德困境？这些道德困境可以是你亲身面临的，也可以是其他人遇到的。写下这些困境，并且思考如果你面临这些可能你会怎么做。

2. 与两位不同的管理者就他们如何鼓励员工变得有道德进行面谈。写下他们的意见，并且探讨这些意见如何帮助你成为一名更好的管理者。

3. 如果有机会，选修一门商业道德或管理道德课程或社会责任课程，这不仅会让你的简历变得更漂亮，还可以帮助你更好地对一些难以作出抉择的道德事项。

4. 用你自己的语言，写下你在本章中学到的关于如何成为一名优秀的管理者的三个要点。

5. 对自己进行评估：我重视什么？我的道德水平如何？我是否信任他人？别人是否认为我值得信任？使用你的评估结果，确定你的个人优势和劣势。你将如何强化优势和改进劣势？

第五章

管理环境

学习目标

1. 明确管理环境的概念与特征。
2. 理解管理环境与组织管理活动之间的基本关系。
3. 认识管理环境的类型及其构成要素。
4. 掌握环境分析的基本方法。

导入案例

通用汽车开拓东欧市场

东欧社会转型之后，许多公司都纷纷被一些外国投资者收购。例如，在汽车行业，捷克最大的汽车公司斯柯达（Skoda）和波兰最大的汽车制造厂家FSM都被卖掉。西欧以及美国的汽车公司则各自采用了不同的方式来充分利用这次大好机会。

德国的大众汽车公司（Volkswagen）和意大利的菲亚特汽车公司（Fiat）加紧赶到东欧，收购了斯柯达和FSM以及其他的一些汽车公司。他们这样做的原因主要是因为东欧低廉的劳动力成本。大众和菲亚特汽车公司的管理者希望能尽快地让这些厂家转而生产低成本的汽车，然后再销往西欧。然而，当他们真正接管了这些公司之后，他们惊奇地发现，机器设备陈旧不堪，工人的素质和生产技能极其低劣，根本无法满足西方消费者们对产品高质量的需求。大众和菲亚特汽车公司不得不投入了几亿资金来更新设备和重新培训员工。他们很快明白了，大规模地对国外进行投资是多么的耗费成本。

与大众和菲亚特汽车公司的管理者不同，通用汽车公司的管理者预料到了重组东欧汽车公司所要面临的种种困难。因此，通用汽车公司的管理者没有简单地将这些企业接管过来，而是开办了一些新的企业进行小规模的尝试性经营。他们在波兰的华沙、匈牙利的圣戈特哈德、德国的爱森纳赫建立了一些小工厂。这些工厂的工人在经过培训后，主要是将由西方生产的预制零件组装成汽车。通用汽车公司希望既能获得东欧的低成本劳动力，又能获得西方制造的高质量零部件。

最终通用汽车公司取得了极大的成功。与大众和菲亚特汽车公司不同，它避免了要改变这些工人的态度和做法的麻烦。在这些小的方面取得成功以后，通用汽车公司的管理者决定在波兰和匈牙利生产这些低成本的汽车零部件，然后再将它们运往通用汽车公司在国外的生产基地进行组装。这项策略也取得了成功。如今，通用汽车公司在欧洲既拓展了它的组装业，也拓展了它的汽车零部件生产业。

你认为通用汽车公司的这种方法帮助他们避免了什么问题？当通用汽车公司在东欧的企业发展起来之后，将会遇到什么问题？

第一节　管理环境概述

组织作为一个与外界保持密切联系的开放系统，不是独立存在、完全封闭的。它需要与外界环境不断地进行各种资源和信息的交换，其运行和发展不可避免地受到种种环境力量的影响，在与环境中的其他组织的相互作用过程中谋求自身目标的实现。因此，管理者的行为受现实环境的严格制约，环境是任何管理者在任何时刻都必须面对的现实。要进行组织的管理，就必须研究把握环境对组织的影响。

一、管理环境的概念

管理环境，是指存在于一个组织内部和外部并影响组织业绩的各种与力量因素的总和。这些力量和条件的不断变化，为组织的生存与发展带来了各种机会和威胁。如外部环境中，像新技术的出现、新市场的开拓等，为组织管理者提供了获取资源、进入新兴市场从而使组织发展壮大的机会；相反，新竞争对手的出现、经济衰退、资源短缺等因素，则会给组织的发展带来威胁。

特别提示： 管理者对于环境中各种力量及其发展变化的理解把握水平，以及他们对这些力量做出适当反应的能力，是影响组织业绩的关键。

二、组织与环境的关系

任何组织都是在一定的环境中从事活动的，组织是一个开放系统，一方面组织需要从外部环境获取必要的信息、人力、物力等资源，另一方面需要向外部环境输出自己的产品或服务，并获得信息反馈。所以，组织需要时刻与外部环境发生互动，外部环境的特点及其变化必然会影响组织活动的方向、内容以及方式的选择。因此，要更好地保证组织的生存与发展，离不开研究组织与环境的关系。组织与外部环境的关系表现为两方面：一是外部环境对组织的决定和制约作用；二是组织对外部环境的适应，即组织对外部环境的反作用。

1. 外部环境对组织的影响

（1）外部环境对组织的决定作用。外部环境对组织的决定作用主要表现在外部环境为组织活动及生存和发展提供必要的条件。以企业为例，企业经营所需的各种资源都需要从属于外部环境中的原料市场、能源市场、资金市场、劳动力市场等去获得。离开外部环境中的这些市场，企业经营便会成为无源之水、无本之木。与此同时，企业用上述各种资源生产出来的产品或劳务，也要在外部市场上进行销售。没有外部市场的存在，企业就无法进行交换，无法从出售产品中换回销售收入，以抵补生产经营中的各种消耗。

（2）外部环境对组织的制约作用。外部环境对组织的制约作用主要表现在外部环境对组织的限制与约束。如对企业来说，任何企业，无论生产什么产品或提供什么服务，它们只能根据外部环境能够提供的资源种类、数量和质量来决定其生产经营活动的具体内容和方向。同时，既然企业的产品要通过环境中的市场才能实现，那么在生产之前和生产过程中，企业就必须考虑到这些产品能否被用户所接受，是否受市场欢迎，因此，外部环境对企业实际上起了一种限制作用。再如，企业在市场经营活动中，要时刻受各种法律的制约，如环境保护法、产品质量法、消费者权益保护法、商标法、广告法、反不正当竞争法等涉及企业市场行为的法律，企业的生产经营活动如果违反了这些法律就要受到制裁，这些法律实际上构成了企业经营行为的规则。显然，任何组织的生存发展都逃不脱外部环境的制约。

管理故事

青蛙实验

19世纪末，美国康乃尔大学做过一次有名的青蛙实验。他们把一只青蛙冷不防丢进煮沸的油锅里，在那千钧一发的生死关头里，青蛙用尽全力，一下就跃出了那势必使它葬身的滚烫的油锅，跳到锅外的地面上，安全逃生！半小时后，他们使用同样的锅，在锅里放满冷水，然后把那只死里逃生的青蛙放到锅里，接着用炭火慢慢烘烤锅底。青蛙悠然地在水中享受"温暖"，等到它感受觉到热度已经熬不住，必须奋力逃命时，却发现为时已晚，欲跃乏力。青蛙全身瘫痪，终于葬身在热锅里。

2. 组织对外部环境的影响

从系统论角度看，外部环境对组织具有决定和制约作用，但既然组织与外部环境是一种互动关系，那么组织与外部环境的关系显然还有另外一面，即组织对外部环境的适应和对外部环境的影响。正如一个人处于某一具体环境中，当环境对这个人产生制约和决定作用时，这个人肯定对周围环境也会产生反作用。

一般地，组织对外部环境的影响或反作用可有两种方式：一种是被动或消极地适应环境，即完全按照环境的特点和要求来调整自己的行为内容和行为方式，利用自身条件去适应现实环境，而不对外部环境有任何影响和改变；另一种是主动并积极地适应环境，即组织尽可能多地掌握环境的信息、情报，通过科学的分析和预测环境因素及其发展变化趋势，并采取积极、主动的措施，在顺应环境变化的同时，改造和创造环境，甚至改变环境要素，然后利用自身条件去适应被改造和创新了的环境。应该说这是组织面对环境影响的两种不同方式，前者是一种被动接受环境影响的方式，而后者则是一种主动、积极改变或创造环境的方式。两者相比，显然后者对组织的生存与发展来说更主动一些，也更为有利。在传统的营销理念中，“市场需要什么我就生产什么”就是一种被动适应环境的方式，而“创造市场”或引导市场的理念更体现一种积极主动的姿态。这实际上从一个侧面表明了组织面对环境应该采取怎样的应对方式。

特别提示：尽管环境中许多的变化不取决于某一个组织，但还是有相当多的环境变化是组织内管理者行动的结果。因此，环境与组织之间是互为影响的关系。

管理故事

如何使世界上的人都嗜食鱼和土豆片？

在英国，是最受欢迎的食品之一，其中以海瑞斯登的煎鱼和炸薯片最为著名。很久以来，这家店一直被认为是英国最好的一家。另外，它也是为数不多的在许多地方都设有分店的商店之一。1995 年，这家公司已在英国建立了 12 家分店，包括在都柏林的分店。它在英国效益最好的一家店就是在海滨度假胜地——布莱克浦的那家分店，年均创收高达 150 万英镑（约合 230 万美元）。

1992 年这家公司在香港开办了它的第一家国际性经营机构，其所有权全部由它掌握，并主要推销英式快餐——煎鱼和炸薯片。根据海瑞斯登的标准菜谱，他们要把鱼和薯片先用盐腌，再在醋中浸泡。由这种方法做成的煎鱼和炸薯片在香港非常受欢迎。1998 年，这家香港的分店所创下的销售额和布莱克浦的那家分店几乎相当。而且，虽然香港分店最初的顾客约有一半都是英国移民（在香港生活或工作的英国公民），但到 1998 年时，80% 的顾客已经是中国人了。海瑞斯登似乎在逐渐改变香港地区这些中国人的口味和喜好。

海瑞斯登的业绩极大地鼓舞了它的管理者，因而，他们计划在新加坡和澳大利亚的墨尔本再开两家分公司。然而，他们最主要的市场却是在日本，因为日本人比世界上任何一个其他国家的居民人均消费鱼的数量都要多。为了确立它在日本的地位，海瑞斯登已在东京的 Yoyagi 公园开办了一家临时的商店，出售正宗的经过盐和醋浸泡的煎鱼和炸薯片。尽管日本消费者一向对油炸食品不是很感兴趣，但海瑞斯登的煎鱼和炸薯片还是得到了认可，并且大家一致认为它的确是味道鲜美。

第二节　管理环境因素分析

管理环境一般分为外部环境和内部环境两大类。内部环境一般包括组织文化和组织经营条件两大部分。组织文化是组织在一定经济社会文化背景下，经过长期发展逐步形成的独特的价值观，以及以此为核心形成的行为规范、道德准则、群体意识、风俗习惯等。组织经营条件是指组织所拥有的各种资源的数量和质量情况，包括人员素质、资金实力、科研力量、信誉等。这些因素不仅与外部环境因素一样，将影响一个组织目标的制订和实现，而且还将直接影响该组织管理者的管理行为。这些已经存在的内部环境因素是实施管理的条件。在一定的时间范围，管理只能在内部环境因素确定的条件框架内展开。因此，在这里主要是针对组织的外部环境进行的分析。

组织所面对的外部环境是由多种因素构成的，因而是纷繁和复杂的。按照其对组织的影响方式（即直接影响和间接影响）和作用力度或影响程度的大小，一般可分为两类如图5—1所示。一类是一般环境（general environment），一类是特殊环境（specific environment），其中每一类都包含若干环境因素。处于组织最外围的环境要素即经济环境、政治环境、社会环境和技术环境构成一般环境，它离组织相对较远，影响力度相对较弱，影响方式一般是间接影响；而与组织存在交叉关系的五个环境因素即供应商、公众压力集团、政府、竞争者、顾客构成具体环境，它离组织相对较近，影响力度相对较大，影响方式一般是直接影响。当然，对于管理者个人而言，产生于一般环境变化中的机会与威胁往往比产生于特殊环境中的机会与威胁更难以识别，从而也更难做出适当的反应。

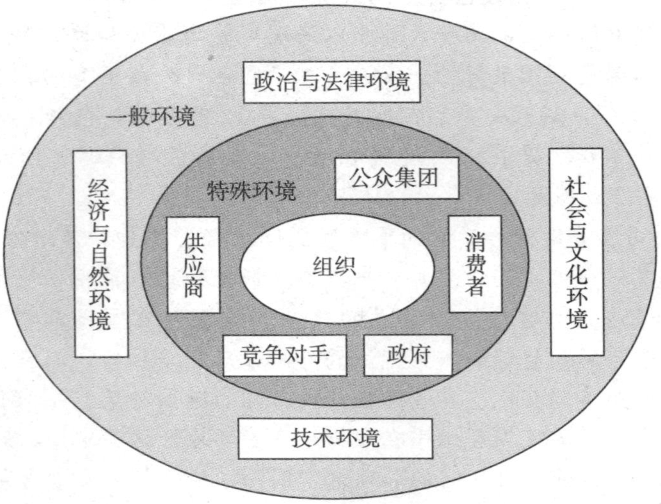

图5—1　管理环境构成

一、一般环境因素分析

分析外部一般环境最常见的方法是PEST分析方法。PEST分析是战略咨询顾问用来帮助企业检阅其外部宏观环境的一种方法。对宏观环境因素做分析，不同行业和企业根据自身特点和经营需要，分析的具体内容会有差异，但一般都应对政治（political）、经济（economic）、社会（social）和技术（technological）这四大类影响企业的主要外部环境因素进行分析。PEST分析模型如图5—2所示。

1. 政治与法律环境

政治环境泛指一个国家的社会制度，执政党的性质，政府的方针、政策，以及国家制定的法律法规等。不同的国家有不同的社会制度，不同的社会制度对组织活动有着不同的限制和要求。即使是在一个社会制度不变的国家里，由于执政党的不同或在不同的时期，其政府的路线、方针、政策对组织活动影响也是不同的。对于组织来说，要了解政府的政策、路线、方针和法律法规要求，明确政府允许干什么、怎么干及限制和禁止什么，才能采取相应对策。就政治环境而言，政治的稳定与开明和法律法规的健全是极其重要的。

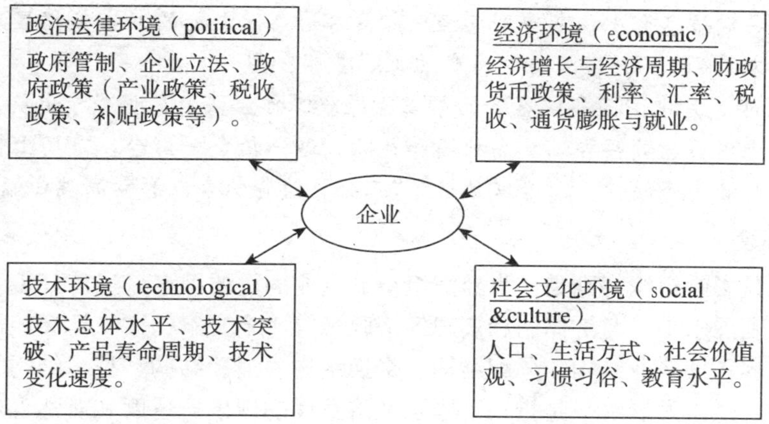

图 5—2　PEST 分析模型

法律环境分析的主要因素包括：①法律规范，主要是与企业经营密切相关的各种法律规范，如《公司法》、《中外合资经营企业法》、《合同法》、《专利法》、《商标法》)》、《税法》、《企业破产法》等。②国家司法执法机关。在中国主要有法院、检察院、公安机关以及各种行政执法机关。与企业关系较为密切的行政执法机关有工商行政管理机关、税务机关、物价机关、计量管理机关、技术质量管理机关、专利机关、环境保护管理机关、政府审计机关。此外，还有一些临时性的行政执法机关，如各级政府的财政、税收、物价检查组织等。③法律意识。法律意识是法律观、法律感和法律思想的总称，是组织对法律制度的认识和评价。组织成员的法律意识，最终都会物化为一定性质的法律行为，并造成一定的行为后果。④国际法所规定的国际法律环境和目标国的国内法律环境。

特别提示： 政治与法律环境对组织的影响呈现以下特点：①直接性。即国家政治环境直接影响着组织的设立与运行；②难于预测性。对于一个小组织来说，很难预测国家政治环境的变化趋势；③不可逆转性。政治环境因素一旦影响到组织，就会使组织发生十分迅速和明显的变化，而这一变化往往是组织驾驭不了的。

知识链接

（1）来自中国经济参考报的报道：2012 年 9 月以来，日本政府在钓鱼岛问题上不顾中国政府的反对，签署了购岛协议，日本政府的购岛举措，使中日关系陷入了全面紧张的局面，中国国内的一些城市甚至出现了民众的抗议活动。中日之间日益紧张的政治关系导致了日产汽车在中国的销售遭受重挫，中国汽车工业协会的数据显示，2012 年 8 月，国内乘用车销量同比增长 11.30%。欧、美系品牌销售大增，韩系和法系品牌销量同比均有增长。对比鲜明的是，日系车销售乘用车共 22.69 万辆，销量同比下降 2%，成为唯一负增长的车系。9 月，日系车销量进一步遭受重挫，呈现暴跌趋势。与去年同期相比，日系车企几大品牌 9 月份在华销量平均降幅为 50%左右，其中斯巴鲁、三菱降幅超过 60%，分别为 64.5%和 62.9%，丰田、铃木降幅接近五成，而本田、日产、马自达降幅也在三四成。

“10 月份日系车销售份额下降依旧显著，比 9 月又下降了 10%左右。”在亚运村汽车交易市场最新一期信息会上，亚市副总经理颜景辉透露。之前的亚市数据显示，日系车销售占比从8月末的26.39%下降至9月底的12.6%。

（2）2012年3月中国国务院召开的第五次廉政工作会议上，明确指出要严格控制“三公”经费，禁止用公款购买香烟、高档酒和礼品。这一禁令一出台，市场上多年来“只涨不跌”的高端白酒应声跌价。有专家估计，“三公”消费禁令或影响高端白酒10%的销量。

2. 经济环境

经济环境是影响组织特别是作为经济组织的企业的重要因素。经济环境主要由社会经济结构、经济发展水平、经济体制和宏观经济政策等4个要素构成。社会经济结构主要包括5方面的内容，即产业结构、分配结构、交换结构、消费结构、技术结构，其中最重要的是产业结构。经济发展水平是指一个国家经济发展的规模、速度和所达到的水准。经济体制是指国家经济组织的形式。经济体制规定了国家与企业、企业与企业、企业与各经济部门的关系，并通过一定的管理手段和方法，调控或影响社会经济流动的范围、内容和方式等。经济政策是指国家、政党制定的一定时期国家经济发展目标实现的战略与策略，它包括综合性的全国经济发展战略和产业政策、国民收入分配政策、价格政策、物资流通政策、金融货币政策、劳动工资政策、对外贸易政策等。

现象透视：2013年，受中国经济增速放缓、产业结构调整转型和能源改革政策的影响，国内传统资源（煤炭、有色金属等）类经营企业的整体业绩出现了较大幅度的下滑，大部分上市公司的股价也跌至了近几年来的低谷。而与此同时，服务、信息、文化、新能源、新材料类企业却出现了快速的增长，其中部分上市公司的股价也创出了历史新高。

从宏观、微观方面来看，经济环境主要由宏观和微观两个方面构成。宏观经济环境包括国民生产总值、国民收入及其变化情况，以及通过这些指标反映的国民经济发展水平和发展速度。宏观经济环境好，显然可以为企业的生存和发展提供有利机会，而萧条、衰退的形势则可能给企业带来生存的困难。微观经济环境包括消费者的收入水平、消费偏好、可支配收入情况、就业情况等。如果居民的收入水平及可支配收入水平较高，则意味着一个地区或市场有较强的购买力，企业的发展潜力会有较大的市场机会。因此，微观经济环境的好坏直接影响企业等经济组织的生存和发展条件。

3. 社会文化环境

社会文化环境主要包括风俗习惯、文化传统、意识形态、价值观念、审美习惯、宗教信仰，以及人口规模、居民受教育程度及文化水平等。风俗习惯及宗教信仰会影响某些活动的进行；意识形态、文化传统、价值观念会影响居民对组织目标、组织活动以及组织存在本身的认识；审美习惯会影响人们对组织活动内容、活动方式以及成果的态度；而人口规模及文化水平会影响需求的规模及层次。

从影响企业战略制订的角度来看，可分解为人口、文化、物质三个方面。

人口因素是企业最关注的社会环境因素之一，人口构成了大多数产品的消费市场，对企业战略的制订有重大影响。例如，人口总数直接影响着社会生产总规模；人口的地理分布影响着企业的厂址选择；人口的性别比例和年龄结构在一定程度上决定了社会需求结构，进而影响社会供给结构和企业生产；人口的教育文化水平直接影响着企业的人力资源状况；家庭户数及其结构的变化与耐用消费品的需求和变化趋势密切相关，因而也就影响到耐用消费品的生产规模等。对人口因素的分析可以使用以下一些变量：离婚率、出生率和死亡率，人口的平均寿命，人口的年龄和地区分布，人口在民族和性别上的比例变化，人口和地区在教育水平和生活方式上的差异等。

文化环境对组织的影响是间接的、潜在的和持久的，文化的基本要素包括哲学、宗教、语言与文字、文学艺术等，它们共同构筑成文化系统，对组织文化有重大的影响。哲学是文化的核心部分，在整个文化中起着主导作用。中国的传统哲学基本上由宇宙论、本体论、知识论、历史哲学及人生论（道德哲学）5个方面构成，它们以各种微妙的方式渗透到文化的各个方面，发挥着强大的作用。宗教作为文化的一个侧面，在长期发展过程中与传统文化有着密切的联系，在中国文化中，宗教所占的地位并不像西方那样显著，宗教情绪也不像西方那样强烈，但其作用仍不可忽视。语言文字和文学艺术是文化的具体表现，是社会现实生活的反映，它对企业职工的心理、人生观、价值观、性格、道德及审美观点的影响及导向是不容忽视的。组织对文化环境的分析过程是企业文化建设的一个重要步骤，组织对文化环境分析的目的是要把社会文化内化为组织的内部文化，使组织行为符合环境文化的价值检验。

管理故事

耐克的“酷文化”营销

80年代，耐克（Nike）产品开始从田径场和体育馆进入大众消费市场，因为其目标市场以青少年为主，耐克公司拓展市场的首要突破口便选中了青少年，又因为这一市场上的消费者有着这样一些个性特征：热爱运动、崇敬英雄人物，追星意识强烈，希望受人重视，思维活跃，想象力丰富并充满梦想，耐克必须像Lee's牛仔一样，成为青年文化的组成部分和身份象征。到了1986年在一则宣传耐克充气鞋垫的广告中，耐克公司采用了一个全新的创意：由代表和象征嬉皮士的著名甲壳虫乐队演奏的著名歌曲《革命》，在反叛图新的节奏、旋律中，一群穿戴耐克产品的美国人正如痴如醉地进行健身锻炼……这则广告准确地迎合了青少年离经叛道的个性心理特征，又适逢刚刚出现的健身运动变革之风和时代新潮，给人耳目一新的感觉，此举使得耐克公司更能适应其产品市场的新发展，耐克的市场份额也一举超过锐步公司成为美国运动鞋市场的新霸主。篮球飞人乔丹成为耐克公司的形象代言人后，耐克随着乔丹在球场上一次次精彩的灌篮，其品牌形象也在潜移默化中深植在了顾客的心里。乔丹成为酷明星，而耐克运动鞋也成为“酷哥”们叱咤运动场的必备物品。耐克公司也在短短的二三十年时间里，由一家简陋的小鞋业公司成长为行业霸主，并一举超过了曾雄居市场的领导品牌阿迪达斯、飙马、锐步，被誉为“近20年世界新创建的最成功的消费品公司”。

物质环境对组织与企业的生存和发展具有直接的影响。几乎所有企业的生产经营活动都与物质环境息息相关，企业和组织运行中离不开原材料、设备、能源和水资源等。随着工业生产活动范围的不断扩大，同时也由于前些年我们对环境保护的忽视，中国的物质环境在过去几十年中已遭受了很大程度的破坏，土地超载、耕地锐减、水土流失、森林赤字、淡水资源紧缺、不可再生的有限资源短缺、环境污染等问题日益突现。今后，各种资源的短缺将对企业的生产和经营活动形成很大的制约，同时有关环境保护的立法也对企业提出了很多新的要求，如何以最低的环境成本确保自然资源可持续利用，将成为企业和社会发展过程中所面临的一大难题。企业管理人员必须注意到物质环境的变化以及相关法律政策的影响，可以肯定，以单纯地消耗大量自然资源，来追求企业的经营模式将迅速被淘汰。

知识链接

目前世界上人口变化的主要趋向是：（1）世界人口迅速增长，早已突破 60 亿大关，世界人口的增长意味着消费将继续增长，世界市场将继续扩大。在中国，劳动就业压力将长期存在，同时，随着人口增长，耕地减少，中国农村剩余劳动力将向非农产业转移。（2）发达资本主义国家的出生率开始下降，儿童减少，这种趋势一方面对以儿童为目标市场的企业是一种环境威胁，另一方面年轻夫妇可以有更多的闲暇和收入用于旅游、在外用餐、文体活动等，因此可为相应的企业带来市场机会。（3）许多国家人口趋于老龄化，在中国也有这种趋向，老年人市场正在逐步扩大，老年人的消费能力也在逐渐增强，因此，企业应当认真研究老年人市场的问题。（4）许多东方国家的家庭状况正在发生变化：家庭规模向小型化方向发展，几世同堂的大家庭大为减少。（5）在西方国家，非家庭住户也在迅速增加，非家庭住户包括单身成年人住户、暂时同居户和集体住户。

想一想：人口变化将对哪类企业产生影响？选择一个你熟悉的企业，分析人口变化将对其产生的具体影响。

人口老龄化问题是当今世界各国普遍关注的社会问题，西方及日本等发达国家在上世纪末已经步入了老龄化国家。据中国国家统计局统计，从 2000 年至 2012 年，中国 60 周岁以上的人口从 1.26 亿增加至 1.9 亿，占社会总人口的比例也由 10.2%提高至 14.3%。这一数据表明，中国人口的老龄化趋势正在日益加速。

想一想：伴随着人口老龄化问题的日渐突出，社会经济组织将面临怎样的挑战与机遇？

4. 科技环境

科技环境指的是组织所处的社会环境中的科技要素及与该要素直接相关的各种社会现象的集合。科技环境大体包括科学技术发展水平、社会技术进步程度、国家科技政策、科学技术普及程度，以及发展和应用技术知识的能力和水平等。科技环境对组织的发展也有至关重要的影响，而且伴随信息化社会的到来这种影响更为显著。如信息技术的发展，使企业的经营变得十分容易，也提高了管理水平。组织对技术环境的关注，除了现有技术发展程度外，还应关注国家对科学技术开发的投资和支持重点，该领域技术发展动态和研究开发总费用情况，技术转移及技术商品化程度，专利及其保护情况等。

如今，我们已逐步从工业经济时代进入知识经济时代，经济发展从依靠自然资源、矿产资源、能源和资本为主逐步转移到主要依靠科学技术。变革性的技术正对社会发生着巨大的影响，技术成为决定人类命运和社会进步的关键所在。像经济环境一样，技术环境变化对企业的经营活动有直接重大的影响，因此，世界上成功的企业无一不对新技术的采用予以极大的重视。如美国高技术产业在国内生产总值中的比重已达 40%～60%。与经济因素不同的是，当一种新技术给某一行业或某些企业带来增长机会的同时，可能对另一行业形成巨大的威胁。例如，晶体管的发明和生产严重危害了真空管行业；电视的出现使电影业受到沉重的打击；高性能塑料和陶瓷材料的研制和开发严重削弱了钢铁业的获利能力。因此，企业要密切关注与本企业产品有关的技术，和它们现有水平、发展趋势及发展速度，不仅要关注新材料、新工艺、新设备等硬技术，而且也要关注管理思想、管理方法、管理技术等软技术。

想一想：21 世纪，信息技术的快速发展，正在日益改变着社会经济生活的各个方面，企业管理者几乎每天都要思考：如何应对信息技术革命所带来的巨大挑战和无限商机？

二、特殊环境因素分析

不同的组织有不同的特殊环境，与一般环境相比，特殊环境对组织的影响更为直接和具体。对大多数组织而言，其特殊环境因素主要包括资源供应者、服务对象（顾客）、竞争对手、政府管理部门和公众压力集团。

1. 资源供应者

一个组织的资源供应者是指向该组织提供各种所需资源的人或单位。这里所指的资源不仅包括设备、人力、原材料、资金，也包括信息、技术和服务等，即所有生产要素的供给者。对大多数组织来说，金融部门、政府部门、股东是其主要的资金供应者。学校毕业生就业部门、劳动人事部门、各类人员培训机构、人才市场、职业介绍所是其主要的人力资源供应者。各新闻机构、情报信息中心、咨询服务机构、政府部门是主要的信息供应者，大专院校、科研机构、发明家是技术的主要源泉。

由于组织在其运转的每一个阶段中，都依赖于供应商的资源供应，一旦主要的资源供应者发生问题，就会导致整个组织运转的减缓或中止。因此，为了使自己避免陷入困境，管理者必须对供应商的情况有比较全面的了解和透彻的分析。组织对供应商管理的目的，就是确定在哪些条件下对哪些原材料可以通过自行生产来解决，而哪些需要通过外购来解决。如对于中国的肯德基快餐店来说，鸡肉及土豆的供应商对其正常经营来说就具有非同寻常的意义

一般说来，按照与供应商的对抗程度，可以把供应商分为两类：作为竞争对手的供应商（寄生关系）和作为合作伙伴的供应商（共生关系）。

管理故事

克莱斯勒公司与洛克维尔公司的合作

克莱斯勒公司与洛克维尔公司达成一项协议，两个公司将在汽车的设计阶段进行紧密合作。洛克维尔公司负责总装厂与零部件厂的计算机控制部分的设计。如果计算机控制与汽车的设计不匹配，就会影响到汽车的质量和汽车进入市场的时间。根据协议，洛克维尔公司是位克莱斯勒公司的总装、冲件、焊接、电力设备等部门设计计算机控制的独家公司，他们之间是一种相互依赖的合作关系。他们（汽车制造商与计算机控制供应商）之间的合作是汽车行业内的首次。两个公司的工程师在汽车设计阶段的紧密合作中，洛克维尔公司的工程师设计开发相关计算机控制软件，以便能与克莱斯勒公司的工程师同时设计控

制系统和整个汽车。计算机控制是汽车制造过程中的重要部分，合作双方都希望能够尽可能实现降低成本、缩短制造周期等目标，以前的周期是26～28周，现在的目标是将它缩短至24周，克莱斯勒公司希望能通过与洛克维尔公司的合作实现这个目标。

作为竞争对手的供应商，在传统的观念中，对供应商的管理意味着实现输入成本的最优化，也就是说，企业主要关心原料的价格和数量，并设法维持一种强有力的与供应商讨价还价的能力，以获得更大的收益。例如，当一个企业在对自行生产还是在开放的原料市场上购买所需资源作决策时，它实际上关心的是以哪种形式投资可获利更多。类似的问题还有，确定库存的经济批量也是为了减少库存和供应成本。

作为合作伙伴的供应商，企业可以考虑以下几种方案：①可以考虑与供应商签署长期合同，而不是采用间断式的购买方式。这对稳定将来的供应关系有很大的作用，它可能带来的优势是使供应者拒绝向竞争者提供货物。在许多情况下，供应商实际上也喜欢签署长期合同。在考虑将来发生的偶然事件基础上签署长期合同，并不一定像人们抱怨的那样会使企业丧失灵活性。②说服供应商积极地接近顾客，尤其是当企业处于下游生产过程，也就是更接近于终端用户时。帮助供应商了解顾客是有益的，它有助于供应商更好地为企业提供服务。③分担供应商的风险。例如，企业可以与供应商密切协作以改进原料、制造工艺和质量，并以此降低供应商的成本。在特殊情况下，企业甚至可以向供应商投资以促进其对新技术的采用。在必要的情况下，企业也可以与供应商联合或合资，并通过共同研究和开发来进入新的市场。

特别提示： 虽然上述两种模式对于帮助我们认识不同的供应商是有益的，但在实际情况下，可能没有哪一家供应商的行为完全与其中一种模式相吻合，但无论对于哪种类型的供应商，管理人员都应该培养对他们进行理性分析的能力。

2. 服务对象（顾客）

服务对象或顾客是指组织产品或服务的购买者，主要包括所有出于直接使用目的而购买以及为再加工或再销售目的而购买产品或服务的个体或组织。由于组织通常都是为了满足某种顾客需要而设立的，因此顾客或消费者便构成了组织的消费市场。如果一个组织失去了其服务对象，该组织也就失去了其自身存在的基础。一个企业如果其生产的产品无人问津，就必然走向破产。作为组织，要想方设法争取更多的顾客支持，使其购买本组织的产品或服务，这乃是组织的生存与发展之本。

名人名言

企业内部认为自己所了解的市场情况很有可能是错误的，因为只有顾客才真正了解市场……只有通过询问顾客、观察顾客、设法理解他们的行为，企业才能发现他们发展的种种机会。

——德鲁克

组织的服务对象是影响组织生存的主要因素，而任何一个组织的服务对象对组织来说又是一个潜在的不确定的因素。对于一个企业来说，最令人不安的莫过于顾客采取了它所不期望的行为，如许多顾客突然开始购买竞争对手的产品，要求它提供更好的服务或更低的价格等。实际上，顾客采取何种行为与其讨价还价能力有很大的关系。

在以下几种情况下，顾客具有较强的讨价还价能力。①顾客的数量小，规模大，集中度高，失去这类顾客后很难有类似的大宗交易。②顾客的转换成本较低，比较容易找到其他供应商或替代品。③产品是标准化产品，缺少差别化，且顾客对价格非常敏感。④顾客具有后向一体化的资源和能力。⑤顾客充分了解产品信息，如制造过程、成本和价格，甚至了解企业与其他竞争对手交易的时间和条件。

上面分析了影响顾客讨价还价能力的因素。但是，顾客的需求是多方面的，且会经常改变。针对顾客的不同特点和市场环境的变化，要想成功地拥有顾客，管理者就必须深入市场，分析顾客，根据顾客需求的变化，及时推出新产品、新服务，满足顾客的要求。

顾客分析的目的在于了解顾客为什么选择某一产品或服务，吸引顾客的是因为价格低、质量高、快速送货、可靠的服务、有趣的广告，还是推销人员的能干？如果企业不知道哪些东西吸引顾客，以及他们的选择将来可能如何变化，那么，企业最终将会失去市场上的优势地位。

3. 竞争对手

竞争对手是指与本组织存在资源和市场争夺关系的其他同类组织。任何组织，都不可避免地会有一个或多个竞争对手。这些竞争对手不是相互争夺资源，就是相互争夺服务对象。因此，竞争对手是组织的重要环境要素，由于它与组织存在资源和市场的争夺及此消彼长关系，因此作为组织必须时刻关注竞争者的发展状况和趋势，做到“知己知彼”，才能采取正确的应对策略。

基于资源的竞争一般发生在许多组织都需要同一有限资源的时候，最常见的资源竞争是人才竞争、资金竞争和原材料竞争。对资源的竞争可能来自于不同类型的组织。而当各组织竞争有限资源时，该资源的价格就会上扬。例如当资金紧缺时，利率就会上升，组织的营运成本就会上升。

基于顾客的竞争一般发生在同一类型的组织之间，或许这些组织提供的产品或服务方式不同，但它们的服务对象是同一的，就同样会发生竞争。例如航空部门与铁路运输部门之间、铁路与公路运输部门之间就可能为争夺货源和乘客而展开竞争。

竞争也不仅限于国内，随着中国对外开放政策的实施，国内的各类组织不仅面临着来自国内组织的竞争，而且还将直接面临来自国外组织的竞争。在这种情况下，国内的竞争者之间有时可能会出现某种程度的联合，以对抗来自国外的竞争。

管理故事

阿迪达斯与耐克

在 20 世纪 60 年代或 70 年代，长跑爱好者只有一种合适的鞋可供选择：阿迪达斯。阿迪达斯是德国的一家公司，是为竞技运动员生产轻型跑鞋的先驱。各类世界田径赛中大部分的获奖者穿的是阿迪达斯牌运动鞋。

20 世纪 70 年代，蓬勃兴起的健康运动使阿迪达斯公司感到吃惊。一瞬间成为以前不好运动的人们对体育锻炼产生了兴趣。成长最快的健康运动细分市场是慢跑。据估计，到 1980 年有 2 500 万～3 000 万美国人加入了慢跑运动，还有 1 000 万人是为了休闲而穿跑鞋。尽管如此，为了保护其在竞技市场中的统治地位，阿迪达斯并没有大规模地进入慢跑市场。与此同时，出现了一大批竞争者，如美洲狮、布鲁克斯、新布兰斯和虎牌。但有一家公司比其余更富有进取性和创新性，那就是耐克。

到20世纪80年代初慢跑运动达到高峰时，阿迪达斯已成了市场中的“落伍者”。竞争对手推出了更多的创新品，更多的品种，并且成功地扩展到了其他运动市场。例如，耐克公司的产品已经统治了篮球和年轻人市场，运动鞋已进入了时装时代。到20世纪90年代，阿迪达斯的市场份额降到了可怜的4%。

行业内各企业的竞争激烈程度主要取决于以下六个因素：

（1）竞争者的多少及力量对比。一个行业内的企业数目越多，行业竞争越趋于剧烈。若一个行业内企业数不多，但各个企业都处于势均力敌的地位，也会导致竞争的激烈。

（2）市场增长率。市场增长率低的行业，有可能导致竞争加剧；反之，则有可能竞争不激烈。

（3）固定费用和存储费用的多少。固定费用高的行业迫使企业要尽量利用其生产力。当生产力利用不足时，企业宁愿削价扩大销售量也不愿让生产设备闲置，因而使企业间的竞争加剧。在存储费用高或产品不易保存的行业，企业急于把产品卖出去，也会使行业内竞争加剧。

（4）产品特色与用户的转换成本。若行业内用户的转换成本较低，则竞争就会比较激烈。反之，若用户转换成本较高，行业内各企业的产品各具特色，那么，竞争就不会那么剧烈。

想一想：何为转换成本？

（5）行业的生产能力。若由于行业的技术特点和规模经济的要求，行业内的生产能力大幅度提高，这将导致一段时期内生产能力相对过剩，造成竞争加剧。

（6）退出壁垒。所谓退出壁垒是指退出某一个行业所要付出的代价，它包括：①未用资产，退出该行业时，企业将蒙受重大损失；②退出的费用，包括人员安置、库存物品处理的费用等；③策略性影响，如企业形象对企业营销、财务方面的影响等；④心理因素，如经理人员或员工不愿退出该行业；等等。

我们可以将主要竞争对手分三类：现有竞争对手、潜在竞争对手和替代品制造商。

对现有竞争对手分析主要包括：行业内竞争的基本情况分析；主要竞争对手的实力分析；竞争对手的发展方向分析。对一个企业的竞争实力强弱，可以用相对于行业平均水平的销售增长率、市场占有率、产品获利能力等指标加以考察。

潜在竞争对手也是潜在的行业新进入者。这些新进入者大都拥有新的生产能力和某些必需的资源，期待能建立有利的市场地位。新进入者加入该行业，会带来生产能力的扩大，带来对市场占有率的要求，这必然引起与现有企业的激烈竞争，使产品价格下跌；另一方面，新加入者要获得资源进行生产，从而可能使得行业生产成本升高，这两方面都会导致行业的获利能力下降。

特别提示：新进入者的进入行业的可能性大小，主要取决于两个方面：一是现有企业可能做出的反应；二是由行业特点决定的进入难易程度（包括规模经济因素、产品内在差别化特性、先入者优势这三大方面）。

某一行业有时常会与另一行业的企业处于竞争的状况，其原因是这个企业的产品具有相互替代的性质。替代产品的价格如果比较低，它投入市场就会使本行业产品的价格上限只能处在较低的水平，这就限制了本行业的收益。本行业与生产替代产品的其他行业进行的竞争，常常需要本行业所有企业采取共同措施和集体行动。对替代品制造商分析主要包括两方面内容：一是确定那些产品可以替代本企业提供的产品；二是判断那些类型的替代品可能对本行业和本企业经营带来的威胁。

管理故事

森林遇虎

两个人在森林里，遇到了一只大老虎。A赶紧从背后取下一双轻便的运动鞋换上。B急死了，骂道："你干嘛呢，再换鞋也跑不过老虎啊！"A说："我只要跑得比你快就好了。"

4. 政府管理部门

政府管理部门主要是指国务院、各部委及地方政府的相应机构，如工商行政管理局、税务局、卫生防疫站、烟草专卖局、物价局等。政府管理部门拥有特殊的官方权力，可制定有关的政策、法规，规定价格幅度，征税，对违反法律的组织采取必要的行动等，而这些对一个组织可以做什么和不可以做什么以及能取得多大的收益都会产生直接的影响。任何一个组织都不可以超越法律之外，这是因为法规的影响不仅仅限于时间和金钱，它还缩小了管理者可斟酌决定的范围，限制了可行方案的选择。作为组织，其行为内容及方式必须符合政府的要求，同时应在尽可能多的方面取得政府的支持。

5. 公众压力集团

公众压力集团即各类非政府的社会组织，如绿色和平组织、工会、妇联、消费者协会、新闻媒体等。这些组织尽管与组织没有直接的制约和管制关系，但却同样可以对各类组织施加相当大的影响。它们可以通过直接向政府主管部门反映情况，通过各种宜传工具制造舆论以引起人们的广泛注意。如新闻媒体对组织的表扬或批评抑或"曝光"，都会对组织产生很大的正面或负面社会影响，从而影响组织的形象、声誉及生存发展环境。因此，组织应与这些组织建立良好的沟通协作关系，尽可能取得他们对组织的支持。

由上可见，任何组织都不是孤立的。组织把环境作为自己输入的来源和输出的接受者，组织也必须遵守当地的法律，并对竞争做出反应，正因为如此，供应者、服务对象、政府机构、社会特殊利益团体等可以对某一个组织施加压力，而管理者也必须对这些环境因素的影响做出适当的反应。

知识链接

法国消费者组织的影响力

法国一共有18个国家级的消费者组织。他们在全国一共有800多家分支机构。这18家"消协"分为三大类：第一类是全国性协会，规模和影响都比较大；第二类是为特定类型的家庭提供服务的协会；第三类是作为工会分支的消费者组织。除此之外，法国还有一家消费者研究院。该研究院属于公共机构性质，主要做与消费有关的调查统计工作。

法国“消协”主要履行的是调解的职能，它并不赞成消费者与企业对簿公堂。因为消费者往往处于弱势，在维权时如果单枪匹马地与企业打官司，别说赢的几率很小，就是赢了官司也会耗费很多时间和精力。但是“消协”就不同了，企业害怕“消协”的影响力和社会舆论，所以“消协”出面调解斡旋，往往更容易解决问题。

三、一般环境与具体环境的转换

在分析组织所面对的一般环境和具体环境时，我们应掌握以下两点：第一，尽管所有组织所面对的环境可分为一般环境和具体环境，但不同类型的组织所面对的一般环境和具体环境是不同的，这种不同主要取决于组织的性质、任务、组织的规模，甚至包括组织为自己确定的“适当位置”。也就是说，组织的性质、任务、规模、“位置”不同，其所面对的一般环境和具体环境也不同，如学校和企业所面对的一般环境和具体环境显然不同。第二，不仅不同的组织所面对的环境不同，同时同一组织在不同时期或因性质、任务、规模发生变化，同一组织的一般环境和具体环境可以发生相互转换：首先，对于同一组织，某一因素在此时是一般环境，经过一段时间就可能变为具体环境。其次，不同的组织，即使属于同类组织，因其性质不同，同一因素对于某一个组织是具体环境，对于另一个组织就可能是一般环境。最后，某一国家同时是某些组织的具体或一般环境，但这些因素因为组织的性质等的不同，对不同的组织所起的作用是有巨大差别的。

特别提示： 组织所面对的一般环境和具体环境的划分仅仅是相对的，二者没有明确的界限，有时是可以互相转换的，对不同类型或同一组织在不同时期而言，对一般环境和具体环境应做相对的和动态的分析。

第三节　环境分析方法

一、管理环境分析矩阵

环境分析矩阵是由著名学者汤姆森提出的一种环境分析方法，它主要是从环境的复杂程度、环境的变化程度两个维度来分析环境的不确定性，因此也称为分析环境不确定性矩阵。

环境的不确定性可以从如下两个维度来衡量：

1. 环境的复杂程度（degree of complexity）

复杂性程度可用组织环境中的要素数量和种类来表示。在一个复杂性环境中，有多个外部因素对组织产生影响。通常外部因素越少，环境复杂性越低，不确定性越小。例如，当一个电器生产厂商面向所有的消费者销售其产品，就比他把50%的产品卖给百货商店时所面对的环境复杂，因为前者的环境要素要远远多于后者；同时，对于波音公司和一个百货商店来说，波音公司所面对的环境要比百货商店面对的环境复杂，因为识别飞机制造市场比识别一般商品市场所需要的知识要多得多。一般而言，一个组织要与之打交道的顾客、供应商、竞争者及政府机构越少，组织环境的不确定性就越小。

2. 环境的变化程度（degree of change）

其意义为组织环境中的变动是稳定的还是不稳定的。环境的变化程度是指环境要素改变的程度。由于各种要素的影响及事物本身的规律性，环境要素是经常变化的，有的变化程度大些，有的变化程度小些，丝毫不发生变化的环境要素是不存在的。而根据环境要素变化程度的大小，可把环境分为两种：一是动态环境（dynamic environment），一是稳态环境（stable environment）。如果环境要素大幅度改变，则这种环境可称为动态环境；反之则称为稳态环境。

环境不确定性矩阵（environment uncertainty matrix）就是把环境的变化程度和环境的复杂程度结合在一起，对环境进行综合分析，其中环境的变化程度作为一个分析标准，环境的复杂程度作为另一个标准，把二者有机结合在一起，可以把全都环境分为四种基本类型：即①低不确定性——简单和稳态的环境；②较低不确定性——复杂和稳态的环境；③较高不确定性——简单和动态的环境；④高不确定性——复杂和动态的环境。如表 5—1 所示。这四种基本类型的环境组成了一个矩阵，管理学界把它称为环境不确定性矩阵，为组织进行环境分析提供了一种有用的工具，其在管理实践中有较高的应用价值。

表 5—1　　环境不确定性矩阵

		变化程度	
		稳定	动态
复杂程度	简单	单元 1 稳定和可预测的环境，环境要素少，要素有某些相似并基本维持不变，对要素的复杂知识要求低	单元 2 动态和不可预测的环境，环境要素少，要素有某些相似，但处于连续变化过程中，对要素的复杂知识要求低
	复杂	单元 3 稳定和可预测的环境，环境要素多，要素间彼此不相似，但单个要素基本维持不变，对要素的复杂知识要求高	单元 4 动态和不可预测的环境，环境要素多，要素间彼此不相似，并且处于连续变化中，对要素的复杂知识要求高

（1）简单/稳定的环境。组织所处的环境影响因素不多且相对稳定，环境因素在较长时期内不会有很大的变化，在这种环境下，组织处理这些环境影响就不需要复杂的技术和知识。一般说来，当一个企业远离最终消费者，所使用的技术又相对简单时，如橡胶、石油等一些原料的供应商面临的环境情况就可能是这样。又如占“垄断”地位的公共服务部门，如电信、铁路等，由于没有竞争者和它们直接争夺市场，并且它们所在的行业的稀有资源由政府来“配给”，它们所面临的环境情况也可能是这样的。因此，对于这类环境，组织可以通过历史数据来分析环境。

（2）复杂/稳定环境。在这种环境下，管理人员很难把握哪些环境变量是最重要的影响因素，尤其当各种因素交织在一起并互相影响时。在这种情况下，对环境因素逐一深入分析是有益的，尽管这样做需要耗费大量的精力。研究发现，在一定时期内或对于某一特定行业，总有一些环境因素起关键的作用，另外一些变量则处于较次要的地位。例如，汇率对有大量出口业务的公司尤其重要，而顾客的行为和口味却是零售商和餐馆最关注的因素。同样，计算机公司总是关注有关计算机技术和软件的发展，而处于“垄断”行业的企业关心的是公共政策是否会发生变化。通过这样的分析，管理人员可以采取相应的对策来减少环境的不确定性。

（3）简单/动态环境。在这种环境下，虽然影响组织的环境因素不多，这些因素会随着时间面变化。当然，如果这种变化具有明确的规律性，那么必然可以通过简单的技术和方法来加以处理。例如，人口出生率是决定学校、健康保险和医院规模的主要环境变量，但由于中国实行计划生育的基本国策，人口出生率与死亡率、育龄妇女、老龄人口数存在较强的相关性，所以可以通过统计推断来预测未来一段时期内中国人口的增加数。当环境变量随时间无规律变化时，管理人员要将重点放在考虑未来的环境状况，而不仅仅是放在过去的环境状况上。在做类似分析时，虽然没有简单易行的方法可以使用，但管理人员仍然可以通过一些结构化分析方法对环境变量的重大变化做出可能的推断，如估计几种可能的状态等。

（4）复杂/动态环境。这种环境是不确定性最高和最难应付的环境，在这种环境中，影响组织的环境因素错综复杂，而且随着时间面不断发生变化。有时某一种因素起主导作用，在另外一些时候其他因素又上升为关键因素，而且这种变化是如此之快，以致组织来不及从战略上进行相应的调整。如计算机公司、航空公司和电子行业都处在或正转向这种复杂/动态的环境。随着世界经济全球化和一体化过程的加快，以及全球信息网络的建立与不断完善，一方面，消费者的需求和选择越来越多样化，从而为企业提供了更多的发展空间和市场机遇；另一方面，它们也不得不面对更多的来自国际市场上的竞争对手的挑战。在这种情况下，消费者的偏好和相应的购买行为以及竞争对手的反应都更加难以预测和把握，因而对管理人员提出了更高的要求。在复杂/动态环境中，组织发展的关键在于精心培育核心能力，保持战略的灵活性，同时建立资源缓冲地带，以预防环境急剧变化可能带来的威胁。

想一想：一家经营信息消费品的企业与一家经营传统食品的企业在环境的复杂性与变化性方面有何区别？

二、SWOT 分析法

对组织来说，要取得预期的运营成果，必须在组织目标、外部环境和内部条件这三者之间取得动态的平衡，组织不能孤立地看待外部环境的机会与威胁，而必须结合自己的经营目标和内部条件来识别适合于本组织的机会。环境中存在的机会，只有在与本组织自身所拥有或将拥有的资源以及与众不同的能力相匹配情况下，才能变为组织的机会。因此，组织必须对外部环境的机会与威胁、组织自身的优势及劣势有一个清醒的认识。SWOT 分析法就是帮助组织进行外部环境的机会与威胁、组织自身的优势与劣势分析，并帮助组织确定发展战略的一种环境分析法。

SWOT 分析法主要是通过分析组织所面对外部环境的机会与威胁、组织自身的优势及劣势，为组织制定有效的战略计划服务。

组织的优势（strengths），主要指组织与其他竞争者相比在资金、技术、人才、产品、营销网络、社会信誉、成本、价格、原材料供应等方面或其中的某一或某几方面享有的有利因素。

组织的劣势（weaknesses），主要指组织在上述各方面或某一方面面临的不利因素。

外部环境的机会（opportunities），主要指外部环境及其变化为组织的生存发展提供的市场机遇。

外部环境的威胁（threats），主要指外部环境及其变化为组织生存及发展带来的各种危险或风险。

SWOT 分析的内容如图 5—3 所示。

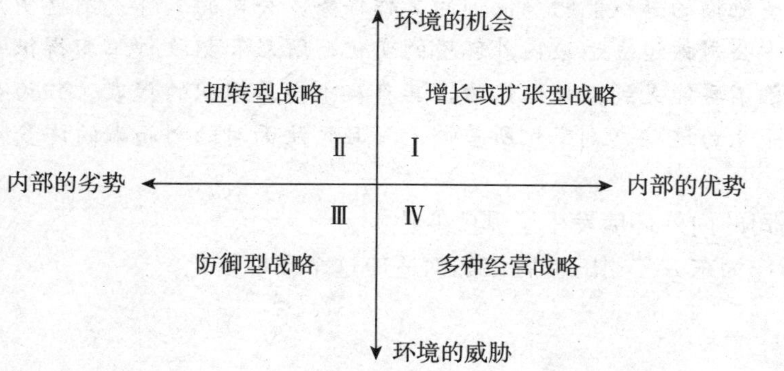

图 5—3　SWOT 分析及战略组合

SWOT 分析目前被广泛应用于战略环境分析，也有不少组织把它作为一种决策分析的方法，用作战略计划及具体行动方案的制定。从图 5—3 我们可以看出，区域Ⅰ有良好的外部机会和有利的内部优势，可以采取增长或扩张型战略来充分掌握环境提供的发展良机；区域Ⅱ虽然面临良好的外部机会，但组织内部存在劣势，因此可以采取扭转型战略，设法清除内部不利的条件，以便尽快形成利用环境机会的能力；区域Ⅲ内部存在劣势，外部环境存在威胁，这时可采取防御型战略，设法避开威胁和消除劣势；区域Ⅳ具有强大的内部优势，但外部环境存在威胁，可以采取多种经营战略，使自己的优势得到更充分利用，从而分散经营的风险。

复习题

一、思考题

1. 如何理解组织与环境的关系？
2. 组织所面对的一般环境和具体环境的内容是什么？
3. 试用环境分析矩阵分析你所在组织的一般环境和具体环境。
4. 新时期环境变化有哪些特征？它对管理提出的挑战是什么？
5. 作为组织，如何更有效地适应环境？

二、案例分析

东方公司如何适应环境变化

东方公司是一家从事贸易活动的华人家族企业，公司最初员工不多，而且大都与公司创建者有关系。由于新加坡和东南亚地区经济的繁荣，贸易活动也兴旺起来。公司在十年里发展很快，公司员工达到150人左右。

创建之初，公司是以华人家庭模式运作，家族成员控制了公司绝大多数的关键活动如计划、采购、财务等。所有员工都工作和相处得像一家人，并且公司从不无故解雇员工，也不会从外界招聘员工。随着公司的发展，企业不得不从外部招收工人，公司也不得不应用系统的方法管理企业以保持公司的工作效率。对员工的激励也不得不转为以金钱的方式为主，职员希望他们的老板能明确他们的工作任务，公司的工作氛围也明显不同于以往的家族气氛。东方公司被迫去适应内外环境的变化，解雇和招收员工变得很平常了。原本一目了然的组织已不再能见到，员工认为，其直接上司是组织的代表。作为企业的所有者和首脑彼得·谭先生为这些急剧交化所苦恼，而且无法面对随之而来的许多问题。

问题：

1. 东方公司的内外环境发生了哪些变化？
2. 你如果作为东方公司的首脑该如何适应这个环境变化？

三、实践练习

1. 实地走访一家企业，调查并分析该企业来自客户、主要竞争对手和供应商方面的压力及变化所引起的机会与威胁。
2. 进入一家著名企业的网站，搜集其在管理环境方面的信息，描述影响这家企业的一般环境和任务环境的主要因素，并用环境矩阵分析法和SWOT分析法进行分析。
3. 假设你要在一个大学城区开设一家超市、快餐店或书店，你需要收集哪些方面的环境信息？
4. 挑选一个你熟悉的或愿意更多了解的组织，写下该组织各种可能的利益相关者，指出这些利益相关者可能具有的特定利益或关注事项。

第二篇

决　策

第六章

计 划

学习目标

1. 理解计划的含义及其重要性。
2. 明确计划的内容、形式及主要类型。
3. 掌握计划工作的基本原则、程序和方法。

导入案例

艾维利的方法

很久以前，美国伯利恒钢铁公司总裁查理斯·舒瓦普曾为如何执行计划而烦恼。于是，他向效率专家艾维利请教这样一个问题："对于企业家而言，如何更好地执行计划?"艾维利声称他可以在十分钟内就给舒瓦普一个方法，这个方法能将公司的业绩提高50%。他递给舒瓦普一张空白纸，对他说道："请在这张纸上写下你明天要做的六件最重要的事。"舒瓦普用了五分钟写完后，艾维利接着说："现在请按照每件事情对于你公司利润增长的重要程度，用数字进行排序。"舒瓦普又花了五分钟写好后，艾维利对他说："好了，请你把这张纸装进口袋，明早第一件事情就是把纸条打开看，做第一件最重要的事情。不要看别的，只做第一件。然后一件件地做，直至六件事全部完成为止。"舒瓦普点了点头："这个方法听起来很好。你收我多少钱?"艾维利答道："不急，你先回去试验一下，你发现它能够多大程度上提高企业的生产效率，就按此给个价吧。"一个月之后，艾维利收到舒瓦普寄来的一张2.5万美元的支票，还有一封信。信上说："这是我一生中最有价值的一节课。"五年后，伯利恒钢铁公司成为当时世界上最大的独立钢铁厂。

思考： 效率专家艾维利的方法说明了什么?

第一节　计划概述

一、计划的含义与内容

1. 计划的含义

计划是组织管理的首要职能，它是对组织未来的各项工作进行事先的设计或谋划的一项管理活动，具体地说，它是通过对组织环境的分析，将组织目标和行动方案的决策结果进一步形成为达到这些目标的总体战略，并建立起一套综合的、可执行的计划体系来整合和协调行动，以便于将实现组织目标的具体任务和要求，在时间上和空间上落实到组织的各个部门、各个环节和每个成员。其目的是要解决组织目标和资源之间的关系是否匹配的问题。

2. 计划的内容

计划的主要内容可以通俗地概括为六个方面，即：做什么、为什么做、何时做、何地做、谁去做、怎样去做。这六方面的含义分别叙述如下：

(1) 做什么（what）。要明确计划的目标任务和要求，明确每一个时期的中心任务和工作重点。例如，企业生产计划的任务主要是确定生产哪些产品，生产多少，合理安排产品投入和产出的数量和进度，在保证按期按量完成订货合同的前提下，使得生产能力得到尽可能充分的利用。

(2) 为什么做（why）。要明确设立目标任务的必要性，并论证实现目标任务的可行性。实践已反复证明，计划工作人员对组织设立目标任务的必要性和可行性了解得越清楚。认识得越深刻，就越有助于他们在计划工作中发挥主动性和创造性。正如通常所说的“要我做”与“我要做”的结果是完全不一样的，其道理就在于此。

(3) 何时做（when）。选定计划实施的时机，以及规定计划中各项工作的开始和完成的进度，以便进行有效的控制和对能力资源进行平衡。

(4) 何地做（where）。规定计划实施地点或场所，了解计划实施的环境条件和限制，以便合理安排计划实施的空间组织和布局。

(5) 谁去做（who）。计划不仅要明确规定目标任务、地点和进度，还应规定由哪个主管部门负责。例如，开发一种新产品，要经过产品设计、样品试制、小批试制和正式投产等几个阶段。在计划中要明确规定每个阶段由哪个部门负主要责任，哪些部门协助，各阶段交接时，由哪些部门和哪些人员参加鉴定和审核等。

(6) 如何做（how）。制定实施计划的措施以及相应的政策和规则，对资源进行合理分配和集中使用，对人力、生产能力进行平衡，对各种派生计划进行综合平衡等。

实际上，一个完整的计划还应包括控制标准和考核指标的制定，也就是告诉实施计划的部门或人员，做成什么样，达到什么标准才算是完成了计划。

二、计划的表现形式

计划是对未来行动的安排，其具体形式多种多样。人们可能对诸如新工厂的建设计划、新产品的开发计划等计划形式比较熟悉，但实际上，计划还可能表现为其他各种形式，如目标、使命、政策、规则等。一般地，我们可以将计划看作一个由上至下的层次结构，如图 6—1 所示。

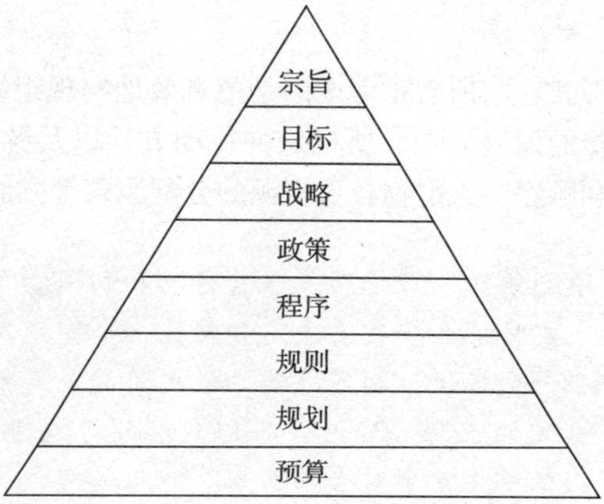

图 6—1　计划的层次体系

1. 宗旨（或使命）

一个组织的宗旨可以看做一个组织的最基本的目标。它指明一定的组织机构在社会上应起的作用，所处的地位。它决定组织的性质，决定此组织区别于彼组织的标志。不同的组织，如企业、学校、军队、政府等，首先表现为它们的宗旨不同。

确立了组织的宗旨以后，为了实现它，组织就可以为自己选择一项使命。这项使命的内容就是组织选择的服务领域或事业。例如，大学的使命是培养人才和研究学问；企业的目的是向社会提供有经济价值的商品或服务。这里应该强调的是，使命只是组织实现宗旨的手段，而不是组织存在的理由。组织为了自己的宗旨，可以选择这种事业，也可以选择那种事业。

知识链接

不同公司的使命陈述

中国移动：创移动通信世界，做信息社会栋梁

惠普：为人类的幸福和发展做技术贡献

耐克：体验竞争、获胜和击败对手的感觉

迪斯尼：让人们快乐

沃尔玛：给普通百姓提供机会，使他们能与富人一样买到同样的东西

2. 目标

组织的使命说明了组织要从事的事业，而组织的目标则更加具体地说明了组织从事这项事业的预期结果。组织的目标包括了组织在一定时期内的目标以及组织各个部门的具体目标等两个方面的内容。确定目标本身也是计划工作，其方法与制定其他形式的计划类似。例如，企业在一定时期内的销售目标不能单靠主观愿望和猜测来确定，必须根据企业的总目标和企业面临的内外部环境来决定。在通常情况下，人们可以将组织目标进一步细化，从而得出多方面的目标，形成一个相互联系的目标体系。

3. 战略

战略作为计划的一种形式，它所着重考虑的是更有效地实现组织目标，因此，战略就是为实现组织长远目标所选择的发展方向、所确定的行动方针以及各类资源分配方案的总纲。它表现为指出工作的重点和顺序、人财物各种资源的分配原则等方面的科学设计和安排。

特别提示： 战略是为了达到组织总目标而采取的行动和利用资源的总计划，其目的是通过一系列的主要目标和政策去决定和传达一个组织期望自己成为什么样的组织。对于一个企业来说，制定战略的根本目的，是使公司尽可能有效地比竞争对手占有持久的优势。因此，可以这样说，企业战略就是以最有效的方式，努力提高相对于竞争对手的实力。

4. 政策

政策是决策的指南，它规定了行动的方向和界限，是在管理中处理各种具体问题的一般规定，是用文字来说明的、用来指导和沟通思想与行动的、协调一致的意见。政策作为计划，有助于将一些问题的解决事先确定下来，避免重复分析，从而使各级主管人员在决策时有明确的思考范围，同时也有利于统一和协调组织成员之间的思想和行动。正因为政策是管理者决策时考虑问题的指南，所以它必须有斟酌决定的自由。

特别提示： 政策要规定范围和界限，但其目的不是要约束下级使之不敢擅自决策，而是鼓励下级在规定的范围内自由处置问题，主动承担责任，是要将一定范围内的决策权授予下级。

5. 程序

程序规定了解决某些经常发生的问题的标准、方法，是一种经过优化的计划。程序是指导如何采取行动，而不是指导如何去思考问题。程序的实质是对所要进行的活动规定时间顺序，它规定了处理未来活动的例行方法。可以这样说，组织中所有重复发生的管理活动都应当有程序。例如，组织的重大决策程序、预算审批程序、会议程序、采购程序、请假程序、费用报销程序等等。一般来说，越是基层，所规定的程序也就越细，数量也越多。如制造企业的工艺路线就是一种程序，它明确规定某个零件的加工顺序、使用的设备、加工的方法等，它对于保证零件的质量起着关键的作用。通过对例行活动制订程序，可使管理人员将注意力集中于例外事情上，减轻主管人员的决策负担，明确各个工作岗位的职责，降低管理的成本，提高管理活动的效率和质量。

想一想：某君到一百货商店考察，随阅了其规章制度手册，有三条特别引起他的注意：(1) 本店只经营高贵时髦的衣服和各种高级用品。(2) 货物售出超过30天不再退还购货款。(3) 在退还顾客购货款前，营业员需注意检查退回的货物，然后取得柜组经理的批准方可办理。试问：这三条属于计划的哪一种形式？

6. 规则

规则是一种较为简单的计划，它是对具体场合和具体情况下，允许或不允许采取某种行动的规定，即确定了在各种情况下什么是必须做的，什么是不必做的。规则与程序的区别在于规则不规定时间顺序，可以把程序看成是一系列规则的总和，但是一条规则可能是也可能不是程序的组成部分。例如：上班不允许迟到，销售人员规定范围外的费用开支需由副总经理核准，等等。

7. 规划

规划是组织比较全面的长远的发展计划，是综合性的、纲要性的计划，包括目标、政策、程序、规则、任务分配、要采取的步骤、要使用的资源，以及为完成既定行动方案所需的其他因素。规划是多种多样的，在实践中既有像航空公司开辟新航线那样的大型规划，也有诸如某小企业的车间主任为提高工人士气而编制的一般规划。

8. 预算

预算是以数字来表示预期结果的报表，可以称为“数字化”的计划。预算运用数字来表示计划的投入与产出的数量、时间、方向等，它既可以用货币来表示，也可以用诸如工时、机时、产品单位或任何其他数字指标来表示。预算是文字计划实现的支持和保证，没有必要的资金和预算支持，计划是无法实现的。

特别提示：预算还是一种主要的控制手段，可以使企业事先对预期的现金周转量、费用和收入、工时或机时的利用进行数字上的安排和整理，是计划和控制工作的联结点，因为计划的数字化产生预算，而预算又将作为控制的衡量标准。

三、计划的类型

按照不同的标准，可以将计划划分为不同的类型，各种类型的计划不是彼此割裂的，而是由分别适用于不同条件下的计划组成一个计划体系。常见的类型主要有：

1. 按计划期限的长短可将计划分为长期计划、中期计划和短期计划

一般地说，1年或1年以下的计划称为短期计划；5年或5年以上的计划称为长期计划，介于两者之间的称为中期计划。当然这个标准不是绝对的。例如，一项航天、基础研究项目的短期计划即可能是5年，而一家小型食品厂由于市场变化，其短期计划可能只适用几个月。

2. 按计划范围的广度分，可将计划分为战略性计划和作业性计划

战略性计划是由高层管理者制定的应用于整个组织、为组织设立总体目标以寻求组织在环境中的地位的计划。规定总体目标如何实现的细节计划称为作业性计划。战略性计划与作业性计划的区别如表6—1所示。

表 6—1　　战略性计划与作业性计划的区别

	战略性计划	作业性计划
制定者	高层管理者	基层管理者
应用广度	应用于整体组织，为设立总体目标和寻求组织在环境中的地位	规定总体目标如何实施的细节
时间广度	包含持久的时间间隔，通常为 5 年甚至更长	覆盖较短的时间间隔，如月计划、周计划、日计划等
任务	设立目标	假定目标已存在，提供实现目标的方法

3. 按制定计划的组织层次，可将计划分为高层管理计划、中层管理计划、基层管理计划

高层管理计划一般以整个组织为单位，着眼于组织整体的、长远的安排，一般属于战略计划。中层管理计划一般着眼于组织内部的各个组成部分的定位及相互关系的确定，它既可能包含部门的分目标等战略性质的内容，也可能有各部门的工作方案等作业性的内容。基层管理计划着眼于每个岗位、每个员工、每个工作时间单位的工作安排和协调，基本上是作业性的内容。

4. 按计划的明确程度，可将计划分为指导性计划和具体性计划

具体性计划具有明确的目标、行动步骤以及操作指南。是关于具体的业务活动的执行计划。中层计划介于高层计划和基层计划之间，着眼于组织内部的各个组成部分的定位及相互关系的确定，兼有高层计划和基层计划两者的特征。

5. 按职能，可将计划分为生产计划、供应计划、新产品开发计划、营销计划、财务计划、人事计划、后勤保障计划等

这些职能计划通常就是相应的职能部门编制和执行的计划。按职能分类的计划体系，一般是与组织中按职能划分管理部门的组织结构体系并行的。

各种类型的计划不是彼此割裂的。如长期计划往往具有战略性、指导性、长期性，同时又是高层计划。

管理故事

科宁玻璃公司的计划

科宁（Corning Glass Works）玻璃制造公司已有 130 多年的历史，是美国最早的公司之一。1880 年，公司成功地制造了第一个电灯泡。公司一直由其创始人科宁的家族掌管，并一直以制造和加工玻璃为其重点。

然而，科宁的这种经营战略也给它带来了许多问题：它的骨干部门——灯泡生产在 30 年前曾占领 1/3 的美国灯泡市场，而今天呢？则丧失了大部分市场，正面临严重困难；电视显像管的生产也因面临剧烈的竞争而陷入困境。这两条主要生产线都无法再为公司获取利润。面对这种情况，公司既希望开辟新的市场，但又不愿意放弃其传统的玻璃生产和加工。从而，公司最高层领导制订了一个新的战略计划。

计划包括三个主要方面：

第一，决定缩小类似灯泡和电视显像管这样低产的部门；

第二，决定减少因市场周期性急剧变化而浮动的产品的生产；

第三，开辟既有挑战性又具有巨大潜在市场的产品。

第三方面又包括三个新的领域：

第一领域是开辟光波导器生产，将是用于电话和电缆电视方面的光波导器和网络系统以及高级而复杂的医疗设备等，希望这方面的年销售量能达到40亿美元；

第二领域是开辟生物工艺技术，这种技术在食品行业方面大有前途；

第三领域是利用原来的优势，继续制造医疗用玻璃杯和试管等，并开拓电子医疗诊断设备，希望在这方面能达到全国同行业中第一或第二的地位。

科宁公司还有次一级的目标。例如，目前这个公司正在搞一条较复杂的玻璃用具生产线，并想向不发达国家扩展业务。很明显，科宁公司在进行着一个雄心勃勃的发展计划。公司希望通过提高技术，提高效率获得更大的利润。

但是，在进行新的冒险计划中，科宁公司也碰到了许多问题，例如，如果科宁公司真要从光波导器和生物控制等方面获得成功话，就必须扩大其生产线。另一方面，科宁公司给人的印象是要保持其原来的基础，而不是在于获取利润。

思考：根据案例提供的材料，请概述科宁公司的战略计划和战术计划；你能分别列出科宁公司的中、短期计划吗？

第二节　计划工作的原则和程序

一、计划工作的原则

计划工作是指导性、科学性、预见性很强的管理活动，同时又是一项复杂而又困难的任务。为了搞好计划工作，必须坚持以下基本原则：

1. 限定因素原则

是指在计划工作中，了解和找到对所要达到目标起限制性和决定性作用的因素，从而准确、客观地选择可行方案。研究任何过程，如果是存在着两个以上矛盾的复杂过程的话，就要用全力找出它的主要矛盾。捉住了这个主要矛盾，一切问题就迎刃而解了。如果对问题面面俱到地检查，不仅浪费时间和费用，而且还有可能把主要注意力转移到非关键性问题上，从而影响目标的预期实现。

2. 许诺原则

决策是一种承诺，在通常情况下，这种承诺是指资金、行动方向或者声誉方面所承担的义务。因此，决策是计划的核心。虽然研究和分析先于决策，但任何类型的计划都意味着已经作出了某种决策。比如，某公司投资 3 000 万元用来建设一座污水处理厂，经过研究论证，这项投资大约经过 10 年才能收回。那么这项计划应该以 10 年的业务计划为基础，即这个时期的长短取决于实现决策中许诺的任务所必需的时间。再比如，大学的教学计划一般是 4 年，这个极限的制定就是根据大学生所应掌握的基础理论、专业知识和素质训练所需要的时间，即承诺在 4 年的时间里把通过高考进来的学生培养为一个合格的大学生。

特别提示： 如果主管人员实现许诺所需的时间比他可能正确预见的未来期限要长，如果他不能获得足够的资源使计划具有足够的灵活性，那么他就应当减少许诺，或是将许诺的期限缩短。例如，一个管理者许诺的如果是一项投资的话，他就应当采取加速折旧提存等措施使投资的回收期限缩短，以减少风险。

3. 灵活性原理

就是指制定计划时要留有余地，执行计划时，一般则不应太灵活。例如，执行一个生产作业计划必须严格准确，否则就会使组装车间停工待料或在制品大量积压。

对主管人员来说，灵活性原理是计划工作中最重要的原理。在承担的任务重，目标计划期限长的情况下，灵活性便显示出它的作用。当然，灵活性也有一定的限度，它的限制条件是：

（1）不能总是以推迟决策的时间来确保计划的灵活性。因为未来的不确定性是很难完全预料的，如果我们一味等待收集更多的信息，尽量地将未来可能发生的问题考虑周全，当断不断，就会坐失良机，导致失败。

（2）使计划具有灵活性是要付出代价的，甚至由此而得到的好处可能补偿不了其费用的支出，这就不符合计划的效率性。

（3）有些情况往往根本无法使计划具有灵活性。即存在这种情况，某个派生计划的灵活性，可能导致全盘计划的改动甚至有落空的危险。例如，企业销售计划在执行过程中遇到困难，可能实现不了既定的目标。如果允许其灵活处置，则可能危及全年的利润计划，从而影响到新产品开发计划、技术改造计划、供应计划、工资增长计划、财务收支计划等许多方面，因此企业主管人员经过反复权衡之后，不得不动员一切力量确保销售计划的完成。

特别提示： 为确保计划本身具有灵活性，在制定计划时，应量力而行，且要留有余地。具有灵活性的计划又称“弹性计划”，即能适应变化的计划。

4. 改变航道原则

是指在计划制定后，针对计划执行过程中出现的新情况而需要重新调整和修订原来的计划。也就是说计划的总目标不变，但实现目标的进程（即航道）可以因情况的变化随时改变。这一原则要求计划工作者在计划制定出来以后，要管理计划，促使计划的实施，而不能被计划所“管理”，不能被计划框住。必要时可以根据当时的实际情况做必要的检查和修订。

特别提示： 此原则与灵活性原则的区别在于灵活性原则是使计划本身具有适应性，而改变航道原则是使计划执行过程具有应变能力；灵活性原则针对的是计划本身，产生和应用于计划制定的过程，改变航道原则针对的是计划制定之后的执行过程，产生和应用于计划制定之后。

二、计划工作的程序

虽然各类组织编制的计划内容差别很大，但科学地编制计划所遵循的步骤却具有普遍性。管理者在编制任何完整计划时，都要遵循如图 6—2 所示的步骤。即使是编制一些小型的简单计划，也要按照如下完整的思路去构想整个计划过程。

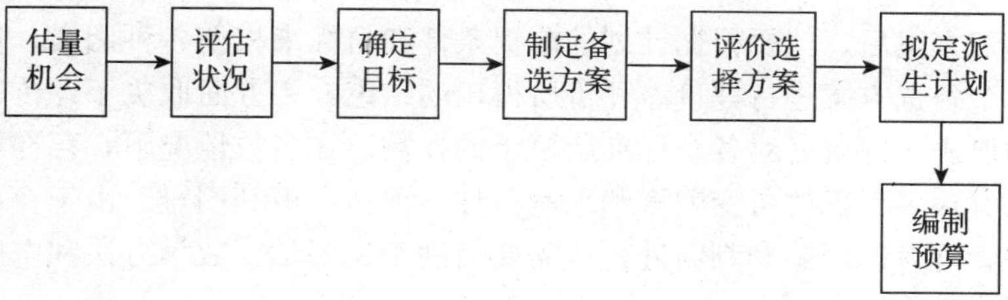

图 6—2　计划编制的流程

1. 估量机会

对机会的估量，要在实际工作开始之前就着手进行，它虽然不是计划的一个组成部分，但却是计划工作的一个真正起点。估量机会一般的依据有：市场因素、竞争环境、顾客需要、组织优势劣势等。其内容包括：初步考察未来可能出现的机会以及本组织认识和把握机会的能力，根据自身的优势和劣势判断本组织的竞争地位，明确进行计划的理由以及期望得到的结果等。计划目标是否现实可行，便取决于这一步骤的工作。例如某家公司的经营业绩出现了滑坡，该公司对此进行了分析，发现主要原因是市场竞争过于激烈，供大于求；而公司的优势是在技术和生产管理方面均领先于竞争对手。因此，该公司的机会就是通过调查顾客需求，发展新产品。估量机会的工作就是根据现实的情况对可能存在的机会做出现实的判断。

2. 评估状况

评估主要是对组织自身的优势和劣势、外部环境的机会和威胁进行综合分析，即 SWOT 分析。不过，对于那些局部的作业性质的计划工作，往往并不需要特别复杂和综合的内外部环境分析。但即使如此，也要对内部的资源与外部关系做出基本的判断。与此同时，还应分析组织的外部关系，如与供应者之间的关系，与顾客之间的关系，与银行等公共群体之间的关系等等。分析外部关系可展示出计划工作必须予以关注的潜在机会和限制因素。

3. 确定目标

目标是组织期望达到的最终结果，在这一步，要说明基本的方针和希望达到的目标，指明将要做的工作有哪些、重点应放在哪里、必须完成哪些任务等。企业目标指明主要计划的方向，这些主要计划根据反映企业目标的方式，规定各个主要部门的目标，而主要部门的目标，又以此控制下属各部门的目标，通过各领域、各层次目标的相互支持、相互协调，形成一个完整的目标系统。

4. 制定备选方案

一般来说，实现某一目标往往存在着多个可选择的方案。管理人员应当努力找出达到目标的各种可能途径。但在实践中，通常的问题并不在于备选方案太少，而是我们面临的选择常常太多。这就要求主管人员通过初步的考察和计算，排除希望不大的那些方案，将备选方案的数目减少为最有成功希望的几个有限的方案。

5. 评价选择方案

确定了备选方案后，就要根据计划的前提条件和目标来权衡各种因素，比较各个方案的利弊，对各个备选方案进行评价。评价所得出的结论，一方面取决于评价者所采用的标准；另一方面取决于评价者对各个标准所赋予的权数。在多数情况下，存在很多可供选择的方案，而且有很多考虑的可变因素和限制条件，评估会极其困难。由于存在这些复杂因素，除了依靠管理者的经验和判断外，还需要借助于运筹学、数学方法和电脑计算技术等各种手段来评价备选方案。

6. 拟定派生计划

派生计划即细节计划、引伸计划，是总计划下的分计划。在选定一个基本的计划方案后，还必须围绕基本计划制定一系列派生计划来辅助基本计划的实施。几乎所有的基本计划都需要派生计划的支持和保证，完成派生计划是实施基本计划的基础。例如，某企业在做出新建一个分厂的决策后，这个决策就成为制定一系列派生计划的前提，各派生计划都要围绕它来进行。如人员的招聘和培训计划、材料和设备的采购计划、广告宣传计划、资金筹措计划等等。

7. 编制预算

计划编制的最后一步就是要将计划方案转化为预算，使之数字化。预算是用数字形式表示的组织在未来某一确定期间内的计划，是计划的数量说明，是用数字形式对预期结果的一种表示。这种结果可能是财务方面的，如收入、支出和资本预算等；也可以是非财务方面的，如材料、工时、产量等方面的预算。如果预算编得好，则可以成为汇总各种计划的一种手段，也可以成为衡量计划完成进度的重要标准。

不管是建设一座新工厂，还是开发一种新产品，它们所涉及的人力、资金或所用时间都会有所不同，因而有些计划比较简单，有些则比较复杂，但计划工作的步骤却是共通的。任何一种完整的计划工作都要遵循这些步骤。

特别提示： 计划工作中的某些步骤，即制定可供选择的计划方案、对备选方案进行评价以及选定可行方案，实际也就是决策的过程。可见，在机会和目的已知的情况下，计划工作的核心就是决策的过程。

第三节　计划的方法

计划制定效率的高低和质量的好坏在很大程度上取决于所采用的计划方法。计划工作的方法很多，这里我们重点介绍几种常用的计划方法。

一、目标管理

1. 目标管理的概念

目标管理（Management By Objectives，简称 MBO）是一种将组织目标转换成各个部门乃至个人岗位目标并以此为行动指南和考核标准的管理方法。“目标管理”的概念是由管理大师彼得·德鲁克（Peter Drucker）1954 年最先提出的，其后他又提出“目标管理和自我控制”的主张。德鲁克认为，并不是有了工作才有目标，而是相反，有了目标才能确定每个人的工作。所以“企业的使命和任务，必须转化为目标”，如果一个领域没有目标，这个领域的工作必然被忽视。目标管理提出以后，便在美国迅速流传。时值第二次世界大战后西方经济由恢复转向迅速发展的时期，企业急需采用新的方法调动员工积极性以提高竞争能力，目标管理的出现可谓应运而生，遂被广泛应用，并很快为日本、西欧国家的企业所仿效，在世界管理界大行其道。

知识链接

彼得·德鲁克，出生于维也纳，祖籍为荷兰，后移居美国。终身以教书、著书和咨询为业。德鲁克以他建立于广泛实践基础之上的 30 余部著作，奠定了其现代管理学开创者的地位，被誉为“现代管理学之父”。德鲁克的著作中最具影响力的有：《管理实践》（1954 年）、《卓有成效的管理者》（1966 年）、《管理：任务，责任，实践》（1973 年）、《创新与企业家精神》（1985 年），无论是英特尔公司创始人安迪·格鲁夫，微软董事长比尔·盖茨，还是通用电气公司前 CEO 杰克·韦尔奇，他们在管理思想和管理实践方面都受到了彼得·德鲁克的启发和影响。“假如世界上果真有所谓大师中的大师，那个人的名字，必定是彼得·德鲁克”——这是著名财经杂志《经济学人》对彼得·德鲁克的评价。2002 年 6 月 20 日，美国总统乔治·W. 布什宣布彼得·德鲁克成为当年的“总统自由勋章”的获得者，这是美国公民所能获得的最高荣誉。

2. 目标管理的特征

（1）目标的制定者就是目标的执行者。即由上级与下级在一起共同确定目标。首先确定出总目标，然后对总目标进行分解，逐级展开，通过上下协商，确定出组织内部各部门甚至每个员工的目标，用总目标指导分目标，用分目标保证总目标，形成一个“目标—手段”链。正因为目标管理让人们积极而负责地参与决定自己的工作，参与管理自己以及组织群体，所以它能使组织成员了解工作的意义，对工作产生兴趣和有一种真正的自豪感，从而以极大热情投入工作。

想一想：上下级一起制定目标有什么好处？

（2）目标的实施过程是“自我管理”、“自我控制”的过程。传统的管理是一种监督和强迫的方式，而目标管理强调组织所有成员的参与，注重的是“自我控制”和“自我管理”。目标管理强调了组织中各单位，个人确立目标的重要作用。由于各人都有明确的目标，所以重点在于自我控制。目标管理的主旨在于，用“自我控制的管理”代替“压制性的管理”，它使管理人员能够控制他们自己的成绩。这种自我控制可以成为更强烈的动力，推动他们尽自己最大的力量把工作做好，而不仅仅是“过得去”就行了。

（3）以目标作为考评各级人员的依据。传统管理的工作考评主要以被考评对象的品质、态度等为依据进行，考评是上级的单方面的权利，下级无发言权。目标管理则强调考核要以工作实绩为依据，职工首先对照目标对实绩进行自我检查，然后上下级共同确定考核结果，并以此作为奖惩的依据。实行目标管理后，由于有了一套完善的目标考核体系，从而能够按员工的实际贡献大小如实地评价一个人。

3. 目标管理的步骤

目标管理的主要步骤如图 6—3 所示：

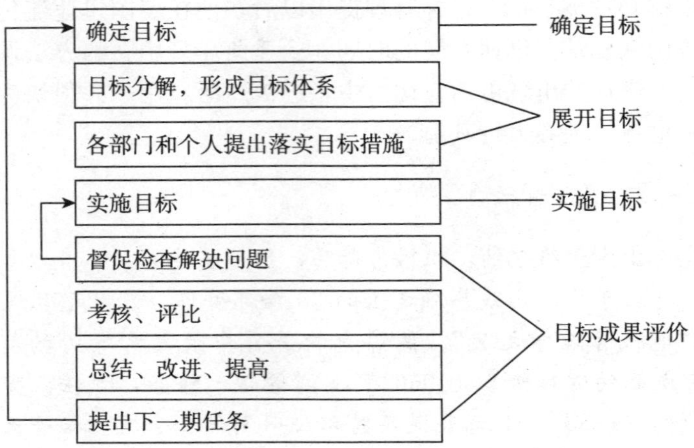

图 6—3 目标管理的步骤

（1）确定目标。这是实施目标管理的第一阶段。总目标可以由下级和职工提出、上级批准，也可由上级部门提出，再同下级一起讨论决定。一个组织的运行是一个复杂的管理过程，在管理过程中所涉及的目标也是多种多样的，目标与各部门、各员工的任务和利益相关。各部门、各层次、各方面由于条件、利益不同，看问题的观念、角度不同，其追求的目标也不同，有时会出现相互不协调甚至相互矛盾的情况，因此一定要注意正确地确定目标。目标内容视组织的性质和任务而不同，如企业一般目标的基本内容为市场目标、发展目标、利润目标等。通常应将拟出的目标方案反复上下征求意见，然后将最优的方案提交职代会讨论，修改审查通过后即确定了企业目标。

特别提示： 无论采取哪种方式，在组织总目标设定过程中都要注意：①组织高层管理者必须根据企业的长远规划和面临的客观环境清醒地判断目标能否完成，并在确定总目标的过程中发挥主导作用，而不能简单地对下级目标进行汇总来作为组织的总目标。②必须透彻地分析判断组织所拥有的资源实力、可调动资源的多寡、组织存在的问题和相对优势所在，判断自己是否有“核心专长”。组织的核心专长是组织存在与发展最关键的因素，它支撑着组织目标的最终实现。组织总目标的设定要考虑目标是否有助于组织核心专长的发展，而不是削弱。③必须由高层管理者会同各级管理人员和员工共同商议决定，尤其是要听取员工的意见。④组织总目标是可以度量的，可以用一系列相应指标来反映来计量。

（2）分解目标。首先，将组织总目标按组织体系层次和部门逐步下达、展开，直至每一个组织成员。这是一个自上而下层层展开的过程。但这一过程只是上级给下级的一个初步的推荐目标，而不是最后的决定了的目标。在此过程中需注意，目标必须有重点、有顺序，不能太多；必须具体化，尽可能定量化，以便于评估；目标必须对责任人既有挑战性也有重要性，否则就没有激励作用，失去了目标管理的意义。其次，组织体系中的每个层次、每个部门、每个成员均可以根据自身分工和职责的要求，结合初步下达的目标进行思考分析，进行修订。修订目标提出后必须按层级上报。这就是自下而上的过程。最后，组织将自下而上的目标与下达的初步目标比较，分析差异，征询下级意见，再进行修订，然后再下达，反复进行，直至上下意见达成一致。这样，经过上下的多次反复，最终将组织总目标分解成一个目标体系。

（3）实施目标。组织目标一经确定和展开，从上到下方方面面都要按照目标体现的要求，同心协力，分工协作，努力为实现共同目标而尽职、尽责、尽力，这就是目标的实施过程。实施目标，一方面依靠全体员工的自主管理、自我控制，即由执行人主动地、创造性地工作，并以目标为依据，不断检查对比，分析问题，采取措施，纠正偏差；另一方面，还需要管理者在目标实施过程中进行检查和监督。检查的方法可采用自检、互检和责成专门部门进行检查。检查的类型有抽查、定期检查、不定期检查、经常性检查等。检查中，在必要时也可以通过一定手续修改原定目标。

特别提示： 目标管理在过程控制上是十分宽松的，极端地讲就是“只问结果，不问过程”。

（4）目标成果评价。成果评价是一个目标管理周期的结束，也是下一个周期的开始。成果评价的作用在于对下属的实际成果予以正确的评价和公平的考核以总结本期目标管理的经验、教训，发扬成绩，克服缺点，为展开下一期目标管理，进行新的循环做好准备。

因此，这一阶段主要应做好两方面的工作：一是对目标执行者的工作成果进行考核，并决定奖惩；二是总结经验教训，把成功的经验，好的做法固定下来，并加以完善，使之科学化、系统化、标准化、制度化，对不足之处要分析原因，采取措施加以改进，从而为下一个循环打好基础。

知识链接

马拉松运动员的故事

山田本一是日本著名的马拉松运动员。他曾在1984年和1987年的国际马拉松比赛中，两次夺得世界冠军。记者问他凭什么取得如此惊人的成绩，山田本一总是回答：“凭智慧战胜对手！”

大家都知道，马拉松比赛主要是运动员体力和耐力的较量，爆发力、速度和技巧都还在其次。因此对山田本一的回答，许多人觉得他是在故弄玄虚。

十年之后，这个谜底被揭开了。山田本一在自传中这样写道：“每次比赛之前，我都要乘车把比赛的路线仔细地看一遍，并把沿途比较醒目的标志画下来，比如第一个标志是银行；第二个标志是一个古怪的大树；第三个标志是一座高楼；这样一直画到赛程的结束。比赛开始后，我就以百米的速度奋力地向第一个目标冲去，到达第一个目标后我又以同样的速度向第二个目标冲去。40 多公里的赛程被我分解成几个小目标，跑起来就轻松多了。开始我把我的目标定在终点线的旗帜上，结果当我跑到十几公里的时候就疲惫不堪了，因为我被前面那段遥远的路吓到了。”

目标是需要分解的，一个人制定目标的时候要有最终目标，比如成为世界冠军，更要有明确的绩效目标，比如在某个时间内成绩提高多少。

最终目标是宏大的，引领方向的目标，而绩效目标就是一个具体的，有明确衡量标准的目标，比如在四个月把跑步成绩提高 1 秒，这就是目标分分解，绩效目标可以进一步分解，比如在第一个月内提高 0.03 秒等。

当目标被清晰地分解了，目标的激励作用就显现了，当我们实现了一个目标的时候，我们就及时地得到了一个正面激励，这对于培养我们挑战目标的信心的作用是非常巨大的。

4. 良好目标应具有的特征

（1）目标应具体。一般组织目标的通病是叙述太笼统。所订的目标虽应有一定的弹性，然而一旦笼统则易显得平凡，产生一种陈词滥调之感。如组织的增长目标应在具体的目标中反映出增长究竟意味着什么，所以具体的增长目标应规定：①销售收入的适当增长，如“销售额比上年增长 5%”；②市场地位，如“到 2007 年市场占有率应达到 15%”；③利润率，如“比去年提高 10%”等。高层的目标越具体，则组织基层制定目标的过程就越简单。

（2）目标应可衡量。绩效的好坏需通过目标的衡量来验证。如“在下一个财务年度把市场占有率提高 5%”，这一目标是可衡量的，它使管理人员在年度中能衡量进展情况，并把实绩和预期目标相对照；该目标也隐含了所有与完成目标活动有关的人员的具体行动。相反，如一目标仅仅定为“增加市场份额”，则毫无意义，因为对它的理解是因人而异的。

（3）目标应有时间规定。目标应有一段时间跨度，在这段时期中，这些目标应该如期完成。在组织中目标的时限要按日、周、月、年为基础。良好的目标不管它们是短期、中期或长期的，相关的时间跨度总是明确包含在目标本身之中。

（4）目标不应强调活动，而应强调成果。活动是完成目标的手段。通过加强对生产工人的培训，可以提高劳动生产率，但是培训本身并非是目的，真正的目标仍然是提高劳动生产率。

（5）目标既应切实可行，又应具有挑战性。目标过高，不管个人、群体或组织干得多努力，多出色，如果没达到目标，人家总认为你是个失败者。而且一旦人们意识到某一目标不切实际，就不会再去努力，甚至阳奉阴违，敷衍塞责。反之，目标定得过低，又会被职工视为笑话。

（6）目标应尽可能由负责完成它们的相关人员来制定。当负责实现目标的人在提出目标的过程中发挥过作用，管理部门就更易获得他对该目标的承诺。让执行人参与目标的制定，往往可使目标更切合实际。

特别提示： 管理当局应使目标为组织中全体成员所了解。每一职工都应明确其个人工作目标和组织总体目标的关系。目标不应过分强调定量或定性目标，也不宜过分复杂累赘，以至于把职工的思想搞混，目标应为组织成员指明正确的方向。而且管理部门必须定期修正目标，甚至用新目标来替换过时的目标。当组织和组织所在的环境发生了变化．则目标也应做相应的调整以反映这些变化。

5. 目标管理的优点与缺点

目标管理作为一种管理方式和其他管理方式一样，既有优点也有不足。组织管理者应当根据组织行为特点和外部环境适时运用。

目标管理的优点主要体现在：

(1) 形成激励。在组织管理中，当目标成为组织的每个层次、每个部门和每个成员的预期结果，且实现的可能性相当大时，目标就成为组织成员的内在激励。尤其是目标管理强调上下级共同拟定目标，乃至普通员工也参与目标制定过程，也就是说，目标是每个成员自己制定的，那么目标的激励作用更为显著。

(2) 有效管理。目标管理的特点是注重成果。这种管理迫使组织的每一个层次、每个部门及每个成员首先考虑目标的实现，尽力完成目标。而因为这些目标是组织总目标的分解，所以当组织各层次、部门、成员的目标完成时，也就是组织总目标的实现。在目标管理中，只确定分解目标，但不确定完成目标的方式、手段，等于给予成员一个创新的空间，从而可以提高组织效率。

(3) 明确任务。目标管理使管理人员及成员都明确组织的总目标、组织的结构体系、组织的分工与合作以及各自的任务。一方面，促使管理者采取分权的管理方式；另一方面，促使管理者和员工发现组织体系存在的缺陷，从而对组织结构进行变革和优化。

(4) 自我管理。目标管理是以人为主体，以目标实现为宗旨，把个人需求、个人目标和组织目标结合起来，是一种参与的、民主的、自我管理的管理制度。

(5) 控制有效。目标管理实际上就是以自我控制为主的运作方式取代上级统一支配的运作方式。因为，一方面，在目标分解之后，高层管理者在目标实施中经常检查、对比目标，进行评比，及时纠正偏差；另一方面，各层次、部门、成员都有明确的可考核的目标，依据目标完成情况给予相应的奖励或惩罚。

尽管目标管理方法有很多优点，但它也存在弱点和缺陷：

其一，强调短期目标，易于诱发短期行为。在实施目标管理的组织中，大多数管理者很少会设立超过一年的目标，这些目标往往是一个季度或更短的目标。这种对组织长期目标漠不关心的现象，极可能导致各层次、部门、成员普遍的急功近利行为，长此以往，对组织长远发展十分不利。

其二，目标设置困难。真正可考核的目标很难设定，尤其是组织实际上是一个产出联合体，它的产出是一种联合的不易分解出谁的贡献大小的产出。即目标的实现是各层次、部门和全体成员共同合作的成果，这种合作中，很难确定每个人的工作量与贡献度，因此可度量的目标确定也就十分困难。

其三，缺乏灵活性。目标管理要取得成效，就必须保持其明确性。如果目标经常改变，就难以说明它是经过深思熟虑和周密计划的结果，这样的目标是没有意义的。但是，计划是面向未来的，而未来存在许多不确定的因素，这又使得必须根据已经变化了的计划工作提前对目标进行修正。然而，修订一个目标体系与制定一个目标体系所花费的精力相差无几，结果可能迫使主管人员不得不中途停止目标管理的过程。

其四，忽视对目标实施手段的控制。目标管理不注重过程，如果过分关注经济效果，会引起不道德行为，损害组织形象。

特别提示：评估目标管理的有效性是一项复杂的任务。

二、滚动计划法

滚动计划方法是一种编制具有灵活性的、能够适应环境变化的长期计划方法。管理者在制定计划时，计划涉及的时间越长，由于环境的不断变化，以及制定计划时存在着的众多的不确定因素，前提条件越难确定。计划在实施一段时间之后，就可能出现与实际不符的情况。这时，如果仍然按照原计划实施下去，就可能导致错误和损失。因此，为了提高计划的有效性，可采用滚动计划方法。它不像静态分析那样，等计划全部执行完了之后再重新编制下一个时期的计划。这种方法综合考虑了计划的执行情况、外界环境的改变以及组织的方针政策的变化，采用近细远粗的方式对实施中的计划进行定期的修订，并逐期向前推移，从而使短期计划、中期计划和长期计划有机地结合起来，不断地随时间的推移而调整。每次调整时，保持原计划期限不变，而将计划期限顺序向前推进一个滚动期，如图6—4所示。

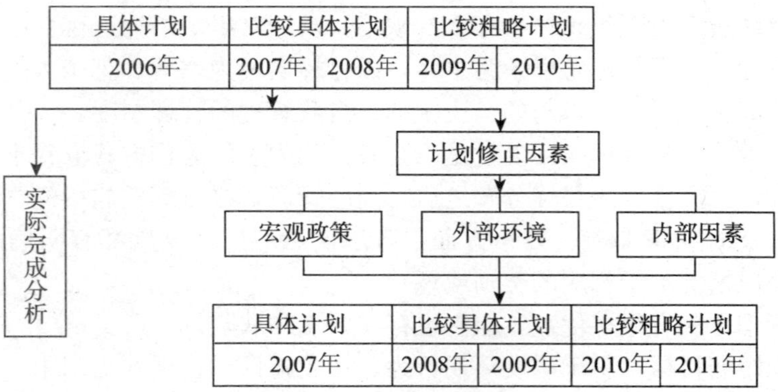

图 6—4　五年期滚动计划编制的示意

滚动计划法虽然加大了计划的工作量，但具有明显的优点。首先，它使长、中、短期计划能够相互衔接，使计划始终是一个动态的过程，既保证了长期计划的指导作用，也使得各期计划能够保持基本一致；其次，保证了计划应具有的弹性，避免了计划的僵化，提高了计划的适应性，从而加强了对实际工作的指导意义。

三、网络计划方法

1. 网络计划法的概念

网络计划技术也称计划评审技术，是20世纪50年代以后出现的一种计划控制方法。网络计划方法的基本原理是，把一项工作或项目分成各种作业，并反映出组成计划任务的各项作业之间的相互关系，在此基础上进行网络分析，计算网络时间，确定工序和关键线路，利用时差，不断改善网络计划，重新调整和平衡人力、物力、财力等资源的分配，求得工期、资源与成本的综合优化方案。

知识链接

网络计划技术依其起源有关键路径法（CPM）与计划评审法（PERT）之分。1956年，美国杜邦公司在制定企业不同业务部门的系统规划时制定了第一套网络计划。这种计划借助于网络表示各项工作与所需要的时间以及各项工作的相互关系。通过网络分析研究工程费用与工期的相互关系，并找出在编制计划及计划执行过程中的关键路线。这种方法被称为关键路径法（CPM）；1958年，美国海军武器部在制定研制“北极星”导弹计划时，同样地应用了网络分析方法与网络计划，但它注重于对各项工作安排的评价和审查，这种计划称计划评审法（PERT）。鉴于这两种方法的差别，CPM主要应用于以往在类似工程中已取得一定经验的承包工程，PERT更多地应用于研究与开发项目。

网络计划技术的应用范围很广，特别适用于项目性的作业，如大型设备的制造、各种工程建设等。工程规模越大，协作越复杂，采用网络计划技术就越有效，也越便于应用计算机进行数据处理，从而加速工程的进程。根据实践积累的数字统计，应用网络计划技术一般可缩短工期25%～50%，可降低成本30%左右，可提高劳动生产效率40%左右。

2. 网络计划技术的内容

(1) 网络图。网络图是指网络计划技术的图解模型，反映整个工程任务的分解和合成。分解，是指对工程任务的划分；合成，是指解决各项工作的协作与配合。分解和合成是解决各项工作之间，按逻辑关系的有机组成。绘制网络图是网络计划技术的基础工作。

(2) 时间参数。在实现整个工程任务过程中，包括人、事、物的运动状态。这种运动状态都是通过转化为时间函数来反映的。反映人、事、物运动状态的时间参数包括：各项工作的作业时间、开工与完工的时间、工作之间的衔接时间、完成任务的机动时间及工程范围和总工期等。

(3) 关键路线。通过计算网络图中的时间参数，求出工程工期并找出关键路径。在关键路线上的作业称为关键作业，这些作业完成的快慢直接影响着整个计划的工期。在计划执行过程中关键作业是管理的重点，在时间和费用方面则要严格控制。

(4) 网络优化。网络优化，是指根据关键路线法，通过利用时差，不断改善网络计划的初始方案，在满足一定的约束条件下，寻求管理目标达到最优化的计划方案。网络优化是网络计划技术的主要内容之一，也是较之其他计划方法优越的主要方面。

3. 网络计划技术的实施步骤

（1）确定目标。确定目标，是指决定将网络计划技术应用于哪一个工程项目，并提出对工程项目和有关技术经济指标的具体要求。如在工期方面，成本费用方面要达到什么要求。依据企业现有的管理基础，掌握各方面的信息和情况，利用网络计划技术为实现工程项目，寻求最合适的方案。

（2）项目分解，列作业明细。一个工程项目是由许多作业组成的如表 6—2 所示，在绘制网络图前就要将工程项目分解成各项作业。作业项目划分的粗细程度视工程内容以及不同单位要求而定，通常情况下，作业所包含的内容多，范围大多可分粗些，反之细些。作业项目分得细，网络图的结点和箭线就多。对于上层领导机关，网络图可绘制的粗些，主要是通观全局、分析矛盾、掌握关键、协调工作、进行决策；对于基层单位，网络图就可绘制得细些，以便具体组织和指导工作。

在工程项目分解成作业的基础上，还要进行作业分析，以便明确先行作业（紧前作业），平行作业和后续作业（紧后作业）。即在该作业开始前，哪些作业必须先期完成，哪些作业可以同时平行地进行，哪些作业必须后期完成，或者在该作业进行的过程中，哪些作业可以与之平行交叉地进行。

在划分作业项目后便可计算和确定作业时间。一般采用单点估计或三点估计法。单值法指对各项活动的作业时间仅估计一个时间值的方法。三点估计法是对活动的作业时间预计三个时间值，据此确定该项活动的作业时间的方法。计算公式如下：

$$t_{ij}=\frac{a+4m+b}{6}$$

a—最乐观时间，指在顺利情况下，完成某项活动可能需要的最短时间。

b—最保守时间，指在不利情况下，完成某项活动可能需要的最长时间。

m—最可能时间，指在正常情况下，完成某项活动最可能需要的时间

然后将分解的各项作业及其所需时间的计算结果一并填入明细表中。例如：

表 6—2　　某工程项目作业明细表　　（时间：周）

作业代号	A	B	C	D	E	F	G	H	I	J
紧前工序	/	A	B	A	D	D	E	C、F	G、H	I
作业时间	4	2	8	10	7	1	1	10	8	7

（3）绘网络图，进行结点编号，根据作业时间明细表，可绘制网络图。网络图的构成通常有三个基本要素：

①工序。工序是指一项具体的作业或活动，它需要消耗资源（人、财、物力）和占用时间。网络图中，工序用带有方向的箭线“→”表示。

②事项。事项是指某道工序开始或结束这样一件事项，它只表明某道工序开始或完成的瞬间。因而它既不消耗资源也不占用时间。在网络图中，工序用一个标有数字编号的圆圈来表示，如第 3 个事项记为“③”。

③线路。线路是指从起始事项开始，顺着箭头方向，连续不断地到达终点事项为止的一条通道。在网络图中，线路由代表事项的圆圈和代表工序的箭线相继连接而构成。

网络图的绘制方法有顺推法和逆推法。顺推法是从始点时间开始根据每项作业的直接

紧后作业，顺序依次绘出各项作业的箭线，直至终点事件为止。逆推法是从终点事件开始，根据每项作业的紧前作业逆箭头前进方向逐一绘出各项作业的箭线，直至始点事件为止。按照各项作业之间的关系绘制网络图后，要进行结点的编号，如图 6—5 所示。

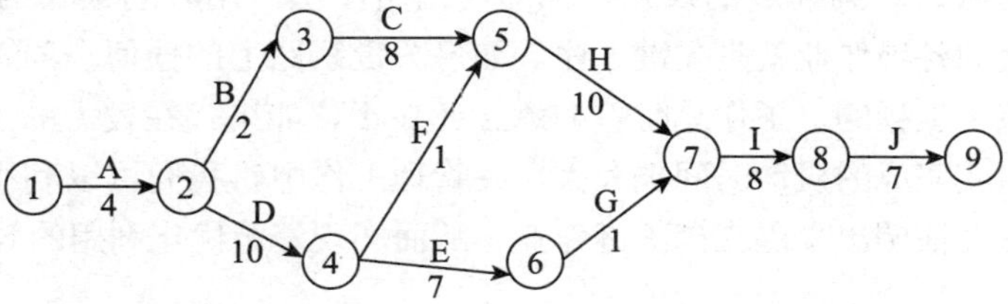

图 6—5　某工程项目网络

(3) 计算网络时间，确定关键路线。根据网络图和各项活动的作业时间，就可以计算出全部网络时间和时差，并确定关键线路。网络图中工作的时间参数下分别有最早开始时间、最迟开始时间、最早结束时间、最迟结束时间及工作总时差这五个。其计算方法如下：

①工作最早开始时间 $ES(i, j)$。一项工作必须等到它的紧前工作完成之后才能开始，在此之前是不具备开工条件的，这个时间称为工作的最早开始时间，用 $ES(i, j)$ 表示，其中 i，j 是该工作的编号。计算工作的最早开始时间是按照从始点到位终点顺推进行的。计算公式如下：

$$ES(i,j)=max\{ES(h,j)+t(h,j)\} \qquad i,j=2,3\cdots,n$$

式中 $ES(h, j)$ 为紧前工作的最早开始时间；$t(h, j)$ 为紧前工作的作业时间。各项工作的最早开始时间的计算结果，标在结点处的“□”内，如图 6—5 所示。

②工作的最早结束时间 $EF(i, j)$。一项工作的最早结束时间就是它的最早开始时间加上该工作的作业时间，即

$$EF(i,j)= ES(i,j)+ t(i,j) \qquad i,j=1,2,\cdots,n$$

③工作的最迟结束时间 $LF(i, j)$。一项工作的最迟结束时间是指截止到这个时间为止，工作必须全部完成，否则就会影响它紧后的各项工作的按时开展。其计算顺序是从终点向始点逆推进行的。其计算公式如下：

$$LF(i,j)= min\{LF(j,k)- t(j,k)\} \qquad i,j=1,2,\cdots,n-1$$

式中 $LF(j, k)$ 是紧后工作的最迟结束时间，$t(j, k)$ 是紧后工作的作业时间。各项工作的最迟结束时间的计算结果标在结点处“△”内，见图 6—6。

④工作的最迟开始时间 $LS(i, j)$。为了不影响其紧后工作的按时开始，每项工作应有一个最迟开始时间，它可以通过将工作的最迟结束时间减去该工作的作业时间求得，即：

$$LS(i,j)= LF(i,j)- t(i,j),i,j=1,2,\cdots,n$$

在上述四个时间参数中，关键是最早开始时间 $ES(i, j)$ 和最迟结束时间 $LF(i, j)$，它们给出了一项工作中可以灵活高度的最大范围。

⑤工作总时差 $S(i, j)$。工作总时差的含义是，在不影响整个工程完工期限的条件下，该项工作可以推迟开始或完工的最大机动时间，工作总时差可以通过该项工作的最迟结束

时间减去最早开始时间再减去作业时间求得，即：

$$S(i,j) = LF(i,j) - ES(i,j) - t(i,j)$$

工作总时差的意义在于可以据此确定网络图的关键线路和关键工序。所谓关键线路是由工作总时差为零的从始点到终点的线路，也即为网络图上所用时间最长的线路，如图 6—6 所示。关键线路上的各项作业就是关键工序，如果关键线路上的任何一项工作不能如期完工的话，则会拖延整个工程的。工作总时差的意义还在于，如果存在较大的工作总时差，则意味着工作推迟开始或完成的机动时间也较大，在管理工作中，我们可以利用这一点，将这些工作中的人力、物力抽调出来以支援关键作业，从而实现资源优化利用的效果。

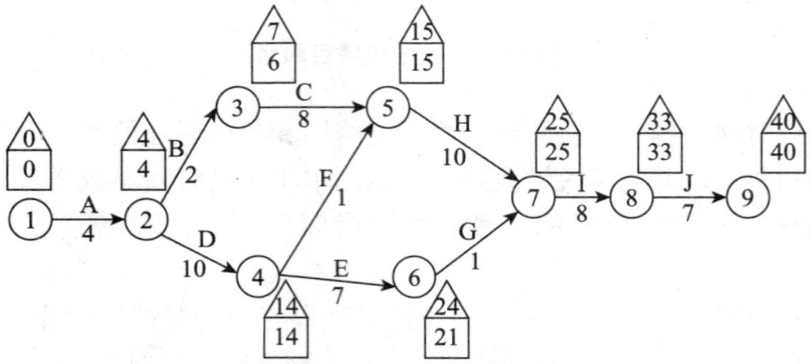

关键工序：A、D、F、H、I、J

关键线路为：①—②—④—⑤—⑦—⑧—⑨

图 6—6　某工程项目网络图时间参数计算结果

四、运筹学法

运筹学实际上起源于 20 世纪初叶的科学管理运动。像泰勒和吉尔布雷斯夫妇等人首创的时间和动作研究；甘特发明的甘特图以及丹麦数学家厄兰（A. K Eelang）1917 年对丹麦首都哥本哈根市电话系统排队问题的研究等，应当看做是最早的“运筹学”。运筹学的方法包括了线性规划、排队论、博弈论、甘特图等，是一种有效的计划方法。这种方法的核心是运用数学模型，力求将相关因素都转化为变量形式反映在模型中，然后通过数学和统计学的方法在一定的范围内解决问题。

1. 线性规划

线性规划自 1939 年提出后，经许多科学家的完善，已成为一种相当成熟的计划方法，尤其在制定作业计划中，它成为了一种不可缺少的定量性的工具。线性规划试图在给定的各种可能用途和资源限制下确定资源的最佳分配方式。具体地说，一类是最大化问题，即在有限资源条件下，如何使效果最好或完成的工作最多；另一类是最小化问题，即在工作任务确定的前提下，怎样使各种消耗降低到最少。

实际中具备上述条件的情况很多，所以，各领域中的大量问题可用线性规划方法使之最优化。例如，当用户下了一个订单后，制造商就可以用线性规划来确定最佳（费用最小或最快捷的）送货方式。有各种备选方案：卡车、铁路或空运、水运等。每一方案有时间因素和特定的成本与之相联系。有关人员可通过定量的测试，对方案评估等选择一种运送方式。对于复杂的线性规划问题，可求助于现成的电脑软件。

2. 排队论

它用于帮助管理人员决定哪种等候队伍或排队的长度最为适当。在超级市场、银行、大桥收费处等的管理者都需决定设置几个收费口、在什么时候开放多少个窗口等，这些都属排队问题。在多数情况下，管理当局总是希望以最低的成本——尽量减少开放的服务台数量，同时又不希望顾客排长队而失去等候的耐心。片面强调消除排队现象是不确切的，因为这里还有服务能力的充分利用问题。

总之，管理人员一方面应考虑尽可能缩短服务时间，但另一方面又得考虑增加服务人员及设备数量的后果，要计算空余能力的经济损失。这就是排队论给我们的启迪。

3. 博弈论

博弈论是试图预测在竞争形势下，人们或组织将如何行动。预测的目的是为了设计一些策略来对付这些行为。博弈论可应用于组织相互竞争的各种场合，诸如在定价、产品开发、广告及分销渠道等。例如，当一家公司如能较准确地预测到竞争对手是否或在什么时候要采取降价措施，那么该公司就能决定是否也采取甚至提前采取降价措施。

特别提示： 如何平衡计划方案的精确性与可执行性之间的矛盾，是管理者面前的一个难题。

复习题

一、思考题

1. 考虑有哪些因素会影响到计划。
2. 管理者在当今动态变化的环境中如何有效地进行计划？
3. 如何解释“今天制定计划，以后产生影响”这句话？
4. 非营利组织（如红十字协会）与营利组织在进行计划时会有何不同？
5. 良好的目标应具备哪些要素？
6. 有人说：“计划没有变化快，所以计划无用，也无法计划。”也有人说：“计划，计划，写在纸上，贴在墙上，风一吹落到地上，就是落实不到行动上。”你如何理解这两句话？
7. 某项建筑工程的施工进度计划应该按照计划时间完成施工任务，但在制订施工进度计划时却要考虑到出现雨季不能进行露天作业的情况，因而对完成任务时间的估计要留有余地，这遵循的是计划的哪个原则？

二、案例分析

乔森家具公司五年目标

乔森家具公司是乔森先生在本世纪中期创建的，开始时主要经营卧室和会客室家具，取得了相当的成功，随着规模的扩大，自70年代开始，公司又进一步经营餐桌和儿童家具。1975年，乔森退休，他的儿子约翰继承父业，不断拓展卧室家具业务，扩大市场占有率，使得公司产品深受顾客欢迎。到1985年，公司卧室家具方面的销售量比1975年增长了近两倍。但公司在餐桌和儿童家具的经营方面一直不得法，面临着严重的困难。

乔森家具公司自创建之日起便规定，每年12月份召开一次公司中、高层管理人员会议，研究讨论战略和有关的政策。1985年12月14日，公司又召开了每年一次的例会，会议由董事长兼总经理约翰先生主持。约翰先生在会上首先指出了公司存在的员工思想懒散、生产效率不高的问题，并对此进行了严厉的批评，要求迅速扭转这种局面。与此同时，他还为公司制定了今后五年的发展目标。具体包括：

1. 卧室和会客室家具销售量增加20%；
2. 餐桌和儿童家具销售量增长100%；
3. 总生产费用降低10%；
4. 减少补缺职工人数3%；
5. 建立一条庭院金属桌椅生产线，争取五年内达到年销售额500万美元。

这些目标主要是想增加公司收入，降低成本，获取更大的利润。但公司副总经理托马斯跟随乔森先生工作多年，了解约翰董事长制定这些目标的真实意图。尽管约翰开始承接父业时，对家具经营还颇感兴趣。但后来，他的兴趣开始转移，试图经营房地产业。为此，他努力寻找机会想以一个好价钱将公司卖掉。为了能提高公司的声望和价值，他准备在近几年狠抓一下经营，改善公司的效益。

托马斯副总经理意识到自己历来与约翰董事长的意见不一致，因此在会议上没有发表什么意见。会议很快就结束了，大部分与会者都带着反应冷淡的表情离开了会场。托马斯有些垂头丧气，但他仍想会后找董事长就公司发展目标问题谈谈自己的看法。

分析：

1. 乔森家具公司的市场经营情况怎么样?
2. 乔森家具公司内部存在哪些问题?
3. 你如何看待约翰先生提出的目标及与托马斯的分歧?
4. 你能为解决这一问题提出建议吗?

拟定可考核的目标

某分公司经理听了关于MBO的讲座，当时就激发了他的热情，更加增强了他关于目标管理的思想。他最后决定，在他的下一次参谋会议上介绍这个概念并且看看他能有什么进展。他细述了这种方法的理论发展情况，列举了在这个分公司使用它的好处，并且要求他的下属人员考虑采纳它的建议。

并不像每个人所想象的那样简单。在下一次会议上，提出了好几个问题。财务主任要求知道：“你是否有总裁所分派给你的明年分公司的目标?”

分公司经理回答：“不，我没有。”“我一直在等着总裁的办公室告诉我，他期望我做些什么。但是他们装得像与此事毫不相干的一样。”

“那么分公司要做什么呢?”有点不希望要指出任何活动的生产主任问道。

“我打算列出我对分公司的期望。”这位分公司经理说；“关于它们没有什么神秘的。我希望销售额达到300万美元，税前利润率达到8%，投资收益率为15%，一项正在进行的项目6月30前投产。我以后还会列出一些明确的指标。选拔我们自己未来的主管人员，今年年底前完成我们的XZ型的开发工作，以及雇员转换率稳定在5%。”

参谋人员对他们的上级领导人经过考虑提出的这些可考核目标，以及如此明确和自信来陈述这些目标有点目瞪口呆。他们为他要求实现这些目标的诚意也感到惊奇。

“下个月，我要求你们每个人把这些目标转换成你们自己职能的可考核目标。不用说，这些目标对财务、营销、生产、工程和经营将是不同的。然而你们用数字来表示它们，我希望把它们加起来就实现了分公司的目标。”

思考：

1. 当公司总裁没有向分公司经理分派目标时，分公司经理能够制定出可考核的目标吗？怎样制定？你认为对于分公司经理来说，最重要的来自领导的信息和帮助是什么？

2. 你认为这位分公司经理采用了最佳方式来拟定目标吗？你会怎么做？

三、计算

根据下表中所列资料绘制网络图，并计算时差找出关键路线。

工序代号	紧前工序	紧后工序	作业时间（天）
A	/	C、D	3
B	/	D、E	5
C	A	/	2
D	A、B	/	4
E	B	/	1

四、实践练习

1. 经常练习为你生活中的不同方面，如学业、职业准备、家庭、兴趣爱好等设定目标。为每个方面设定至少两个短期目标和长期目标。

2. 通过互联网等途径研究一下个人使命宣言，然后写一份个人使命宣言，希望它会成为你长期想要保留、使用并在必要时予以修改的重要内容，可以帮助你成为你理想中的人，并过上你想要过上的生活。

3. 与三位管理者面谈，就他们制定的计划类型进行讨论。向他们请教如何成为一名优秀的计划者。写一份报告来描述和比较你获得的结果。

4. 挑选两家公司，最好是处于不同行业的，研究这两家公司的网站，找到他们陈述的目标，并对这些目标进行评估，看他们是否措辞得当。

5. 研究如何才能作为一个优秀的计划者。可以与授课老师或其他的专业人士进行讨论，把获得的建议制成一个列表，注意引用你找到的各种资源。

6. 用你自己的语言，写下你在本章中学到的关于如何成为一名优秀管理者的三个要点。

7. 假如你在一家公司负责制订控制纸张浪费的计划，请设定目标和制定方案，并向你的上司或授课老师提交一份简要概述这些目标和方案的报告。

第七章

决　策

学习目标

1. 认识决策的概念及其在组织管理中的作用。
2. 了解古典决策理论与行为决策理论的基本思想与依据。
3. 区分不同的决策类型及其主要特征。
4. 熟悉科学决策的基本程序。
5. 掌握并能应用管理决策的主要方法。

导入案例

阿斯旺水坝的灾难

规模在世界数得着的埃及阿斯旺水坝在20世纪70年代初竣工了。表面上看，这座水坝给埃及人带来了廉价的电力，控制了水旱灾害，灌溉了农田。然而，实际上却破坏了尼罗河流域的生态平衡，造成了一系列灾难：由于尼罗河的泥沙和有机质沉积到水库底部，使尼罗河两岸的绿洲失去肥源——几亿吨淤泥，土壤日益盐渍化；由于尼罗河河口供沙不足，河口三角洲平原向内陆收缩，使工厂、港口、国防工事有跌入地中海的危险；由于缺乏来自陆地的盐分和有机物，致使沙丁鱼的年获量减少1.8万吨；由于大坝阻隔，使尼罗河下游的活水变成相对静止的“湖泊”，使血吸虫病流行。埃及造此大坝所带来的灾难性后果，使人们深深地感叹：一失足成千古恨！

第一节　决策概述

名人名言

如果有七成胜算就应迅速决策；如果只有五成胜算，则不适宜于下战书挑战市场的既有强敌；若要等到有九成胜算，则在数字化竞争的时代，可能早已时不我待。

——乔治·费舍

决策作为一种理智的选择行为，早就存在于人类社会活动中。在中国历史上，孙膑为田忌赛马所献的计策，诸葛亮未出茅庐做的《隆中对》都是脍炙人口的决策案例。但是，由于科学技术发展水平的限制，长期以来，人们只能凭借智慧和经验进行决策。现代决策理论认为，管理的重心在经营，经营的重心在决策。决策正确，企业的生产经营活动才能顺利发展；决策失误，企业的生产经营活动就会遇到挫折，甚至失败。

一、决策的概念

关于决策的定义有许多不同的描述，美国学者亨利·艾伯斯曾说“决策有狭义和广义之分。狭义地说，决策是在几种行为方案中做出选择。广义地说，决策还包括在做出最后选择之前必须进行的一切活动。”管理学教授里基·格里芬指出，“决策是从两个以上的备选方案中选择一个的过程”。

随着管理科学的发展，人们对现代决策的认识越来越趋于一致。所谓决策，就是为了实现某一目的而制定行动方案并从若干个可行方案中选择一个满意方案的分析判断过程。这一定义表明：

1. 决策要有明确的目的

决策或是为了解决某个问题，或是为了实现一定的目标，没有问题就无需决策，没有目标就无从决策。因此，决策所要解决的问题必须是十分明确的，要达到的目标必须有一定的标准可资衡量比较。

2. 决策要有着若干可行的备选方案

如果只有一个方案，就无法比较其优劣，更没有可选择的余地，因此，“多方案抉择”是科学决策的重要原则。决策时不仅要有若干个方案相互比较，而且决策所依据的各方案必须是可行的。

3. 决策要进行方案的分析评价

每个可行方案都有其可取之处，也存在一定的弊端，因此，必须对每个方案进行综合分析与评价，确定各方案对目标的贡献程度和所带来的潜在问题，比较各方案的优劣。

特别提示： 在没有不同意见前，不要作出决策；二是如果看来只有一种行事方法，那么这种方法可能就是错误的。

4. 决策的结果是选择一个满意方案

决策理论认为，最优方案往往要求从诸多方面满足各种苛刻的条件，只要其中有一个条件稍有差异，最优目标便难以实现。所以，决策的结果应该是从诸多方案中选择一个合理的满意方案。

5. 决策是一个分析判断过程

决策有一定的程序和规则，同时它也受价值观念和决策者经验的影响。在分析判断时，参与决策的人员的价值准则、经验和知识会影响决策目标的确定、备选方案的提出、方案优劣的判断及满意方案的抉择。管理者要做出科学的决策，就必须不断提高自身素质，以提高自己的决策能力。

管理故事

愚蠢的选择

很久以前，一个人偷了一袋洋葱，被人捉住后送到了法官面前。法官提出了三个惩罚方案让这个人自行选择：①一次性吃掉所有的洋葱；②鞭打 100 下；③缴纳罚金。这个人选择了一次性吃掉所有的洋葱，可吃下几个洋葱之后，他的嘴巴像火烤一般，鼻涕不停地流淌，他说："我一口洋葱也吃不下了，你们还是鞭打我吧。"可是，在被鞭打了几十下之后他再也无法忍受，哭喊道："不能再打了，我愿意交罚金。"

后来，这件事成了全城人的笑柄，因为他本来只需要接受一种惩罚，却将三种惩罚都尝遍了。

二、决策理论

1. 古典决策理论

又称规范决策理论，是基于"经济人"假设提出来的，主要盛行于 1950 年代以前。古典决策理论认为，应该从经济的角度来看待决策问题，即决策的目的在于为组织获取最大的经济利益。古典决策理论的主要依据是：

（1）组织要实现的目标是明确的、组织一致同意的。问题可以识别并精确地陈述。

（2）决策者可以收集完全信息，从而使决策状态成为确定性的。所有可行性方案和可能的结果都是可以量化和评估的。

（3）方案评估标准是明确的或可以确定的。决策者选择能够使组织利益最大化的方案。

（4）决策者是理性的。他合乎逻辑地评估标准和偏好（权重），评估每一方案，并做出使组织利益最大化的决策。

古典决策理论忽视了非经济因素在决策中的作用，这种理论不一定能指导实际的决策活动，从而逐渐被更为全面的行为决策理论代替。

管理故事

艾森豪威尔的决策

1944 年 6 月 4 日，盟军集中 45 个师、1 万多架飞机、各型舰船几千艘，即将开始规模宏大的诺曼底登陆作战。就在这关键时刻，在大西洋上的气象船和气象飞机却发来令人困扰的消息：之后三天，英吉利海峡将在低压槽控制之下，舰船出航十分危险。盟军最高统帅艾森豪威尔陷入沉思。这时，盟军联合气象组负责人，气象学家斯塔格提出一份预报，有一个冷锋正向英吉利海峡移动，在冷锋过后和低压槽到来之前，可能会出现一段较好的天气。当时，联合气象组对6月6日的天气又作了一次较为详细的预报：上午晴，夜间转阴。这种天气虽不理想，但能满足登陆的起码条件。艾森豪威尔沉思片刻，果断做出最后决定："好，我们行动吧!"诺曼底登陆最终获得了成功。

艾森豪威尔的决策遵循什么原则?

2. 行为决策理论

行为决策理论的起步始于阿莱斯悖论和爱德华兹悖论，是针对古典决策理论难以解决的问题另辟蹊径发展起来的。该理论的主要依据是：

(1) 人的理性介于完全理性和非理性之间，即人的理性是有限的，这是因为在高度不确定和极其复杂的现实决策环境中，人的知识、想像力和计算力是有限的。

(2) 由于受决策时间和可利用资源的限制，决策者即使充分了解和掌握有关决策环境的信息情报，也只能做到尽量了解各种备选方案的情况，而不可能做到全部了解，决策者选择的理性是相对的。

(3) 在风险型决策中，与经济利益的考虑相比，决策者对待风险的态度起着更为重要的作用。

(4) 决策者在决策中往往只求满意的结果，而不愿费力寻求最佳方案。

知识链接

赫伯特·亚历山大·西蒙（Herbert Alexander Simon，1916～2001年），美国心理学家，卡内基梅隆大学知名教授，研究领域涉及认知心理学、计算机科学、公共行政、经济学、管理学和科学哲学等多个方向。西蒙学识广博，是现今很多重要学术领域的创始人之一，如人工智能、信息处理、决策制定、问题解决、注意力经济、组织行为学、复杂系统等。他创造了术语"有限理性"（bounded rationality）和"满意度"（satisfying），也是第一个分析复杂性架构（architecture of complexity）的人。

西蒙因其贡献和影响在他晚年获得了很多顶级荣誉，如：1975年的图灵奖、1978年的诺贝尔经济奖、1986年的美国国家科学奖章和1993年美国心理协会的终身成就奖。

三、决策在管理中的地位和作用

1. 决策是管理的基础

决策是从各个备择方案中选择一个方案，作为未来行动的指南，而在决策以前，我们只能说是对计划工作进行了研究和分析，没有决策就没有合乎理性的行动，决策是计划工作的核心。而计划工作的特点之一是其主导性，它是进行组织、人员配备、领导、控制等工作的基础。因此，从这种意义上说，决策是管理的基础。

2. 决策是各级、各类主管人员的首要工作

在实际管理工作中，决策作为主管人员的首要工作已得到普遍验证。只是决策的重要程度和影响范围不同而已。决策是行为的选择，行为是决策的执行，正确的行为来源于正确的决策。因此，对于每个主管人员来说，不是是否需要做出决策的问题，而是如何使决策做得更好、更合理、更有效的问题。不同层次的决策，可以有不同的影响。小则影响管理工作的效率和企事业单位的成败，大则关系到部门、地区乃至一个国家的兴衰。因此，改进管理决策、提高决策水平，应当成为各级主管人员经常注意的重要问题之一。

3. 决策关系到组织的生存与发展。

企业外部环境变化激烈。企业的生存与发展，并不完全取决于企业内部生产能力的大小或技术的先进与落后，而是在很大程度上取决于企业管理者，尤其是高层管理者的决策能力。一个企业的失败，往往都是因为在投资、产品选择、营销计划、组织和人事等方面的决策发生了重大失误。

知识链接

决策失误是中国企业未来最大风险

在最近发布的《财富》世界500强中，新增16家中国企业，使进入《财富》500强中国内地企业总数达到85家。然而，在中国企业规模和实力不断壮大的同时，决策失误带来的风险可能是未来中国企业所面临的最大隐患。

目前，中国企业因决策失误造成的损失可以说是令人触目惊心。根据国家审计署最近披露的情况：在其2012年审计调查的53家中央骨干企业中，有1 784项重大经济决策不合规，形成损失及潜在损失45.57亿元。

根据世界银行统计，中国的决策失误率达到30%，远高于西方发达国家的5%左右。

特别提示： 成也决策，败也决策，“决策是管理的心脏，管理是由一系列决策组成的；管理就是决策”。

第二节　决策的类型

由于决策涉及不同层次、不同内容、不同形式、不同目标、不同后果，于是有不同的决策类型划分标准。科学划分决策类型，了解不同决策类型的个性特点及相互间的渗透连结，有利于管理者合理决策。决策所要解决的问题，涉及到组织管理的各个方面，内容非常广泛。因决策的时间、对象、方法、要求、形式和条件的不同，而有所不同。可以从不同角度将决策分为许多类型，下面我们主要介绍四种划分方法。

一、战略决策、战术决策和业务决策

依据决策问题对管理系统的影响程度和重要性划分，决策分为战略决策、战术决策和业务决策三种类型，如图 7—1 所示。

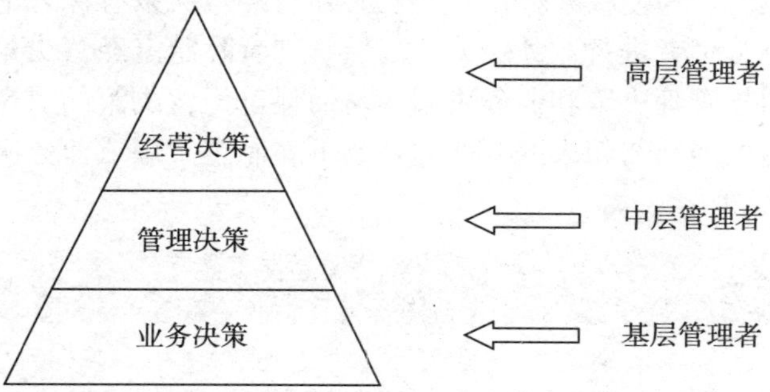

图 7—1　管理者与决策类型

1. 战略决策

又称经营决策，是指确定组织远景规划的重大的方向性决策，重点是解决组织与外部环境的关系问题的一种决策，具有全局性、长期性与非常规性的特点。战略决策对企业而言是最重大的决策，比如确定或改变企业的经营方向和经营目标，企业中的投资方向与生产规模的选择、生产布局和厂址的选择、新产品开发，企业上市，兼并企业，企业合并，开拓海外市场等等。这类决策事关组织全局，其正确与否，对组织整体利益、发展速度以及前途影响极大。

2. 战术决策

包括日常管理事务与具体经营业务决策，是指为实现战略决策而进行的短期具体决策，是对企业的人力、物资等资源进行合理配置，以及经营组织机构加以改变的一种决策，具有局部性、中期性与常规性的特点。战术决策的制定必须纳入经营决策的轨道，为企业实现战略目标服务，比如企业中的日常生产任务的分配、机构重组、人事调整与资金筹措与使用等等都属于战术决策的范畴。这类决策虽然不直接决定组织的全局，但它的正确与否，将在很大程度上影响组织目标的实现程度和组织管理效率的高低。

3. 业务决策

业务决策是在一定的企业运行机制基础上，处理日常业务的决策，具有短期性与日常性的特点。业务决策往往和具体的业务、技术、数字、日程相联结，以具体信息作为基础，绝大多数着眼于短期效益。并容易转换为具体的行动步骤如设备维修、货物入库、造表登记等，有琐碎性、操作性、短期化的特点。基层组织经常做出的是日常业务决策。业务决策特点决定，决策者可以根据制度、规则乃至常识、经验处理决策事务。但是，由于业务决策可能是战略、战术决策的有机展开，至少是战略、战术决策得以实现的基础性工作，因此，业务决策者不仅应有具备很强的工作责任心，而且要深入领会战略、战术决策的意图和内容，在自己的实际工作中分解落实之。

企业中不同层次管理者所承担的决策任务是各不相同的。基层管理者主要从事业务决策，中层管理者主要从事管理决策。高层管理者主要从事经营决策，但这并不意味着基础管理者对管理决策与经营决策不闻不问。实践证明，基础管理者必须了解管理决策与经营决策，将业务决策纳入更高的目标体系，才能清醒地做出合理的业务决策。此外，中层与高层管理者也是由基础管理者晋升上来的。他们作为基础管理者时参与管理决策。中层管理者在做出管理决策时，为使决策合理，他们必须对经营决策有深入的理解；同时，他们也得指导和帮助基础管理者进行业务决策。高层管理者除制定经营决策之外，他们还通过经营决策来示范并引导管理决策和业务决策，从而促进经营决策的贯彻实施。此外，高层管理者往往具有丰富的经验与超人的洞察力，当下属制定管理或业务决策时遇到困难，他们能给予有力的帮助。

特别提示： 没有管理决策和业务决策的支持，战略决策就如同“雾里看花、水中望月”。

二、确定型决策、风险型决策和不确定型决策

按决策者掌握信息的完备程度来分，可分为确定型决策、风险型决策和不确定型决策。

1. 确定型决策

是指决策者对所需各种信息比较确定的情况下进行的决策。这种决策涉及的每一个行动方案所达到的效果都可以确切计算出来，因此可以根据决策目标做出肯定的选择。

2. 风险型决策

又称随机型决策，是指对未来的情况不太清楚和肯定，而每一备选方案的执行，都会出现几种不同的情况，各种情况的出现都有一定的概率。这类决策的效果无法准确地预料，因此具有一定的风险性。

3. 不确定型决策

是指决策者在决策过程中面临许多不确定因素，既不能确定各方案的后果，也不能确定其发生的概率的一种决策。这类决策比较复杂，难度最大，风险性也最大。这时，方案的最终选择主要取决于决策者的态度、经验及其所持的决策原则。

特别提示： 不确定型决策也是一种风险型决策。两者区别在于，风险型决策，虽然对两种以上的自然状态在未来会出现哪一种不能确定，但其概率可以大致估计出来。而不确定型决策，则无法预先估计或预测。因此，这类问题不是一个统计问题，而是取决于决策者的经验和态度。现实中，大多数工商企业的决策都属于不确定型决策。

三、程序性决策和非程序性决策

按问题出现的重复程度和解决问题经验的成熟程度分，可以分为程序性决策和非程序

性决策。其关系和形状如图 7—2 所示。

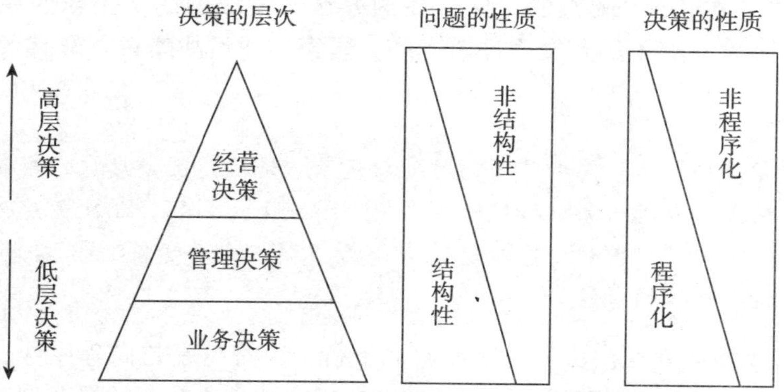

图 7—2　决策性质和管理层次、问题性质的关系

1. 程序性决策

是指按原来规定的程序、处理方法和标准，解决企业管理中经常重复出现的问题，又称重复性决策、定型化决策，常规决策。如订货程序、制定生产作业计划等。其过程已标准化，可委托专门机构及人员进行，有的可按规定的程序、决策的模式，以及选择方案的标准等，由电子计算机处理。

特别提示： 组织日常管理中的大部分工作都属于这类决策。管理人员可以凭借以往的决策经验和方法，使决策过程标准化、定型化、程序化，当组织管理中的例行问题出现而需要决策时，即可按例进行。

程序性决策主要适于解决结构性问题。所谓结构性问题，一般指常规的、例行的、重复出现的、有周期性和规则性的问题。由于这类问题经常反复出现，能被人预料，有史实可借鉴，且较易处理，管理者可以采用程序、规范、准则、制度等具有普遍适用性、较长时效性的管理对策来解决，不必每遇一个问题就作一次决策。例如企事业单位对日常事务的处理（学校的教学安排、工厂设定的标准产品的操作要求等），大量的就属于程序性决策范畴。

2. 非程序化决策

是指对组织管理过程中的例外情况或不经常出现的问题所进行的决策，是一次性决策、非定型化和非常规决策。这类决策涉及的问题一般是由于客观环境条件和组织改革与发展所带来的非常规性问题，一般具有很大的偶然性和随机性，并伴有大量的不确定因素，往往是有关企业重大战略问题的决策。如新产品开发、产品方向变更、企业规模扩大、市场开拓、重大人事变更、组织机构的重大调整等，主要由上层管理人员承担。对这类问题进行决策，无先例可循，无法采用常规办法和固定程序。非程序化决策的效果如何，主要取决于决策者的创新精神、领导气魄、个人经验判断和决策方法的科学化程度。

非程序性决策针对非结构性问题。非结构性问题有一次性、开创性、不重复、突发、不确定等特征。它无可借鉴，难以定量化，甚至不能预测。因此不能用固定程序、常规办法 处理。适用的是随机的、探索性的办法，发散型的、创新的思维模式。一般地说，战略性决策（如工厂开发一件新产品，国家的建设战略重点转移等）都属于非程序性决策。

特别提示：非程序性决策因为作用的时间跨度长、地域范围幅度广，或涉及高层人事影响大，或进入新领域风险、机遇、挑战大大增强，相比程序性决策，它显得更重要而又困难，它对决策者能力强弱、才干高低、性格素养和知识经验，均是严峻的考验。

如图 7—2 所示，越是沿决策层次的斜面下行，决策越是趋向程序性、反之，则趋向非程序性。两端之间，还存在着一种程序性和非程序性渗透并存的混合型决策。事实上程序性决策和非程序性决策并非一成不变。这次还是偶发的问题，下次可能是需经常应对的，那么，决策者就要适时分析、总结，将应对措施程序化，把曾经用非程序化办法处理的问题纳入到程序性决策轨道。现实中，程序性决策并不少见，完全非程序性决策似不多见，有部分决策介于两者之间，偏向某一端。决策者要善于用程序性决策处理重复出现的日常事务，用非程序性决策研究新问题，把握新机遇，开创新局面。

四、个体决策与群体决策

按照决策主体可以分为个体决策和群体决策。

1. 个体决策

又称经验决策，它是指依靠管理者个人的经验、智慧和领导艺术所进行的决策。这种决策往往具有责任明确、速度快的优点，但由于受个人经验和认知的局限，决策的准确性和认同度较差，容易出现失误和决策方案执行不力的问题。这类决策通常适用于组织管理过程中具有常规性、且时间比较紧迫的问题的决断。

2. 群体决策

对于组织管理中复杂的决策问题，不仅涉及多目标、不确定性、时间动态性、竞争性，而且个人的能力已远远达不到要求，为此需要发挥集体的智慧，由多人参与决策分析，这些参与决策的人，我们称之为决策群体，群体成员制订决策的整个过程就称为群体决策。

与个体决策相比，群体决策的优点主要表现在：

（1）群体决策有利于集中不同领域专家的智慧，应付日益复杂的决策问题。通过这些专家的广泛参与，专家们可以对决策问题提出建设性意见，有利于在决策方案得以贯彻实施之前，发现其中存在的问题，提高决策的针对性。

（2）群体决策能够利用更多的知识优势，借助于更多的信息，形成更多的可行性方案。由于决策群体的成员来自不同的部门，从事不同的工作，熟悉不同的知识，掌握不同的信息，容易形成互补性，进而挖掘出更多的令人满意的行动方案。

（3）群体决策还有利于充分利用其成员不同的教育程度、经验和背景。具有不同背景、经验的不同成员在选择收集的信息、要解决的问题的类型和解决问题的思路上往往都有很大差异，他们的广泛参与有利于提高决策时考虑问题的全面性，提高决策的科学性。

（4）群体决策使人们勇于承担风险。有关研究表明，在群体决策中，许多人都比个人更勇于承担风险。

3. 群体决策的缺点

（1）群体决策的速度、效率可能低下。群体决策鼓励各个领域的专家、员工的积极参与，力争以民主的方式拟定出最满意的行动方案。在这个过程中，如果处理不当，就可能陷入盲目讨论的误区之中，既浪费了时间，又降低了速度和决策效率，从而限制了管理人员在必要时做出快速反应的能力。

（2）在群体决策过程中，决策者存在从众压力。群体成员希望被群体接受和重视的愿望可能会导致不同意见被压制，在决策时使群体成员都追求观点的统一。

（3）群体决策受到责任不清的影响。对于个人决策，谁来承担风险是很明确的。但群体决策中任何成员的责任都被冲淡了。

名人名言

“三个臭皮匠，顶个诸葛亮”。决策者通常需要借助集体的智慧，集思广益，才能使决策更加科学、合理，但有时候真理又往往掌握在少数人手中。因此，“决策者需要要有反向思维，即在决策取得一致意见的过程中，又能想到与其相反的决策。只有能正反双渠道思考的决策者，才表现出决策者的成熟、能力与水平”。

——张瑞敏

第三节　决策的程序

决策是面向未来的。未来具有不确定、多种发展可能的特征。人们可以从各自的立场出发，对它作判断与选择。要使决策有效就必须遵循科学的决策程序。具体地说，决策程序一般可以分成如下几个主要步骤。这是任何完整的决策过程所必不可少的，否则就不能认为是合理的。

一、明确问题

决策始于对问题的发现。如果没有需要解决的问题，也就不需要进行决策了。找出决策者期望解决的问题、这是决策中最重要的一环，是决策首先要面临的问题。要找出为什么要针对这个问题而不是针对其他问题做决策的理由。任何决策总是为了解决一定问题而制定的。关键要找出：希望解决的问题是什么，必须在什么时间解决它，为什么要解决这一问题，为解决这一问题愿付出多大代价。

二、调查研究、搜集信息

明确问题已经意味着对一定量信息的搜集，但通过调查研究、搜集信息是对问题更详尽完备的认识。信息是决策的原料；详尽而可靠的信息是科学决策的前提和保证。信息的质量直接影响到决策的质量。决策所需的详尽而可靠的信息，是指对一个特定决策问题有意义的经过加工的材料。它首先应该是客观真实的。因为，客观真实的信息蕴涵着问题的本质，启迪着正确的解决思路和办法；其次，它应该是轻重有别、主次显然的。唯此，决策才能突出重点，抓住关键。因此，搜集信息过程中，去伪存真、去粗取精、比较判别、研究归纳是不可忽略的工作内容。决策面对的问题越复杂，信息的搜集、加工、处理过程也越复杂。

三、确定目标

决策目标是管理者希望通过决策活动所要取得的成果或所要达到的预期状态。目标是决策的方向，没有目标的决策是盲目的决策。决策目标的正确与否对决策的成败关系极大，决策目标选择不准确，势必导致决策的失误。有了合理的目标，才能着手拟定可行性方案。设计合理的目标应该注意以下几个方面的问题：

1. 决策目标必须建立在必要和可能的基础上

在确定决策目标之前，必须弄清组织内部具有实现目标所需的人力、技术、物资、资金、信息等必备条件，建立这样的目标是否必要，目标是否符合外部条件的规定，如国家的政治、法律、社会心理状态等。

2. 制定决策目标必须明确具体，尽可能数量化

对于那些难以数量化的目标，可以采用间接表示的方法使其数量化，如用百分比法、评分法等。一般地说，越是近期目标，就越要求明确具体，远期目标则允许有一定的模糊性。

3. 在进行多目标决策时，注意必须分清决策目标的主次

要通过剔除从属目标，削减重复目标，合并类似目标，以及把次要目标降为约束条件的办法，以此减少决策目标数量。对保留下来的目标还可以根据重要性的大小区分为达到的目标和希望达到的目标，并协调好多元目标之间的关系，以保证决策者解决决策的核心问题。

管理故事

父子打野兔

一个父亲带着三个儿子到草原上猎杀野兔。到达目的地，一切准备妥当，开始行动之前，父亲向三个儿子提出了一个问题：“你们看到了什么？”老大回答说：“我看到了我们手里的猎枪、在草原上奔跑的野兔，还有一望无际的草原。”父亲摇摇头说：“不对！”老二回答说：“我看到了爸爸、哥哥、弟弟、猎枪、野兔，还有茫茫无际的草原。”父亲还是摇摇头说："不对！"老三只回答了一句话："我只看到了野兔！"这时父亲才说："你答对了！"

四、探索拟定各种可行性方案

决策的本质是选择，而进行正确的选择就必须提供多种备选的可行性方案，若只有一种方案而无选择余地的话，也就无所谓决策。因此，可行性方案的拟定是决策的关键。所谓可行性方案，是指能够解决某一问题，保证决策目标实现，具备实施条件的方案。在制定可行性方案时，应满足整体详尽性和相互排斥性的要求。即要在条件允许的情况下，尽量考虑所有可能的方案，同时各个可行方案要能相互替代、排斥，不能相互包容。

五、可行性方案的评价

对可行性方案的评估不能凭个人的主观好恶，而应采取科学的态度，依据科学的标准来进行。管理决策中，通常通过成本与收益来衡量方案效益。成本是方案实施过程中所需消耗的资源——资金、人员、机器等，收益则是由某些行动的结果而产生的价值。确立了各可行方案的效益衡量标准后，就可据以对每个方案的预期结果进行测量，以供方案评价和选择之用。

六、选择满意方案

在对各个可行性方案分析评价的基础上，决策者最后要从中选择一个满意方案。满意方案的选择是就每一方案的结果进行比较，选出最可能实现决策预期目标或期望收益最大的方案，作为初步最佳方案。管理者须对备选方案可能带来的经济、社会效益及可能付出的代价进行综合评价，分析比较各方案的优劣，并从中选择最佳方案。应注意采用"有限合理原则"，以"满意"标准代替"最优"标准。

方案的选择一般有以下几种做法，即经验判断淘汰法、排队归类法、数学分析法和试验法等。

1. 经验判断淘汰法

这是根据人们的实践经验和判断能力来选择方案的方法。这是选择决策方案的一种基本方法。如果决策问题不太复杂，可以运用此法直接做出决策。但有的决策涉及许多问题、目标、变量、标准和方法，对此直接用经验进行方案选择比较困难，因而就要借助于"有限合理性"的选择标准，淘汰一些方案。具体的淘汰办法是，根据部分条件和标准，对全部方案筛选，把不能达到要求的方案一一淘汰，从而缩小选择范围。

2. 排队归类法

就是把可行性方案按优劣顺序排队，然后筛选。或者将可行性方案划分为几大类，然后采用从上到下分组淘汰，或者用自上而下先归类后选择的办法进行淘汰。这种办法的优点是比较简便、迅速。

3. 数学分析法

有些决策方案可用数学方法计算出它们的结果，这些方案的变量与变量、变量与目标的关系能用模型表示。还有些决策问题，它们的控制变量为连续型的无法靠人的经验来选择，这就要用数学分析方法选择。数学分析方法在决策中的运用，历史并不长，但发展非常迅速。它可以使决策达到准确、优化。但是直到目前为止，还有许多复杂的决策问题，数学方法仍解决不了。尤其是牵涉到较多的社会因素、人的因素及心理因素的决策，数学方法还无能为力。

4. 试验法

有些场合下，只有经过实际的实施和验证，才能把握方案的效果。这时试验就是非常必要的。有时则是因为方案实施后的影响过于巨大、从而有必要通过局部试验对方案的效果有一个大致的把握后，再决定是否可以全面实施。当然，这种方法也有其局限性，如有时试验费用太高，有时即使是经过试验的东西仍然可能是存疑的，因为未来不可能是现在情况的简单重复。

七、方案的实施与修正

方案的实施是决策程序中至关重要的，也是最困难的一步。选择决策方案以后，决策过程并未结束，要使决策变为现实，达到预期目标，还要注意运用目标管理方法把决策的内容具体化，层层分解，落实到有关责任部门和人员，制定实施决策的规划和期限要求，解决有关问题。同时，决策者还必须对决策实施情况进行跟踪检查，随时了解方案的进展情况，根据反馈信息对决策不断地进行调整。由于客观环境的复杂性和决策者认识能力的局限性，决策者所做出的决策不符合或不完全符合实际的情况常有发生，需要不断对方案进行修正。

八、对决策方案的追加评价

方案实施完毕后，管理者通过对决策方案的追加评价来衡量决策的效果。在这个过程中，高效的管理者总是会对以前的经验和教训进行反思、总结，通过对决策结果的分析，从过去的失败和成功中获取经验，提高决策质量和决策水平。

特别提示： 以上八个步骤构成了决策的制定、实施调整的全过程。但应强调的是，在实际决策中，不能将这些步骤看成死板的公式，过分拘泥地去做。决策也是一种经验的积累，往往可跳过很多步骤直接设想出满意的方案，从而提高决策效率。

第四节　决策方法

随着决策实践和决策理论的发展，人们创立了许多可行的科学决策方法。至今，已基本形成两大类：一类是定性决策方法，一类是定量决策方法。从决策方法的发展趋势看，这两种方法不存在谁替代谁的问题，而是相互补充，密切结合。长期以来，我们习惯于传统式拍脑袋的经验决策，决策失误较多，造成了很大的损失。因而，我们必须运用新的决策方法进行决策，把定性分析方法与定量分析方法有机地结合起来。

一、定性决策方法

定性决策方法，也称为决策的“软”技术，是在决策过程中充分发挥人的智慧、知识和经验的一种决策方法。其核心是，在决策过程的各个阶段，决策者根据已知情况和现有的资料，提出决策目标、方案、参数，并做出相应的评价和选择。

定性决策方法，不同于传统的经验决策方法。传统的经验决策方法，完全依靠决策者个人的局部经验进行决策。而定性决策方法则是在对决策过程进行全面系统分析的基础上，依靠专家的集体力量和智慧进行决策。一般地说，那些受社会因素影响大，所含因素错综复杂的综合性战略决策，通常采用定性的决策方法。这种方法如果运用得当，不仅可以灵活简便，省时省力地进行决策，而且还有利于调动职工的积极性，有利于决策的执行。但这种决策也有其局限性，由于缺乏严格论证，主观成分比较强，有时还会因为参加决策者的知识类型太一致而使决策意见带有很大的倾向性；同时由于传统的观点往往占有优势，很可能使决策趋于保守。因此，我们不能单靠这种方法，还必须结合运用定量的决策方法。

定性预测的具体形式很多，且方法直观简单，费用较低，但需要预测者具有丰富的经验。这里主要介绍以下几种。

1. 德尔菲法

德尔菲法，即专家意见函询调查法，是美国兰德公司（Rand Corporation）在20世纪40年代末期首创的一种预测方法。德尔菲（Delphi）是古希腊传说中的神谕之地，城中有一座阿波罗神殿可以预卜未来，故借用其名。此法是通过向组织外若干选定的专家（一般不少于15人）邮寄背景材料和预测意见表，请这些专家背靠背地对需要预测的问题提出意见，并按规定时间将预测表返回；经过汇总归纳后，再分寄给予各专家，专家们也可索要补充背景资料，以便进一步修正预测。如此反复数次，直至专家们意见大致趋于一致时，即可依此结果作为预测结论。

知识链接

兰德公司（RAND）

兰德公司正式成立于1948年11月。总部设在美国加利福尼亚州的圣莫尼卡，在华盛顿设有办事处，负责与政府联系。二次大战期间，美国一批科学家和工程师参加军事工作，把运筹学运用于作战方面，获得成绩，颇受朝野重视。战后，为了继续这项工作，1944年11月，当时陆军航空队司令亨利·阿诺德上将提出一项关于《战后和下次大战时美国研究与发展计划》的备忘录，要求利用这批人员，成立一个“独立的、介于官民之间进行客观分析的研究机构”，“以避免未来的国家灾祸，并赢得下次大战的胜利”。根据这项建议1945年年底，美国陆军航空队与道格拉斯飞机公司签订一项1 000万美元的“研究与发展”计划的合同，这就是有名的“兰德计划”。“兰德”（Rand）的名称是英文“研究与发展（research and development）”两词的缩写。不久，美国陆军航空队独立成为空军。1948年5月，阿诺德在福特基金会捐赠100万美元的赞助下，“兰德计划”脱离道格拉斯飞机公司，正式成立独立的兰德公司。兰德的长处是进行战略研究。它开展过不少预测性、长远性研究，提出的不少想法和预测是当事人根本就没有想到的，而后经过很长时间才被证实了的。兰德正是通过这些准确的预测，在全世界咨询业中建立了自己的信誉。

德尔菲法的具体步骤如下：

（1）意见征询者组建一个由专家组成的小组，将要讨论或咨询的关键技术问题（如可能性、突破的时间、障碍等）编制成表，函询征求专家的意见

（2）专家们“背靠背”，不发生任何形式的联系，每位专家匿名地、独立地完成问卷。

（3）主持人对收集的问卷集中归纳、编辑，向专家发出本轮问卷结果的复印件，请他们进一步提出方案。第一轮的结果常常能够激发出新的方案或改变某些专家原来的观点。这时尤其要注重专家意见的倾向性和一致性，注意对关键问题作重点分析

（4）将经过整理、综合的意见匿名后寄给专家，再度征询意见。重复以上步骤，不断相互启发，提出新的可行性方案，排除不切实际的方案，缩小分析范围，直至得到满意方案。

德尔菲法以函询匿名、数度信息反馈、结果的统计性为特点。函询匿名使被征询者不受个人的权威、资历、口才、劝说等因素的影响，可以有效避免专家云集一处时彼此产生心理反应；数度信息反馈弥补了函询方式征求意见造成的信息、意见封闭状，使专家及时了解集体的意见，也利于专家在此基础上补充、拓展、深化自己的意见。同时，德尔菲法无须专家到场，节约了召集费用。一般来说，经过四轮征询，专家们的意见可以达到相当程度的协调。

德尔菲法的缺点在于：可靠性不够高，容易对不明确的问题过分敏感等。耗时很长，当需要进行快速决策时并不适用。这些都需要预测者在提出问题和每一轮调查表的设计中特别注意防止。

特别提示： 运用德尔菲法决策，要注意：在提出问题时，应该考虑到如何获得同类的和可以相互比较的回答，以便于在专家调查的最后阶段对评审资料进行数字处理和汇总。函询调查表设计时问题要集中有针对性，用词要确切无歧义，限制问题的数量；专家名单确定时要注意他们知识结构的合理性，专家人员总量的确定要根据问题的复杂程度，一般以20～50人为宜；意见征询者要遵循科学方法整理函询意见，要用规范的术语归纳意见制定统计表等等。此外，允许有合理的分歧意见。

2. 头脑风暴法

头脑风暴法又称“专家会议决策法”，是1939年美国人奥斯本首先提出的。该方法通过邀请有关专家，通过会议形式，就特定决策问题敞开思想，各抒己见，借以鼓励决策新构想的产生。这种方法的基本点可以归为“开动脑筋、互相启发、集思广益”，鼓励群体

成员尽可能多地提出解决问题的新颖创见。由于头脑风暴法尊重集体智慧，所以在企业界受到普遍重视。

这种方法的实施要点是：

（1）实施方法：采用会议形式。

（2）参加人员：5～12人，会议参加人的地位最好是同等的，以免一部分人被另一部分人的权威所慑服。

（3）会议时间：60～120分钟。

（4）会议形式：由主持者说明所要解决的主题是什么，然后，所有到会人员充分发表自己的看法。有时会议主题事先通知，有时则不通知。主持人对与会者提出的所有设想，都当场记录下来，但会上不作结论，留待会后再作讨论和分析。

想一想：会议主题提前通知有何问题？

（5）创造气氛：如利用圆桌，使人感到人人处于平等地位，甚至在桌上放名牌，给人以庄重的感觉等。

（6）为了促使这种方法成功，应遵循的几条规定：①不批评别人的意见，且在别人讲完之前不以任何方式评论它们；②允许“免费搭车”，欢迎对别人的意见加以改进，提出新奇的建议；③思路越新越好，越宽越好；④对建议数量的重视高于对质量的重视。

特别提示：头脑风暴法是决策领域偏重思想观点创新的方法，决策者往往从中获益匪浅。这种方法旨在建设一个宽松的思考环境，组织成员相互启发，激发发散性思维，使人们的思路像风暴一样来得快而迅猛，以获得大量新颖的方案和设想。它确立的行为规范，有利于专家们的思想共振和作发散性思考，但这种方法不利于激发专家彼此间的思想碰撞。因此，可用反头脑风暴法弥补。反头脑风暴法先后召开两次会议。第一次会议按照直接头脑风暴法的规则进行，第二次会议是对已经系统化的方案质疑。它要求与会者对每一方案进行全面评价，质疑每一设想的可行性、限制因素，提出排除限制因素的建议，一直到没有问题可质疑。它禁止对已提出的设想作确认和论证。它还要求对质疑中提出的建议进行评估，以便形成实际可行的最终解决办法。反头脑风暴法的逆向思维，在弥补方案设计时思考的不周密方面，有明显效果。

管理故事

用头脑风暴法来解决积雪

有一年，美国北方格外严寒，大雪纷飞，电线上积满冰雪，大跨度的电线常被积雪压断，严重影响通信。过去，许多人试图解决这一问题，但都未能如愿以偿。后来，电信公司经理应用奥斯本发明的头脑风暴法，尝试解决这一难题。他召开了一种能让头脑卷起风暴的座谈会，参加会议的是不同专业的技术人员，要求他们必须遵守以下原则：自由思考、延迟评判、以量求质、结合改善。

按照这种会议规则，大家七嘴八舌地议论开来。有人提出设计一种专用的电线清雪机；有人想到用电热来化解冰雪；也有人建议用振荡技术来清除积雪；还有人提出能否带上几把大扫帚，乘坐直升机去扫电线上的积雪。对于这种“坐飞机扫雪”的设想，大家心里尽管觉得滑稽可笑，但在会上也无人提出批评。相反，有一工程师在百思不得其解时，听到用飞机扫雪的想法后，大脑突然受到冲击，一种简单可行且高效率的清雪方法冒了出来。他想，每当大雪过后，出动直升机沿积雪严重的电线飞行，依靠高速旋转的螺旋桨即可将电线上的积雪迅速扇落。他马上提出“用直升机扇雪”的新设想，顿时又引起其他与会者的联想，有关用飞机除雪的主意一下子又多了七八条。不到一小时，与会的 10 名技术人员共提出 90 多条新设想。

会后，公司组织专家对设想进行分类论证。专家们认为设计专用清雪机，采用电热或电磁振荡等方法清除电线上的积雪，在技术上虽然可行，但研制费用大，周期长，一时难以见效。那种因“坐飞机扫雪”激发出来的几种设想，倒是一种大胆的新方案，如果可行，将是一种既简单又高效的好办法。经过现场试验，发现用直升机扇雪真能奏效，一个久悬未决的难题，终于在头脑风暴会中得到了巧妙地解决。

3. 集合意见法

集合意见法是将与预测内容有关的人员集中起来进行讨论，每人提出自己的意见，由决策者集中起来，并根据每人的身份、工作性质、发表意见权威大小等因素，对各种意见进行分析整理，最后汇总成一个集体的预测意见作为结论。这种方法的好处是，相互启发，互为补充，简便易行，没有复杂的计算。对成立不久，缺乏历史资料的企业来说，此法值得采纳。

4. 戈登法

戈登法，其具体做法是：召集 6～10 人的专家会，开始时会议研究什么问题、会议的具体目的是什么，只有主持人知道，其他与会者都不知，以免思路受阻。整个会议过程中，主持人采用“抽象台阶”的方式，将人的思维逐步由抽象引向具体，当会议进行到适当的时机，即在与会专家展开思绪充分发表意见的基础上，再把研究的具体问题和会议目的告诉大家，并综合大家的意见和设想，形成若干决策。

5. 电子会议

这是比较新型的群体决策方法，需要计算机技术的支持。其基本方法是：参与决策的人员各有一台计算机终端，根据要解决的问题将自己的方案从键盘输入、显示在屏幕上，任何人的评论、票数统计等均可通过网络共享。这种方法的主要优点是匿名、诚实、迅速，参与者不透露个人信息而可充分发表自己的意见，同时消除了闲聊和讨论偏题，且不必担心打断别人的“发言”、这一方法可借助局域网在一个相对集中的范围内进行，也可通过网络在更广泛乃至全球的范围内进行。虽然此方法尚有不足，如对设备要求较高，不是随便可以进行。随着先进的科技手段的普及，电子会议将成为群体决策的一种十分有效的方式。

二、定量决策方法

定量决策方法是建立在数学公式计算基础上的一种决策方法。其核心是运用统计学、运筹学、电子计算机等科学技术，把决策的变量与变量以及变量与目标之间的关系用数学关系表示出来，建立起数学模型，然后根据决策条件，求出方案的损益值，选择出满意的方案。定量决策方法采用何种数学工具，主要取决于决策问题本身所包含的变量多少，决策环境的不确定程度以及是静态分析还是动态分析等三方面因素。下面我们根据决策者掌握信息的完备程度介绍确定型、风险型和不确定型三种常用的定量决策方法。

1. 确定型决策方法

确定型决策方法，是指一个方案只有一种结果的决策。这种决策法一般可以根据已知条件，直接计算出各个可行方案的结果，凭借结果判断方案的优劣，从而确定最优方案。确定型决策方法一般用于程序化的、业务性的、短期的决策。例如，用盈亏平衡分析法进行产量决策和利润决策；用线性规划进行用料决策和运输决策；用存储模型进行采购批量和制造批量决策等等。这里简要介绍线性规划法和量本利分析法。

（1）线性规划。线性规划是在一些线性等式或不等式的约束条件下，求解线性目标函数的最大值或最小值的方法。运用线性规划建立数学模型的步骤是：①确定影响目标大小的变量，列出目标函数方程；②找出实现目标的约束条件；③找出使目标函数达到最优的可行解，即为该线性规划的最优解。

例题某企业生产两种产品——桌子和椅子，它们都要经过制造和装配两道工序，有关资料如表7—1所示。假设市场状况良好，企业生产出来的产品都能卖出去，试问何种组合的产品使企业利润最大?

表7—1　　某企业的有关资料

	桌子（个）	椅子（个）	工序可利用时间（小时）
在制造工序上的时间（小时）	2	4	48
在装配工序上的时间（小时）	4	2	60
单位产品利润（元）	8	6	—

这是一个典型的线性规划问题。

第一步，确定影响目标大小的变量。在本例中，目标是利润．影响利润的变量是桌子数量 T 和椅子数量 C。

第二步，列出目标函数方程：$\Pi=8T+6C$。

第三步，找出约束条件。在本例中，两种产品在一道工序上的总时间不能超过该道工序的可利用时间，即：

制造工序：$2T+4C\leqslant 48$

装配工序：$4T+2C\leqslant 60$

除此之外，还有两个约束条件，即非负约束：$T\geqslant 0 \qquad C\geqslant 0$

从而线性规划问题成为，如何选取 T 和 C，使 Π 在上述四个约束条件下达到最大。

第四步，求出最优解——最优产品组合。通过图解法，如图7—3所示，求出上述线性规划问题的解为 $T=12$ 和 $C=6$，即生产12张桌子和6把椅子使企业的利润最大。

（2）量本利分析法。又称盈亏平衡分析法，是一种简便、有效、使用范围较为广泛的确定型定量决策方法。它是根据企业的业务量（产量、销售量、销售额）、成本和利润三者间相互制约关系的综合分析，用来预测利润、控制成本的一种数学方法。量本利分析法

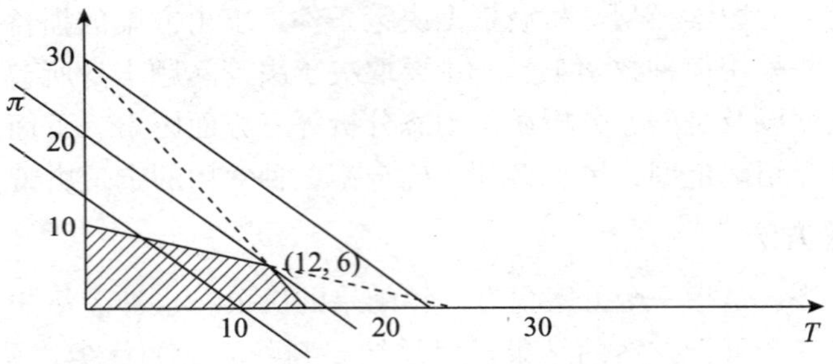

图 7—3　线性规划的图解法

的实质是盈亏平衡点的分析，即企业的产量或销售量达到什么样的程度才能保证企业不亏损，即利润等于零，以此为界限，销售收入高于此点，企业盈利，反之则亏损。企业必须最大限度地缩小盈亏平衡点的销售量，以实现企业利润的最大化。图 7—2 表示的是单一产品的线性盈亏平衡图。

固定成本与变动成本划分的依据是成本与产品产量（或销售量）的关系。固定成本是指在一定的产量范围内，不随产量变动而变动的成本之和，是即使产量为零也要照常支出的总费用。如厂房和机器设备的租金、折旧费、水电费等。但从每单位产品的分摊额来看，则产量增加，单位成本降低；产量减少，则单位成本增加。

总变动成本是指随产量变动而变动的成本之和。如原料、燃料、直接人工费等。但是从单位产品来看，这类成本都是基本不变的。

盈亏平衡分析的中心内容是盈亏平衡点的确定与分析。盈亏平衡点上的产量其销售收入与总成本相等。在这点上，销售收入补偿变动成本后刚好等于固定成本，即利润为零。确定盈亏平衡点就是找出这一点所对应的产量（销售量）或销售额。确定盈亏平衡点的方法有图解法和公式法。

图解法：以 y 轴表示收入或成本，以 x 轴表示产量，绘成直角坐标图，将销售收入线、固定成本线、总成本线标到坐标图上，只要单位售价大于单位变动成本，则销售收入线与总成本线必能相交于某一点，这就是盈亏平衡点，如图 7—4 所示。

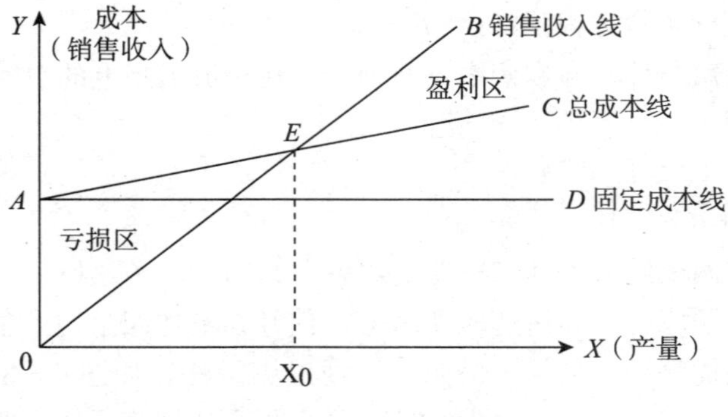

图 7—4　盈亏平衡分析

图中，*OB* 线为销售收入线，*AC* 为总成本线，AD 为固定成本线，*E* 为盈亏平衡点，*OEA* 为亏损区，*BEC* 为盈利区。由图可知，当产量（销售量）低于 X_0时，企业处于亏损状态，当产量（销售量）大于 X_0 时，企业才有盈利。

公式法：分为产量计算法和销售额计算法。

产量计算法的公式为：

$$X_0 = \frac{F}{P - C_V}$$

式中，F 为固定成本；P 为销售单价；C_V 为单位变动成本；X_0 为盈亏平衡点时的产量。

销售额计算法适用于企业固定成本和变动成本难以按产品种类划分的多品种生产企业，其计算公式为：

$$R_0 = \frac{F}{1 - \frac{C_V}{P}}$$

式中，R_O 为盈亏平衡点时的销售额，其他同上式。

量本利分析在决策中有以下应用：

企业经营安全边际分析：经营安全边际分析是通过计算经营安全率来判断企业经营状况的重要方法，分析时，首先测算出保本点产销量 X_0，然后测算实际销售量 X_1，若 $X_1 > X_0$，则实际销售处于盈利状态，反之，则要亏损，最后计算出经营安全率 L。

$$L = \frac{X_1 - X_0}{X_1} \times 100\ \%$$

上式中的 $X_1 - X_0$ 为安全余额，余额越大，说明企业经营状况越好；越接近于 0，说明企业经营状况越差。企业应及时采取措施，调整品种结构，增加适销对路产品，降低单位变动成本，开辟新的市场等来提高经营安全率。

以下经营数据可供分析时参考，如表 7—2 所示。

表 7—2　　企业经营安全系数表

经营安全率	30%	25%～30%	15%～25%	10%～15%	10%
经营安全状况	很安全	较安全	一般	要警惕	危险

预测一定销售量下的利润水平：

例题：某企业生产销售一种产品，单位变动成本 30 元，年固定成本 20 000 元，销售单价 200 元，据市场预测，年销售量为 500 件，企业将获利 S。

$$S = X \times (P - C_V) - F = 500 \times (200 - 30) - 20\ 000 = 65\ 000\ (元)$$

答：企业每年可获利润 65 000 元。

例题：某企业生产一种新型的小家电，售价为每台 400 元，固定费用总额为 420 万元，每台小家电的零件费为 160 元，人工工资为 40 元，其他费用 60 元，试求：①盈亏平衡点的产量；②如果该企业只能生产 48 000 台这一小家电，能否盈利多少？其经营安全性如何？

解：设盈亏平衡点的产量为 X_0

$$X_0 = \frac{F}{P - C_V} = \frac{4\ 200\ 000}{400 - (160 + 40 + 60)} = 30\ 000\ (台)$$

设企业盈利为 S

$$S = X \times (P - C_V) - F = 48\ 000 \times (400 - 260) - 4\ 200\ 000 = 2\ 520\ 000\ (元)$$

设企业经营安全率为L

$$L=\frac{X_1-X_0}{X_1}\times 100\%=\frac{48\ 000-30\ 000}{48\ 000}\times 100\ \%=37.5\%$$

答：盈亏平衡点时的产量为 30 000 台，如果企业生产 48 000 台该小家电，能盈利 252 万元，其经营安全性很好。

2. 风险型决策方法

风险型决策，就是根据几种不同自然状态下可能发生的概率进行决策。由于在依据不同概率所拟定的每一个方案中，不论选择哪一个方案，都要承担一定的风险，所以称之为风险型决策，也叫随机决策。而不同自然状态下的概率值，一般是以过去的历史资料为依据，通过统计分析求得，所以又称统计型决策。

风险型决策一般具有以下特征：具有决策者期望达到的明确目标；存在着不以决策者的主观意志为转移的两种以上的自然状态；根据不同自然状态，具有可供选择的两个以上的行动方案；不同行动方案在不同自然状态下的损益值，可以计算出来；⑤决策者虽然对未来可能出现何种自然状态不能确定，但其出现的概率是可以大致估计出来的。凡具备以上特征的决策，就是一个风险型的决策问题。

评价风险型决策方案有很多标准，但应用最普遍的是损益期望值标准。损益期望值标准，就是依据不同自然状态下的概率计算出各种方案的期望值，然后进行比较，选择收益最大或损失最小的决策方案为最佳决策方案。

风险型决策问题常用的决策分析方法主要有：决策表分析法和决策树分析法。风险决策一般常用决策树。因此，这里仅就决策树分析法作一介绍。

决策树分析法是运用树状图形分析和选择决策方案的决策方法。即通过决策树图形，把各种可行方案、可能出现的自然状态，各种自然状态出现的概率及产生的后果，简明地绘制在一张图表上，使决策问题的表达方式生动形象、清晰明了，便于研究讨论和修改补充。决策树分析法一般适用于比较复杂情况下的决策。

（1）决策树的构成要素。决策树有四个构成要素：即决策点、方案枝、自然状态结点、状态（概率）枝，如图 7—5 所示。

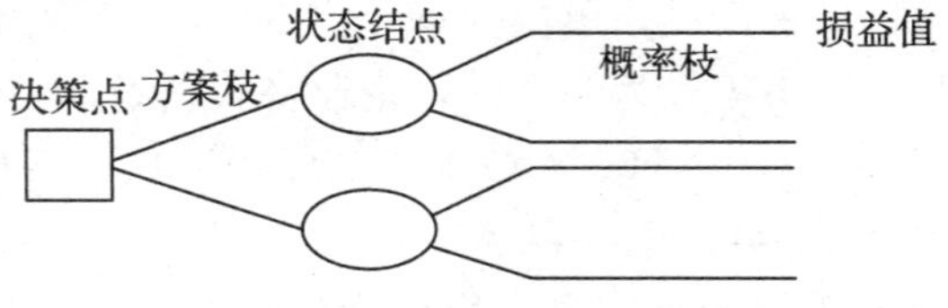

图 7—5　决策树

决策树以决策点（用“口”表示）为起点，从决策点引出方案枝，每条方案枝代表不同的方案，并将投资数额标于方案枝下方，方案枝的末端有一个状态结点，状态结点用“○”表示，并标上号数；状态结点引出概率枝，每条概率枝代表一种自然状态，将状态的概率标于其上方；各概率分枝的损益值写在结果结点的后面。这样层层展开，形如树状，故名决策树。

（2）决策树分析法的基本步骤。第一步，绘制决策树图形，并在图上标明有关的各种情况，如在方案枝上标明方案，在概率枝上标明各种自然状态及其可能发生的概率等。绘图的前提是对决策条件进行细致分析，确定有哪些方案可供决策时选择，以及各种方案的实施会发生哪几种自然状态。如遇多级决策，则要确定是几级决策，并逐级展开。

第二步，计算各概率枝的期望值，计算公式为：期望值＝年收益×收益年限×概率。期望值的计算要由右向左依次进行。首先将每种自然状态收益值分别乘以各自的概率，再乘以决策有效期限，最后将各概率枝的值相加，标于状态结点上。

第三步，剪枝决策。比较各方案期望值，如方案实施有费用发生，则应将状态结点值减去方案费用再进行比较。计算公式为：综合期望值＝各概率枝期望值之和—方案投资额。凡是期望值较小的方案枝一律剪枝，最后只剩下一条贯穿始终的方案枝，其期望值最大，将此最大值标于决策点上，即为最佳方案。

例题：某市为发展本地经济，组织一些专家讨论，确定上哪些项目。专家对本地的自然资源、人力资源、外部环境等条件分析后，提出了两个方案：发展旅游业；发展生态农业。两个方案的一次投资有效期都是 10 年。其中发展旅游业方案发展旅游业总投资需 3 000万元。以年度为核算单位，成功概率是 80%，成功获利 500 万元；失败概率 20%，失败受损 100 万元。发展旅游业方案发展生态农业总投资需 2 500 万元。以年度为核算单位，成功概率是 60%，成功获利 700 万元；失败概率 40%，失败受损 150 万元。也可以选择无所作为方案，但无所作为等于自甘落后，每年仅流动资金空置，预期损失 50 万元。请问：合理的决策是什么？

根据给定的三种行动方案画出决策树，如图 7—6 所示。

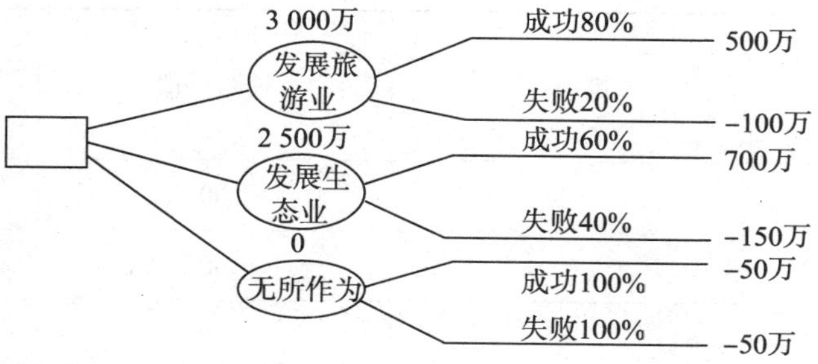

图 7—6　决策树

上图说明，决策树由五个要素构成：

①“□”代表“决策点”，表示决策问题的起点；

②决策点引出的分支如旅游、生态农业、无所作为叫做“方案枝”，表示解决问题列出的途径或方案。决策中，为解决一个问题往往有多个备选方案可供选择。有几个备选方案，就有几个方案分支，决策的任务就是从中选择优化方案；

③“○”代表“自然状态结点”，表示一个备选方案可能遇到的自然状态的起点，如启动某项工作，要有一定的人、财、物的投入；

④从自然状态点引出的分支叫做“概率支”，表示在自然状态下风险和收益发生的可能性；

⑤结果点，表示执行某一方案在某一自然状态下的报酬（盈利和亏损）值。

计算各方案的期望值：

发展旅游业方案的期望值：[500＊0.8＋(－100)＊0.2]＊10－3 000＝800(万元)

发展生态业方案的期望值：[700＊0.6＋(－150)＊0.4]＊10－2 500＝1 100(万元)

无所作为方案的期望值：(－50)＊10＝－500(万元)

由于发展生态业方案的投入少，期望值高，合理的决策是选择发展旅游业方案。

特别提示： 决策树是决策分析的有效工具，具有方便简洁，图形直观明了，逻辑思路清楚的特长，在问题复杂得多阶段的决策中，决策的定量分析中，应用相当广泛。但在运用时应注意它作用范围的有限性。如它无法运用于一些不能用数量表示的决策领域；当决策者无法准确预测未来自然状态时，对各方案出现概率的确定，会发生主观片面性。

3. 不确定型决策方法

不确定型决策方法，是指在自然状态发生的概率难以确定的情况下的决策。因此，最佳方案的选择，主要取决于决策者的态度和经验。其具体方法一般有悲观决策法、乐观决策法、折衷法、最小后悔值决策法等。

例题：某企业准备生产某种新产品，拟定了建立流水线大量生产、购置专用设备成批生产和采用通用设备小批生产三种生产方案。产品未来市场销售情况可能出现好、中、差三种自然状态。三种自然状态出现的概率无法确定．各方案在未来市场不同自然状态下的损益情况，如表 7—3 所示。

表 7—3 **生产方案资料** （单位：万元）

状态损益值 / 方案	销路好	销路一般	销路差
大量生产	120	60	－20
成批生产	80	60	30
小批生产	50	40	35

（1）悲观决策法（也称“小中取大法”）。其基本思路是，未来自然状态不可乐观，事情的发展可能会不顺利，因此采取保守态度，应把事情的最坏结果估计清楚，并以此作为决策的依据，因而称之为悲观决策法。但该方法又主张在各种最坏的情况下尽量找个好一点的方案，因此又叫“小中取大法”。运用此法进行决策时，首先要确定每一可行方案的最小收益值，然后从这些最小收益值中选出一个最大值，与该最大值对应的方案就是决策所选择的方案。此标准体现了决策者的稳妥思想和谨慎行为，它从最“坏”处看问题，是一种悲观的、较为保守的、无风险的决策方法。

按此标准，前例中三个方案的最小收益值分别为－20 万元、30 万元和 35 万元，其中最大者为小批生产方案，获利 35 万元。因此，应该选择小批生产为最优方案。

（2）乐观决策法（也叫“大中取大法”）。其思想基础是对客观情况总是抱最好的希望，对每一件事情都有较高的期望值，主张着眼于方案中收益最大值或损失最小值，作为选择的最优化方案，因而称之为“乐观决策法”。它总想在各种最好的情况下，找出一个最好的方案，因此也称之为大中取大法。运用此法进行决策时，首先要确定每一可行方案的最大收益值；然后，在这些方案的最大收益值中选出最大值，与该最大值对应的方案就是决策所选择的方案。由于根据这种原则决策也可能得到损失最大的结果，因而也称之为“冒险法”。

如前例，三个备选方案的最大收益值分别为 120 万元、80 万元和 50 万元，因此，流水线大量生产方案是满意方案。

(3) 折衷中决策法（也叫“决策系数法”)。这种方法对未来自然状态的估计既不那么乐观，也不那么悲观，主张在上述两种方法之间进行折中。决策者根据市场化预测资料及经验，选用一个乐观系数 $\alpha(0\leqslant\alpha\leqslant1)$，用 $1-\alpha$ 表示最不利情况发生的概率，即悲观系数。然后计算各备选方案的乐观期望值，再通过比较各方案的期望值，从中选择最大者为满意方案。其计算公式如下：

期望值＝最大收益值× α ＋最小期望值×$(1-\alpha)$

现仍用上例，设 $\alpha=0.7$，则三个方案的期望值如下：

大量生产：期望值＝120×0.7＋(－20) ×(1－0.7)＝78(万元)

成批生产：期望值＝80×0.7＋(30) ×(1－0.7)＝65(万元)

小批生产：期望值＝50×0.7＋(35) ×(1－0.7)＝45.5(万元)

比较各方案的计算结果，应选择流水线大量生产为最优方案。

小中取大标准是一种悲观的估计，而大中取大标准是一种最乐观的估计，二者都是一种极端的决策方法。乐观系数法则是决策者对未来的情况持较为乐观的态度，同时考虑各不利因素所产生的影响，是介于“悲观决策”和冒险决策之间的一种决策方案。

(4) 最小后悔值法。决策者在制定决策后，如果情况未能符合理想，必将会有一种后悔的感觉，因此，应设法使这种后悔的感觉变得最小。运用此法进行决策时，首先要计算出各方案在每种自然状态下的后悔值（用某自然状态下各方案的最大收益值减去同一自然状态下各方案的收益值)，从而将决策矩阵从收益矩阵转变为机会损失矩阵；然后确定每一可行方案的最大机会损失；最后，在这些方案的最大机会损失中，选择一个最小值，与该最小值对应的方案即是决策选择的方案。

其计算公式为：后悔值＝某自然状态下各方案中最高收益值—各方案收益值

选用上例进行决策，先计算各方案在不同自然状态下的后悔值，如表 7—4 所示。

表 7—4　　后悔值计算　　（单位：万元）

状态　后悔值 / 方案	销路好	销路一般	销路差	最大后悔值
大量生产	0	0	55	55
成批生产	40	0	5	40
小批生产	70	20	0	70

如表 7—4 所示，成批生产方案的最大后悔值最小，即为满意方案。

对于不确定情况下的决策问题，采用不同的决策方法所得到的结果并非完全一致，并且难以判别哪个方法好，哪个方法不好。因为它们之间没有规定统一的评比标准。另外也都缺乏客观标准作为依据，而是依据决策者对各种自然状态的看法而定。因此，为了提高科学决策的水平，必须设法测定各种情况发生的概率。

4. 优选理论

在实际中，决策者往往并不完全按决策树法或支付矩阵法得出的结果行事，越是重要决策，越是如此。例如有两个方案，方案A的预期利润为1 000万元，成功概率0.2，若不成功的话损失100万元，那么期望值为：1 000×0.2+(－100)×0.8＝120(万元)；方案B的预期利润为100万元，成功概率0.9，若不成功的话既无收益也不损失，那么期望值为90万元。若按决策树或支付矩阵的思路，应该选择方案A。但在实际中，决策者考虑到一旦失败，方案A损失不小，会影响本人的声誉和在公司内的前途，加之A方案的风险比较大，因此许多决策者会选择较平稳的方案B。这种选择取决于决策者对待风险的态度。

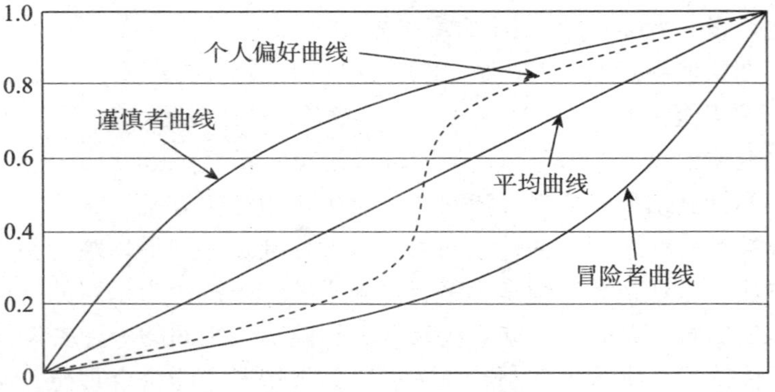

图7—7　四种典型的风险曲线

根据优选理论，决策者对待风险的态度是因人、因事、因级别地位、因资金性质的不同而不同的。有些人很不喜欢承担风险，而其他一些人则勇于冒风险；有些人对某些情况不敢冒风险，而对别的情况却冒险心理极强。这种情况表明，决策者的风险偏好性在他们认定概率时起关键作用。如图7—7所示，图中给出了四种典型的风险曲线，即谨慎者曲线、冒险者曲线、平均曲线和个人偏好曲线，体现了人们对待风险的几种典型态度。个人偏好曲线是一般人在个人生活方面的风险偏好曲线，在风险小的时候，多数人愿意冒险，但是在风险增大时，他们很快就变成风险谨慎者了；平均曲线是完全按成功把握的正比例承担风险，只是数学上的理想而已。

特别提示： 在实际工作中，大多数管理者的风险偏好曲线并不是平均曲线，而是谨慎者曲线。管理者可以通过评估自己在实际中的处事方法或想象情况下的应对策略，绘出自己的风险偏好曲线，从而就可以根据实际决策中的估计概率决定自己的行动。即使管理者不能系统地画出个人风险偏好曲线，但如能粗略地知道自己与同事或下属对待风险的态度，对制定决策也是十分有益的。

复习题

一、思考题

1. 什么是决策？如何认识决策在管理中的重要性？

2. 比较古典决策理论与行为决策理论的不同。

3. 战略决策与战术决策有何不同？

4. 如何区分程序化决策和非程序化决策？

5. 群体决策有哪些优缺点？

6. 什么是德尔菲法？

7. 简述头脑风暴法实施要点。

8. 错误的决策和糟糕的决策之间是否存在某种差异？为什么优秀的管理者也会做出错误的决策？管理者如何提高自己的决策能力？

9. 定量决策方法主要有哪几种？各有什么特点？

二、案例分析

安娜该如何决策

安娜从一所不太著名的大学计算机学院毕业后，10 年来一直在某发展中的大城市里的一家中等规模的电脑公司当程序设计员。现在，她的年薪为 50 000 美元。她工作的这家公司，每年要增加 4—6 个部门。这样扩大下去，公司的前景还是很好的，也增加了很多新的管理职位。其中有些职位，包括优厚的年终分红在内，公司每年要付给 90 000 美元。有时，还提升程序员为分公司的经理。虽然，过去没有让妇女担任过这样的管理职位，但安娜相信，凭她的工作资历和这一行业女性的不断增加，在不久的将来她会得到这样的机会。

安娜的父亲雷森先生自己开了一家电脑维修公司，主要是维修计算机硬件，并为一些大的电脑公司做售后服务，同时也销售一些计算机配件。最近由于健康和年龄的原因，雷森先生不得不退休。他雇了一位刚从大学毕业的大学生来临时经营电脑维修公司，店里的其他部门继续由安娜的母亲经营。雷森想让女儿安娜回来经营她最终要继承的电脑维修公司。而且，由于近年来购买电脑的个人不断增加，电脑维修行业的前景是十分看好的。雷森先生在前几年的经营过程中，建立了良好的信誉，不断有大的电脑公司委托其做该城市的售后维修中心。因此，维修公司发展和扩大的可能性是很大的。

安娜和双亲讨论时，得知维修公司现在一年的营业额大约为 400 000 美元，而毛利润差不多是 170 000 美元。由于雷森先生的退休，他和他的太太要提支工资 80 000 美元，加上每年 60 000 美元的经营费用，交税前的净利润为每年 30 000 美元。自雷森先生退休以来，从维修公司得到的利润摹本上和从前相同。目前，他付给他新雇用的大学毕业生的薪金为每年 36 000 美元，雷森夫人得到的薪金为每年 35 000 美元，雷森先生自己不再从维修公司支取薪金了。

如果安娜决定担任起维修公司的管理工作，雷森先生打算也按他退休前的工资数付给她 50 000 美元的年薪。他还打算，开始时，把维修公司经营所得利润的 25％作为安娜的分红；两年后增加到50%。因为雷森夫人将不再在该公司任职，就必须再雇一个非全日制的办事员帮助安娜经营维修公司，他估计这笔费用大约需要16 000美元。

雷森先生已知有人试图出600 000美元买他的维修公司。这笔款项的大部分，安娜在不久的将来是要继承的。对雷森夫妇来说，他们的经济状况并不需要过多地去用这笔资产来养老送终。

问题：

1. 对安娜来说，可供选择的决策方案有几种？
2. 你会建议安娜采取什么方案，为什么？

三、实践练习

1. 在一张纸上写下你使用决策制定过程中的步骤作为指导的五项决策。描述你是否依赖于外部的或内在的信息来源来制定决策。

2. 选择一个你最近所做出的对你具有重要影响的决策，分析你的决策过程。

3. 根据媒体信息，搜索一个其管理者刚刚做出一项重大决策的公司网站，考察所做出的决策是什么？为什么做出决策？其成功程度如何？

4. 在任何商业期刊上找出三个关于管理决策的例子，看看是什么因素导致了这项决策，这项决策会带来什么影响，你从这些例子中学到哪些关于决策的经验教训。

5. 与两位管理者面谈并请求他们提供关于如何成为一名优秀决策者的建议，并在课堂上讲述。

6. 上网搜索管理决策最失败的例子，从中挑选三个描述他们的具体状况。你如何看待这些例子？如何做才更好？

7. 用自己的语言，写下本章中你学到的关于如何成为一名优秀管理者的三个要点。

四、计算分析

1. 某企业生产某产品的固定成本为50万元，单位售价80元，单位可变成本40元，试求盈亏平衡点的产量？若企业本年度预计销量为30 000件，其利润或亏损额是多少？其经营安全性如何？

2. 某地就兴建一座化工厂进行决策。如兴建该化工厂，则其产品销售可能面临以下几种情况：畅销，其概率为0.4，每年可盈利500万元；比较畅销，其概率为0.3，每年可盈利200万元；滞销，其概率为0.3，每年将亏损100万元。若将建厂资金用于其他投资，可每年盈利120万元。试用决策树法对是否兴建此化工厂进行决策。

3. 某企业准备生产一种新产品，估计这种产品在市场上的需求量大体上有四种情况：需求量较高、需求量一般、需求量较低、需求量很低，对每种情况出现的概率无法预测。为了生产这种产品，企业考虑了三种方案：A方案是自己动手，改造原有设备；B方案是淘汰原有设备，购进新设备；C方案是购进一部分关键设备，其余自己制造。该产品准备生产5年，据测算，各个方案在各种需求量下5年内的损益值如下表：

各方案损益值 （单位：万元）

方　　案	需求量较高	需求量一般	需求量较低	需求量很低
A	95	60	－12	－20
B	70	45	5	－8
C	60	40	15	5

请分别用悲观决策法、乐观决策法、最小后悔值法选择最佳方案。

第三篇

组 织

第八章

组织结构设计

学习目标

1. 了解组织结构设计的基本理论。
2. 了解组织结构设计的任务、权变因素和步骤。
3. 掌握组织结构设计的形式和原则。
4. 掌握不同类型组织结构的主要特点。

导入案例

H 股份公司发展的瓶颈

H 股份公司是一家有20 多年历史的国有传媒企业。20 世纪 90 年代，该公司改制成股份制公司。公司领导凭借超前的战略眼光和正确的决策，成功把握产业发展机会，并借助资本市场使公司获得了高速发展。目前，该公司已经发展成为以广告、网络和节目三大主业为核心，涉足旅游、房地产、酒店等产业的综合体传媒集团。但是，在公司高速发展和规模扩大的同时，却出现了资产收益率和资产周转率逐年下降的现象。经过反复对比和深入研究，公司高层发现，与当时的国有企业一样，公司的股份制改造并没有从根本上改变企业的组织结构和管理方式。

研究人员经过员工访谈和问卷调查分析后，发现 H 公司的主要问题在于：第一，公司战略定位基本正确，但在战略目标分解成部门或子公司、分公司的子目标以及子目标的实现上存在严重缺陷，战略无法落实；第二，公司总部治理结构相对规范，但子公司的治理结构问题突出，多元化公司总部与各个子公司、分公司的关系和管理模式不合理，岗位职责不清，存在责任交叉和空缺现象，出现问题后相互推诿和找不到责任人的情况时常发生；第三，公司组织结构中存在着部门职责和权力不匹配以及因人设职的情况，组织层级过多，指挥链条混乱及多头指挥等现象；第四，由于公司组织结构的紊乱造成了公司资源的流失，如因为销售决策的制订权分配和执行流程混乱造成客户和市场的丢失，又如利用公司的资源为私人牟利的现象也是层出不穷。

H公司高层决定是时候进行组织的变革了。这将是一场深刻的变革，涉及重新构建企业的组织结构、业务流程的重组、权力的重新分配、人员的重新组合等企业的各方面，否则公司将难以突破这个发展的瓶颈，甚至会走向消亡。

思考：H公司的发展为什么会遇到瓶颈？如何才能突破瓶颈，实现公司的持续发展？

第一节　组织结构设计的任务和原则

组织是为了达到预定的目标，对各种资源的配置过程和由此而产生的权力机构。组织的内涵包括两方面：一是指组织结构；二是指组织过程。实际上，组织就是设计一种组织结构，并使之运转的过程。一个组织能否顺利地实现其目标，能否促使组织成员在实现组织目标的过程中做出贡献，在很大程度上取决于组织结构的完善程度。因此，组织结构的设计就成为组织工作中的关键一环。它是执行组织职能的基础性工作。

一、组织结构设计的任务

想一想：何为组织设计？

组织设计就是对组织开展工作、实现目标所必需的各种资源进行安排，以便在适当的时间、适当的地点把工作所需的各方面力量有效地组合到一起的管理活动过程。组织设计工作包括以下四项具体的任务：

1. 职务分析与设计

职务分析与设计是组织设计的最基础工作。它是在对组织目标进行逐级分解的基础上，具体确定出组织内各项作业和管理活动开展所需设置的职务的类别与数量，以及每个职务所拥有的职责权限和任职人员所应具备的素质。

2. 部门划分和层次设计

根据各个职务所从事工作的性质、内容及职务间的相互联系，采取一定的部门化方式，依照一定的原则，将各个职务组合成被称为“部门”的作业或管理单位。这些部门单位又可以按一定的方式组合成上一层级的更大的部门，这样就形成了组织的“层次”。

3. 结构形成与设计

通过职责权限的分配和各种联系手段的设置，使组织中的各构成部分（各职务、各部门、各层次）联结成一个有机的整体，使各方面的行动协调配合起来。

4. 管理规范与设计

管理规范，是组织管理中各种管理条例、章程、制度、标准、办法等的总称。它是用文字形式规定的管理活动的内容、程序和方法，是管理人员的行为规范和准则。

特别提示：组织结构的规范化，是一个组织科学管理的起点和基础。

管理故事

V 型飞雁

大雁有一种合作的本能，它们飞行时都呈“V”型。这些雁飞行时定期变换领导者，因为为首的雁在前面开路，能帮助它两边的雁形成局部的真空。科学家发现，雁以这种形式飞行，要比单独飞行多出12%的距离。

合作可以产生1+1>2一加一大于二的倍增效果。据统计，诺贝尔获奖项目中，因协作获奖的占2/3以上。在诺贝尔奖设立的前25年，合作奖占41%，而现在则跃居80%。

分工合作正成为一种企业中工作方式的潮流被更多的管理者所提倡，如果我们能把容易的事情变得简单，把简单的事情也变得很容易，我们做事的效率就会倍增，合作就是简单化、专业化、标准化的一个关键，世界正逐步向简单化、专业化、标准化发展，于是合作的方式就理所当然地成为了这个时代的产物。

一个由相互联系、相互制约的若干部分通过一定的结构形式组成的整体，经过优化设计后，整体功能能够大于部分之和，产生1+1>2的效果。

二、组织结构设计的形式

组织设计工作的结果通常体现在以下两份书面文件上：

1. 组织机构系统图（亦称组织图或组织结构图）

它一般是以树形图的形式简洁明了地展示组织内的机构构成及主要职权关系。绘图时常以“方框”来表示职位或部门，方框的垂直排列位置说明该职位或部门在组织层级中所处的位置，而上下两方框间相连的“直线”则体现这两个职位或部门之间的隶属和权力关系，如图8—1所示。

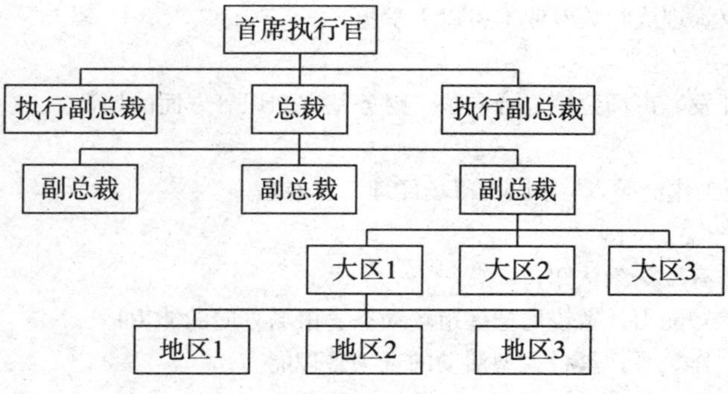

图8—1　某公司组织结构

通过组织结构图，管理者和组织中的成员可以一目了然信息传递的渠道、网络，各部门之间的关系，可以清楚地知道自己所在部门的位置。在组织结构需要进行调整时，组织结构图可以帮助管理者知道哪些部门需要加强、哪些部门需要裁减。

2. 职务说明书，有时亦称作职位说明书

它一般是以文字的形式规定某一职位的工作内容、职责和职权，与组织中其他职务或部门的关系，以及该职务担当者所必须具备的任职条件，如基本素质、学历、工作经验、技术知识、处理问题的能力等，如表8—1所示。

表8—1　　某市场部经理职务说明书

职位名称	市场部经理	职位代码		所属部门	市场部
职　　系		职等职级		直属上级	市场总监
薪金标准		填写日期		核 准 人	

职位概要：

组织部门人员完成销售计划，管理销售工作，完成公司各种市场目标。

工作内容：

组织编制公司年、季、月度销售计划及销售费用预算，并监督实施；

组织公司产品和竞争对手产品在市场上销售情况的调查，综合客户的反馈意见，组织市场调查分析，市场机会开拓和合作伙伴开发；撰写市场调查报告，提交公司管理层；

编制与销售直接相关的广告宣传计划，提交总经理办公室；

组织下属人员做好销售合同的签订、履行与管理工作，监督销售人员做好应收账款的催收工作；

制定本部门相关的管理制度并监督检查下属人员的执行情况；

组织对公司客户的售后服务，与技术部门联络以取得必要的技术支持；

对下属人员进行业务指导和工作考核；

组织建立销售情况统计台账，定期报送财务统计部。

任职资格：

教育背景：

◆市场营销、企业管理或相关专业本科以上学历。

培训经历：

◆受过管理技能开发、市场营销、合同法、财务基本知识等方面的培训。

经验：

8年以上市场管理工作经验，3年以上市场经理工作经验。

技能技巧：

◆对市场营销工作有较深刻认知；

◆有较强的市场感知能力，敏锐地把握市场动态、市场方向的能力；

◆有密切的媒体合作关系，具备大型活动的现场管理能力；

◆熟练操作办公软件；

◆优秀的英语听、说、读、写能力。

态度：

◆工作努力，积极进取，良好的沟通、协调、组织能力；

◆高度的工作热情，良好的团队合作精神；

◆较强的观察力和应变能力。

续前表

工作条件： 工作场所：办公室。 环境状况：基本舒适。 危险性：基本无危险，无职业病危险。
直接下属＿＿＿＿＿＿＿＿ 间接下属＿＿＿＿＿＿＿＿ 晋升方向＿＿＿＿＿＿＿＿ 轮转岗位＿＿＿＿＿＿＿＿

特别提示： 岗位结构图表明组织中各种岗位及其岗位之间的权力关系，职位说明书则表明各岗位的具体职责和上岗人员的素质要求。

三、组织结构设计的原则

1. 目标职能原则

组织结构只是实现组织目标的手段，组织机构只是落实组织机能或职能的器官或工具。因此，管理者在进行组织设计工作时，无论是决定选取何种形式的组织结构，还是决定配置哪些职位、部门与层次，都必须服从于组织目标的实现。组织在一定时期内所要实现和开展的战略目标和关键职能，往往对组织结构的形式与构成起着决定性作用。对组织特定目标和职能的关注应该贯穿到组织设计和变革工作的全过程中。

特别提示： 组织结构的选择和调整应该以是否有利于实现组织目标为衡量标准。

2. 管理跨度原则

管理跨度亦称管理幅度或管理宽度，就是一个主管人员有效领导的直接下属的数量。一般来讲，任何主管人员能够直接有效地指挥和监督的下属数量总是有限的。管理幅度过大，会造成指导监督不力，使组织陷入失控状态；管理幅度过小，又会造成主管人员配备过多，管理效率降低。所以，保持合理的管理幅度是组织设计工作的一条重要原则。

管理故事

王厂长的等级链

王厂长总结自己多年的管理实践，提出在改革工厂的管理机构中必须贯彻统一指挥原则，主张建立直线参谋系统。他认为，即全厂的每个人只有一个人对他的命令是有效的，其他的是无效的。如书记有什么事只能找厂长，不能找副厂长。下面的科长只能听从一个副厂长的指令，其他副厂长的指令对他是不起作用的。这样做中层干部高兴，认为是解放了。原来工厂有13位厂级领导，每个厂级领导的命令都要求下边执行就吃不消了。一次有个中层干部开会时在桌子上放一个本子、一支笔就走了，散会他也没回来。事后，我问他搞什么名堂，他说有三个地方要他开会，你这里热，所以就放一个本子，以便应付另外的会。此事不能怨中层领导，只能怨厂级领导。后来我们规定，同一个时间只能开一个会，并且事先要把报告交到党委和厂长办公室统一安排。现在我们实行固定会议制度。厂长一周两次会，每次两小时，而且规定开会迟到不允许超过五分钟。所以会议很紧凑，每人发言不许超过 15 分钟，超过 15 分钟就停止。

上下级领导界限要分明。副厂长是我的下级，我作出的决定他们必须服从。副厂长和科长之间也应如此。厂长对党委负责，我要向党委打报告，把计划、预算决算弄好后，经批准就按此执行。所以我跟党委书记有时一周一面也不见，跟副厂长一周只见一次面我认为这样做是正常的。我们规定，报忧不报喜，工厂一切正常就不用汇报，有问题来找我，无问题各忙各的事。

王厂长认为，一个人管理的能力是有限的，所以规定领导人的直接下级只有 5～6 个人。我现在多了一点，有 9 个人（4 个副厂长，两个顾问，3 个科长）。这 9 个人我可以直接布置工作，有事可直接找我，除此以外，任何人不准找我，找我也一律不接待。

思考：你如何看待王厂长的做法？

3. 统一指挥原则

统一指挥指的是组织中的每个下属应当而且只能向一个上级主管直接汇报工作，以避免多头领导。可以说，组织内部的分工越是细致深入，统一指挥原则对于保证组织目标实现的作用就越重要。政出多门、命令不统一，一方面会使真正想做事的下属产生无所适从的感觉，另一方面，也会给一些不想做事的下属提供了利用矛盾来逃避责任的机会。

管理故事

巴恩斯医院

10 月的某一天，产科护士长黛安娜给巴恩斯医院的院长戴维斯博士打来电话，要求立即做出一项新的人事安排。从黛安娜的急切声音中，院长感觉到一定发生了什么事，因此要她立即到办公室来。五分钟后，黛安娜递给了院长一封辞职信。

“戴维斯博士，我在产科当护士长已经四个月了，我简直干不下去了。我怎么能干得了这工作呢？我有两个上司，每个人都有不同的要求，都要求优先处理。要知道，我只是一个凡人。我已经尽最大的努力适应这种工作，但看来这是不可能的。让我来举个例子吧。请相信我，这是一件平平常常的事。像这样的事情，每天都在发生。”

“昨天早上 7：45，我来到办公室就发现桌上留了张纸条，是杰克逊（医院的主任护士）给我的。她告诉我，她上午 10 点需要一份床位利用情况报告，供她下午在向董事会作汇报时用。我知道，这样一份报告至少要花一个半小时才能写出来。30 分钟以后，乔伊斯（黛安娜的直接主管，基层护士监督员）走进来质问我为什么我的两位护士不在班上。我告诉她雷诺兹医生（外科主任）从我这要走了她们两位，说是急诊外科手术正缺人手，需要借用一下。我告诉她，我也反对过，但雷诺兹坚持说只能这么办。你猜，乔伊斯说什么？她叫我立即让这些护士回到产科部。她还说，一个小时以后，她会回来检查我是否把这事办好了！我跟你说，这样的事情每天都发生好几次的。一家医院就只能这样运作吗？”

思考：这家医院的组织有问题吗？有人越权行事了吗？

4. 权责对等原则

在进行组织设计时，既要明确每一部门或职务的职责范围，又要赋予其完成职责所必须的权力，使职权和职责两者保持一致，这是组织有效运行的前提，也是组织设计中必须遵循的基本原则。只有责任，没有职权或权限太小，会使工作者的积极性和主动性受到严重束缚；相反，只有职权而无责任，或者责任程度小于职权，则会导致组织中出现权力滥用和无人负责现象的出现。

5. 因事设职与因人设职相结合的原则

组织中每个部门、每个职务都必须由一定的人员来完成规定的工作任务。组织设计必须确保实现组织目标活动的每项内容都能落实到具体的职位和部门，做到"事事有人做"，而不是"人人有事做"。这样，组织设计中自然就要求从工作特点和需要出发，因事设职，因职用人。但这并不意味着组织设计可以忽视人的因素，忽视人的特点和人的能力。组织设计必须在保证有能力的人有机会去做他们真正胜任的工作的同时，使工作人员的能力在组织中获得不断提高和发展。一句话，"人"与"事"的要求应该得到有机的结合。

特别提示： 不管一个组织采用何种组织结构形式，管理者都应该遵循组织结构设计的基本原则。

第二节　组织结构设计的过程

想一想： 一个管理者能够有效率、有效果地管理多少个员工？

一、管理跨度与管理层次

1. 管理跨度

传统认为，管理者无法也不应该直接管理五个或五个以上的下属。确定管理跨度非常重要，因为它在很大程度上决定了一个组织内的层级数量和管理者数量，这是了解该组织效率的一个重要指标。

想一想： 是否管理跨度越大，组织越有效率？

许多因素会影响到管理者能够有效率有效果地管理多少员工。这些因素包括管理者和员工的能力及所从事工作的特征。如员工是否训练有素；下属从事工作的相似性和复杂程度；下属工作地点的距离；标准化程序的使用程度；组织信息的先进程度；组织文化的强度；管理者偏好的管理风格等。

知识链接

近年来的发展趋势是迈向更大的管理跨度，这与管理者追求决策速度、灵活性、更加贴近顾客、向员工授权及减少成本相一致。如果员工充分了解自己的工作，并掌握组织中的工作流程，则管理者可以应付更大的管理跨度。如百事可乐公司位于墨西哥的饼干厂，现在每56个员工向一位管理者汇报工作。不过，为确保绩效不会因为更大的管理跨度受到影响，该公司就公司目标和程序对员工进行充分培训。此外，新的薪酬体系更加强调质量、服务、生产率和团队工作。

2. 管理层次

管理层次描述组织的纵向结构，即从企业最高一级管理组织到最低一级管理组织的所有组织等级，每个组织等级就是一个管理层次。管理层次受到组织规模和管理跨度的影响。通常，组织规模越大，管理层次越多，而在组织规模既定条件下，管理层次和管理跨度成反比，如图8—2所示。

管理故事

老虎的孤独

作为森林王国的统治者，老虎几乎饱尝了管理工作中所能遇到的全部艰辛和痛苦。它终于承认，原来老虎也有软弱的一面。它多么渴望可以像其他动物一样，享受与朋友相处的快乐；能在犯错误时得到哥们儿的提醒和忠告。它问猴子：“你是我的朋友吗?”猴子满脸堆笑着回答：“当然，我永远是您最忠实的朋友。”“既然如此，”老虎说：“为什么我每次犯错误时，都得不到你的忠告呢?”猴子想了想，小心翼翼地说：“作为您的属下，我可能对您有一种盲目崇拜，所以看不到您的错误。也许您应该去问一问狐狸。”老虎又去问狐狸。狐狸眼珠转了一转，讨好地说：“猴子说得对，您那么伟大，有谁能够看出您的错误呢?”

和可怜的老虎一样，许多主管也时常会体味到“高处不胜寒”的孤独。由于组织结构上的等级制度，主管和部属之间隔着一道深深的鸿沟。所有的部属对你的态度，都像对待老虎一样敬而远之，因为：指出你的错误容易，可万一你恼羞成怒，他们不是自取灭亡吗?

任何组织在进行结构设计时都必须考虑每个主管人员直接指挥与监控的下属人数以多少为宜这一管理幅度问题。一般来说，即使在同样获得成功的组织中，每位主管直接管辖的下属数量也不一定相同。每个组织及组织中的每一个管理者都必须根据自身的情况来确定适当的管理幅度，在此基础上再确定组织的管理层次。

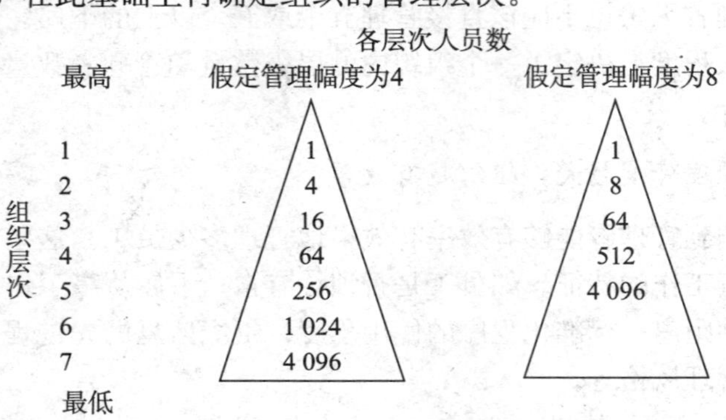

图8—2 管理跨度不同的组织结构示意

注释：在管理幅度为4时：作业人员=4 096；管理人员（1—6层）=1 365。
在管理幅度为8时：作业人员=4 096；管理人员（1—6层）=585。

二、影响组织结构设计的因素

1. 机械式与有机式结构

思考：机械式和有机式的结构各有何利弊？各适合何种组织？

机械式组织是综合使用传统设计原则的自然产物，具有高复杂性、高正规化和集权化的特点。坚持统一指挥的结果也就产生了一条正式的职权层级链，每个人只受一个上级的控制和监督。而保持窄的管理跨度，并随着组织层次的提高缩小管理跨度，这样也就形成了一种高耸的、非人格化的结构。当组织的高层与低层距离日益扩大时，高层管理会增加使用规则条例，因为他们无法对低层次的活动通过直接监督来进行控制并确保标准作业行为的贯彻，所以高层管理者要以规则条例来替代。通过部门化方法的采用而产生的进一步专业化使组织的非人格化特征增强，同时也提出了以重叠的管理层次来协调专业化部门的需要。

有机式组织具有低复杂性、低正规化和分权化的特点，是一种松散、灵活的具有高度适应性的形式，能根据需要迅速地作出调整。有机式组织也进行劳动分工，但工作并不是标准化的。员工多是职业化的，具有熟练的技巧，并经过训练能处理多种多样的问题，他们的教育已经将职业行为的标准灌输到他们体内，所以不需要多少正式的规则和直接监督。它对大多数的问题，都能够自行解决或通过征询同事后得到解决，这是依靠职业标准来指导他的行为。有机式组织保持低程度的集权化，就是为了使职业人员能对问题作出迅速的反应；另一方面也因为，人们并不能期望高层管理者拥有作出必要决策所需的各种技能。机械式与有机式组织的对比如表 8—2 所示。

表 8—2　机械式与有机式组织的对比

	机械式组织	有机式组织
层级关系	严格层级关系	合作（纵向和横向）
职员	固定的职责	不断调整的职责
正规化程度	高度的正规化	低度的正规化
沟通渠道	正式的沟通渠道	非正式的沟通渠道
决策方式	集权的决策	分权的决策

特别提示：虽然正规化对保持一致性和控制是必不可少的，但今天的许多组织更少地依赖于严格的规章制度和标准化程序来指导和规范员工行为。如一位顾客走进某全国大型摄影连锁店的分店，想要冲印一些照片，但此时的时间已经比该店规定的最晚的时间晚了 36 分钟，虽然服务人员知道他应该遵守规章制度，他也知道当天他可以把照片冲印好，并且也希望满足顾客的需求，于是，他接受了这个任务，违反了公司的政策，并且希望经理不会发现。这位员工是否做错了？他确实违反了公司的制度，但是通过“违反”此项规定，他实际上为本店带来了收入并为顾客提供了良好的服务。

2. 环境与组织结构

在所有其他条件相同的情况下，机械式的组织与稳定的环境更为匹配；而有机式的组织则与动态的、不确定的环境更加适应。现在许多管理人员将他们的组织改组为精干、快速和灵活的、全球的竞争，由所有竞争者推动的日益加速的产品创新，以及顾客对高品质和快速交货的愈来愈高的要求，这些都是环境因素动态性的表现。机械式组织并不适于对迅速变化的环境做出反应。因此，我们看到了管理者们改组他们的组织，以便使它们变得更具有机性。

3. 战略与组织结构

公司战略的变化先行于并且导致了组织结构的变化。简单的战略只要求一种简单、松散的结构形式来执行这一战略。这时，决策可以集中在一个高层管理人员手中，组织的复杂性和正规化程度都很低。当组织成长以后，他们的战略变得更有雄心，也更加复杂了。随着公司战略从单一产品向纵向一体化、再向多样化经营的转变，管理当局会将组织从有机式转变为更为机械的形式。

4. 规模与组织结构

大型组织（通常是雇员在 2 000 名以上的组织）往往比小型组织拥有更高水平的专门化、部门化、集权化和更多的规章制度。大型组织比小型组织具有更高程度的专业化和横向及纵向的分化，规则条例也更多。但是，这种关系并不是线形的，规模对结构的影响强度在逐渐减弱。也即随着组织的扩大，规模的影响愈益不重要。例如，一个拥有 2 000 名左右员工的组织，已经是相当机械式的了，再增加 500 名员工不会对它产生多大的影响。相比之下，只有 300 个成员的组织，如果增加 500 名员工，就很可能使它转变为一种更机械式的结构。

5. 技术与组织结构

在所有其他条件相同的情况下，技术愈是常规化的，组织也应当愈是机械式的；相反，技术愈是非常规化的，结构就应当愈是有机式的。如表 8—3、图 8—3 所示。

表 8—3　　琼·伍德沃德对技术、结构和效能的研究

	单件生产	大量生产	连续生产
结构特征	低度的纵向分化 低度的横向分化 低度的正规化	中度的纵向分化 高度的横向分化 高度的正规化	高度的纵向分化 低度的横向分化 低度的正规化
最有效的结构	有机式	机械式	有机式

常规技术只有少量的例外，问题易于分析，如生产钢铁和汽车或者提炼石油的生产技术。工程技术有大量的例外，但可以用一种理性的、系统的分析进行处理，桥梁建造属于这一类。手艺技术处理的是相对复杂、但少量例外的问题，制鞋和家具修补属于这一类。最后，非常规技术以诸多例外和问题难以分析为特征，这类技术的代表是航天业务。

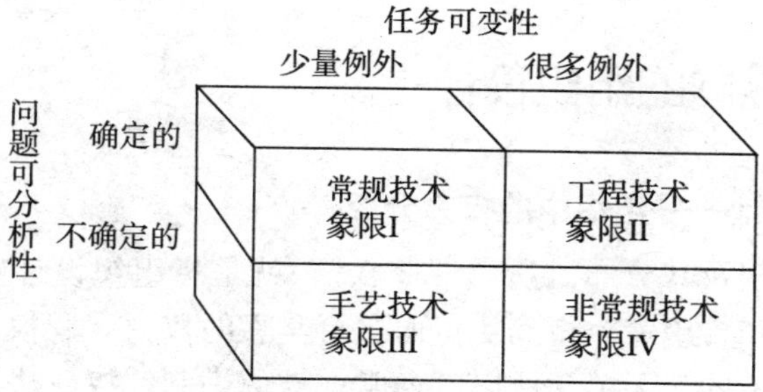

图 8—3　查尔斯·佩罗的技术分类

管理故事

变化带来转机

范尼·梅公司是一家现代高技术公司，是美国最大的家庭抵押的收购者。该公司是建立在主机库中储藏的信息基础上的。该计算机存储了大量的贷款信息，允许公司把几百万抵押容易地变为可售证券。但到了 20 世纪 90 年代，这些主机和高度集中的管理系统却成了公司进一步发展的障碍。

由于以华盛顿为基地的公司计算机无法赶上迅速增长的工作量的需要，范尼·梅开始重新设计公司。他打破了旧的办事缓慢的集中化部门，取而代之的是在每笔贷款开始时有联系的财务、营销和计算机专家组成的工作团体。现在 2 000 多个个人计算机的网络把新的系统链接在一起，新的软件系统使得微机可进入只经过最少培训的雇员那里。1992 年利率下降，家庭再融资开始成为浪潮，公司掌握的新贷款业务量几乎是前一年的两倍，但仅仅增加了一百多名雇员就完成了原先需要近 3 000 人才能完成的工作量，这不能不归功于新的软件系统的应用及由此带来的组织结构的变化。

控制和协调方法必须因技术类型而异。越是常规的技术，越需要高度结构化的组织。反之，非常规的技术，要求更大的结构灵活性。这样，最常规的技术可以通过标准化的协调和控制来实现。非常规的技术要求具有灵活性。

特别提示： 环境、战略、规模、技术四个因素都对组织结构产生影响，但其中任何一个因素的影响都不可能是绝对的。而对组织结构产生决定性影响作用的是权力控制。因为从备选的组织结构模式中选择哪一个，最终由权力控制者决定。如图 8—4 所示。

图 8—4　选择组织结构的过程

三、横向与纵向的组织设计

1. 纵向的组织设计——组织中的权力分配

(1) 组织中的职权及其分布。所谓“职权”，就是指组织设计中赋予某一管理职位的做出决策、发布命令和希望命令得到执行而进行奖惩的权力。职权与组织内的一定职位相关，而与占据这个职位的人无关，所以它通常亦被称做制度权或法定权力。

职权在整个组织中的分布可以是集中化的，也可以是分散化的。所谓“分权”，即职权的分散化，就是决策权在很大程度上分散到处于较低管理层次的职位上。所谓“集权”，即职权的集中化，是指决策权在很大程度上向处于较高管理层次的职位集中的组织状态和组织过程。

思考： *是分权好还是集权好?*

(2) 影响集权与分权程度的主要因素。集权或者分权不能简单地用“好”或“坏”来加以判断。在成功的企业中，既有许多被认为是相对分权的企业，也有许多被认为是相对集权的企业。就是在同一个企业的不同发展阶段，其集权和分权的程度也不完全相同。因此，并不存在着一个普遍的标准，可以使管理者依据它来判断应当分权到什么程度，或是应当集权到什么程度。确定一个组织中职权集中或分散的合理程度，需要考虑如下几方面影响因素：①经营环境和业务活动性质。如果组织所面临的经营环境具有较高的不确定性，处于经常变动之中，组织在业务活动过程中必须保持较高的灵活性和创新性，这种情况就要求实行较大程度的分权。反之，面临稳定的环境和按常规开展业务活动的组织，则可以实行较大程度的集权。②组织的规模和空间分布广度。组织规模较小时，实行集权化管理可以使组织的运行取得高效率。但随着组织规模的扩大，其经营领域范围甚至地理区域分布可能相应地扩大，这就要求组织向分权化的方向转变。③决策的重要性和管理者的素质。一般而言，涉及较高的费用支出和影响面较大的决策，宜实行集权，重要程度较低的决策可实行较大的分权。组织中管理人员素质普遍较高，则分权具备比较好的基础。④方针政策一致性的要求和现代控制手段的使用情况。鉴于集权有利于确保组织方针政策的一致性，所以在面临重大危机和挑战时，组织往往会采取集权的办法。另外，拥有现代化通信和控制手段的组织，在职权配置上经常会呈现两个方向的变动：一是重要和重大问题的决策可以实行更大程度的集权，而次要问题的决策则倾向于更大程度的分权。⑤组织的历史和领导者个性的影响。严格地说，这些是对组织集权或分权程度的现实影响因素。如果组织是在自身较小规模的基础上逐渐发展起来，并且发展过程中亦无其他组织的加入，那么集权倾向可能更为明显。因为组织规模较小时，大部分决策都是由最高主管直接制定和组织实施的，这种做法可能延续下来。同样，组织中个性较强和自信、独裁的领导者，往往喜欢其所辖部门完全按照自己的意志来运行，这时集权就是该类组织经常会出现的状态。对这些现实的影响组织职权配置状态的因素，应该辩证地加以看待。现实的未必就是合理的，但现实的往往是不得不遵从的。

特别提示：过分集权的弊端。：

(1) 降低决策的质量和速度。在规模相对比较大的组织中，高层主管距离生产作业活动的现场较远，如果管理权力过于集中，现场发生的问题需要经过层层请示汇报后由高层人员做出，这样做出来的决策，不仅难以保证其应有的准确性，而且时效性也会受到影响。

(2) 降低组织的适应能力。过分集权的组织，可能使各个部门失去自我适应和自我调整的能力，从而削弱组织整体的应变能力。

(3) 致使高层管理者陷入日常管理事务中，难以集中精力处理企业发展中的重大问题。

(4) 降低组织成员的工作热情，并妨碍对后备管理队伍的培养。管理权力的高度集中，不仅会挫伤下层管理人员和作业人员的工作主动性和创造性，而且使他们丧失了在实践中锻炼和提高自己能力的机会，从而可能对组织的长远发展造成不利的影响。

(3) 分权的标志。考察一个组织集权或分权的程度究竟多大，最根本的标志是要看该组织中各项决策权限的分配是集中的还是分散的。具体地说，判断组织集权或分权程度的标志主要有：①所涉及决策的数目和类型。如果组织中低层管理者可以自主做决定的事项数目越多，则组织分权程度就越大。同时，低层管理者所做的决策越具有重要性，影响范围越广泛，组织的分权程度也越大。趋于将较多和较大的决策权集中到高层的组织是集权化的，而只集中少量重大问题决策的组织则是相对分权化的。②整个决策过程的集中程度。组织中如果有不同的部门参与了决策信息的收集，或者决策方案的拟定和评价工作与决策方案的选择工作是相对分离的，这种组织中的决策权限相对来说是比较分散的。而如果所有这些决策步骤都由某主管一人来承担，这样的决策就较为集权。在决定做出之后、付诸执行之前，如果必须报请上级批准，那么分权程度就降低。而且，被请示的人越多且其所处层次越高，分权程度就越小。③下属决策受控制的程度。主管人员如果对下属的活动进行高密度的监督和控制，则分权程度比较低。如果组织制定出许多细致的政策、程序、规则来对成员的决策行为施加前提影响，这样分权程度也降低。反之，如果约束人们行为的规章制度较少，或者虽有规章制度，但内容较粗，给予人们的自由度比较大，则组织的分权程度就较高。

特别提示：分权可以通过两种途径来实现：一是改变组织设计中对管理权限的制度分配；二是促成主管人员在工作中充分授权。前者是对组织中职权关系的一种再设计，是在组织变革过程中实现的；后者则是在组织运行中，通过各层领导者的权力委让行为，系统地将决策权授予中下层管理者，使他们切切实实地得到组织制度所规定的权力。

2. 横向组织设计——部门化

部门是指组织中主管人员为完成规定的任务有权管辖的一个特定的领域。部门的划分是组织的横向分工。部门划分的目的，在于确定组织中各项任务的分配与责任的归属，以求分工合理、职责分明，有效地达到组织的目标。

（1）部门划分的要求。①确保目标的实现。必要的职能均应具备，以确保目标的实现。在企业中，其主要职能是生产、销售和财务等；在医院里，主要职能是医疗服务等，像此类的职能都必须要有相应的部门。②组织机构应具有弹性。划分部门的数量应随业务的需要而增减。在一定时期划分的部门，没有“永久”性的“商标”，其增设和撤销应随业务工作而定。可设立临时部门或工作组来解决临时出现的问题。③力求维持最少部门。组织机构是由管理层次和管理部门结合而成的。设计组织机构要力求精简，部门必须力求量少。但这是以有效地实现组织目标为前提的。

特别提示：部门的划分，解决了因管理跨度的限制而约束组织规模扩大的问题，同时把业务工作安排到各个部门中去，有利于组织目标的实现。由于业务工作的划分难以避免地带来部门间不协调的问题。因此，在划分部门的同时，也必须考虑到这种不协调所带来的消极影响。

（2）部门划分的方法。①按人数划分。即抽取一定数量的人在主管人员的指挥下去执行一定的任务。这是一种最原始、最简单的划分方法。军队中的师、团、营、连即是用此方法划分的。②按时间划分。这种方法多见于组织的基层。它是在正常的工作日不能满足工作需要时所采用的一种划分部门的方法。例如许多工业企业按早、中、晚三班制进行生产活动，那么部门设置就可以是三个。此外，交通、邮电、医院等组织也采用这种轮班制的方法来进行部门的划分。③按职能划分。即根据生产专业化的原则，以工作或任务的性质为基础来划分部门。这是现代组织最广泛采用的一种方法。其优点在于，有利于充分发挥专业职能，使主管人员的注意力集中在组织的基本任务上，有利于目标的实现；同时它简化训练工作，为上层主管部门提供了进行严格控制的手段。但容易使各职能部门的专业人员产生“隧道视野”，从而给各部门之间的横向协调带来一定的困难。

知识链接

隧道视野

美国的一个摄制组，想拍一部中国农民生活的纪录片。于是他们来到中国某地农村，找到一位柿农，说要买他 1 000 个柿子，请他把这些柿子从树上摘下来，并演示一下贮存的过程，谈好的价钱是 1 000 个柿子给 20 美元。

柿农很高兴地同意了。于是他找来一个帮手，一人爬到柿子树上，用绑有弯钩的长杆，看准长得好的柿子用劲一拧，柿子就掉了下来。下面的一个人就从草丛里把柿子找了出来，捡到一个竹筐里。柿子不断地掉下来，滚得到处都是。下面的人则手脚飞快地把它们不断地捡到竹筐里，同时还不忘高声大嗓地和树上的人拉着家常。在一边的美国人觉得这很有趣，自然全都拍了下来。接着又拍了他们贮存柿子的过程。

美国人付了钱就准备离开，那位收了钱的柿农却一把拉住他们说：“你们怎么不把买的柿子带走呢？”美国人说不好带，也不需要带，他们买这些柿子的目的已经达到了，这些柿子还是请他自己留着。“天底下哪有这样便宜的事情呢？”那位柿农心里想。看着美国人远去的背影，柿农摇摇头感叹道：“没想到世界上还有这样的傻瓜！”

那位柿农不知道，他的 1 000 个柿子虽然原地没动地就卖了 20 美元，但那几位美国人拍的他们采摘和贮存柿子的纪录片，拿到美国去却可以卖更多更多的钱。他也不知道，在那几个美国人眼里，他的那些柿子并不值钱，值钱的是他们的那种独特有趣的采摘、贮存柿子的生产生活方式。

柿农的蝇头小利比起那几个美国人的利益来说实在不算什么。在企业的投资构成中，决策者是像文中的柿农一样只看到眼前的比较直接的“小利益”还是能把眼光放长远一些，发现更大、但可能比较隐蔽的“大利益”。

隧道视野效应告诉我们，一个人若身处隧道，他看到的就只是前后非常狭窄的视野。若想让自己有开阔的思路和长远的眼光，就应该站在高处、站在开阔的地方，就要去拓展眼界，增长见识，只有这样才能做到见多识广，才能深谋远虑。

④按地区划分。对于分散在不同地区的组织来说，按地区划分部门是一种比较普遍采用的方法。这种方法是在当组织地理位置分布于不同地区，各地区的政治、经济、文化等因素影响到组织的经营管理时，把某个地区或区域内的业务工作集中起来，委派一位经理来主管其事。其目的是为了调动各个地区的积极性，从而取得地方化经营的优势效益。

⑤按产品划分。按产品划分部门是按产品或产品系列来组织业务活动的一种方法。例如大学里的系、研究所就是按照不同领域里的课程和研究而设置的。这种按产品划分部门的方法一般能够发挥个人的技能和专长，发挥专业设备的效率，有利于部门内的协调。同时，它还使各部门的主管人员把注意力集中在产品上，这对产品的改进和发展是十分重要的。但是，这种方法要求更多的人具有全面管理的能力，造成各产品部门的独立性较强而整体性则较差。这就加重了主管部门在协调和控制方面的困难。

⑥按服务对象划分。它根据服务对象或顾客的需要，在分类的基础上来划分各个部门。这种方法也是由许多不同类型的组织中所普遍采用的。例如一所大学的学生，可以分为研究生、本科生、专科生、进修生、函授生、夜大学生等类型。那么，对这些不同类型的学生的安排，就形成了学校的不同部门。

⑦按设备划分。这种方法常常和其他划分方法结合起来使用。例如医院的放射科、心电图室、脑电图室、超声波室等部门的形成，就是按这种方法划分的。又如现在许多组织都已建立起来的电子计算机站或信息处理中心，也是这种划分方法的一个例子。

特别提示： 划分方法的选择不是唯一的，并不一定要求各层次的业务部门都整齐划一。实践中，每个组织都应根据自己的特定条件，选择能取得最佳效果的划分方法。在很多的情况下，常常采用混合的方法来划分部门，即在一个组织内或同一组织层次上采用两种或两种以上的划分方法。例如一所大学，在中层这个管理层次上，就可以按领域划分为各个系、所；按职能划分为总务处、财务处、保卫处、教务处、人事处、外事处等；按服务对象划分为研究生院、成人教育学院；按设备划分为电化教育中心、计算中心等等。这种混合划分部门的方法，常常能够更有效地实现组织的目标。

第三节　组织结构设计的类型

企业组织结构是企业组织的“骨骼系统”，健全的组织结构可以使企业的人、财、物和信息等生产要素之间达到有机结合，对企业实现经营目标，协调组织内部关系，充分发挥各级人员的积极性，提高企业市场应变能力和竞争能力，有极其重要的意义。主要的组织结构类型有：

一、直线制组织结构

直线制形式是一种最古老的组织结构，最初广泛在军事系统中得到应用，后推广到企业管理工作中来。如图 8—5 所示，直线制组织结构的突出特点是：企业的一切生产经营活动均由企业的各级主管人员直接进行指挥和管理，不设专门的参谋机构和人员，至多只有几名助理协助厂长（或经理）的工作。企业日常生产经营任务的分配与运作，都是在厂长（或经理）的直接指挥下完成的。

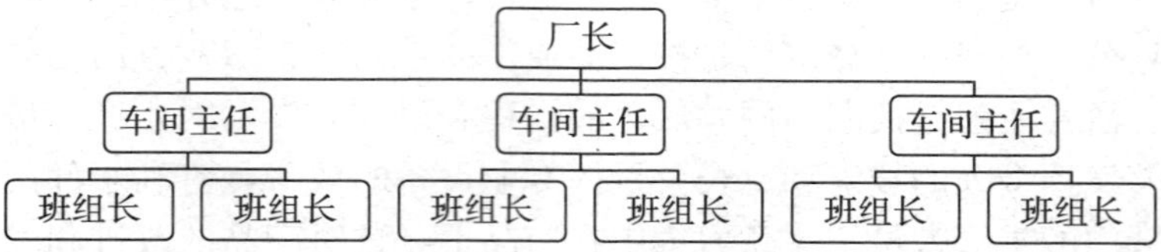

图 8—5　直线制组织结构

直线制组织的优点是：管理结构简单，管理费用低，指挥命令关系清晰、统一，决策迅速，责任明确，反应灵活，纪律和秩序的维护较为容易。但是，这种组织结构由于没有对管理工作进行专业化分工，因此要求企业的各级领导者精明能干，具有多种管理专业知识和生产技能知识。但现实中，每个管理人员的精力毕竟有限，依靠主管个人的力量很难对问题做出深入、细致、周到的思考。因此，管理工作就往往显得比较简单和粗放。同时，组织中的成员只注意上情下达和下情上达，成员之间和组织单位之间的横向联系比较差。另外，原管理者一旦退休，他的经验、能力无法立即传给继任者，再找到一个全能型又熟悉该单位情况的管理者立即着手工作也面临困难。

二、直线职能制组织结构

这种组织结构的最大特点是在各级直线指挥机构之下设置了相应的职能机构或人员从事专业管理。直线职能制组织结构如图 8—6 所示。

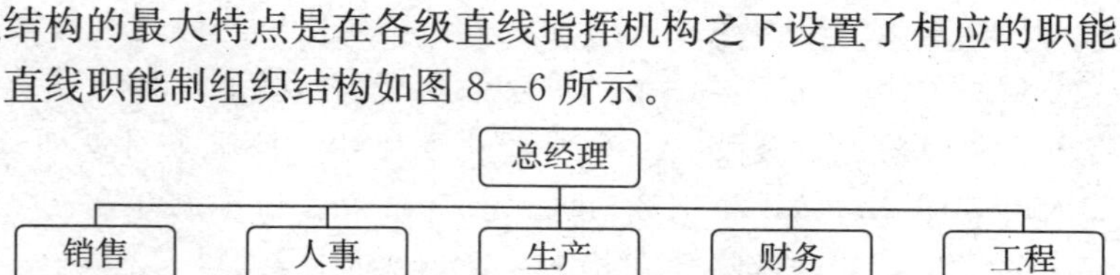

图 8—6　直线职能制组织结构

特别提示： 直线职能制是目前企业采用最多的一种组织形式。这是一种极为古老的组织形式，据说，埃及的金字塔工程就是按照职能来组织工作的。但作为一种严谨和成熟的结构则是亨利·法约尔在本世纪初期设计出来的，并在许多国家中得到应用。这种组织结构最大的优点是具有明确性和高度的稳定性。每个人都有一个“据点”，都了解自己的工作，分工很具体，是一种以工作为中心的组织形式。但是，随着环境的变化和企业规模的扩大，这种组织结构的许多问题也逐渐暴露出来。企业中的每个部门或人员只关心自己“份内”的事情，很难理解企业整体的任务并把它同自己的工作联系起来，容易形成“事不关己，高高挂起”的情况；只有在总经理一级才能将研究与发展、生产、销售、财务等工作协调起来；当企业经营不景气时，各部门特别是同级部门为维护自身利益而容易相互推卸责任，相互指责，进而产生摩擦、误会、派系甚至独立王国。更为严重的是，当企业发展到很大规模时，企业的组织层次会变得很多，内部沟通很困难，加上相互之间缺少有效的协作机制，而使企业变得僵化无法适应环境变化。

三、事业部制组织结构

事业部制组织结构亦称 M 型结构（multidivisional structure），简称（M-form），或多部门结构，有时也称为产品部式结构或战略经营单位。即按产品或地区设立事业部（或大的子公司），每个事业部都有自己较完整的职能机构。

事业部在最高决策层的授权下享有一定的投资权限，是具有较大经营自主权的利润中心，其下级单位则是成本中心。事业部制具有集中决策，分散经营的特点。集团最高层（或总部）只掌握重大问题决策权，从而从日常生产经营活动中解放出来。事业部本质上是一种企业界定其二级经营单位的模式，如图 8—7 所示。

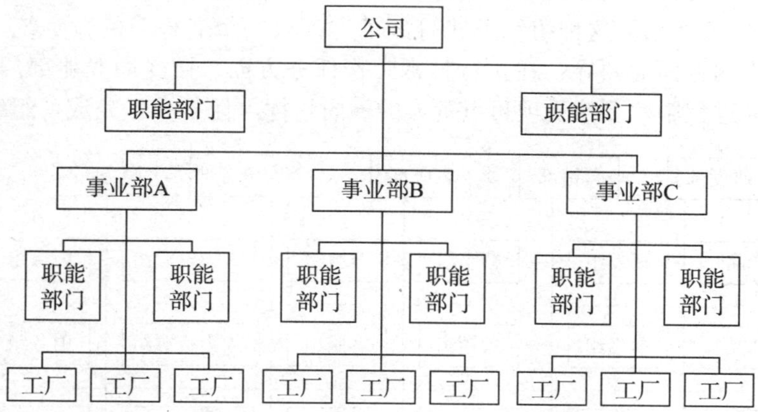

图 8—7　事业部制组织结构

知识链接

事业部制最早是由美国通用汽车公司总裁斯隆于1924年提出的，故有“斯隆模型”之称，也叫“联邦分权化”，是一种高度集权下的分权管理体制。当时，通用汽车公司合并收买了许多小公司，企业规模急剧扩大，产品种类和经营项目增多，而内部管理却适应不了这种急剧的发展而显得十分混乱。时任通用汽车公司常务副总经理的斯隆参考了杜邦化学公司的经验，以事业部制的形式于1924年完成了对原有组织的改组，使通用汽车公司的整合与发展获得了较大成功，成为实行事业部制的典型，因而事业部制又称“斯隆模型”。几乎与此同时，在日本，“经营之神”松下幸之助在1927年也采用了事业部制，这种管理架构在当时被视为划时代的机构改革，与“终身雇佣制”、“年功序列”并称为松下制胜的“三大法宝”。据统计，到1969年，在美国500家大公司中，有380家以不同方式采用了“通用”的事业部制的组织结构模式，在日本也有大约1/2的大公司采用。

事业部制的优点在于：其一，组织最高管理部门可以摆脱繁杂的日常行政管理事务，成为真正强有力的决策机构；其二，各事业部自成体系，独立经营、核算，可以发挥其灵活性和主动性，并进而增强企业整体的灵活性和适应能力；其三，可促进各事业部之间的竞争，促进企业发展；其四，通过权力下放，使各事业部接近市场和顾客，按市场需要组织生产经营活动，有助于经济效益的改进和提高；其五，有利于培养和训练管理人才。其不足是组织机构重叠，管理费用大，局部利益和整体利益难以协调。

事业部制适用于规模庞大，品种繁多，技术复杂的大型企业，是国外较大的联合公司所采用的一种组织形式，近几年中国一些大型企业集团或公司也引进了这种组织结构形式。

四、矩阵式组织结构

由纵横两套管理系统交错而成的组织结构。它开始是企业内部为完成某项特定任务而组建的，如图8—8所示。这种组织形式打破了“一人一个老板”的命令统一原则，使一个员工同时接受两方面的领导：在执行日常工作任务方面，接受原职能部门的垂直领导；在完成特定任务过程中，要接受项目负责人的横向指挥。任务一旦完成，组织成员仍回原

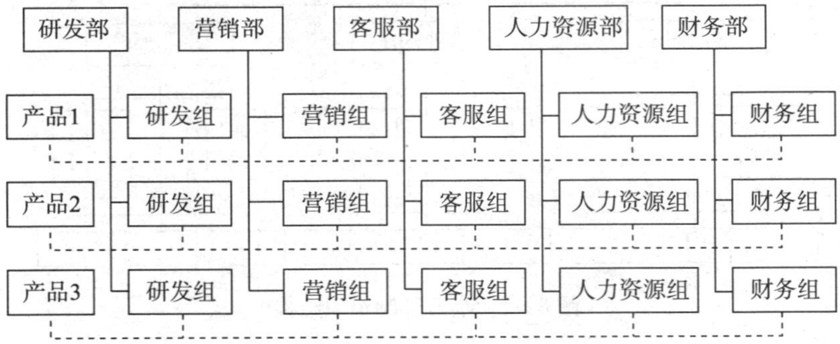

图8—8 矩阵式组织结构

部门工作。此时，这一组织形式可能因任务的完成而消失，也可能继续维持下去，但要重新挑选组织成员，并往往执行另一项特定目标。因此，这种组织结构非常适用于横向协作和攻关项目。

这种组织形式的优点是：具有较大的灵活性、适应性；能够把横向职能部门的联系、纵向项目小组的协调、集权与分权有机地结合起来；有利于发挥专业人员的潜力；有利于各种人才的培养。其不足：双重领导容易产生矛盾和扯皮现象；对项目负责人的要求较高；大家都有临时工作的感觉而导致人心不稳。

管理故事

某轿车配件公司的烦恼

为了给各种型号的轿车配备密封条，某汽车配件公司专门成立了项目团队，每个团队负责为一种车型研究设计和销售配套的密封条。团队成员来自于原来的研究开发部、工艺技术部、生产车间、销售部和客户服务部等部门，他们同时接受项目团队负责人和原来职能部门领导人的领导。这种结构设计的初衷是希望每个团队拥有研发所需要的各种专业人才，可以专心于一种产品的研究设计和经营。同时，项目组成员又有参与原有职能部门的活动，专业知识和技能也可得到发展。

项目团队解决了原来结构中的一些问题，但同时也产生了新的问题。在跨职能的项目团队中，没有明确谁有权做出哪些决定。例如，谁有权决定产品的特点，是否允许销售人员打折，项目经理是否可以告诉工程技术人员产品设计中应该优先考虑的因素，故项目经理和运营人员之间的冲突日益尖锐。

项目团队不知道他们的权力到什么地方为止，项目团队的工程技术人员努力执行项目团队的工程计划，但无权改变工程部门时间进度。每个项目团队都想让自己的产品成为工程部最重要的产品。每个项目团队也都想从职能部门拉来最高级的人才，希望他们在所代表的职能部门中更有影响力。解决权威问题的一个办法是让高级主管参加所有项目团队会议，由他来做出所有的决定。曾经有一段时间也是这么做的，但这可不是切实可行的好办法，因为高级主管需要时间来负担其自身的诸多职责。

项目团队还产生了其他资源分配的问题，有团队内部的，也有团队之间的。因为项目团队没有系统的确定资源应当按照何种优先次序在小组内进行分配。

五、动态网络组织结构

想一想：为什么会出现动态网络结构？

动态网络结构出现的主要原因在于“大企业病”。在工业社会，为了追求规模经济性，许多企业片面追求规模的扩大和功能的齐全，进而形成了一种“企业办社会”的经营思路，结果产生了许多机构庞杂的大企业。随着工业社会向信息社会转变，消费者需求变得越来越多样化，竞争日趋激烈，技术更新的速度越来越快，在这样的情况下，许多大企业染上了“大企业病”。

知识链接

“大企业病”主要指的是由于大企业机体庞大而衍生的大企业内部的新陈代谢紊乱。往往表现出不同的“病症”，如机构膨胀、臃肿；管理部门和管理人员逐渐增多，手续繁杂、办事拖拉、会议过多、相互扯皮等官僚作风严重；一些陈旧的部门虽然没有太大的存在意义，但仍然极力强调自身的重要性，局部利益不可侵犯；制度过多而且僵化，加上官僚主义的作风，进而极大地影响了职工的士气；内部沟通、协调机制不畅，造成工作效率低下；富余人员多，同时又过分强调稳定，组织内部缺乏向危机感挑战的精神，风险意识和创新精神淡化等等。上述病症在一些非营利性组织中也存在。

“大企业病”的存在使人们认识到，在社会分工日趋细化的时代，“大而全”、“小而全”的企业已经难以在激烈的市场竞争中占据竞争优势，众多的各具优势的企业联合起来，相互支持，互为补充，不仅可以使每个企业获得开展生产经营活动所需的资源，而且在生产经营活动中强化了自身的竞争优势。因而产生了网络组织结构这种模式。这种组织结构只有很小的中心组织，依靠其他组织，以合同方式为基础，从事制造、营销等经营活动的结构。作为一种新形式的组织结构，网络组织结构有助于组织自身规模的精简，使组织具有更大的灵活性和应变能力，进而成为当今社会的一种流行模式。如图 8—10 所示。

伴随着信息技术的发展而出现的虚拟公司就是这样的组织形式。在这种组织形态下运作的企业有完整的功能，如生产、营销、设计、财务等，但在企业内部却没有执行这些功能的部门。企业仅保留最关键的功能，然后将其他功能虚拟化，以各种方式借用外力进行整合，进而创造企业本身的竞争优势。虚拟公司采用的是借用“外部资源整合”的策略，而非以往所说的“内部资源选择”的策略。

知识链接

虚拟公司，是指利用网络卫星等高科技通信和流通技术组成的不受地域时空限制的经营性组织。虚拟公司可能没有办公室，没有组织，没有系统层次与垂直整合，虚拟公司是看不到的公司，也称之为影子公司。虚拟公司是一种商业性的精英结构和精英文化。它利用高信息技术手段，在全球范围内营造其软性操作机构；每个地区无需正式存在在该地域的办公人员，总公司直接受理各地区业务并随时处理全球性的工作。其主要特征是它的高智能性。它能够适应知识经济时代自身发展的需求，使低信息，低知识，低技术含金量的劳动密集型产品和产业淘汰掉，取而代之的是高信息、高知识、高技术含量的知识密集型产品和产业。虚拟公司的管理特点是：信息的知识管理，即时间管理；不受时空限制的隐形管理。虚拟公司是以任务信息为彼此联系的纽带。只要能及时有效的提供产品和服务就可以了，消费者没有必要也不可能去关心何时何地由哪个厂家完成任务。他们需要的只是最终的产品和服务，只要用得好即可。从顾客的角度来看，虚拟动作的服务提供者以及管理机制都是隐形的，消费者完全不必要也不可能知道每项服务是由谁提供的。

动态网络型结构的优点是：组织结构具有更大的灵活性和柔性，以项目为中心的合作可以更好地结合市场需求来整合各种资源，而且容易操作，网络中的各个价值链部分也随时可以根据市场需求的变动情况增加、调整或撤并；另外，这种组织结构简单、精炼，由于组织中的大多数活动都实行了外包，而这些活动更多地靠电子商务来协调处理，组织结构可以进一步扁平化，效率也更高了，如图 8—9 所示。

动态网络型结构的缺点是：可控性太差。这种组织的有效动作是通过与独立的供应商广泛而密切的合作来实现的，由于存在着道德风险和逆向选择性，一旦组织所依存的外部资源出现问题，如：质量问题、提价问题、及时交货问题等，组织将陷入非常被动的境地。另外，外部合作组织都是临时的，如果网络中的某一合作单位因故退出且不可替代，组织将面临解体的危险。网络组织还要求建立较高的组织文化以保持组织的凝聚力，然而，由于项目是临时的，员工随时都有被解雇的可能，因而员工对组织的忠诚度也比较低。

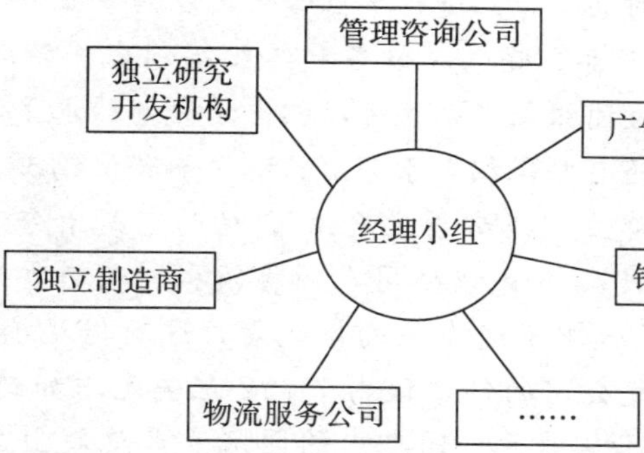

图 8—9　动态网络组织结构

管理故事

美国通用电气公司的组织结构

通用电气公司（GE）是世界上最大的多元化服务性公司，从飞机发动机、发电设备到金融服务，从医疗造影、电视节目到塑料，GE 公司致力于通过多项技术和服务创造更美好的生活。通用电气公司在全世界 100 多个国家开展业务，在全球拥有员工近 300 000 人。通用电气公司在创立后的 80 多年中，以各种方式吞并了国内外许多企业。1939 年国内所辖工厂只有 30 几家，到 1947 年就增加到 125 家，1976 年年底在国内 35 个州共拥有 224 家制造厂。在国外，它逐步合并了意大利、法国、德国、比利时、瑞士、英国、西班牙等国的电工企业。1972 年该公司在国外的子公司包括：欧洲 33 家、加拿大 10 家、拉丁美洲 24 家、亚洲 11 家、澳大利亚 3 家、非洲 1 家。到 1976 年年底，它在 24 个国家共拥有 113 家制造厂，成为一个庞大的跨国公司。

改革体制

由于通用电气公司经营多样化，品种规格繁杂，市场竞争激烈，它在企业组织管理方面也积极从事改革。20 世纪 50 年代初，该公司就完全采用了“分权的事业部制”。当时，整个公司一共分为 20 个事业部。每个事业部各自独立经营，单独核算。以后随着时间的推移，企业经营的需要，该公司对组织机构不断进行调整。1963 年，当波契接任董事长时，公司的组织机构共计分为 5 个集团组、25 个分部和 110 个部门。当时公司销售正处于停滞时期，五年内销售额大约只有 50 亿美元。到 1967 年以后，公司的经营业务增长迅速，几乎每一个集团组的销售额都达16亿美元。波契认为业务扩大之后，原有的组织机构已不能适应。于是把5个集团组扩充到10个，把25个分部扩充到50个，110个部门扩充到170个。他还改组了领导机构的成员，指派了8个新的集团总经理、33个分部经理和100个新的部门领导。同时还成立了由5人组成的董事会，他们的职责是监督整个公司，并为公司制定比较长期的基本战略。

战略事业单位

在60年代末，通用电气公司在市场上遇到威斯汀豪斯电气公司的激烈竞争，公司财政一直在赤字上摇摆。公司的最高领导便于1971年在企业管理体制上采取了一种新的战略性措施，即在事业部内设立“战略事业单位”。这种“战略事业单位”是独立的组织部门，可以在事业部内有选择地对某些产品进行单独管理，以便事业部将人力物力能够机动有效地集中分配使用，对各种产品、销售、设备和组织编制出严密的有预见性的战略计划。这种“战略事业单位”与集团组相当；也可以相当于分部的水平，例如医疗系统、装置组成部分和化学与冶金等；还有些是相当于部门的水平如碳化钨工具和工程用塑料。通用电气公司的领导集团很重视建立“战略事业单位”，认为它是十分有意义的步骤，对公司的发展是一个重要的途径，1971年，该公司在销售额和利润额方面都创出了纪录。从该公司20世纪60年代到70年代中迅速发展的情况看，这项措施确乎也起了不少作用。从1966年到1976年，通用电气公司的销售额由71.77亿美元增加到156.97亿美元；纯利润由3.39亿美元增加到9.31亿美元。同期内的固定资产总额由27.57亿美元上升到69.55亿美元。

重新集权化

20世纪70年代中期，美国经济又出现停滞，于1972年接任为通用电气公司董事长的琼斯，担心到80年代可能会出现比较长期的经济不景气，到1977年底他又进一步改组公司的管理体制，从1978年1月实行“执行部制”，也就是“超事业部制”。这种体制就是在各个事业部上再建立一些“超事业部”，来统辖和协调各事业部的活动，也就是在事业部的上面又多了一级管理。这样，一方面使最高领导机构可以减轻日常事务工作，便于集中力量掌握有关企业发展的决策性战略计划；一方面也增强了企业的灵活性。在改组后的体制中，董事长琼斯和两名副董事长组成最高领导机构执行局，专管长期战略计划，负责和政府打交道，以及研究税制等问题。执行局下面设5个执行部（即“超事业部”，包括消费类产品服务执行部、工业产品零件执行部、电力设备执行部、国际执行部、技术设备材料执行部)，每个执行部由一名副总经理负责。执行部下共设有9个总部（集团），50个事业部，49个战略事业单位。各事业部的日常事务，以及有关市场、产品、技术、顾客等方面的战略决策，以前都必须向公司最高领导机构报告，分别由两位副董事长领导。此外，财务、人事和法律3个参谋部门直接由董事长领导。

建立网络系统

通用电气公司在企业管理中广泛应用电子计算机后，建立了一个网络系统，大大提高了工作效率。这个网络系统把分布在49个州的65个销售部门、分布在11个州的18个产品仓库、分布在21个州的40个制造部门（共53个制造厂）统统连接起来。在顾客打电话来订货时，销售人员就把数据输入这个网络系统，它就自动进行下一系列工作：如查询顾客的信用状况，并查询在就近的仓库有无这种产品的存货，在这两点得到肯定的回答以后，这个网络系统就同时办理接受订货、开发票、登记仓库账目等业务，如果必要，还同时向工厂发出补充仓库存货的生产调度命令，然后通知销售人员顾客所需货物已经发货。这全部过程在不到15秒的时间内即可完成。还有一点值得注意的是，除了办事速度快以外，这个网络系统实际上已把销售、存货管理、生产调度等不同的职能结合在一起了。

六、企业集团的组织结构

组建企业集团，加大中国企业参与全球经济竞争的实力，是面向21世纪中国企业改革的重大举措。近年来，中国组建的各种类型的企业集团越来越多。顾名思义，企业集团是多个企业的联合体，不同于单一企业。企业集团组织结构如图8—10所示。

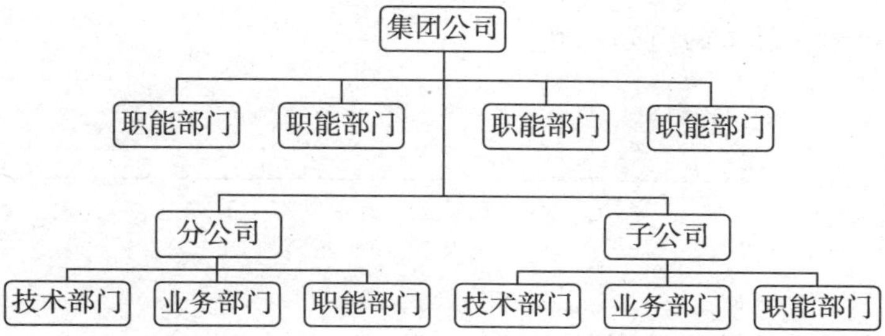

图8—10　企业集团的组织结构

企业集团也不同于建立在合同基础上的网络组织，主要表现在：

其一，企业集团有核心企业，这个核心可以有一个或若干个大中型骨干企业、科研单位或其他有投资能力的企业组成。集团的成员企业以资金、技术、商标等产权关系为纽带，形成严密的组织形式和高度集中的管理指挥中心的经济联合体；网络组织是生产要素的简单联合，有的甚至相互间只有短期的合同约束。

其二，企业集团的联合是多层次的，往往有处于核心层、紧密层、半紧密层、协作层的众多企业所组成，处于不同层次上的企业之间往往因产权关系等因素而具有很强的制约甚至控制关系；网络组织往往只有松散的联合层，成员企业之间没有制约，或制约不强。

产权关系是把众多的企业联合在一起形成企业集团的最重要的纽带。按产权关系可以把集团中的企业划分为全资子公司、控股公司和参股公司，然后结合集团经营战略的需要，确定企业在集团中所处的层次。集团中企业部分甚至全部都是独立的法人，因此，如何构建集团公司与下属企业特别是紧密层企业之间的管理模式，便成为理论和实践领域必须格外关注的问题，也是构建企业集团组织结构的主要依据。

特别提示： 组织结构形式多种多样，每种结构形式各有优缺点和适用范围。对于某一特定的组织，可采用不同的组织结构形式。

知识链接

到2020年，从事全职工作的劳动力所占的比例将会大大减少。组织将越来越依赖合同制的员工和兼职员工来完成任务。从员工角度看，这将意味着个体能更好地掌控自己的未来，而不是依赖于一个雇主。

未来的员工更像是外部的咨询顾问，而不是全职员工。工作任务将是临时性的，可能会持续几个星期或几年，前提假设是：无论是从员工还是雇主来看，这种雇佣关系并不会成为永久的关系。因此，你会发现自己始终不断地与一群不同的同事从事各种新的工作项目。

此外，可以预计的是，人们会看到更少的大型企业总部建筑及位于城市核心区域的企业中心。工作需要不会要求组织把大量员工集中在某个地方办公。很多总部城市会出现大量的空荡荡的办公场所。工作机会将会分散到各个地方，而且在很多情况下，并不取决于员工在哪里定居。越来越多的劳动力将会在家办公。而且，许多组织会设立区域性的小型中心以便于员工在此碰头或工作。与位于城市中心的办公场所相比，这些小型中心的运转成本更低，而且能缩短员工的通勤距离。

复习题

一、选择题

1. 组织设计的出发点和归宿是 （　　）

A. 精简　　B. 组织职能

C. 实现组织目标　　D. 整齐划一

2. 下列特点不属于稳定—机械式组织的特点的是 （　　）

A. 组织环境相对稳定和确定

B. 组织目标明确而持久

C. 技术相对统一而稳定

D. 组织层次较少，具有较大的结构可变性和灵活性

3. 下列对组织职权配置方式说法正确的是 （　　）

A. 组织规模越大，对组织职权采取集中的可能性也越大

B. 中下层管理人员的素质和能力越高，职权应该越集中

C. 组织的管理技术水平越高，职权越没有可能实行分散形式

D. 把自己掌握管理权的多少作为自己追求的价值的管理者，容易采用集权形式

4. 适合稳定—机械式组织的环境是 （　　）

A. 简单静态的环境　　B. 简单动态的环境

C. 复杂静态的环境　　D. 复杂动态的环境

5. 下列适合于缩小管理幅度设计的是 （　　）

A. 工作简单而稳定　　B. 工作内容相似性程度高

C. 管理者需要处理的非管理事务较多　　D. 工作的计划程度高

6. 某研究所中存在许多不同的非正式群体，并因为需求不同而发生冲突，以致影响组织的发展。作为该研究所所长，你认为应该采取的措施是 （　　）

A. 尽力满足各个非正式群体的不同需求　　B. 协调各个非正式群体的分歧

C. 禁止非正式群体的活动　　D. 引导非正式群体的活动

7. 下列说法中不正确的是　　（　　）

A. 管理幅度越大，管理层次就越少

B. 管理者的能力强、素质高，管理幅度就可以比较大

C. 管理者需要处理的非管理事务较多，管理幅度的设计就需要相对加大

D. 下属工作内容和性质的相似性程度高，管理幅度的设计可以较大

8. 相对于扁平化组织，锥型组织拥有较（　　）的管理跨度和较（　　）的管理层级。

A. 宽、少　　B. 窄、少　　C. 窄、宽

D. 窄、多　　E. 宽、多

9. 为了做到能够对于变化的全球市场迅速反应，并更具有灵活性，很多组织都在向（　　）的组织转变。

A. 更正式化　　B. 集权化　　C. 锥型

D. 更加非正式化　　E. 职能型结构

10. 直线职能制是一种比较普遍的组织结构，它的一个基本特点是上级职能部门对下级职能部门　　（　　）

A. 有直接指挥权　　B. 没有直接指挥权

C. 有直接指挥权和建议权　　D. 两者之间没有直接联系

11. 哪一种组织结构更加适合稳定的组织战略？　　（　　）

A. 团队结构　　B. 有机式结构

C. 矩阵结构　　D. 职能结构

E. 学习型组织

12. 一般认为，委员会人数以多少人为宜？　　（　　）

A. 5～7 人　　B. 5～9 人　　C. 6～9 人　　D. 7～9 人

13. 下列非正式组织的作用中，哪一种是对组织管理工作最不利的？　　（　　）

A. 不同正式组织的成员集中于同一个非正式组织中

B. 在非正式组织中传播小道消息

C. 非正式族之间有明显的竞争关系

D. 非正式组织的核心人物具有相同于正式组织领导的影响力

二、判断题

1. 管理跨度指的是向同一位上司报告工作的员工数目。　　（　　）
2. 一个组织要么是集权的，要么是分权的。　　（　　）
3. 职能结构利用了工作专门化的优势，可以提高管理效率。　　（　　）
4. 事业部形式更加适合多元化的企业。　　（　　）
5. 矩阵结构从某种程度上违背了管理的一般原则。　　（　　）

三、讨论题

1. 一些研究者声称，竭力简化工作任务实际上会给公司和员工带来负面结果，你同

意该观点吗？为什么？

四、案例分析

一种新型结构

作为一家全球化的制药公司，辉瑞公司始终在寻找各种方法来帮助员工实现更高的效率和效果。该公司负责组织效力的资深董事发现，公司的宝贵人才在一些微不足道的事情上浪费了太多时间：员工把自己20%～40%的时间用于辅助性工作（撰写文件、打印记录、操控数据、安排会议等），而只有60%～80%的时间用于知识工作（战略制订、创新、人际交往、协作、批判性思考等）。而且，此问题不仅仅存在于公司底层，还存在于高层。如负责全球安全工程的执行董事大卫·卡恩，他很享受他的工作——评估外部环境中的房地产风险，管理该公司的生产设备，并且控制一笔高达数百万美元的预算。但他并不喜欢核查各种电子数据表和制作PPT。而现在，公司建立了一个特别的“魔力按钮”，认为这些都可以交给组织外部的人去完成。

这个“魔力按钮”的真实名称是辉瑞工坊。员工通常只要点击他们电脑桌面上的Ⅰ个按钮就可以把单调、耗时的工作任务转走。他们在一份在线表格中描述他们的要求，然后这份表格就会被传送到两家印度服务外包公司中的其中一家。当收到一项要求时，印度公司的某位团队成员就会要求辉瑞公司的这名员工详细阐明对该任务的各项要求和完成时间。然后，该团队成员发来一份电子邮件，里面记载着该项工作的收费情况。如果辉瑞公司的这名员工决定接受，那么说涉及的费用将由该员工所在的部门来支付。

66 500个小时，这个数字说明了辉瑞工坊给辉瑞公司带来了多少好处。这是使用辉瑞工坊的员工大概已经节省的时间。大卫·卡恩的体验如何？他向印度团队提供了一个复杂的研究项目：该公司加强自己的生产设备是有哪些战略行动能够起效？该团队在1个月内就完成了这份报告，而如果要他自己来完成则需要六个月。他说，辉瑞公司给我薪水，是让我从事战略性工作的，而不是策略性工作。

问题：

1. 这种方法对组织结构有何影响？
2. 你认为这种安排是否适用于其他类型的组织？为什么？它可能还适用于什么类型的组织？
3. 你认为组织结构能够对一个组织的效率和效果发挥什么作用？

电脑病毒“猎手”

电脑病毒查杀人员的日常工作和生活是怎样的呢？位于美国赛门铁克公司的回应实验室被认为是该公司组织结构中最肮脏的地方。在这个实验室里，软件分析员收集各种电脑病毒和可疑编码，设法计算他们的运行方式，从而为公司的客户提供安全软件升级。实验室门边有一个标有危险字样的盒子，里面放着需要进行全面彻底清理的恶意病毒磁带、磁盘和硬盘驱动器。这其实反映了当今许多公司都面临的现实：快速变化的顾客期望及不断涌现的全球竞争者显著缩短了产品的生命周期。

2003年出现的一个病毒改变了该公司处理病毒的方式。这个病毒和其他病毒所产生的多米诺效应使得一线的软件分析员不分昼夜地工作了几乎两周时间。这种情况促使公司意识到必须扩充公司的电脑病毒查杀团，以获得更多有才华有能力的成员。现在，回应中心的成员有上百个，因而管理者能够把员工从发展应对新出现的安全威胁一线，轮换到新产品开发团队去提供帮助。另一部分员工撰写公司内部的研究报告。还有一部分员工则被委派去开发新的工具，以帮助同事抵御下一波病毒的威胁。甚至还有一个人想设法弄明白病毒程序编写者这样做的原因。对于病毒查杀人员来说，他们永无宁日。当位于圣莫妮卡的团队结束一天的工作后，由位于东京的同事接管任务。但东京的团队结束工作后，由柏林的同事接管任务。最后，当圣莫妮卡的团队第二天上班时，则重新由他们来接管。这是一种混乱的、手忙脚乱的、极具挑战性的工作环境，横跨了整个地球。

不过，安全专家认为，他们虽然付出了最大努力，但他们正在输掉这场战役。他们打算通过招募受害者以及其他电脑使用者来帮助他们维持攻势和查找黑客，从而增加另一条防护线，并且充分利用人们的能力。负责消费者产品的高级副总裁说，现在是时候停止建造防盗警报器了，应该让人们也加入到追捕坏家伙的行列里来。于是，在推出新的诺顿互联网安全系统时，公司请求可以加入一项计划，该计划将针对故意入侵电脑的行为收集数据，以及如何把这些数据交给政府相关部门。

问题：

1. 电脑病毒查杀人员的工作性质可能对能够有效率、有效果地完成工作任务的最恰当的组织结构提出什么要求?

2. 在与电脑病毒作斗争时，管理一群专业员工和一群客户志愿者可能会遇到哪些挑战?

3. 在适应能力强的组织结构中，哪些最适合该公司？使得它能有效地管理它的专业员工和客户志愿者?

浪涛公司的组织结构

浪涛公司是一家成立于1990年的生产经营日用清洁用品的公司，由于其产品新颖，销售方式别具一格，服务优质，其产品备受消费者的青睐。在公司总裁董刚的带领下发展迅速。然而，随着公司的发展，公司总裁逐步发现，一向运行良好的组织结构，现在已经不能适应该公司内外环境变化的需要。

公司原先是根据职能来设计组织结构的，财务、营销、生产、人事、采购、研究与开发等构成了公司的各个职能部门。随着公司的壮大发展，产品已从洗发水扩展到护发素、沐浴露、乳液、防晒霜、护手霜、洗手液等诸多日化用品上。产品的多样性对公司的组织结构提出了新的要求。旧的组织结构严重阻碍了公司的发展，职能部门之间矛盾重重，在这种情况下，总裁董刚总是亲自做出主要决策。因此，在2000年总裁董刚做出决定，即根据产品种类将公司分成八个独立经营的分公司，每一个分公司对各自经营的产品负有全部责任，在营利的前提下，分公司的具体运作自行决定，总公司不再干涉。但是没过多久重组后的公司内又涌现出许多新的问题。各分公司经理常常不顾总公司的方针、政策，各自为政；而且分公司在采购、人事等职能方面也出现了大量重复。在总裁面前逐步显示出，公司正在瓦解成一些独立部门。在此情况下，总裁意识到自己在分权的道路上走得太远了。

于是，总裁董刚又下令收回分公司经理的一些职权，强调以后总裁拥有下列决策权：超过10万元的资本支出；新产品的研发；发展战略的制定；关键人员的任命等。然而，职权被收回后，分公司经理纷纷抱怨公司的方针摇摆不定，甚至有人提出辞职。总裁意识到了这一举措大大地挫伤了分公司经理的积极性和工作热情，但他感到十分无奈，因为他实在想不出更好的办法。

问题：

1. 对于公司总裁从分权到集权的做法，你如何评价？

2. 如果你是总裁的助理，请就如何处理好集权与分权的关系向总裁提出你的建议。

五、实践练习

1. 由 3～4 名同学组成一个小组，选择一个你们非常熟悉的组织（企业、某个组织、社团、学校等），为该组织草拟一个组织结构图。仔细标出各个部门，尤其是在标示正确的指挥链时要更仔细，并且与全班同学分享你们的组织结构图。

2. 找出组织结构图的三个例子（可参考公司的年报），准备一份报告来描述你找的每个组织结构图。努力识别该组织所采用的组织设计要素，尤其是部门化、指挥链、集权和分权及正规化。

3. 向至少 10 名管理者调查他们直接管理多少下属。此外，询问他们是否认为自己能够管理更多下属，或者认为现在管理的下属太多。用图表展示自己的调查结果，并写一份报告来描述自己的发现。对于管理跨度，给出自己的结论。

4. 查阅某种商业杂志最近几期的内容，查找关于管理层重组、职位晋升、从管理层离职等文章。找出至少两篇你认为涉及权力问题的文章，谈谈你的看法。

5. 找出最新的财富排行榜，调查前 30 位雇主中有多少为自己的员工提供了某种形式的灵活工作安排。

6. 创建一份图表来描述本章讨论的每一种适应能力强的组织设计，以及你认为每一种组织设计具有的潜在优势和劣势。

7. 用你自己的语言，写下你在本章中学到的关于如何成为一名优秀管理者的三个要点。

第九章

人力资源管理

学习目标

1. 了解人力资源规划的内容、程序和方法。
2. 掌握工作分析的方法，能够进行岗位描述和制订岗位规范。
3. 能够进行岗位评价。
4. 了解人员招聘的程序和途径。
5. 能够运用多种方法进行员工的甄选。
6. 了解员工培训的方法。
7. 掌握职业生涯的各阶段及主要任务。
8. 了解绩效管理和绩效考核的内容。

导入案例

王珐鉴才

在一次宴会上，唐太宗对王珐说："你善于鉴别人才，尤其善于评论。你不妨从房玄龄等人开始，都一一做些评论，评一下他们的优缺点，同时和他们互相比较一下，你在哪些方面比他们优秀?"

王珐回答说："孜孜不倦地办公，一心为国操劳，凡所知道的事没有不尽心尽力去做，在这方面我比不上房玄龄。常常留心于向皇上直言建议，认为皇上能力德行比不上尧舜很丢面子，这方面我比不上魏征。文武全才，既可以在外带兵打仗做将军，又可以进入朝廷搞管理担任宰相，在这方面，我比不上李靖。向皇上报告国家公务，详细明了，宣布皇上的命令或者转达下属官员的汇报，能坚持做到公平公正，在这方面我不如温彦博。处理繁重的事务，解决难题，办事井井有条，这方面我也比不上戴胄。至于批评贪官污吏，表扬清正廉署，疾恶如仇，好善喜乐，这方面比起其他几位能人来说，我也有一日之长。"唐太宗非常赞同他的话，而大臣们也认为王珐完全道出了他们的心声，都说这些评论是正确的。

从王珐的评论可以看出唐太宗的团队中，每个人各有所长；但更重要的是唐太宗能将这些人依其专长运用到最适当的职位，使其能够发挥自己所长，进而让整个国家繁荣强盛。

未来企业的发展是不可能只依靠一种固定组织的型态而运作，必须视企业经营管理的需要而有不同的团队。所以，每一个领导者必须学会如何组织团队，如何掌握及管理团队。企业组织领导应以每个员工的专长为思考点，安排适当的位置，并依照员工的优缺点，做机动性调整，让团队发挥最大的效能。

管理人员的任务在于知人善任，提供企业一个平衡、密合的工作组织。

第一节　人力资源的规划与设计

目前，经验管理仍然是中国企业的主流管理方式，而西方国家早在20世纪初就已逐步进入了科学管理的阶段。管理落后是中国企业在世界上缺乏竞争力的一个主要原因。由经验管理模式进入到科学管理模式，是中国绝大多数企业改革的基本方向。科学合理的人力资源规划与设计，是进行有效的人力资源管理的基础。

一、人力资源规划

思考：为什么要进行人力资源规划？

人力资源规划是指根据组织发展的需要和目标，预测、估计、评价企业对人力资源的需求。这种需求包括现期、近期和中期需求，包括需求的种类、层次、人数等。有些企业人力资源规划还包括对获取人才所需的预算、人员投入和培训需要及招聘人才的时间、地点、方法、范围、形式等方面。

1. 人力资源规划的内容

人力资源规划必须包含对现有人才档案的调查和分析、对组织发展目标的研究、现期人才的需求和中长期人才的储备了解，规划还包含行为的计划、对结果的控制与评价。人力资源规划包括总体规划与业务计划。

总体规划是指在计划期内人力资源管理的总目标、总政策、实施步骤和总预算的安排。

业务计划则是总体规划的展开和具体化，包括人员补充计划、分配计划、提升计划、教育培训计划、工资计划、保险福利计划、劳动关系计划、退休计划等。这些业务计划围绕总体规划展开，其最终结果是保证人力资源总体规划的实现，是总体计划的具体化。

2. 人力资源规划的程序

（1）明确企业的战略决策及经营环境。明确企业的战略决策及经营环境是人力资源规划的前提。不同的产品组合、生产技术、生产规模、经营区域对人员会提出不同的要求。

而诸如人口、交通、文化教育、法律、人力竞争和择业期望则构成外部人力资源供给的多种制约因素。

（2）了解企业现有人力资源的状况。了解企业现有人力资源的状况是制定人力规划的基础工作。本企业各类人力资源的数量、分布、利用及潜力状况、流动比率都需及时统计。

（3）对企业人力资源需求与供给进行预测。这部分工作是人力资源规划中技术性较强的关键工作。全部人力资源开发、管理的计划都必须根据预测决定。

（4）制定人力资源管理的总计划及业务计划。这一步是编制人力资源规划过程中比较具体细致的工作，它要求人力资源主管根据人力资源供求预测提出人力资源管理的各项要求，以便相关部门照计划执行。

（5）对人力资源计划进行监督、评价。对人力资源计划的执行过程进行监督、分析，评价计划质量，找出计划的不足，给予适当调整，以确保企业整体目标的实现。

3. 人力资源需求预测的方法

人力资源需求预测是一项难度很高的工作。在管理基础较薄弱、管理信息不完备的情况下，这项工作根本无法进行。即使掌握了许多统计方法，也可能由于某些外在不可控因素的影响，而使预测结果可信度下降。虽然在现实中，人们往往更信赖个人主观的经验判断，或以经验和知识为基础的计算机处理结果，但传统预测技术仍是人类智慧与现实应用的桥梁。

（1）经验预测法。经验预测法是指根据以往的经验对人力资源进行预测规划的方法。具体的步骤是：首先，由组织的基层管理人员根据以往的经验将未来一段时期的活动转为本部门人员的需求增减量，提出本部门各类人员的需求预测量；然后，由上一级管理层对其所属的部门，进行人力的估算和平衡；通过层层估算，最后由最高管理层进行人力资源的规划和决策。

特别提示： 经验预测法带有相当的主观因素，还受到各部门自身利益等因素的制约，预测规划过程则有可能转变为部门与组织之间的谈判与批审过程。它比较适合于短期的预测，并受控于中长期预测。在小规模的企业中，这种方法简单易行，成本低，无疑是一种可行的技术方法。

（2）趋势分析法。这是一种定量分析的方法，其基本思路是：确定组织中哪一种因素与劳动力数量和结构的关系最大，然后找出这一因素随雇佣人数的变化趋势，由此推出将来的趋势，从而得到将来的人力资源需求。

特别提示： 选择与劳动力数量有关的组织因素是需求预测的关键一步。这个因素至少应该满足两个条件：第一，组织因素应该与组织的基本特性直接相关；第二，所选因素的变化必须与所选雇员数量变化成比例。根据这两个条件，对大学来说，适当的组织因素可能是学生的录取数；对医院来说，可能是每天平均病人数；对钢铁公司来说，则可能是产量。在运用趋势分析法时，可以完全根据经验进行估计，也可利用计算机进行回归分析来做出预测。

(3) 德尔斐法。此法在第六章中有详细介绍，这里不再赘述。

二、工作分析

问题：何为工作分析？为什么要进行工作分析？

工作分析是对企业各类岗位的性质、任务、职责、劳动条件和环境，以及员工承担本岗位任务应具备的资格条件所进行的系统分析与研究，并由此制订工作规范、工作说明书等人力资源管理文件的过程。工作分析是人力资源管理工作的基础，其分析质量对其他人力资源管理模块具有举足轻重的影响。

1. 工作分析的作用

通过工作分析，我们可以确定某一工作的任务和性质是什么，哪些类型的人适合从事这一工作。这些，都可以通过工作分析的结果——职位说明书来进行描述。职位说明书一般包括两方面内容：工作说明和工作规范。工作说明是一份提供关于工作任务、职责信息的文本说明；工作规范则包含了一个人完成某项工作所须必备的基本素质和条件。

管理故事

职务职责的纠纷

一名机床操作工将大量液体洒在机床周围的地板上。车间主任叫他将它清扫干净，操作工拒绝执行，理由是工作说明书中没有包括清扫的条文。车间主任顾不上查看工作说明书原文，便找来一名服务工来做清扫工作。但服务工同样拒绝，理由也和操作工一样。车间主任威胁说要将其解雇，因为服务工是分配到车间来做杂务的临时工。所以服务工勉强同意，但干完之后立即向公司投诉。

有关人员看了投诉之后，审阅了三类人员的工作说明书，发现：操作工有责任保持车床的清洁，使之处于可操作状态，但并未提及清扫地板；服务工有责任以各种方式协助操作工，如领取原料和工具，随叫随到，即时服务，但没有包括清扫工作；勤杂工的工作确实包含了各种现实的清扫，但他的工作时间是从员工工作下班后开始。

那么，清扫工作究竟应该由谁做呢？

点评：对于组织中的各个职位，没有一个明确的职责范围规范说明或者岗位规范是不行的，在设定岗位前，必须进行工作分析并制定相应的工作规范。

工作分析主要用于解决工作中以下六个重要的问题：

- 该项工作包括哪些体力和脑力劳动？
- 工作将在什么时间、什么节奏下完成？
- 工作将在哪里完成，工作环境怎么样？
- 人们如何完成这项工作？
- 为什么要完成这项工作？
- 完成这项工作需要具备哪些条件？

以上六个问题涵盖了一项工作的职责、内容、工作方式、环境以及要求等五大方面的内容。工作分析也就是在调查研究的基础上，理顺一项工作在这五方面的内在关系。所以，工作分析的过程，从某种意义上来讲，也是一个工作流程分析与岗位设置分析的过程。

工作分析能够为企业带来更高的效率，并为公司的战略提供有益的指导。实际上，来自工作分析的信息对人力资源管理的每一个方面都有影响，职位说明书是科学人力资源管理体系的平台。

2. 工作信息的收集

工作分析是一个描述和记录工作各个方面的过程，它需要收集和工作本身相关的各项信息。一个有效的工作分析应该包括以下五个方面，如表9—1所示：

表9—1　　工作内容分析

工作分析方向	具体内容
工作职责范围和工作职责内容	工作中所含的各项任务；每项任务的工作流程；工作流程中与其他工作的接触；工作各个阶段成果的表现形式和保存形式。
人的活动	与工作相关的基本动作和行为；工作方式；沟通方式
工作特征	工作的时间特征；工作条件；工作的空间环境特征；工作的人际环境特征；工作的技术性、创新性和复杂性。
工作的任职要求	个性特点；所需要的学历和培训程度；工作经验；基本能力要求；基本知识要求、对身体条件的要求。
工作业绩	工作目标；记录工作业绩的方式；业绩考核标准

在工作分析的过程中，每项工作都要进行如上信息的收集，这对于一个规模较大的企业来讲，将是一个巨大的工作任务。目前，已经有多种成熟的技术来帮助组织获取以上的这些信息资料。

3. 工作分析的方法

（1）问卷调查法。即由员工通过填写问卷来描述其工作中所包括的任务、职责、环境特征等方面的信息的方法。采用这一方法时，分析人员要先考虑好需要调查哪些方面的内容，如何在一张标准化的问卷中引导员工把真实的情况描述出来。其优点是经济实用、简便易行、内容有针对性，员工容易作答、有充分思考时间。清晰规范的调查问卷有利于事后对结果的处理和分析，可为员工提供一种意见和建议渠道。但使用问卷调查时，填表人必须受到培训，否则对问题的不同理解往往会导致调查结果的偏差，不是每个人都能完整和准确地描述他们的工作任务。

（2）访谈法。访谈法是岗位分析最常用的方法之一，由分析人员分别访问工作人员本人或其主管人员，以了解岗位说明中原来填写各项内容的准确性，并按实际情况进行纠正和澄清的方法。通过与员工和管理者的访谈，可以获取更多的细节和更准确的信息。主要有个人访谈、集体访谈、管理人员访谈等几种形式。

特别提示： 在访谈中要尽量避免把话题转到“员工希望做什么”的问题上去，因为许多员工常常把工作分析的面谈视为一种陈情或提意见的机会。工作分析人员必须牢记其职责及所承担的角色，以达到客观真实的要求。

访谈法可为岗位分析、绩效考核方案提供第一手信息，能收集企业员工各种需求及满意度，并暴露出企业管理中存在的隐性问题、使员工感受到企业的重视，同时是一种较好沟通的方法。但员工在面谈中有故意夸大其工作任务重要性的可能，比较费时、会占用访谈对象的正常工作时间。

（3）观察法。即分析人员直接到现场观察员工的实际工作情况，予以记录、分析、归纳，并整理为适用的文字资料的方法。观察法是历史上最先使用的方法，泰勒的“科学管理”的观点就是建立在观察计量的实证基础之上，在一些组织中，人们利用拍照法来观察快速流程，这样就可以分解劳动者的身体动作，然后把它们重新组合以变得更有效率。

观察法有助于了解岗位工作条件、环境、工具、设备等方面的比较客观的信息，能澄清某些疑问，直观得到岗位所要求的个人资格。但分析者的旁观可能给工人造成压力，影响其正常的工作程序和工作方法，不易观察到一些突发事件、不适用于工作周期长的岗位。

特别提示： 在对主要由身体活动构成的工作进行工作分析时，实地观察是一种很有效率的方法。而当脑力劳动在工作中占的比重提高时，观察法就变得相对无效了。

4. 岗位描述与岗位规范

工作分析后需要进行岗位描述并制定岗位规范。

（1）岗位描述。指用书面形式对组织中各类岗位的工作性质、工作任务、工作职责与工作环境等所做的统一要求。其主要功能是：让员工了解工作概要，建立工作程序与工作标准，阐明工作任务、责任与权力，并为员工聘用、考核、培训提供依据。岗位描述的基本内容如图 9—1 所示：

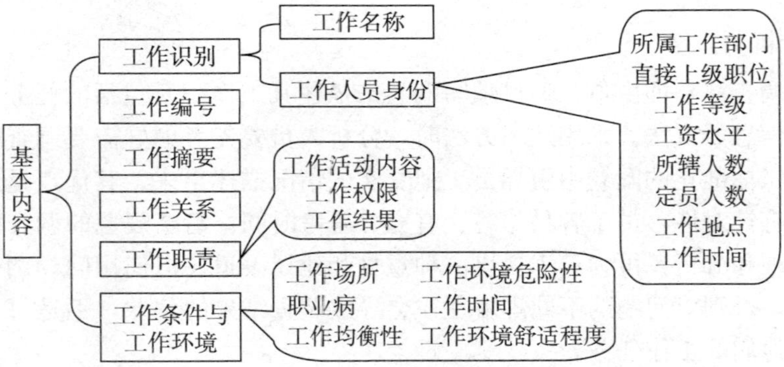

图 9—1 岗位描述的基本内容

【例 9—1】

某“销售部经理”的职务描述

职务名称：销售部经理　　所属部门：销售部　　职务代码：XL-XX-XXX

工作等级：10—14　　直接上级：营销副总经理

工作职责：

1. 对外沟通、展演、讲演
2. 配合技术人员进行售前技术咨询
3. 作实施计划建议书
4. 进行商务谈判
5. 监督售后技术支持服务
6. 对销售部进行管理

工作要求：认真负责、工作主动、善于团结下属

衡量标准：

1. 本人的销售业绩
2. 本部门的销售业绩

工作难点：如何提高销售业绩

工作禁忌：对待客户不细心周到，无法清楚地了解客户的需求

职业发展道路：营销副总经理

任职资格：

1. 工作经验：五年以上相关行业销售经验
2. 专业背景要求：曾在其他企业销售部任经理二年以上
3. 学历要求：本科，大专需从事专业三年以上

（2）岗位规范指任职者要胜任该项工作必须具备的资格与条件。其内容包括：

①一般性的人员任职条件：身体素质、心理素质、知识经验、职业品德要求。

②管理岗位工作规范内容：知识要求、专业要求、经历要求、职业道德要求。

③员工岗位工作规范要求：应知、应会、工作实例。

【例9—2】

某“招聘专员”的岗位规范

职务名称：招聘专员　　所属部门：人力资源部　　职务代码：XL-HR-021

工资等级：9—13　　直接上级：人力资源部经理

知识和技能要求：

1. 学历要求：本科，大专需从事专业3年以上
2. 工作经验：3年以上大型企业工作经验
3. 专业背景要求：曾从事人力资源招聘工作2年以上
4. 英文水平：达到国家四级水平
5. 计算机：熟练使用WINDOWS和MSOFFICE系列

特殊才能要求：

1. 语言表达能力：能够准确、清晰、生动地向应聘者介绍企业情况；并准确、巧妙地解答应聘者提出的各种问题

2. 文字表述能力：能够准确、快速地将希望表达的内容用文字表述出来，对文字描述很敏感

3. 观察能力：能够很快地把握应聘者的心理

4. 逻辑处理能力：能够将多相并行的事务安排得井井有条

综合素质：

1. 有良好的职业道德，能够保守企业人事秘密

2. 独立工作能力强，能独立完成布置招聘会场、接待应聘人员、应聘者非智力因素评价等职务

三、岗位评价

管理故事

为什么我们的薪水这么少？

“我们为什么只拿这么少的薪水？”这是伟业公司不少员工所发出的疑问。伟业公司是一家从事各种文化活动策划、设计、组织等业务的公司，在同行业里属于经营效益较好的，因此，公司的平均薪酬水平高于市场水平。但大家仍然对自己所得的薪酬感到不满意。

原来，伟业公司实行的是一套比较简单的薪酬制度。这套制度将职位按照责任大小分成四个等级：员工级、主管级、经理级、高层管理级。每个等级里又分两个档，本着向业务倾斜的原则，业务开发部和项目管理部这两个部门取其中的较高档，其他部门取其中的较低档。于是问题出现了：

有些部门（如创意设计部）认为，公司大大小小的业务还不是靠我们的工作才能成功吗？我们的贡献理应是很大的，与行政事务这样的部门比较起来，我们的技术含量、难度都比他们大的多，但是，就因为我们不是主管，就比他们的主管人员拿的薪水低，这样太不合理了。

其实，部门主管、经理等管理人员也有意见。他们认为，每个部门的工作量、任务难度是不同的，不应该所有部门都一刀切，应有所差别。还有的部门主管人员认为，如果出了问题，主管所承担的责任要比员工大得多，所以，主管薪水与员工的差距应拉得再大一些。

点评：这些不同的意见应如何给出大家能满意的回答呢？必须有对于不同岗位重要程度的估量和等级排序，即岗位的评价。

岗位评价，也称职务评价，是指采用一定的方法对企业中各种岗位的相对价值作出评定依据，并以此作为薪酬分配的重要依据，是在工作分析的基础上，对企业所设岗位需承担的责任大小、工作强度、难易程度，所需资格条件等进行评价。岗位评价的实质是将工作岗位的劳动价值、岗位承担者的贡献与工资报酬有机结合起来，通过对岗位劳动价值的量化比较，确定企业工资等级结构的过程。

特别提示：岗位评价是评定工作的相对价值，确定岗位等级，以确定工资收入等级的依据。因此，岗位评价是工作分析的逻辑结果。工作分析主要是包括了“工作描述”和“工作规范”两个方面的内容，而“岗位评价”是在前面两个环节的基础上进行的，其根本目的是为提供确定薪酬结构、等级，实现薪酬内部公平性提供依据。

第二节　人员招聘与培训

一、员工招聘

员工招聘是组织获取人力资源的活动，它是按照组织的战略要求和人力资源规划将合适的人选招聘到组织，并安置在适当的位置。员工招聘需要让潜在的符合空缺岗位条件的人员对本组织的相关职位产生兴趣并且前来谋求这些职位。员工招聘是人力资源管理的重要内容，直接关系组织的生存与发展。

1. 招聘的程序

招聘的程序如图 9—2 所示：

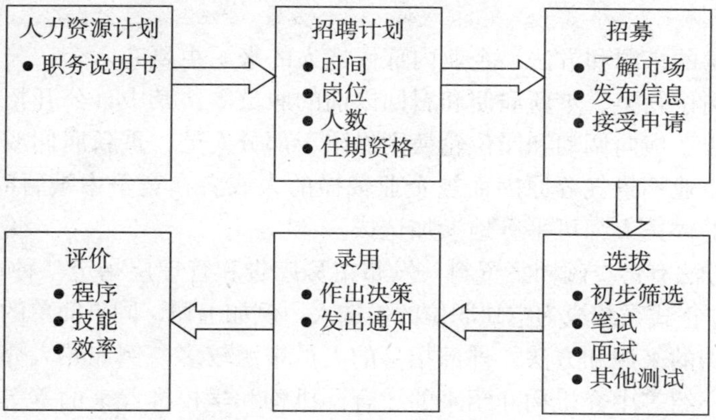

图 9—2　招聘的程序

在上述程序中，人力资源计划和职务说明书是招聘的依据，人力资源计划决定了招聘的时间、人数和岗位等，职务说明书则明确了招聘人员的要求。根据人力资源计划和职务说明书，就可以制定具体的招聘计划从而指导招聘工作。

2. 招聘的途径

人员招聘的途径不外乎两个方面：内部招聘和外部招聘，人们传统上认为招聘都是对外的，而事实上，企业内部人员也是空缺岗位的后备人选，而且有越来越多的企业开始注重从内部招聘人员。内部招聘与外部招聘各有利弊，两者基本上是互补的，如表 9—2 所示。

表 9—2　　内部招聘与外部招聘的利弊

	内部招聘	外部招聘
优点	·了解全面，准确性高； ·可鼓舞士气，激励员工进取；	·人员来源广，选择余地大，有利于招到一流人才； ·新雇员能带来新思想、新方法；
优点	·应聘者可更快适应工作； ·使组织培训投资得到回报； ·选择费用低。	·当内部有多人竞争而难以作出决策时，向外部招聘；可在一定程度上平息或者缓和内部竞争者间的矛盾； ·人才现成，节省培训投资。
缺点	·来源局限于企业内部，水平有限； ·容易造成"近亲繁殖"； ·可能会因操作不公或员工心理原因造成内部矛盾。	·不了解企业情况； ·对应聘者了解少，可能招错人； ·内部员工得不到机会，积极性可能会受到影响。

研究表明：内外部结合会产生最佳效果。具体的结合力度取决于公司的战略计划、招聘的岗位、上岗速度以及对企业经营管理的考虑等因素。

特别提示： 内部招聘还是外部招聘，对于高层管理人员非常重要。一般来说，高层管理人员更需要保持连续性，但因此导致的因循守旧、降低企业创新能力和适应能力的风险也更高。至于到底从内部还是外部招聘，也不存在标准的答案。通用电器公司数十年来一直都是从内部选拔 CEO，日本企业的管理特色之一就是内部选拔，而 IBM、HP 等大公司的 CEO 则多数是从外部招聘来的。一个不变的原则是：人员招聘最终要有助于提高企业的竞争能力和适应能力。

（1）内部招聘的来源和方法。企业内部候选人的来源主要有六个：公开招募、内部提拔、横向调动、岗位轮换、重新雇佣和召回以前的雇员等。其中，公开招募是面向企业全体人员，内部提拔、横向调动和岗位轮换则局限于部分人员，重新雇佣或召回以前的雇员就是吸引那些因企业不景气等原因而被企业裁撤的人或者在竞争中被暂时淘汰出去的人。从这些途径招募的候选人都可平等地参加选拔。

内部招募的方法有：查阅档案资料，发布招募广告和管理层指定三种正式形式。此外，员工也常常通过非正式系统成为空缺职位的候选人，例如上司、同事简单的口头要求等。

（2）外部招聘的来源和方法。外部招募的人员来源较多，例如熟人介绍来的、自己找上门来的、职业介绍等中介机构介绍来的、合同机构和学校推荐来的等等，他们可能是学校的毕业生、其他企业的员工，也可能是失业人员。

中介机构在企业招聘过程中往往担当着双重角色：既为组织择人，也为求职者择业。这一定位使职业介绍机构能够掌握大量的关于求职者和用人单位的信息。企业向介绍机构提出用人要求，介绍机构就可以根据要求提供求职者的简历等资料。不过，这种方式一般更适合中低层次员工的招聘。

知识链接

猎头公司

猎头公司是英文 Head Hunter 直译的名称，指那些以受托招聘为主要业务的公司。在国外，猎头服务早已成为企业求取高级人才和高级人才流动的主要渠道之一。中国的猎头服务近些年来发展迅速，有越来越多的企业逐渐接受了这一招聘方式。猎头服务的一大特点是推荐的人员的素质高。猎头公司一般都会建立自己的人才库，优质高效的人才库是猎头公司最重要的资源之一，对人才库的管理和更新也是他们日常的工作之一，而搜寻手段和渠道则是猎头服务专业性最直接的体现。当然，与高素质候选人相伴的，是昂贵的服务费，猎头公司的收费通常能达到所推荐人才年薪的25%～35%。但是，如果把企业自己招聘人才的时间成本、人才素质差异等影响成本计算进去，猎头服务或许不失为一种经济、高效的方式。

学校、政府、职业中介机构常常会举办各种形式的人才交流会，这也是企业招募人才的好机会。

通过企业的员工、客户、合作伙伴等熟人推荐人选，也是企业招募人员的重要来源。这种方式的长处是对候选人的了解比较准确；候选人一旦被录用，顾及介绍人的关系，工作也会更加努力；招募成本也很低。问题在于可能在企业内形成小团体。

管理故事

联合邮包服务公司的科学管理

采用推荐方式的一个典型例子是思科公司，该公司大约10%的应聘者是通过员工互相介绍来的。思科有一项特别的鼓励机制，鼓励员工介绍人加入思科，其方式有点像航空公司累积旅程：介绍一个人来就有一个点数，每通过一道关又有一个点数，如果最后被雇用还有一笔奖金。这些点数最后累积折成对员工的海外旅游奖励。

二、员工的甄选

在确定了招聘的来源和渠道后，企业面临的问题是如何从为数众多的申请者中甄选出符合企业需要的申请者。

1. 人员甄选的方法

（1）申请表。申请表是一种初试阶段的筛选工具，目的在于收集关于求职者背景和现在情况的信息，以评价求职者是否能满足最起码的工作要求。其基本内容包括应聘者过去和现在的工作经历、受教育情况、培训情况、能力特长、职业兴趣等。设计申请表时要注意的问题是，只能要求申请人填写与工作有关的情况，如表9—3所示。

表9—3　　某公司职位申请表

一般信息				
姓　名		出生年月	年　　月	
性　别		电话/手机		照片
出生地		e-mail		
通信地址				

受教育经历（从大学开始）

专业	学校	时间	成绩排名			
			前5%	前25%	中等	中下

工作经历

单位	职务	时间	职责

社团活动

组织名称	职务	时间	职责

奖励情况

语言能力

语　种		水　平	□优秀	□良好	□一般
CET6		TOEFL		GRE/GMAT	

计算机能力

一般性问题

1. 你希望从本公司得到什么？你能为本公司作出什么贡献？

2. 你如何设计将来的职业道路？你的根据是什么？你目前最适合的工作是什么？为什么？

3. 请描述你在过去5年间最大的成就。

4. 请举例说明你曾经如何与他人合作、共同完成一项任务。

请寄至：（公司通信地址）　　　　http://……（公司主页地址）

（2）笔试。笔试主要用来测试应聘者的知识和能力，现在有些企业也通过笔试来测试应聘者的性格和兴趣等。对知识和能力的测验包括两个层次，即一般知识和能力与专业知识和能力。一般知识和能力包括一个人的社会文化知识、智商、语言理解能力、数字才能、推理能力、理解速度和记忆能力等。专业知识和能力即与应聘岗位相关的知识和能力，如财务会计知识、管理知识、人际关系能力、观察能力等。

（3）面试。面试是企业最常用、也是必不可少的测试手段，99%的企业在招聘中采用这种方法。在面试工作进行前需要选择合适的面试考官。通过应聘者递交的简历或申请表，确定符合应聘条件的面试人选。

在面试过程中，考官应有效控制面试现场，使其按照既定的目的进行。面试结束后，企业应尽快反馈信息，尤其不能忽视对未录用者的反馈。如果反馈得当，这些人员即使不被企业录用，也可能成为企业的潜在用户。面试法—使用得当将成为扩大企业影响力的有效途径。

（4）情景模拟。情景模拟测试是指根据被试者可能担任的职务编制一套与该职务实际情况相似的测试项目，将被试者安排在模拟的、逼真的工作环境中，要求被试者处理可能出现的各种问题，用多种方法来测评其心理素质和潜在能力的一系列方法。情景模拟测试常用的类型主要包括公文处理、与人谈话、无领导小组讨论、角色扮演和即兴发言等。

（5）心理测试。心理测试一般是由专业人员开发的，通过提供一组标准化的刺激，以所引起的反应作为个体的行为代表，从而对被试者的个人心理特征进行评价的客观技术。近年来心理测试越来越受到招聘企业的重视，在人员选拔过程中得到日益广泛的应用。

知识链接

心理测试常用的类型主要有：①职业能力倾向测试，即针对某一职业类型的具体需求而设计，测量的不是一个人表现出的能力，而是指从事某种职业能够取得成功的潜在能力；②人格和兴趣测试，由于人格对工作成就的影响极为重要，不同人格特点的人适合于不同种类的工作，个体在工作中的失败往往是基于人格不成熟所导致的。因此人格是个体工作成绩的更为有效的预测因素。此外，心理测试还包括智商与情商测试、价值观测试、职业兴趣测试等类型。

（6）背景调查。指企业通过第三方对应聘者的情况进行了解和验证。这里的“第三者”主要是应聘者原来的雇主、同时以及其他了解应聘者的人员。背景调查的方式包括打电话、访谈、要求提供推荐信等。企业在运用这种方法时，需要注意：只调查与工作有关的情况；慎重选择“第三者”；要顾及调查材料的可靠程度。

2. 选拔方法的使用

上述所有选拔方法都可用来选择潜在的雇员。决定使用哪些选拔方法，要综合考虑时间限制、信息与工作的相关性以及费用等因素。对相对简单或无需特殊技能的工作，采用一种方法就行了。例如，招聘打字员，根据应聘者打字测试的成绩一般就足以作出决定了。但是，对大部分岗位，通常需采用几种方法。不同方法的结合使用方式大致有以下三种：

（1）多级障碍式。即每种测试方法都是淘汰性的，求职者必须在每种测试中都达到一定的水平，方能合格。

（2）补偿式。即不同测试的成绩可以互为补充，最后根据求职者在所有测试中的总成绩作出录用决策。

（3）结合式。在这种情况下，有些测试是淘汰性的，有些是可以互为补偿的。应聘者通过淘汰性的测试后，才能参加其他测试。

三、员工的培训与开发

1. 员工培训

员工培训就是给新员工或现有员工传授其完成目前或未来工作所必需的知识、技能以及态度。组织通过培训来提高员工的工作技能与工作热情，以达成组织的经营目标。

从组织方面看，员工培训就是要把员工知识、能力不足或态度不积极而产生的机会成本的浪费控制在最小限度；从员工个人方面看，通过培训可以提高自身的知识水平和工作能力，达到员工自我实现的目标。

培训的形式有岗前培训、在岗培训、脱产培训的多种形式，可以灵活采用。培训的具体方法主要有以下几种：

（1）讲授法。讲授法是成本最低的培训方法之一，因为它几乎没有什么开发费用，并可以用于比较大的培训班，适用于各类学院对学科知识、前沿理论的系统了解。

（2）直接传授法。直接传授法即传统的“学徒”法，由培训师（主管上级或自身员工）在现场给予受训人员示范及协助，也就是通过工作现场的实地演练帮助受训者迅速掌握相关的工作技能。师傅通常采用口授、示范、练习、反馈等方式教导徒弟。

（3）教练技术。教练是帮助人们学习而不是教他们。教练技术和学徒制、指导人制度、导师制的区别在于：教练技术所涉及的双方关系是不固定的，教练可以去帮助任何人，教练技术关注的是马上改变表现和迅速开发技能；而另外三者所涉及的双方关系是相对固定的，关注的则是在比较长的时间里获得技能。

（4）拓展训练。拓展训练是指通过模拟探险活动进行的情景式心理训练、人格训练、管理训练。它以外化的体能训练为主，学员被置于各种艰难的情境中，在面对挑战、克服困难和解决问题的过程中使人的心理素质得到改善，包括场地拓展训练和野外拓展训练两种形式。

其他培训方法还包括案例研究、远程教育、内部网培训、自学等。

2. 员工的职业生涯管理

问题：何为职业生涯？为什么要进行职业生涯管理？

人力资源管理的一个基本观念就是，企业既要最大限度地利用员工的能力，又要为每一位员工都提供一个不断成长以及挖掘个人最大潜力和建立成功职业生涯的机会。这一观念使得职业生涯管理成为人力资源管理区别于人事管理的最重要特征之一。

（1）职业生涯管理的内涵。从狭义的角度来看，职业生涯是个体在他的整个工作生涯中选择从事工作的一个总的行为过程；从广义的角度来看，职业生涯是从出生开始，贯穿个体一生的一系列活动与经历。

职业生涯规划是一个制定职业目标，确定实现目标的手段的不断发展的过程。职业生涯管理是指组织和员工个人共同对员工职业生涯进行设计、规划、执行、评估和反馈的一个综合性过程。

（2）职业生涯管理的影响因素。影响职业生涯的个人因素主要是个人的职业倾向。美国职业心理学家霍兰德（John Holland）认为，人格（包括价值观、动机和需要等）是决定一个人选择何种职业的一个重要因素。例如，一个有着较强社会性向的人可能会被吸引去从事包含着大量人际交往内容的职业，而不是去从事包含大量智力活动或体力活动的职业。霍兰德的研究将大多数人的职业性向分为：现实型、研究型、艺术型、社会型、企业型和常规型等六种，而职业环境也恰好可被划分为这六类。霍兰德认为个体的职业生涯选择是其职业倾向与职业环境相互作用的结果。个体的职业生涯满意度、职业生涯稳定性与职业生涯成功都取决于个人的职业兴趣和环境特性间是否匹配以及匹配程度。如表 9—4 所示。

表 9—4　　职业环境分类

现实型	研究型	艺术型	社会型	企业型	常规型
有运动或机械操作能力，喜欢机械、工具、动植物，偏好户外活动	喜欢观察、学习、研究、分析、评估和解决问题	有艺术、直觉、创造的能力，喜欢运用想象力和创造力，喜欢在自由的环境中工作	善于和人相处，喜欢教导、帮助、启发或训练别人	喜欢和人互动，自信、有支配能力，追求权力和地位	喜欢从事资料工作，有写作或数理分析能力，能听从指示完成琐碎工作

特别提示： 尽管霍兰德的职业性向理论有助于职业生涯指导与咨询过程的分析、解释和诊断，但个人的个性特征并非是职业生涯选择的决定性因素，也并非职业成功的决定性因素。

个人的职业生涯还需考虑环境因素。影响职业生涯的环境因素包括经济发展水平、社会文化环境、政治制度和氛围、价值观念等社会环境因素，以及企业文化、管理制度、领导者素质和价值观等企业环境因素。

（3）职业生涯发展阶段及主要任务。每个人的职业生涯都需要经历许多的阶段，只有了解不同职业生涯阶段的特点、组织所进行的职业生涯管理活动才更具有针对性，也才能更好地满足个体职业生涯发展的需要。如表 9—5 所示，其中列出了被广泛接受的职业生涯阶段及主要任务。

表 9—5　　职业生涯阶段及主要任务

	探索期	建立期	维持期	衰退期
发展任务	确定兴趣、能力，让自我与工作匹配	晋升、成长、安全感；生涯类型的发展	维持成就感；更新技能	退休计划：改变工作与非工作之间的平衡
活动	协助、学习、遵循方向	独自做出贡献	训练、帮助、政策制定	退出工作
身份	学徒	同事	导师	顾问
年龄	30 岁以下	30～45 岁	45～60 岁	60 岁以上
专业资历	2 年以下	2～10 年	多于 10 年	多于 10 年

管理故事

美国第一银行员工发展职业生涯的原则

员工士气低落，流动率偏高，公司究竟应该怎么办？美国第一银行（First USA Bank）在内部成立了职业生涯资源中心，该中心 5P 原则帮助员工发展职业生涯。这五个

P包括：

1、个人（person）。帮助员工了解自己，包括自己的技能、价值观、兴趣，并且知道如何综合运用这些特质，找到适合的职业生涯。

2、看法（perspective）。员工必须了解别人对他们的看法，并获得他们的主管、同事，以及他工作相关人士的意见回馈。

3、位置（place）。员工必须了解自己所在的位置，包含自己的职务、公司、产业，并且知道自己需要增加哪些技能。

4、可能（possibility）。员工必须了解事业发展的可能性。在公司里，发展和成长有三种方式：第一种是垂直移动，也就是升迁；第二种是水平移动，指虽然在同一职级上，但是更换不同的职务；第三种 是不移动，指虽然是同样的职务，但是让员工的工作内容丰富多元化 和挑战性更强。

5、计划（plan）。员工必须针对以上四方面拟定计划，决定自己需要增加哪些能力和技巧以达到目标。

推动这个计划后，公司调查显示，员工对工作的满意度平均上升了25%，员工离职率降低65%，间接替公司节省了200万美元的招聘费用。

第三节　绩效管理

任何企业的组织目标，都是由一个个员工用其辛劳与智慧实现的。从管理者的角度来说，为实现组织的目标，必须有效地管理好每一个员工的工作成果，也就是绩效；对于员工，只有充分了解自己的工作绩效，才能对自己有一个正确的认识，逐步在工作中提高，并成功设计自己的职业生涯。

一、绩效管理

绩效管理，是在绩效考核的基础上人力资源管理实践的最新发展，是指管理者与员工通过持续开放的沟通，就组织目标和目标实现方式达成共识的过程，也是促进员工做出有利于组织的行为、达成组织目标、取得卓越绩效的管理实践。与绩效考核相比，绩效管理更加强调与员工交流考核结果、制定出绩效改进的目标和措施。

管理故事

两熊赛蜜

黑熊和棕熊喜食蜂蜜，都以养蜂为生。它们各有一个蜂箱，养着同样多的蜜蜂。有一天，它们决定比赛看谁的蜜蜂产的蜜多。

黑熊想，蜜的产量取决于蜜蜂每天对花的“访问量”。于是它买来了一套昂贵的测量蜜蜂访问量的绩效管理系统。在它看来，蜜蜂所接触的花的数量就是其工作量。每过完一个季度，黑熊就公布每只蜜蜂的工作量；同时，黑熊还设立了奖项，奖励访问量最高的蜜蜂。但它从不告诉蜜蜂们它是在与棕熊比赛，它只是让它的蜜蜂比赛访问量。

棕熊与黑熊想得不一样。它认为蜜蜂能产多少蜜，关键在于它们每天采回多少花蜜——花蜜越多，酿的蜂蜜也越多。于是它直截了当告诉众蜜蜂：它在和黑熊比赛看谁产的蜜多。它花了不多的钱买了一套绩效管理系统，测量每只蜜蜂每天采回花蜜的数量和整个蜂箱每天酿出蜂蜜的数量，并把测量结果张榜公布。它也设立了一套奖励制度，重奖当月采花蜜最多的蜜蜂。如果一个月的蜜蜂总产量高于上个月，那么所有蜜蜂都受到不同程度的奖励。

一年过去了，两只熊查看比赛结果，黑熊的蜂蜜不及棕熊的一半。

黑熊的评估体系很精确，但它评估的绩效与最终的绩效并不直接相关。黑熊的蜜蜂为尽可能提高访问量，都不采太多的花蜜，因为采的花蜜越多，飞起来就越慢，每天的访问量就越少。另外，黑熊本来是为了让蜜蜂搜集更多的信息才让它们竞争，由于奖励范围太小，为搜集更多信息的竞争变成了相互封锁信息。蜜蜂之间竞争的压力太大，一只蜜蜂即使获得了很有价值的信息，比如某个地方有一片巨大的槐树林，它也不愿将此信息与其他蜜蜂分享。

而棕熊的蜜蜂则不一样，因为它不限于奖励一只蜜蜂，为了采集到更多的花蜜，蜜蜂相互合作，嗅觉灵敏、飞得快的蜜蜂负责打探哪儿的花最多最好，然后回来告诉力气大的蜜蜂一齐到那儿去采集花蜜，剩下的蜜蜂负责贮存采集回的花蜜，将其酿成蜂蜜。虽然采集花蜜多的能得到最多的奖励，但其他蜜蜂也能捞到部分好处，因此蜜蜂之间远没有到人人自危相互拆台的地步。

激励是手段，激励员工之间竞争固然必要，但相比之下，激发起所有员工的团队精神尤显突出。

绩效评估是专注于活动，还是专注于最终成果，管理者须细细思量。

二、绩效管理的内容

1. 制定工作标准

工作标准可能规定工作中的行为，也可能确定工作应该产出的结果。有效的工作标准应做到：具有较高的可靠性、与个人职位和组织目标紧密关联，同时还应具有较高的辨别性与可操作性。

2. 根据工作标准评价每一个员工的工作表现

这也是传统上所说的绩效考核。组织需要制定一整套制度，来确定用什么样的方法搜集与员工绩效有关的信息，由什么人来进行相应的工作，搜集到的数据应该如何汇总等。

3. 反馈与改进绩效

绩效管理要求管理者将考核结果与员工进行沟通，并且与员工一起制定出保持及改进绩效的步骤和措施。

绩效管理的过程，从制定评价标准到执行考核，再到绩效反馈与改进，是一系列复杂、繁琐，而又要求严格的管理活动，管理者主观的因素、组织的环境、以及人在认知过程中常见的倾向，都可能给这类活动带来相应的影响。

三、绩效考核的执行与反馈

绩效考核的执行，其重要性并不亚于考核方法的选择。执行中如果稍有偏差，就可能被各种各样的问题所左右，使考核结果不可靠，也无法提供有效的绩效反馈，甚至带来更严重的问题。

1. 绩效考核中易出现的问题

美国一家咨询公司对员工进行的调查表明，大约80%以上的员工都对本公司的绩效考核制度不满意。一方面是由于绩效考核本身的难度，它并不像某些人想象的那样只是上级领导给下属打一个分数了事这般简单；另一方面在于绩效考核中的微小失误都可能导致人力资源管理中明显的不良后果。

绩效考核中常见的问题包括：标准不清、晕轮效应、偏松或偏紧倾向、驱中倾向、近因效应、评价者个人的成见，以及文化上的“水土不服”等。

知识链接

晕轮效应，又称“光环效应”，属于心理学范畴，晕轮效应指人们对他人的认知判断首先是根据个人的好恶得出的，然后再从这个判断推论出认知对象的其他品质的现象。在绩效考核中，由于管理者的爱好兴趣而对某一员工的突出特色给予充分肯定，从而影响个人对员工其他方面的评估。晕轮效应使评估效果失真，同样会影响员工的工作积极性。

近因效应：是指当人们识记一系列事物时对末尾部分项目的记忆效果优于中间部分项目的现象。前后信息间隔时间越长，近因效应越明显。原因在于前面的信息在记忆中逐渐模糊，从而使近期信息在短时记忆中更为突出。管理者对员工最近完成的工作印象深刻，缺乏一致性和连续性。某些员工长时间绩效显著而近期因故减效，某些员工长期绩效较差而近期颇有起色，此时近期效应的评估就可能有失公允，并且被某些投机的员工加以利用。

2. 绩效考核的执行者

在绩效考核的各种方法中，除了以工作结果作为考核依据外，通常都需要有人来为员工的工作表现打分，这就涉及由谁来进行打分的问题。绩效考核的执行者，最常见的就是每一个员工的直接上级。团队式工作的兴起，使工作的组织中要求很多的合作，所以将同事纳入到绩效考核的执行者中来也是一种合理的发展。很多企业在绩效考核时，也要求员工做自我评价。由于很多员工绩效的信息被组织内外不同的人掌握，于是管理实践中就出现了360°考核及反馈。

所谓360°考核，就是员工的上级、下级、同事及被考核的员工本人及顾客，一起来考核这个员工的绩效。不同考核者都从各自的工作角度，考察和评定被考核者，从各自对被考核者的情感出发评定被考核者，因而评估的结果能体现被考核者在不同场景、不同方面的行为特征和业绩。综合这些评估结果能够对被考核者进行较全面、客观的考核。同时，不同角度的评估结果也在一定程度上反映了评估者的利益取向和性格特征。

特别提示：在360°考核法中应对自我评估给予较高的重视，自我评估的结果高于或低于总评定结果，高于或低于其他角度的评定结果，对企业领导均有重要参考价值。如果自我评估的结果高于总评定结果，本人属于自信心强或对个人评估较高的人，如果本人评估低于领导评估，说明本人自信心较弱或比较谦虚的人，其余可类推。

3. 进行绩效反馈

绩效考核后的面谈与结果反馈对员工的发展是十分关键的。面谈的主要目的，一方面是要让员工了解自己的考核结果背后的原因，以此来增加共识、减少误解和猜疑；另一方面，是要改善员工的绩效以及为员工的发展提供建议。有效的绩效管理制度不仅需要这样一次单独会见，而且需要负责人不断地保持与员工的交流，以强调他们在个人发展上的责任。上级和下级都应将绩效考核面谈作为解决问题的时机，而不是一次发现错误的时机。部门主管在计划一次考核面谈时应考虑三个基本内容：讨论员工绩效、帮助员工确定目标，提出员工实现这些目标所需采取措施的建议。

复习题

一、选择题

1. 在企业自身条件许可的情况下，企业招聘管理者应尽可能优先考虑企业内部人员。其原因不包括 （ ）

A. 职工因感到有提升的可能，士气有所提高，并能降低职工的流动率。

B. 内部提升人员对组织较熟悉了解，通常能较快胜任工作。

C. 人选来源广泛，有较大的选择余地

D. 可激励员工努力进取

2. 合乎规范、设计合格的工作设计的特征是 （ ）

A. 对工作权限的定义恰当，既不过于宽泛，也不过于狭窄

B. 有关工作是长期性的，富于挑战性的

C. 对工作所要求的技能予以充分说明，并对不同的个性特征有较强的适应性

D. 以上全部

3. 在内部提升过程中，管理者应对（ ）问题进行研究。

A. 职工的工作能力

B. 职工的工作意愿

C. 职工的长处是什么，这些长处是否适合该项任命

D. 以上均对

二、判断题

1. 企业计划应建立在人员配备工作有效进行的基础之上。 （ ）

2. 企业人员配备仅是人事部门的责任，企业的重心应在生产、销售市场需要的产

品上。 （ ）

3. 人员配备工作是一个系统的过程，要求系统有完善的人员需求计划、来源分析、招聘、选拔、培训及评价等一套完整的程序。 （ ）

4. 企业如遇上管理者的供给与需求都小的情况，可减少对管理人员的培养与选择，待未来企业发展前景变化，企业对管理者需求增加时再实施对管理者的培训发展。（ ）

5. 人员配备的目标在于确保组织内各职务由有能力胜任该工作并有良好工作意愿的人担任。 （ ）

6. 合理的报酬水平对吸引人才、留住人才影响重大。 （ ）

7. 人事决策是风险高、失败率高的决策，但人事决策的后果往往影响长久，且决策出错后损失很难弥补。 （ ）

三、问答题

1. 有人认为公司的人力资源部没有什么用武之地，它之所以存在，并不是为了帮助员工，而是为了使该组织避免出现法律问题，你对此有何看法？

2. 描述不同类型的甄选工具的适用性。

3. 描述不同的绩效评估方法。

四、案例分析

通用电气公司的诚信培训

诚信在通用电气公司（GE）的价值观中是排在第一位的，那么在余球30万员工中他们是如何实现这一目标的呢？

第一风险——诚信。

GE全球CEO伊梅尔特说：“诚信是GE在中国市场的最大风险。当一个国家迅速成长，一个公司迅速成长时，最大的风险总是在诚信上。”

诚信是GE员工100多年来创造的“一份无价的资产”，无论是完成业务指标，还是上级的命令，还是为了客户服务，没有什么东西能比行为正当、坚持诚信更重要。伊梅尔特特别强调说：“我们可能会失去一两个客户，一两种产品，或是一两个城市，但我们从不违背我们的原则。GE的每个领导都明白，如果发生了任何诚信违规，他们就必须离开公司。”

作为全球性的跨国公司，GE在共100多个国家开展业务，员工国籍也各不相同，为了规范公司的业务经营活动以及员工的行为，GE制定了一整套诚信政策，并将政策的简要介绍印刷成册，每位员工人手一本，以随时提醒自己遵守公司的价值观，并每年定期签署“员工个人的诚信承诺”。

第一内容——手册里的内容。

手册里的内容涵盖了与客户和供应商的关系、与政府部门的交往、全球性竞争、GE社区和保护GE资产等方面。例如，政策规定，在与公司的客户和供应商打交道时，无论交易额有多大，无论压力有多大，均要求员工只通过合法和符合道德标准的方式来开展业务，不得为获取不当利益而向客户或供应商提供有价值的东西。

在执行诚信政策时，GE不仅要求自己的员工严格遵守，还要求所有代表公司的第三方，如代理、销售代表、经销商等承诺遵守适用的GE政策。

第一标准——全球一致的诚信标准。

GE坚持认为，每个人都要做到诚信，诚信标准是坚决的，是绝对全球一致的。GE将价值观作为公司的指导方针，并用这些价值观来评估企业的管理人员。比如评估领导人，GE都是根据两个方面，一个是他们的业绩，另一个是他们的诚信。高级经理人不光要注意自己的诚信，而且还要管理他手下的那些员工，让他们也能够做到是有诚信的员工。GE在评估经理人时，当他们业绩好，诚信也很好的时候，就非常容易评估，这些人也会得到提升；如果有些人业绩不好，但诚信很好，他们还会有第二次机会；如果有些人业绩不好，诚信也不好，那么他们就得马上卷铺盖走人。

第一培训——诚信培训。

那么GE怎么来实施诚信培训的呢？这项培训包括面对面的培训，还包括互联网上的培训。公司领导亲自进行诚信的培训，讲解公司的政策。另外，通过互联网培训来进一步加强员工的理解，这样员工就可以在家里或者在工作岗位上学习。

文化的差异或者语言方面的障碍，对每一家企业的诚信制度都构成了挑战。GE认为要解决这些障碍，就要在理解当地的规范、文化和商业模式的基础上，把当地的培训能力建立起来，坚持GE的原则或者价值观。

问题：

（1）为什么GE把诚信说成是最大的风险？你如何理解？

（2）你认为中国企业该如何培训诚信？

（3）当企业实际的经营活动与诚信不一致时，你会怎么处理？

超常规思考

联合包裹服务公司是世界上最大的包裹递送公司，每天在全球200多个国家和地区运送约1 500万个包裹和文件。而这需要数量众多且素质过硬的员工——即送货司机。公司需要在未来5年招募和培训约25 000名送货司机，以代替即将退休的婴儿潮时代的员工。但公司有妥善的方案和新的司机培训方法来对于这些挑战。

公司发现传统的培训已经失效，因为约有30%的受培训者无法适应。公司针对现在的送货主力——年轻人制定了新的培训方式，即高科技教学。现在，受训者的培训内容包括电子游戏，一种使用光滑地板和光滑鞋底的打滑和跌倒模拟器以及围绕一个模拟村庄来进行障碍穿越课程。

公司的培训中心只需要申请送货司机岗位的求职者花一周时间来培训和练习，而一旦通过，年薪将是74 000美元。他们从一个位置移动到另外一个位置，以练习该公司的340种方法。这些方法都是由工业工程师开发的，用以节省几秒钟时间，并且提高每一项工作任务（从搬运包裹从卡车上的一排货物中抽出一个包裹等）的安全性。求职者还要玩一种电子游戏。在游戏中，他们处在司机的位置上，必须辨别各种障碍物。从计算机模拟场景中出来，他们会转移到一个模拟村庄，这里设有各种人造的房子和公司，求职者可以驾驶一辆真正的卡车，必须成功地在19分钟内完成5次递送。此外，为了保障安全和高效，受训者还要使用打滑和跌倒模拟器来学习如何在危险路面上行走。

这些培训方法的效果非常好，在已经受训的1 629人当中，只有10%的人没有通过。而这项培训计划总共需要6周时间，其中有30天时间是在现实世界中驾驶一辆送货卡车。

问题：

（1）哪些外部因素正在影响该公司的人力资源实践？该公司如何应对这些发展趋势？

（2）安全和高效为什么对该公司如此重要？对于员工的工作方法，该公司的工业工程师发挥了什么作用？

（3）该公司对自己的送货司机培训项目做出了什么改变？你对这些改变有何看法？

（4）在你看来，这种新的培训方法给受训者和公司分别带来了哪些优点和缺点？

五、实践练习

1. 阅读并更新你的简历，然后让几位处在管理岗位或接受过管理培训的朋友对你的简历进行评价。请他们解释各自的评价，并且让他们对你的简历进行改进。

2. 仔细回想有哪些人际关系技能、技术技能及实践经验并没有在你的简历中体现出来。假设在一次面试中，面试官将与你讨论你可以给这份工作带来哪些独特的品质和特性，请你草拟一份可能会在这次面试中提及的重要问题。

3. 据佩尤研究中心的调查：36％的18～25岁的人及40％的26～40岁的人有至少一个纹身。同时这两个群体中分别有30％和22％的人在耳朵之外的其他身体部位有一个穿孔。由3～4名同学组成一个小组，制定公司的一项着装和化妆条例，条例要为包括人体艺术在内的所有相关行为设立明确的指导原则，并指出哪些行为是被允许的。可以用项目列表的形式来制定此条例，并与全班同学分享。

4. 通过网络搜索五家你感兴趣的公司，看看他们就其员工的职业生涯说了什么。把这些信息汇总成一份项目列表形式的报告，在课堂上讲述。

5. 如果你已经工作，请注意你的管理者实施了什么类型的人力资源管理活动（面试、工作绩效评价等），向他们请教有哪些方法在他们看来可以有效地获得和留住优秀员工，哪些措施并未达到效果？如果你还没有工作，请与三位管理者面谈，询问他们在工作中实施的人力资源管理活动，以及他们发现哪些是有效的，哪些并没有达到预期的效果。

6. 你对所选择的职业进行研究，从教育背景、所需技能、工作经验等方面来考察包括如何才能在该职业中获得成功？撰写一份《个人职业生涯指南》。

7. 用自己的语言，写下你在本章学到的关于如何成为一名优秀管理者的三个要点。

第十章

组织文化与组织变革

学习目标

1. 了解组织文化的概念和内容。
2. 了解强文化和弱文化。
3. 掌握组织文化建设途径。
4. 了解多元组织文化的管理。
5. 了解组织变革的动因、类型、内容及过程。
6. 掌握组织变革的阻力及其消除对策。

导入案例

IBM的改革撼动传统企业文化

IBM，人称“蓝色巨人”，一直雄踞世界IT业的霸主地位。但是由于竞争日趋激烈和内部管理趋于僵化，至1993连续亏损3年的IBM累计亏损160亿美元，正面临着破产的危险。连比尔·盖茨都预言“IBM将在几年内倒闭”。

这时任纳贝斯克CEO的郭士纳接掌帅印。郭士纳于1965年获得哈佛商学院MBA学位，随即加入麦肯锡，33岁成为麦肯锡最年轻的总监。1978年进入美国运通公司担任执行副总裁，1989年被猎到了纳贝斯克公司担任CEO。虽然郭士纳没有相应的技术背景，但丰富的跨行业经历以及所展示出的管理能力和领导才能，使IBM在1993年至2002年间成为世界上最赚钱的公司之一，名列2002年全球最有价值品牌排行榜第3名。

郭士纳凭什么创造了奇迹？根本原因是在整顿改革中撼动了传统的企业文化。郭士纳上任伊始经过调查后指出：IBM的致命伤不是竞争对手，而是IBM自身传统的文化——目空一切、妄自尊大、自我封闭与因循守旧的企业文化和机构臃肿、组织老化的管理。IBM始建于1911年，托马斯·沃森父子先后任总经理，主政近半个世纪。其间形成了很好的企业文化，如尊重人，信任人，坚持“为职工利益，为顾客利益，为股东利益”三信条。不过传统企业文化中也积累了亟待剔除的东西。

针对管理体制上的弊病，郭士纳提出文化重塑的变革方案。

一是大刀阔斧地精简机构、合并工厂、裁减人员，以求组织结构扁平化，提高效率。结果是员工由40万人减到24万人，工厂由40家减为30家，公司竞争力迅速增强。

二是加强公司内部资源共享、建立高度集权和分权相互平衡的管理模式。

三是转换企业经营理念，由过去的“技术至上”转变为“客户至上”，要求公司围绕客户转。

四是调整企业价值取向，以计算机服务业作为带动全盘的龙头，坚持“服务至上”。实践结果，服务成为IBM的“灵魂”。

五是招贤纳士，重用人才，唯才是举，大量起用新人，尤其是外来者，大胆聘用外界经理，以消除IBM的企业封闭性，注意挑选年富力强的精英担任重要部门经理。

六是建立开放、参与的企业文化，加强与员工的非正式沟通。他认为IBM之所以陷入困境，其中一个重要原因是上下级之间缺乏基本的信任，缺乏合作精神，一些拥有高权威的主管武断专横。他指出，只有把各人的目标自愿地统一到群体目标中，企业才能摆脱困境，乃至战无不胜、攻无不克。他打破了过去IBM等级森严的做法，直接用电子邮件和员工通信。他每去一个地方都要专门安排1小时与所有员工见面，讲一下公司的方向，然后留下45分钟，让员工举手随意向他提问。

在郭士纳的驾驭下，“蓝色巨人”仅2年就摘去了亏损的帽子，又焕发出无穷的生机和活力。1997年，IBM公司的营业额达785亿美元，税后净利润68亿美元，比最低谷的1993年翻了几番。郭士纳被称为“蓝色巨人救世主”。

思考：IBM亏损的主要原因是什么？为什么郭士纳选择企业文化作为突破口？

组织文化理论是由美国学者通过比较研究日本企业与美国企业管理方式的差异而首先提出来的。20世纪70年代，日本经济增长速度超过了美国，经济总量达到世界第二位，这引起了大批美国学者的注意。他们通过比较研究发现，日本经济的成功在于他们出色地将现代技术和管理方法与本国的传统文化结合起来，有效地激励员工，提高员工的士气，发挥员工的主动性和创造性，同时又发挥集体的力量。这种管理方式向美国过分注重“理性”的管理方式提出了挑战，使美国学者认识到，一个成功的组织不能只注重组织结构、规章制度等管理“硬件”，更要注重人员的价值观、行为规范、道德准则、工作作风等管理“软件”，即组织文化的建设。

第一节　组织文化的内涵

一、组织文化的概念

组织文化是形成于组织内部的一种群体文化，它是社会文化的一个有机组成部分，是社会整体文化与个体文化之间联系的纽带。

美国学者威廉·大内是首先提出组织文化理论的学者之一，他认为："传统和气氛构成了一个公司的文化，同时文化意味着一家公司的价值观，诸如进取、保守或是灵活——这些价值观构成了公司员工的活动、意见和行为规范。管理人员身体力行，把这些规范灌输给员工并代代相传。"

由此，我们可以将组织文化概括为：在长期的社会实践中，组织内部所形成的全体成员共同认可和遵守的文化形态的总和。它包括价值观、道德标准、行为规范、规章制度、员工服饰、厂容厂貌等，其核心是价值观。

二、组织文化的内容

组织文化已渗透到组织的各个方面，从层次上来看主要分为物质文化、行为制度文化和精神文化。

1. 物质文化

组织物质文化是以组织内各种物质设施以及组织员工所创造的产品为表现形态的一种表层组织文化。它是组织行为制度文化和精神文化的外在表现形式。主要包括：

(1) 组织环境。主要包括工作环境和生活环境，这是组织成员办公、生产、休息的场所。包括办公楼、厂房、俱乐部、图书馆等。良好的工作环境可以为劳动者提供良好的劳动氛围，激发员工积极工作的热情，提高劳动效率和经济效益，对建立稳定的工作群体具有凝聚作用。

(2) 组织标志。组织标志是组织文化的可视象征之一，体现着组织文化的个性化特点。它主要包括组织名称、产品商标、组织象征物等。许多先进的企业组织都有一整套的企业标志，这些标志就是为了明显而形象地概括组织文化的独特色彩，使人们能够很快地找出本企业与其他企业的区别。而组织象征物则更形象、更生动地显示了企业独特的组织文化。

实例：玛丽·凯化妆品公司的象征物是大黄蜂，目的是鼓励员工自己张开翅膀去飞翔。日本索尼公司则以豚鼠为企业象征物，象征索尼所提倡的豚鼠精神。

(3) 组织实物。主要包括组织产品、组织生产资料等方面的内容。其核心是组织产品。产品的存在价值体现着组织精神，组织精神是通过所创造的物质文化表现自己个性的。

实例：日本松下电气产品以"物美价廉"为存在价值，其企业精神是"所有工业品要像自来水一样便宜"。丰田公司提出的"从干毛巾中挤出水来"的精神，使丰田汽车成本一降再降，其产品以"投入最小，产出最高"为存在价值。因此，产品体现了组织精神，它不仅具有使用价值，而且具有文化价值。

组织中的生产资料也包含两层含义：一方面为生产经营活动服务，另一方面体现出组织文化的内容。例如：企业中的生产设备作为生产工具，主要功能是用于产品生产，但它的颜色、摆放位置、保养方法、清洁度、使用规章等则反映了组织文化的内容。

2. 行为制度文化

管理故事

柯达的建议制度

早在1980年前，柯达的创始人乔治·伊斯曼收到一份普通工人的建议书呼吁生产部门将玻璃窗擦干净，这虽然是不能再小的一件事情，伊斯曼却看出了其中的意义所在，他认为这是员工积极性的表现，立即公开表彰，发给奖金，从此建立起一个“柯达建议制度”。在柯达公司的走廊里，每个员工随手都能取到建议表，丢入任何一个信箱，都能送到专职的“建议秘书”手中，专职秘书负责及时将建议送到有关部门审议，做出评鉴，建议者随时可以直接打电话询问建议的下落；公司设有专门委员会，负责审核、批准、发奖。对不采纳的建议，也要用口头或书面的方式提出理由，如果建议人要求试验，可由厂方协助进行试验，以鉴明该建议有无价值。迄今，该公司员工已提出建议180万个，其中被公司采纳的有60万个以上。目前，该公司员工因提出建议而得到的奖金，每年在150万美元以上。1983、1984两年，该公司因采纳合理建议而节约资金1 850万美元，对公司来说，这种建议制度在降低产品成本核算，提高产品质量，改进制造方法和保障生产安全等方面起了很大的作用，柯达公司认为，这种制度起了沟通上下级关系的作用，因为每个职工提出一个建议时，即使他的建议未被采纳，也会达到两个目的：管理人员了解到这个职工在想什么；建议人在得知他的建议得到重视时会产生满足感。

组织行为制度文化是以人的行为为形态的中层组织文化。它以动态形式存在：一方面不断将人的意识内化，并影响组织精神文化的生成；另一方面又不断地向物质文化的创造活动转化，并最终物化为文化创造物。组织行为制度文化主要包括：组织目标、组织规章制度、组织文化活动。

（1）组织目标。组织目标是组织的战略思想，是组织文化以目标形式表现出来的一种观念的具体化。组织目标作为一种信号，把组织要达到的目标和标准传达给全体成员，成为全体成员努力争取的期望值，促使大家相互配合、协调，为把抽象的目标变为现实的成果而共同努力。有了明确的组织目标，就可以调动组织成员的主动性、积极性和创造性，使员工将本职工作与实现组织的奋斗目标联系起来。因此，组织目标是组织成员凝聚力的焦点，是组织共同价值观的集中体现，也是组织对成员考核和奖罚的主要标准，同时，又是组织文化建设的出发点和归宿。

（2）组织规章制度。组织规章制度是保证一个组织正常运作所不可缺少的要素之一，它是为了达到组织目标、维护组织秩序而人为制定的程序化、标准化的行为模式和运行方式。组织的规章制度涉及组织的人、财、物等各个方面，是组织成员必须履行的带有强制性的义务，同时，也是保障一定权利，实现组织目标的有力措施和手段。组织制度还可以引导组织成员对组织价值观的认同、接受与实行，使组织价值观真正成为引导组织成员思想与行为的准则。如一个把追求产品的高品质作为基本价值观的企业，必然会把高度的质量意识和严格的质量标准贯彻到将要制定的制度中去。

（3）组织文化活动。组织文化活动是指组织开展的群众性文娱、体育、科技等活动。它是组织文化建设的重要内容，能充分发挥为组织的生产经营活动服务以及培养、教育人的作用。

特别提示：通过娱乐性的活动，如举办和组织“职工之家”、各种文娱体育活动和各种展览活动，不但会丰富员工的精神生活，陶冶情操，而且可以创造良好的文化氛围，强化平等、和谐、融洽的群体认同感；通过组织的科技活动，如由企业倡导或员工自发组织的技术革新、技术比赛、培训等活动，可以提高组织成员的素质，激发组织成员的创造欲和成就感，使员工看到自己的价值和责任，形成生动活泼、积极进取的企业环境；通过一些思想政治性的教育活动，如讲演会、先进人物报告会、形势教育等，会增强组织的凝聚力和向心力，引导员工强化主人翁意识，树立责任感，更好地为组织尽职尽责地工作。

3. 组织精神文化

组织精神文化是组织在生产经营中逐渐形成的一种组织意识和文化观念，是组织文化心理积淀的一种群体意识。精神文化是组织文化的核心和灵魂，它主导并决定着其他文化的变化和发展方向。

特别提示：在组织文化的形成过程中，组织创始人的哲学态度和性格作风发挥着举足轻重的作用。

组织精神文化主要包括：

（1）组织价值观。组织价值观就是组织成员对组织行为和组织中人的行为进行评价的总的看法和根本观点，包括组织存在的意义和目的、组织中人的各种行为和组织利益的关系等。组织价值观作为组织成员的共同信念，为组织的生存和发展指明了基本方向和行动指南，为组织成员提供了判断是非的标准和调节人际关系的行为导向。根深蒂固的价值观是联系组织成员思想的纽带，使组织成员将个人的行为自觉地与组织利益联系起来，以实现组织目标。

管理故事

麦当劳的组织文化

美国著名的麦当劳公司组织文化的形成与公司的创始人雷·克洛克先生有着密切的联系。雷·克洛克作为一个推销员为一家食品厂商工作了很多年。他学到了食品零售业务是如何进行的。他也有了企业家的素质，和一个合伙人开始一项兼职生意。他们出售多机搅拌器——一种可以一次混合 6 种冰冻物的机器。一天克洛克收到了来自麦当劳兄弟的一项多机搅拌器的大订单。这个订单激发了克洛克，他决定下一次经过麦当劳的时候顺便看一下他们的操作。当克洛克去看了以后，他开始认为麦当劳的快餐概念将席卷全国。他买下了麦当劳连锁店的经营权并最终出钱使麦当劳兄弟出局。就在同时他把这桩生意定义在四个概念之上：质量、卫生、服务、价格。为了保证每一家连锁店给顾客提供的都是最优价格上的最好产品，营销商被要求上麦当劳大学，他们在那里学习如何管理他们的生意，学习麦当劳的文化价值观和经营连锁店的正确方法。这种培训保证了全世界麦当劳营销商用同一种方式经营他们的连锁店。

（2）组织精神。组织精神是在组织活动中形成的，是具有推动组织发展作用的一种意识和精神力量。组织精神常常体现在组织价值观、组织群体意识、领导作风、组织风格等方面。

特别提示： 组织精神与组织价值观既相区别又相联系。价值观的作用主要是指导选择，解决某件事值不值得做，在许多件值得做的事情中应该选择哪件先做等问题。组织精神则是描述组织成员的主观精神状态。组织精神对组织价值观起着制约作用。

（3）组织道德。组织道德是组织全体成员认同并在处理各种关系中体现出来的善恶标准、行为规范等。它是一种内在价值观念，一种组织意识，它在伦理上调整着组织与社会、组织与员工、员工与员工之间的行为规范。

特别提示： 组织道德是一种非制度化的规范，它不是以强制手段来发挥作用，而主要是通过舆论、说服、示范、教育等方式来对人的行为进行调节。因此，组织道德必须要有广泛的群众基础，只有人们真心诚意地接受并转化为人的情感、意志和信念时，组织道德才能够得到实施。

三、强文化和弱文化

所有的组织都拥有文化，但不是所以文化都相同程度地影响组织成员的行为和行动。根据对成员的影响程度文化可分为强文化和弱文化。组织成员对本组织核心价值观的接受程度越高，对这些价值观的认可程度越高，这种文化就越强烈。绝大多数组织都拥有中等到强烈的文化。一种文化越强烈，它对管理者进行计划、组织、领导、控制的方式就影响越大。

想一想： 拥有一种强文化为什么很重要？这种强文化有什么缺陷？

拥有强文化的组织，其员工的忠诚度要高于弱文化的组织。研究表明，强文化与高的组织绩效是密切相关的。因为如果员工知道自己应该做什么以及组织对他们的期望是什么，他们就能够做出快速应对以解决问题。当然，强文化也可能妨碍员工尝试新的方法。

知识链接

强文化与弱文化的对比

强文化	弱文化
价值观被广泛接受和共享	价值观局限于一部分人，通常是高层管理者
对于什么是重要事项，文化能够传递一致性信息	对于什么是重要事项，文化会传递相互矛盾的信息
绝大多数员工能讲述公司历史或英雄人物的故事	员工不怎么了解公司的历史或英雄人物
员工对文化强烈认同	员工对文化的认同度低
行为与共享的价值观之间存在紧密联系	行为与共享的价值观之间不存在什么联系

第二节　组织文化建设的途径

组织文化建设应当遵守建设组织文化的基本原则，结合组织的具体情况，在充分发挥组织成员能力的基础上，从以下几方面着手：

一、培育组织精神

管理故事

迪斯尼的企业理念

《基业长青》里面提到对迪斯尼创始人沃尔特·迪斯尼的评价："沃尔特不是天才就是骗子，不是伪君子就是典范，不是江湖郎中，就是世世代代儿童热爱的老爹。"然而，就是这样一个被人们一度认为是骗子、伪君子、江湖郎中的人，却一手创立娱乐动画业不可超越的王国，几乎每个娱乐公司都以迪斯尼为样板，每个在迪斯尼工作的员工都会为此感到骄傲。

沃尔特为什么有这么多称号呢？审视迪斯尼一路走来的历史，我们发现，迪斯尼是一个私密的公司，并且偏执的执行它的理念，对员工则进行近乎苛刻的塑造。

1923年，沃尔特·迪斯尼创建迪斯尼公司，在他统治迪斯尼的几十年里，逐步形成了迪斯尼的核心理念。沃尔特·迪斯尼去世后，他的继任人也曾彷徨、迷茫，公司将近15年停滞不前，并且面临敌意收购。但是他们始终坚持沃尔特理念不动摇，最终使迪斯尼走出低谷并取得成功。

一般来说，迪斯尼的新员工培训都安排在特别设计的贴满创始人沃特·迪斯尼肖像和迪斯尼最著名角色（例如米老鼠、白雪公主和七个小矮人等）的训练室里进行，经过精心挑选的培训师用认真编写的脚本和特殊语言，通过反复提问及回答的方式来强化新员工加深对迪斯尼的个性、历史传统、神话的认识。

在这种反复强化的训练中，迪斯尼的宗旨（迪斯尼给人们带来欢乐）已经被灌输进每个被培训者的脑海里，并融化到血液中。在员工以后漫长岁月的工作中，心灵深处总有一个随时提醒自己的预警系统——自己的责任就是给人们带来欢乐。在迪斯尼大学的课本中，员工还可以读到这样的训练语言："在迪斯尼我们可能会工作劳累，但是从来都不会厌倦。即使在最辛苦的日子里，我们也要表现高兴，要露出发自内心真诚的微笑。"

培育组织精神是一项长期而艰巨的工作，主要可以通过以下途径：

1. 确立激励性的组织目标

目标是人的行动方向。要发挥组织目标的激励作用，首先要建立组织成员共同认可的目标，即共同目标。其次，提出的组织目标要适度。必须从本组织的实际出发，既考虑组织的现状，又着眼未来的发展；既不能过高，又不能过低。因此，必须采用科学的方法，确立适度的、能够对员工起到充分激励作用的共同目标。

2. 榜样示范

榜样的力量来自两方面：一是组织领导者的垂范；二是组织中模范人物的启迪。

领导者的垂范是培育组织精神的关键。从一定意义上说，组织精神是组织领导者思想、觉悟、文化素质、经营作风、管理水平、工作态度的反映。

管理故事

零售医院

在百思买公司，首席营销官会定期带员工到被该公司称为零售医院的场所参观。员工穿着白色的实验室外套，走进一个房间，里面有一排真实的医院病床以及病人病历，这些病历描述了正在对该公司的每一个主要竞争者造成影响的疾病。接下来，每一个主要竞争者都病入膏肓，退出商业领域，然后整个房间暗下来。这样的一个场景会给员工传递一个非常强烈的信息。提供自己的言行举止，高层管理者可以建立将在整个组织内传播并对员工行为产生明确影响的标准或示范。

先进模范人物则具有很强的示范作用。他们的一言一行，一举一动，会使本组织精神人格化，具有生气和吸引力，会使其他员工去模仿，激发出行动热情，久而久之，就会变为自觉的习惯行为。因此，应善于发现和培育组织的先进模范人物，以他们的示范作用推动组织精神的培育。

3. 重视舆论宣传

组织精神作为一种群体意识，要在组织成员心中扎根，需要组织采用多种宣传手段，如利用广播电视、厂报、报刊、画廊等反复宣传自己的组织精神和先进典型，营造一种良好的、浓厚的舆论环境，使员工时刻都能感受到组织精神，并把组织精神自觉地贯彻到行动中。

二、加强制度建设

1. 树立科学的制度意识

科学的制度意识首先应当体现组织精神文化价值。制度文化之所以被称为一种文化形态，就在于它从制度这个侧面体现了组织的文化价值观念。其次，科学的制度意识应当坚持实事求是的原则。应当正确认识组织的传统与现状，以制度的形式巩固优良传统和纠正不良传统，同时，还要科学地分析组织各个方面的情况，包括员工素质的分析、市场状况、行业特点等。然后，在此基础上科学地制定制度文化建设的规划与目标。

2. 科学地制定制度

知识链接

制定制度时应遵循的原则

1. 应按民主程序来制定。只有通过民主程序才能使广大员工积极参与到制度文化建设中，才能制定出切合实际的制度，才能使制度观念与条文深植于员工的头脑之中，才能体现出文化引导的作用。

2. 制度应当体现责、权、利相统一的原则。这既是制度科学性的要求，更是组织文化建设的要求，其目的在于使广大员工从义务与权利两个方面体会到自己的主人翁地位。义务与职责作为一种限定，实际是从另一个角度对员工主人翁地位的肯定。

3. 组织制度应当具有系统性、统一性和可操作性。系统性要求制度应该包括各方面内容，既有生产程序的管理，又有人员管理，还有财务管理等多方面，不应有缺口，使行为无迹可循；统一性要求所有制度应当互相协调，不得互相矛盾与抵触，使人员无所适从；可操作性要求制定规章必须明确具体、切实可行。

三、提高组织成员的素质

1. 提高管理者素质

组织管理者由于其特殊的地位，决定了其在组织文化建设中的重要作用。组织文化的形成可能是组织成员共同创造的结果，但组织文化中的主导信念，却无一例外都是先在上层形成，然后才下达的。

提高管理者的素质，首先是培养管理者高度的判断力和决策力。包括组织经营和环境问题，经营战略决策，经营信息系统，组织决策等；其次，培养管理者高度的经营管理能力。包括长期的经营计划与预算控制、经营目标的制定、组织成长与经营多样化、市场战略、权力的委任与责任等；第三，培养管理者卓越的领导能力和指挥能力。包括人际关系管理，员工能力的开发与培训，以及通过不断提高自身的知识水平在组织中树立威望等。

要使管理者拥有以上素质，就需要组织为管理者提供各种机会与途径，使管理者能够通过不断的学习提高自身的素质。如在组织内举办培训，聘请有关专家、教授对管理者进行定期的系统培训；还可以组织各种研讨会，使管理者不仅能够相互交流专业知识和信息，还可以消除各部门之间的矛盾和摩擦。此外，海外研究考察、出国留学，以及组织内管理者相互调换等各种途径，都有助于管理者素质的提高。

2. 提高普通员工的素质

普通员工是一个组织中所占比重最大的群体，也是组织文化建设最主要的参与者和执行者，因此，他们素质的提高会直接促进组织文化建设水平的提高。

对普通员工培育的内容有：

（1）培养员工应有的价值观、集体观；

（2）提高员工的专业知识水平、科研技术能力；

（3）提高员工的基础科学文化知识。具体的培养途径有：培训，举办各种文体活动，先进工作者、岗位标兵的传、帮、带等。

四、建立融洽的人际关系

想一想：融洽的人际关系对组织有什么正面影响？

1. 开展各种集体活动

思想教育工作对增强组织的凝聚力具有重要作用，但开展多种形式的集体活动，对培养员工的集体主义观念、增强凝聚力、形成融洽的人际关系更为重要。通过举办各种集体活动，如一些联谊活动、体育比赛、舞会、郊游等，可以增加员工之间相互认识、了解的机会，加深人们之间的感情，加强组织团结，有利于组织成员统一思想、统一行动。

2. 建立、健全民主管理

通过建立民主管理制度，采用多种方法调动员工的积极性，吸引员工积极参与组织的管理活动，不仅能够发挥员工的聪明才智和工作能力，而且还能体现出员工在组织中的主人翁地位，使员工对组织的重大决策有发言权和否决权，对领导者有监督权、选举权与罢免权。这就能够帮助领导者深入群众，关心群众疾苦，听取群众的批评和建议，不断改进领导作风和工作作风，从而促进领导者和被领导者之间的关系融洽，增进干群之间的沟通了解，改善干群关系。

想一想：何为民主管理？

民主管理要发挥以上作用就必须要有健全的民主管理制度。这就要求领导者首先要树立民主管理意识，并且身体力行，主动培养组织中的民主管理气氛，并使之成为组织作风。其次，要制定完备的民主管理制度，这些制度应当贯彻到组织的方方面面，真正起到鼓励员工参与管理的目的。

五、塑造良好的组织形象

想一想：是否可以仅仅通过建立良好的组织形象来代替组织文化？

1. 提高产品质量、服务质量与工作质量

消费者认识组织首先是从组织提供的产品和服务开始的。人们总是对那些产品质量好、服务水平高的组织感到满意。所以，一个组织要树立良好的组织形象，维护自己的信誉，首先应当提高产品质量、服务质量与工作质量，树立起良好的产品形象和服务形象。

2. 设计自己的形象标志

每个组织都有自己的标志，有的组织还有自己的产品商标、代表色和建筑风格，这些都是组织的形象标志。由于形象标志代表着组织的整体形象，因此，它能加强公众对组织的印象，又能使组织成员产生认同感、责任感和自豪感。在设计组织形象标志时，应注意突出本组织的特点，设计出具有鲜明个性化特色的形象标志，并反复宣传，使标志频繁出现在公众面前，促使公众加深对本组织的印象。

3. 积极参与社会公益事业

社会公益事业是民众的事业，参与公益活动的组织或个人都会被认为是对社会“行善”，是在做好事，社会公众对这种行为总是报以高度的赞誉。组织参与这种活动，直接或间接地在公众心中树立了良好的形象，这就在客观上为组织产品的畅销创造了条件。

4. 加强广告宣传活动

一方面，通过商品广告使消费者对产品留下深刻的印象，激起他们拥有和享受该产品的欲望；另一方面，通过广告宣传组织的目标、宗旨和价值观，从总体上塑造组织形象。广告宣传的方式很多，报纸、杂志、电视、广播、广告牌等都是广告宣传的有效途径。除此之外，还可以通过参加各种社会活动，如研讨会、展览会、庆典等活动，达到广告式的宣传效果。

5. 加强和新闻界的沟通

一方面，组织形象的塑造有赖于新闻媒介的传播；另一方面，新闻机构的报道又不可能总是客观准确，毫无偏见。因此，组织必须十分注意同新闻界的沟通，向记者通报真实的情况。组织可以通过举办新闻发布会、记者招待会等形式，帮助记者挖掘出他们认为是最重要的和有价值的新闻素材，主动积极地配合记者，为他们创造条件了解本组织的真实情况和目前处境，使其报道有利于组织形象的塑造。

第三节　多元文化组织的管理

随着全球化、信息化时代的到来，大型的企业集团、跨国公司越来越多。这些企业集团和跨国公司，有来自不同地域、种族、民族的人，他们身上或多或少地存在着自己母国的文化，所以在这样的一些组织中，会出现多元文化，而它们之间的冲突不可避免。如何减少或引导多元文化的冲突，将是这些多元文化组织面临的生死攸关的问题。

一、多元文化组织对文化管理的步骤

第一步：识别文化差异。由于文化冲突是由文化差异引起的，因此必须对文化差异进行分析识别。根据美国文化人类学家爱德华·赫姆的观点，文化可以分为三种范畴，正式规范、非正式规范和技术规范。正式规范是人的基本价值观和判断是非的标准，它能抵抗来自外部企图改变它的强制力量，因此正式规范引起的冲突往往不易改变。非正式规范是人们的生活习惯和风俗，因此引起的文化冲突可以通过较长时间的文化交流加以克服。技术规范则可以通过人们对技术知识的学习而获得，很容易改变。由此看来不同规范的文化所造成的文化冲突的程度和类型是不同的。文化管理者首先要识别和区分文化差异，才能采取针对性的措施。

第二步：进行文化敏感性训练。文化敏感性训练是为了加强人们对不同文化环境的反应和适应能力，促进不同文化背景的人与人之间的沟通和理解。具体措施是把不同文化背景的人或在不同文化地区工作的人聚集在一起进行文化培训。通过简短演讲、角色扮演、情景对话、实例分析、小群体讨论及实地考察等形式，以有效地打破每个人心中的文化障碍和角色束缚，更好地找出不同文化间的相同之处，加强每个人对不同文化环境的适应性，提高不同文化间的合作意识和联系。

第三步：建立共同经营观和公司文化。通过文化差异的识别和敏感公司职员提高了对文化的鉴别和适应能力。在文化共性认识的基础上，根据环境的要求和公司战略的需要建立起公司的共同经营观和强有力的公司文化。这一步至关重要，它有利于减少文化冲突，使得每一个职员能够把自己的思想与行为同公司的经营业绩和宗旨结合起来，也使母公司与子公司结合得更为紧密，同时又能在国际市场上建立起良好的声誉，增强跨文化企业应对文化环境变迁的能力。

特别提示：在管理跨文化组织文化时必须注意的事项：

1. 明确性。即要简明、贴切和突出，使公司经营目标容易为人所理解和接受。

2. 连续性。不论是公司领导层的更迭或短期经营目标的调整，公司的核心战略和价值观念必须具有相对的稳定性。没有这种相对稳定性所带来的连续性，公司文化将支离破碎，难以发挥作用。

3. 一致性。在公司高层管理部门，特别是母公司与子公司经理之间必须不断地沟通战略意图，以此确保公司成员对共同经营战略的认同和坚持。

在明确了这三个要素后就要采取强有力的措施有步骤地建立起具有本公司特色的公司文化。这些措施包括“公司文化与精神培训”计划、公司形象宣传、领导以身作则、文化激励等。其重点应放在人员的培养和公司品牌的确立上。

二、多元文化管理问题的几种解决方案

哪一个企业能够在企业文化建设方面领先，哪一个企业就能建立起竞争优势。下面是多元文化管理过程中可供参考的解决方案：

1. 母国文化主导型

外方管理人员首先保持高度一致，整个公司以崇尚效率为最高原则。但这种文化在多大程度上被认同，以及由谁来与母国员工有效沟通，将成为管理中面临的问题。

2. 当地文化主导型

跨国公司若以当地文化作为主导型，注重人际关系，关注员工的社会福利，按员工的资历决定其升迁。那么管理者必须尽快适应这种文化，否则极易给公司管理造成动荡。

3. 文化合作型

对文化差异较大的国家，母国管理者的主要任务就是与当地管理者加强合作，其主要的手段就是沟通，否则就会造成管理上的混乱。

4. 文化融合创新型

在这种文化模式下，企业文化的创新和贯彻就显得尤为重要。

管理故事

管理创新的重要性

美国运通公司向其员工做出承诺：为了在今天快速的工作环境中取得成功，我们必须深刻理解这支多元化的、包含几个时代的、全球化的员工队伍的需求和期望。公司CEO是一位非洲裔的美国人——肯尼斯·I·切诺特。他以友善、正直及铁腕手段而闻名。他非凡的商业智慧带领他的公司成功渡过了此次金融危机。他会定期与公司的员工团队会面，让资深高管亲自负责以实现全球化时代跨国公司中员工的多样性目标，并强烈支持该公司为员工多样性实施的管理创新。

第四节 组织变革

一、组织变革的动因

不论是哪个时代的组织，都面临着各种变化，所不同的是，有些时候变化迅速而激烈，有些时候变化迟钝而缓慢。现在各个组织所处的时代是一个瞬息万变的时代，这就要求组织应该针对内外环境的变化适时作出改革和调整。导致组织变革的因素主要有：

外部因素

- 不断变化的消费者需求和欲望
- 新的法律法规
- 不断变化的技术
- 经济环境的变化

内部环境

- 新的组织战略
- 员工队伍构成的变化
- 新的设备
- 不断变化的员工态度

二、组织变革的类型

依据不同的划分标准，组织变革可以有不同的类型。如按照变革的程度与速度不同，可以分为渐进式变革和激进式变革；按照工作的对象不同，可以分为以组织为重点的变革、以人为重点的变革和以技术为重点的变革；按照组织所处的经营环境状况不同，可以分为主动性变革和被动性变革。本章按照组织变革的不同侧重，将其分为以下四种类型；

1. 战略性变革

战略性变革是指组织对其长期发展战略或使命所做的变革。如果组织决定进行业务收缩，就必须考虑如何剥离非关联业务；如果组织决定进行战略扩张，就必须考虑并购的对象和方式，以及组织文化重构等问题。

2. 结构性变革

结构性变革是指组织需要根据环境的变化适时对组织的结构进行变革，并重新在组织中进行权力和责任的分配，使组织变得更为柔性灵活、易于合作。

3. 流程主导性变革

流程主导性变革是指组织紧密围绕其关键目标和核心能力，充分应用现代信息技术对业务流程进行重新构造。这种变革会使组织结构、组织文化、用户服务、质量、成本等各个方面产生重大的改变。

4. 以人为中心的变革

组织中人的因素最为重要，组织如若不能改变人的观念和态度，组织变革就无从谈起。以人为中心的变革是指组织必须通过对员工的培训、教育等引导，使他们能够在观念、态度和行为方面与组织保持一致。

知识链接

到2020年，学校和工作之间的界限将变得模糊。绝大多数技能的生命周期将少于10年，这就要求人们持续不断地更新自己的技能以适应变革。科技发展是人们能够在不用参加正式课堂的情况下进行终身学习。实际上，培训会通过在线学习的方式进行。你可以选择与你的特定需求和时间安排相符的课程。就如同刷牙一样，你会每天花些时间来在线学习新技能，以跟上你专业领域里的发展潮流。

三、组织变革的内容

组织变革具有互动性和系统性，组织中任何一个因素的改变，都会带来其他因素的变化。然而，就某一阶段而言，由于环境情况各不相同，变革的内容和侧重点也有所不同。综合而言，组织变革过程的主要变量因素包括人员、结构、任务和技术，具体内容如下：

1. 对人员的变革

人员的变革是指员工在态度、技能、期望、认知和行为上的改变。组织发展虽然包括各种变革，但是人是最主要的因素，人既可能是推动变革的力量也可能是反对变革的力量。变革的主要任务是组织成员之间在权力和利益等资源方面的重新分配。要想顺利实现这种分配，组织必须注重员工的参与，注重改善人际关系并提高实际沟通的质量。

管理故事

钓螃蟹的故事

钓过螃蟹的人或许都知道，篓子中放了一群螃蟹，不必盖上盖子，螃蟹是爬不出去的，因为只要有一只想往上爬，其他螃蟹便会纷纷攀附在它的身上，结果是把它拉下来，最后没有一只出得去。

组织中也应该留意与去除所谓的“螃蟹文化”。企业里常有一些分子，不喜欢看别人的成就与杰出表现，天天想尽办法破坏与打压，如果不予去除，久而久之，组织里只剩下一群互相牵制、毫无生产力的螃蟹。

2. 对结构的变革

结构的变革包括权力关系、协调机制、集权程度、职务与工作再设计等其他结构参数的变化。管理者的任务就是要对如何选择组织设计模式，如何制定工作计划，如何授予权力以及授权程度等一系列行动做出决策。现实中，固化式的结构设计往往不具有可操作性，需要随着环境条件的变化而改变，管理者应该根据实际情况灵活改变其中的某些组成要素。

3. 对技术与任务的变革

技术与任务的改变包括对作业流程与方法的重新设计、修正和组合，包括更换机器设备，采用新工艺、新技术和新方法等等。由于产业竞争的加剧和科技的不断创新，管理者应能与当今的信息革命相联系，注重在流程再造中利用最先进的计算机技术进行一系列的技术改造，同时，组织还需要对组织中各个部门或各个层级的工作任务进行重新组合，如工作任务的丰富化、工作范围的扩大化等。

四、组织变革的过程与程序

1. 组织变革的过程

为使组织变革顺利进行，并能达到预期效果，必须先对组织变革的过程有一个全面的认识，然后按照科学的程序组织实施。

组织变革的过程包括解冻——变革——再冻结三个阶段。

（1）解冻阶段。这是改革前的心理准备阶段。一般来讲，成功的变革必须对组织的现状进行解冻，然后通过变革使组织进入一个新阶段，同时对新的变革予以再冻结。组织在解冻期间的中心任务是改变员工原有的观念和态度，组织必须通过积极的引导，激励员工更新观念、接受改革并参与其中。

（2）变革阶段。这是变革过程中的行为转换阶段。进入到这一阶段，组织上下已对变革做好了充分的准备，变革措施就此开始。组织要把激发起来的改革热情转化为改革的行为，关键是要能运用一些策略和技巧减少对变革的抵制，进一步调动员工参与变革的积极性，使变革成为全体员工的共同事业。

（3）再冻结阶段。这是变革后的行为强化阶段，其目的是要通过对变革驱动力和约束力的平衡，使新的组织状态保持相对的稳定。由于人们的传统习惯、价值观念、行为模式、心理特征等都是在长期的社会生活中逐渐形成的，并非一次变革所能彻底改变的，因此，改革措施顺利实施后，还应采取种种手段对员工的心理状态、行为规范和行为方式等进行不断地巩固和强化。否则，稍遇挫折，便会反复，使改革的成果无法巩固。

思考：为什么要进行再冻结？

2. 组织变革的程序

（1）通过组织诊断，发现变革征兆。组织变革的第一步就是要对现有的组织进行全面的诊断。这种诊断必须要有针对性，要通过搜集资料的方式，对组织的职能系统、工作流程系统、决策系统以及内在关系等进行全面的诊断。组织除了要从外部信息中发现对自己有利或不利的因素之外，更主要的是能够从各种内在征兆中找出导致组织或部门绩效差的具体原因，并确立需要进行整改的具体部门和人员。

（2）分析变革因素，制定改革方案。组织诊断任务完成之后，就要对组织变革的具体因素进行分析，如职能设置是否合理、决策中的分权程度如何、员工参与改革的积极性怎样、流程中的业务衔接是否紧密、各管理层级间或职能机构间的关系是否易于协调等等。在此基础上制定几个可行的改革方案，以供选择。

（3）选择正确方案，实施变革计划。制定改革方案的任务完成之后，组织需要选择正确的实施方案，然后制定具体的改革计划并贯彻实施。推进改革的方式有多种，组织在选择具体方案时要充分考虑到改革的深度和难度、改革的影响程度、变革速度以及员工的可接受程度和参与程度等等，做到有计划、有步骤、有控制地进行。当改革出现某些偏差时，要有备用的纠偏措施及时纠正。

（4）评价变革效果，及时进行反馈。组织变革是一个包括众多复杂变量的转换过程，再好的改革计划也不能保证完全取得理想的效果。因此，变革结束之后，管理者必须对改革的结果进行总结和评价，及时反馈新的信息。对于没有取得理想效果的改革措施，应当给予必要的分析和评价，然后再做取舍。

知识链接

如何实施文化变革

- 通过管理者的行为来设定基调，特别是高层管理者，应成为榜样和表率。
- 创造新的故事、符号和仪式来取代当前正在使用的故事、符号和仪式。
- 选拔、晋升和支持那些接受新价值观的员工。
- 重新设计社会化过程以便于新的价值观相匹配。
- 鼓励员工接受新的价值观，改变奖励体系。
- 使用明文规定的期望来取代不成文的标准或规范。
- 通过换岗、轮岗及工作合同终止来改组现有的亚文化。
- 通过实施员工参与以及营造高度信任的氛围等措施来努力达成共识。

五、组织变革的阻力及其管理

1. 组织变革的阻力

（1）个人阻力。

①利益上的影响。变革从结果上看可能会威胁到某些人的利益，如机构的撤并、管理层级的扁平化等都会给组织成员造成压力和紧张感。过去熟悉的职业环境已经形成，而变革要求人们调整不合理的或落后的知识结构，更新过去的管理观念、工作方式等，这些新要求都可能会使员工面临着失去权力的威胁。

②心理上的影响。变革意味着原有的平衡系统被打破，要求成员调整已经习惯了的工作方式，而且变革意味着要承担一定的风险。对未来不确定性的担忧、对失败风险的惧怕、对绩效差距拉大的恐慌以及对公平竞争环境的担忧，都可能造成人们心理上的倾斜，进而产生心理上的变革阻力。另外，平均主义思想、厌恶风险的保守心理、因循守旧的习惯心理等也都会阻碍或抵制变革。

（2）团体阻力。

①组织结构变动的影响。组织结构变革可能会打破过去固有的管理层级和职能机构，并采取新的措施对责权利重新做出调整和安排，这就必然要触及某些团体的利益和权力。如果变革与这些团体的目标不一致，团体就会采取抵制和不合作的态度，以维持原状。

②人际关系调整的影响。组织变革意味着组织固有的关系结构的改变，组织成员之间的关系也随之需要调整。非正式团体的存在使得这种新旧关系的调整需要有一个较长过程。在这种新的关系结构未被确立之前，组织成员之间很难磨合一致，一旦发生利益冲突就会对变革的目标和结果产生怀疑和动摇，特别是一部分能力有限的员工将在变革中处于相对不利的地位。随着利益差距的拉大，这些人必然会对组织的变革产生抵触情绪。

2. 消除组织变革阻力的对策

为了确保组织变革的顺利进行，必须要事先针对变革中的种种阻力进行充分的研究，并要采取一些具体的管理对策。

（1）客观分析变革的推力和阻力的强弱。勒温曾提出运用力场分析的方法研究变革的阻力。其要点是：把组织中支持变革和反对变革的所有因素分为推力和阻力两种力量，前者发动并维持变革，后者反对和阻碍变革。当两力均衡时，组织维持原状，当推力大于阻力时，变革向前发展，反之变革受到阻碍。管理层应当分析推力和阻力的强弱，采取有效措施，增强支持因素，削弱反对因素，进而推动变革的深入进行。

（2）创新组织文化。冰山理论认为，假如把水面之上冰山比作组织结构、规章制度、任务技术、生产发展等要素的话，那么，水面之下的冰体便是由组织的价值观体系、组织成员的态度体系、组织行为体系等组成的组织文化。只有创新组织文化并渗透到每个成员的行为之中，才能使露出水面的改革行为变得更为坚定，也才能够使变革具有稳固的发展基础。

（3）创新的策略方法和手段。为了避免组织变革中可能会造成的重大失误，使人们坚定变革成功的信心，变革者必须采用比较周密可行的变革方案，并从小范围逐渐延伸扩大。特别是要注意调动管理层变革的积极性，尽可能削减团体对组织变革的抵触情绪，力争使变革的目标与团体的目标相一致，提高员工的参与程度。

知识链接

成功实施组织变革的做法

一项全球研究对欧洲、日本、美国和英国的 2 000 多个组织的组织变革进行调查后发现，82%的组织实施了重大的信息系统变革，74%的组织在组织内实现了横向的信息和服务共享，65%的组织实施了有弹性的人力资源管理措施，62%对业务决策实施了分权。这些重点变革中的每一种类型都会引发组织结构、技术和人员的变革。要想成功实施变革，必须做到：

1. 组织中所有基本的管理者都要投身于变革过程；
2. 每个管理者深刻领悟其在变革中扮演的角色；
3. 想方设法让所有的成员参与变革。

复习题

一、思考题

1. 影响组织变革的主要因素有哪些？

2. 如何理解组织变革中的阻力？如何克服？

3. 组织文化的基本内容有哪些？最关键的是什么？

4. 联系实际谈谈塑造组织文化的途径。

5. 对多元文化的管理问题有几种解决方案？

6. 中国企业到韩国和墨西哥投资办厂，哪种情况下文化冲突大些，为什么？

二、讨论题

1. 20 世纪后期，新加坡的管理备受推崇，这里优秀的企业文化起到了不可忽视的作用。现在，我们的很多方面都在向他们学习，新加坡的文化真的适合我们吗？

2. 比较清华与北大的文化有何不同。

3. 课堂也有文化，请使用组织文化的相关内容来描述你的课堂文化。这种文化是否约束你的授课老师？如何约束？它是否也约束学生？如何约束？

4. 组织文化会成为组织的一种负担吗？为什么？

三、辩论题

儒家文化是否适合市场经济发展的需要。

四、案例分析

康洁利公司的洋经理

康洁利公司是一家中外合资的高科技专业涂料生产企业，总投资 594 万美元，其中固定资产 324 万美元，中方占有 60％的股份，外方占有 40％的股份，生产多彩花纹涂料等 11 大系列高档涂料产品。这些高档产品不含苯、铅和硝基等有害物质，无毒无味，在中国有广阔的潜在市场。

开业在即，谁出任公司总经理呢？外方认为，康洁利公司引进的先进技术、设备和原材料均来自美国，中国人没有能力进行管理，要使公司迅速发展壮大，必须由美国人来管理这个高新技术企业。中方也认为，由美国人来管理，可以学习借鉴国外企业管理方法和经验，有利于消化吸收引进技术和提高工作效率。因此，董事会形成决议：从美国聘请米勒先生任总经理，中方推荐两名副总经理参与管理。

米勒先生年近花甲，但身心爽健，充满自信，有 18 年管理涂料生产企业的经验，自称“血管里流淌的都是涂料”，对振兴康洁利公司胸有成竹。公司员工也都为有这样一位洋经理而庆幸，想憋足劲大干一场，好好地大赚一笔。

谁料事与愿违。公司开业 9 个月不但没有赚到一分钱，反而亏损 70 多万。当一年的签证到期时，米勒先生被公司的董事会正式辞退了。1994 年 3 月 26 日，米勒先生失望地返美。

来自太平洋彼岸的洋经理被“炒鱿鱼”的消息在康洁利公司内外引起强烈的反响，这位曾经在日本、荷兰主持建立并成功地管理过涂料工厂的洋经理何以在中国败走麦城呢，这自然成为议论的焦点。

多数人认为，米勒先生是个好人，工作认真，技术管理上是内行，对搞好康洁利公司怀有良好的愿望，同时在吸收和消化先进技术方面做了许多工作。他失败的主要原因是不了解中国的实际情况，完全照搬他过去惯用的企业管理模式，对中国的许多东西不能接受，在经营管理方面缺乏应有的弹性和适应性。中方管理人员曾建立根据中国国情，参照中国有关三资企业现成的成功管理模式，结合国外先进的管理经验，制定一套切实可行的管理制度，并严格监督执行。对此，米勒先生不以为然。他的想法是“要让康洁利公司变成一个纯美国式的企业。”对计划不信任，甚至忧虑，以致对正常的工作计划都持抵触态度，害怕别人会用计划经济的一套做法去干预他的管理工作。米勒先生煞费苦心地完全按照美国的模式设置了公司的组织结构并建立了一整套规章制度，但最终还是使一个生产高新技术产品且有相当实力的企业缺乏活力。在起跑线上就停滞不前，陷入十分被动的局面。

也有人认为，米勒先生到任后学会的第一个中文词就是“关系”，而他最终还是因搞不好关系而离华返美。

对于中国市场，特别是中国“别具一格”的市场情况和推销方式，米勒先生也不甚了解。他将所有有关市场营销的事情都交给一位中方副总经理，但他和那位副总经理的关系并没有“铁”到使副总经理他为玩命去干的程度。

在管理体制上，米勒先生试图建立一套分层管理制度：总经理只管两个副总经理，下面再一层管一层。但他不知道，这套制度在中国，如果没有上下级间的心灵沟通与相互间的了解和信任，会出现什么样的状况和局面。最后的结果是，管理混乱，人心涣散，员工普遍缺乏主动性，工作效率大大降低。

米勒先生还强调：“我是总经理，我和你们不一样，你们要听我的。”他甚至要求，工作进入正轨后，除副总经理外的其他员工不得进入总经理的办公室。米勒先生不知道，聪明的中国企业负责人在职工面前总是强调和大家一样，以求得职工的认同。米勒先生临走前扔下一句话：“如果这个企业出现奇迹的话，肯定是上帝帮忙的结果。”

然而，上帝并未伸出援助之手，奇迹却出现了。康洁利公司在米勒先生走后，中方合资厂家选派了一位懂经营管理，富有开拓精神的年轻副厂长刘思才任总经理，并随之组成了平均年龄只有33岁的领导班子。新班子迅速制定了新的规章制度，调整了机构，调动了全体员工的积极性。在销售方面，基于这样一个现实：自己的产品虽好但尚未被人认识，因而采取了多种促销手段，并确定在1994年零利润的状态下，主动向消费者让利销售，使企业开始了良性循环。1994年5月，康洁利首先盈利3万元，宣告扭亏为盈。

问题：

（1）试运用管理的有关原理分析康洁利公司起落的原因。

（2）米勒先生为什么能在荷、日等国取得成功在中国却不能？

（3）从本案例中你得到了什么启示？

失控

丰田汽车公司的生产系统长期以来被认为是企业效率和质量的典范。20世纪50年代，丰田公司的高管大野耐一及其他高管组成的核心团队，提出关于造车效率的一些原则，就是现在众所周知的精益生产和即时库存管理。他们的理念不仅改变了汽车行业，还改变了20世纪后半期的制造业。丰田公司对产品质量的承诺无比坚固，并深深扎根于该公司的企业文化中。

1995—2009年，丰田公司实施了汽车历史上最有侵略性的海外扩张，同时对成本削减高度关注。四项重大的成本削减和市场扩张措施严重影响了公司的流程和员工。其中一项是本地化制造。公司在亚洲、北美洲和欧洲建立了许多生产中心。这意味着他要更多依赖于当地的供应商和设计团队来生产符合当地需求的汽车。另一项举措是大规模的成本削减计划。通过重新设计零部件和与供应商共同合作，节省了100多亿美元。价值创新是这一举措的更高版本。根据该计划，通过使整个开发流程成本更低，以及进一步削减零部件成本和生产成本，公司将会实现更多结余。最后是一项重大的全球计划。公司希望在2010年实现全球轿车市场15%的份额。到2010年中期，丰田公司在全球轿车市场中占有11.7%的份额。但是，这种高速增长和成本削减计划严重损害了产品质量，从而影响了品牌的美誉度。公司总裁丰田章男说，我们追求的发展速度超出了我们的能力范围，对员工的培养和对组织的规划都跟不上这个速度。对于由此导致的产品安全问题，我感到非常后悔，而且我对丰田汽车驾驶者遇到的任何事故感到深深的抱歉。

如何补救这些问题？丰田公司除了大规模召回产品之外，公司正在建立一个能够更快速地对投诉做出应对的体系。公司已经承诺向地区经理授予更多权限，使他们在根据当地消费者的投诉宣布产品召回时发挥更大的作用。公司也正在举行明年两次的全球质量会议以及更频繁的地区质量会议。此外，公司重新承诺在质量控制方面更好地培训员工。

问题：

(1) 描述丰田公司的企业文化。

(2) 一种历史悠久的、曾经对产品质量极度维护的文化，却失去了影响员工行为和行动的能力，对此你有何看法？

(3) 你如何看待丰田章男为该公司的决策道歉？

(4) 关于组织文化的重要性，其他组织能够从丰田公司的经历中学到什么？

文化病变：人性与责任

X公司是国内一家知名的上市公司，公司董事长兼总经理A从工人干起，一步步地成为了当家人。多年来，在他的带领下，公司一直保持着高速发展，并于1997年底成功上市。

在A总的引领下，公司的文化不乏一些闪光的亮点：

重视人才——从1994年开始，公司每年都招收大量的高学历新员工，给予较高的工资、福利待遇，很快聚集了大量的名校毕业生，极大地提高了公司的产品技术含量和质量。公司形成了一种尊重人才的氛围。

唯才是举——每年年底，中层干部开始一年一度的干部竞争上岗，干部岗位完全开放。竞岗者必须要交书面“竞争上岗报告”，通过后，还要经过答辩。每一年都有干部落马，都有新人、能人上岗。公司造成了一种紧迫感和危机感。

但是，A总个人价值观上的一些致命缺陷，也导致了公司内部不良文化的滋生和蔓延，使得X公司在一种畸形的氛围中走入了泥途。

缺乏人情味

A总比较独断专权。在公司内部，严厉打击异己以及不太驯服的员工和干部。不论你以前有多大贡献、一旦冒犯“天威”，你是一定要下来。曾经有一位技术部的经理，只因说了句不太恰当的闲话，就被处罚，被要求写悔过书，三十七八岁的男子汉，在保卫处，痛哭流涕地检讨自己“我罪该万死……”即使这样，部门经理还是被撤掉了，并且以后永远不得翻身。

等级制度森严、压抑了人的主动性和创造力

A总搞一言堂，上行下效。公司内小报告盛行。公司有不成文的规定，不允许与辞职人员来往。有一位同志，与从X公司辞职的朋友一起到海边游泳，被人看到，报告了A总，该同志的工资被降了下来，几年里，一直不给他涨工资。X公司的工资水平在他们所在的城市是第一位的，没人愿意丢掉饭碗。所以，大家说话办事都极其小心。一谈到什么敏感话题，一些年长的员工就神秘兮兮地说“莫谈国事，莫谈国事……”于是，大家都很知趣地闭上嘴巴。

过度追究责任、矫枉过正，导致扯皮推诿

这一点在生产部门、技术部门、质检部门体现得尤为突出。公司的质量标准是这样的：技术部门出检验方法、标准，生产部门按设计生产，质检部门照技术部的标准检验。一般来讲，一旦产品出问题，先找质检部门，质检部门说，“我们检验的时候没问题，这是质量不稳定，应该找技术部门”，或者说，“我们是按标准检验，是不是技术部的标准有问题”？技术部更聪明，把检验标准提高、再提高，一直到完美无缺的地步。生产部门做不出那么高水平的产品，但质检部门按照完美无缺的标准检验，于是产品就开始在车间里积压，生产线中止，但三个部门各不相让。时间耽搁长了，销售部开始着急——因为延迟交货是要罚款和丢失客户的。

思考题：

(1) 该公司的文化有何可取之处？

(2) A总的价值观存在什么缺陷？这种价值观是如何影响公司文化的？

(3) 你认为公司的文化该做什么样的变革？

五、实践练习

1. 挑选你经常接触的两个组织，通过考察以下方面来评估他们的组织文化：

● 物理设计（建筑物、装潢、停车位、办公室或店铺的设计）：他们位于什么地方？为什么？员工和顾客在哪里停车？办公室/店铺的布局如何？这种布局会鼓励或限制什么行为？所有这些事项传达出该组织重视的是什么？

● 符号（标识、着装规定、口号、对公司哲学的陈述）：强调什么价值观？组织的标示位于哪里？谁的需求受到强调？什么概念受到重视？什么行为是禁止的？什么行为是鼓励的？组织是否有高度宣扬的人工景观？这些人工景观象征着什么？所有这些事情传达出组织重视什么？

● 言语（故事、语言、头衔）：什么故事被反复讲述？员工是如何讲话的？工作头衔能传达该组织的什么信息？在交谈中是否使用玩笑或趣闻？所有这些事情传达出组织重视什么？

● 政策和行动（仪式、庆典、物质奖励、如何对待员工的政策）：什么行为会受到奖励？什么行为会被忽视？什么类型的人会成功/失败？什么仪式是重要的？这些事情传达出组织重视的是什么？

2. 如果你是某社团或学生组织的成员，评估它的文化：你如何描述该文化？新成员如何学习该文化？该文化如何被延续？如果你没有参加学生组织或社团，与参加学生组织的某人交谈，并使用同样的问题来评估。

3. 评估变革的氛围。为什么有些变革成功而其他许多变革失败，其中一项主要因素是组织对变革是否准备充分。评估变革氛围要思考以下一些问题，你获得的答案越肯定，变革成功的可能性就越大。

- 这次变革的倡导者在组织中是否有足够高的地位？
- 高层管理者是否支持和认同这次变革？
- 高层管理者是否表示需要变革，而组织中的其他人是否也赞同这种变革？
- 管理者对变革之后的结果有没有一种清晰的愿景？
- 是否使用客观的测量手段来评估变革的努力？是否设计了奖励体系来强化变革？
- 这些具体的变革努力是否与组织中正在进行的其他变革相一致？
- 管理者是否愿意为了组织的整体利益而牺牲他们的个人利益？
- 管理者是否对自己严密地监控竞争者所采取的变革和行动感到自豪？
- 管理者和员工是否因为冒险、创新和寻找新的更好的解决办法而受到奖励？
- 组织结构是否具有弹性？
- 组织是否有自上而下和自下而上的双向沟通？
- 组织是否成功实施过变革？
- 员工是否对管理层感到满意和信任？
- 组织中的各部门是否具有高标准的互动和合作？
- 决策是否被快速制定并会考虑到各种不同的建议？

4. 关注你周围的其他人如何应对变革。当你的朋友或家庭抵制变革时，试着使用不同的方法去管理他们对变革的抵制。

5. 用自己的语言写下你在本章中学到的关于如何成为一名优秀管理者的三个要点。

第十一章

团队管理

学习目标

1. 了解团队的概念及其与群体的区别。
2. 了解团队的类型和发展阶段。
3. 了解采用团队模式的原因。
4. 掌握如何提高团队的绩效。
5. 了解全球范围内的典型的团队管理模式。

导入案例

三则故事

有三只老鼠一同去偷油喝，到了油缸边一看，油缸里的油只剩一点点在缸底，并且缸身太高，谁也喝不到。于是它们想出办法：一个咬着另一个的尾巴，吊下去喝，第一只喝饱了，上来，再吊第二只下去喝……。第一只老鼠最先吊下去喝，它在下面想："油只有这么一点点，今天总算我幸运，可以喝个饱。"第二只老鼠在中间想："下面的油是有限的，假如让它喝完了，我还有什么可喝的呢？还是放了它，自己跳下去喝吧！"第三只老鼠在上面想："油很少，等它俩喝饱，还有我的份吗？不如早点放了它们，自己跳下去喝吧！"于是，第二只放了第一只的尾巴，第三只放了第二只的尾巴，都只管自己抢先跳下去。结果它们都落在油缸里，由于永远逃不出来而饿死了。

自然界中有一种昆虫很喜欢吃三叶草（也叫鸡公叶），这种昆虫在吃食物的时候都是成群结队的，第一个趴在第二个的身上，第二个趴在第三个的身上，由一只昆虫带队去寻找食物，这些昆虫连接起来就像一节一节的火车车厢。管理学家做了一个实验，把这些像火车车厢一样的昆虫连在一起，组成一个圆圈，然后在圆圈中放了它们喜欢吃的三叶草。结果它们爬得精疲力竭也吃不到这些草。

假设猪圈里有一头大猪、一头小猪。猪圈的一头有猪食槽，另一头安装着控制猪食供应的按钮，按一下按钮会有一定单位的猪食进槽。如果是小猪按动按钮，则大猪会在小猪到达食槽前把食物全部吃光，如果是大猪按动按钮，则大猪到达食槽时只能和小猪抢食剩下的一些残羹冷炙。既然小猪劳动不得食，则小猪不会主动按钮，而大猪为了生存，尽管只能吃到一部分，还是会选择劳动（按钮）。那么，在两头猪都有智慧的前提下，最终结果是小猪选择等待。

第一节　团队概述

随着知识经济时代的到来，各种知识、技术不断推陈出新，竞争日趋紧张激烈，市场需求越来越多样化，使企业管理层所面临的情况和环境极其复杂，在很多情况下，单靠个人能力已很难完全处理各种错综复杂的信息并采取切实高效的行动，所有这些都要求组织成员之间进一步相互依赖、相互关联、共同合作。而合作团队的建立正是旨在解决错综复杂的问题，并进行必要的行动协调，保持组织应变能力和持续的创新能力。

想一想：何为团队？团队与群体是一样的吗？

一、团队的含义

团队是由员工和管理层组成的一个共同体，该共同体合理利用每一个成员的知识和技能协同工作，解决问题，达到共同的目标。团队不仅强调个人的工作成果，更强调团队的整体业绩。团队所依赖的不仅是集体讨论和决策以及信息共享和标准强化，它强调通过成员的共同贡献，能够得到实实在在的集体成果，这个集体成果超过成员个人业绩的总和，即团队大于各部分之和。团队的核心是共同奉献。这种共同奉献需要一个成员能够为之信服的目标。只有切实可行而又具有挑战意义的目标，才能激发团队的工作动力和奉献精神，为工作注入无穷无尽的能量。

团队的精髓是共同承诺。共同承诺就是共同承担集体责任。没有这一承诺，团队如同一盘散沙。做出这一承诺，团队就会齐心协力，成为一个强有力的集体。很多人经常把团队和工作团体混为一谈，其实两者之间存在本质上的区别。优秀的工作团体与团队一样，具有能够一起分享信息、观点和创意、共同决策以帮助每个成员能够更好地工作，同时强化个人工作标准的特点。但工作团体主要是把工作目标分解到个人，其本质上是注重个人目标和责任，工作团体目标只是个人目标的简单总和，工作团体的成员不会为超出自己义务范围的结果负责，也不会尝试那种因为多名成员共同工作而带来的增值效应。此外，工作团体常常是与组织结构相联系的，而团队则可突破企业层级结构的限制。

知识链接

团队和群体的区别

团队和群体有着根本性的一些区别，群体可以向团队过渡。

群体是指两个以上相互作用又相互依赖的个体，为了实现某些特定目标而结合在一起。群体成员共享信息，做出决策，帮助每个成员更好地担负起自己的责任。

团队和群体经常容易被混为一谈，但它们之间有根本性的区别：

1. 领导方面。作为群体应该有明确的领导人；团队可能就不一样，尤其团队发展到成熟阶段，成员共享决策权。

2. 目标方面。群体的目标必须跟组织保持一致，但团队中除了这点之外，还可以产生自己的目标。

3. 协作方面。协作性是群体和团队最根本的差异，群体的协作性可能是中等程度的，有时成员还有些消极，有些对立；但团队中是一种齐心协力的气氛。

4. 责任方面。群体的领导者要负很大责任，而团队中除了领导者要负责之外，每一个团队的成员也要负责，甚至要一起相互作用，共同负责。

5. 技能方面。群体成员的技能可能是不同的，也可能是相同的，而团队成员的技能是相互补充的，把不同知识、技能和经验的人综合在一起，形成角色互补，从而达到整个团队的有效组合。

6. 结果方面。群体的绩效是每一个个体的绩效相加之和，团队的结果或绩效是由大家共同合作完成的。

二、团队发展的阶段

从群体发展到真正的团队需要一个过程，需要一定的时间磨炼。这个过程分为以下几个阶段，如图 11—1 所示。

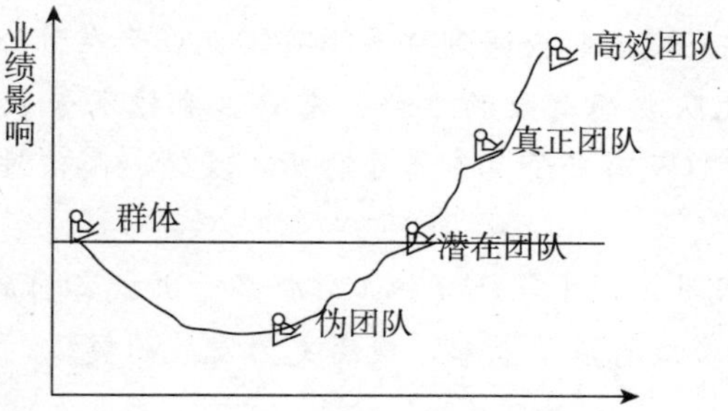

图 11—1　群体向团队的过渡

第一阶段，由群体发展到所谓的伪团队，也就是我们所说的假团队。在这一阶段，群体成员相互间的接触会增加，在接触的过程中彼此在试探相互的相处模式，会有少量摩擦和冲突，但不明显，在冲突中渐渐形成了类似于团队的伪团队。说它是伪团队，主要是团队的成员的关系还不紧密，各方面有着众多的不确定性，稍有风吹草动，极易散伙。

想一想：激烈、频繁的冲突是否有助于实现团队的高水平绩效？

第二阶段，由伪团队发展到潜在的团队，这时已经具备了团队的雏形。这时候的团队冲突会增多，这些冲突涉及谁将掌控该团队及该团队需要做什么。这一阶段，团队内会出现相对清晰的领导层级和对该团队前进方向的共识。

第三阶段，由潜在的团队发展为一个真正的团队。是形成密切关系和凝聚力的阶段。团队成员会有强烈的认同感和志同道合感。但团队结构变得稳定，团队成员对团队行为的预期达成共识时，这个阶段就结束了。

第四阶段，由真正的团队发展为高绩效的团队。在此阶段，团队结构行之有效，且被其成员所接受。成员把主要精力从彼此认识和了解转移到从公司团队的工作任务上来。

知识链接

高效出色的团队具有的特点

1. 目标一致。团队成员应花费充分的时间、精力来讨论、制定他们共同的目标，并在这一过程中使每个团队成员都能够深刻地理解团队的目标。

2. 目标具体。将团队共同的目标分解为具体的、可衡量的行动目标。

3. 承担责任。建立一种环境，使每位团队成员在这个环境中都感到自己应对团队的绩效负责，为团队的共同目标、具体目标和团队行为勇于承担各自共同的责任。

4. 关系融洽。团队成员之间应该互相支持，善于沟通，彼此之间坦诚相待，相互信任，并勇于表达自我。

5. 齐心协力。团队成员应为实现团队目标作出共同的承诺，能为着共同的目标而努力工作，并在工作中相互协调配合。

6. 和谐的领导艺术。团队的领导者要能够做到对任务的需求、团队的凝聚力以及个人需求达到平衡、和谐。

7. 短小精悍。最佳的团队规模一般在 12 人以内，因为团队成员多于 12 人，成员间就很难顺利开展工作，在相互交流时会遇到许多障碍，也难于在讨论问题时达成一致。

8. 技能互补。一个团队要想有效的运作，需要具有技术专长的成员、能够解决问题和做出有效决策的成员，以及有若干具有善于聆听、反馈、解决冲突和其他人际关系技能的成员。

9. 行动统一。团队成员必须平等地分担工作任务，并就各自的工作内容取得一致。

10. 反应迅速。团队应该着眼于未来，视变更为发展的契机，把握机遇，相机而动。

三、团队的类型

根据团队存在的目的、拥有自主权的大小，在组织中有 3 种类型的团队：

1. 问题解决型团队

问题解决型团队的核心点是提高生产质量、提高生产效率、改善企业工作环境等。在这样的团队中成员每周聚会几个小时就如何改变工作程序、如何提高产品质量、生产效率、改善工作环境和工作方法相互交流，提出一些建议。但是这种团队没有权力根据这些建议单方面采取行动。该团队在 20 世纪 80 年代运用较为广泛，但其不足之处是在调动员工参与决策的积极性方面，尚嫌不足。

2. 自我管理型团队

这种团队通常由10～15人组成，这是真正独立自主的团队，他们不仅注意问题的解决，而且执行解决问题的方案，并对工作结果承担全部责任。完全的自我管理型团队甚至可以挑选自己的成员，并让成员相互进行绩效评估。目前美国大约1/5的公司（例如通用汽车公司、百事可乐公司、惠普公司等）均采用了这种团队形式。自我管理型团队的工作成效显著，但是实行这种团队形式并不一定产生积极效果。虽然有时员工的满意度随着权力的下放而提升，但是，与传统的工作组织形式相比，自我管理型团队成员的缺勤率和流动率偏高；所以首先要看企业目前的成熟度如何，员工的责任感如何，然后再来确定自我管理团队发展的趋势和反响。

管理故事

美国德州一汽和麦当劳的自我管理型团队

美国最大的金融和保险机构路得教友互动会，因为推行自我管理团队在4年的时间中减员15%，而业务量增加了50%，主要的原因是提高了员工的满意度，推行了自我管理型的团队。麦当劳成立了一个能源管理小组，成员来自于各连锁店的不同部门，他们对怎样降低能源问题提供自己鉴定的方案，解决这一环节对企业的成本控制非常有帮助。能源管理小组把所有的电源开关用红、蓝、黄等不同颜色标出，红色是开店的时候开，关店的时候关；蓝色是开店的时候开直到最后完全打烊后关掉。通过这种色点系统他们就可以确定，什么时候开关最节约能源，同时又能满足顾客的需要。这种能源小队其实也是一个自我管理型团队，能够真正起到降低运营成本的作用。

3. 多功能型团队

这种团队由来自同一等级、不同工作领域的员工组成，他们走到一起的目的就是完成某项任务。多功能型团队的兴盛在20世纪80年代末，当时，所有主要的汽车制造公司如尼桑、本田、宝马、通用汽车、克莱斯勒等都采用了多功能型团队来直接完成复杂的项目。多功能型团队是一种有效的团队管理方式，它能使组织内（甚至组织之间）不同领域员工之间交换信息，产生新的观点，解决面临的问题，协调复杂的项目。但是多功能型团队在形成的早期阶段需要耗费大量的时间，因为团队成员需要学会处理复杂多样的工作任务。在成员之间，尤其是那些背景、经历和观点不同的成员之间，建立起信任并能真正的合作也需要一定的时间。

4. 虚拟团队

这是利用信息技术把分散在不同地方的成员连接起来以实现某个共同目标的工作团队。如波音公司——惠普公司的一个虚拟团队在一种全新产品的开发过程中发挥了至关重要的作用。在一个虚拟团队中，成员通过各种工具如宽带网络、视频会议、传真、电子邮件，或者可以让该团队举行在线会议的网站进行在线协作。这种团队可以完成其他团队能够完成的所有工作。不过，虚拟团队缺乏面对面讨论的那种正常互动和交流。正因为如此，虚拟团队往往更加以任务为导向，尤其当团队成员素未谋面时。

第二节 团队管理的绩效

一、采用团队模式的动因

企业采取团队模式，主要受到外部和内部的两个因素的驱动。

1. 外部因素

（1）客户的期望值更高。如对物超所值，多样选择，以及对包括质量、服务和技术支持在内的整套产品的需求。

（2）更加复杂的市场和产品。如市场的多样化，以及产品和产品功能的不断增加。

（3）商业不确定性更大。如不断变化的市场，产品生命周期缩短，以及对用户需求作出反应的需要。

（4）市场竞争加剧。

2. 内部因素

（1）允许高级管理层从战略角度考虑问题。采用团队模式可把高级管理层从繁杂的日常事务中解脱出来，使其能集中精力思考重大问题，从事更多的战略规划工作。

（2）加快决策速度。通常情况下，团队成员比高级管理层更了解与工作有关的问题，而且这些问题对团队成员来说更关系到切身利益，因此以团队方式作出各种决策的速度，要比将工作分派给个人的方式快得多。把决策权直接下放给团队，可使组织在迅速作出决策方面具有更大的灵活性。

（3）培养集体主义精神。在为实现共同目标而建立的团队中，成员们必须对于如何将个人力量更好地贡献于集体目标具有统一的理解和认识，并建立起共同的承诺，使团队成员为了一个共同的目标而有机地团结凝聚在一起。

（4）追求创新。由不同背景、不同经历的个人所组成的团队将会产生更多具有创新意义的设想，而且作出的决策要胜于仅仅由个人作出的决策。可以说，团队具有这样的潜能，即能把各种技能、经验和专业知识有机地结合起来，保持企业的活力和创新，在竞争中求得生存和发展。

特别提示： 并不是每一个组织或在任何情况下都需要团队。而且，如果对于团队没有具体的业绩要求，那么建立一支团队也是没有意义的。是否建立团队的一个关键性判断是：组织中个人工作的简单集合，是否是以应对眼前的工作挑战。如果通过每个人出色地完成个人工作而实现预期的业绩标准，则不必要采取团队模式；反之，则建立团队是可行的。在下述情况下建立团队是必要的：

（1）当企业试图解决一些经营、技术、生产等疑难问题，而且这些问题的答案却无人知晓的时候。

（2）在对能否完成任务没有把握，因而更需要与他人共同努力，一起克服困难的时候。

（3）当需要人们密切合作，共同完成某项具体任务的时候。

二、团队管理的绩效

团队管理一直是企业人力资源管理的关键一环，其意义不仅仅局限于员工关系的管理、企业文化的建立等，还有更重要的是高绩效激励的实现。团队管理远不只是一个口号，还需要我们投入更多的重视来引导团队绩效的实现。

协调是实现对团队中成员行为与绩效有效管理的关键。在大多数情况下，每一个部门都拥有完成任务的能力，但每一个部门又都有自己的文化、目标、规范。这样，管理者面临的挑战就是，通过某种方式，在保持群体和谐的前提下，为实现组织目标而对这些群体进行协调。如何提高这些团队的工作绩效，可以从以下几个方面入手：

1. 建立共同的、具体的目标

有效的团队具有一个大家共同追求的、有意义的目标，它能为团队成员指引方向、提供动力，让团队成员愿意为之奉献。如何让团队具备其成员渴望且富有意义的目标？在团队中可用大量的时间和精力来讨论、修改和完善一个在集体层次上和个人层次上都被团队成员接受的目标。这种共同目标一旦为团队所接受，就像航海学知识对船长一样，在任何情况下，都能指引方向。

在管理中发现，具体的目标可以促进明确的沟通，它还有助于团队把自己的精力放在达成有效的结果上。因此成功的团队需要把他们的共同目标转变成为具体的、可以衡量的、现实可行的绩效目标。

有时，我们在进行团队建设时，可能觉得为团队确定目标还是相对比较容易的，但要将团队目标灌输于团队成员并取得共识——责任共担的团队目标，可能就不是那么容易的事情了。所谓责任共担的团队目标并不是要团队每个成员都完全同意目标——这是难以做到的；而是尽管团队成员存在不同观点，但为了追求团队的共同目标，各个成员求同存异并对团队目标有深刻的一致性理解。要形成团队共享目标，应从以下几个方面着手：

首先，对团队进行摸底。对团队进行摸底就是向团队成员咨询对团队整体目标的意见。这非常重要，一方面可以让成员参与进来，使他们觉得这是自己的目标，而不是别人的目标；另一方面可以获取成员对目标的认识，即团队目标能为组织做出什么别人不能做出的贡献，团队成员在未来应重点关注什么事情，团队成员能够从团队中得到什么，以及团队成员个人的特长是否在团队目标达成过程中得到有利发挥等，通过这些广泛地获取成员对团队目标的相关信息。

其次，对获取的信息进行深入加工。在对团队进行摸底收集到相关信息以后，不要马上就确定团队目标，应就成员提出的各种观点进行思考，给团队和自己一个机会，回头考虑这些提出的观点，以缓解匆忙决定带来的不利影响；

第三，与团队成员讨论目标表述。与团队成员讨论目标表述是将其作为一个起点，以成员的参与而形成最终的定稿，以使获得团队成员对目标的承诺。虽然很难，但这一步确是不能省略的，因此，团队领导应运用一定的方法和技巧——比如：头脑风暴法：确保成员的所有观点都讲出来；找出不同意见的共同之处；辨别出隐藏在争议背后的合理性建议，从而达成团队目标共享的双赢局面。

第四，确定团队目标，进行目标管理。通过对团队摸底和讨论，修改团队目标表述内容以反映团队的目标责任感；虽然，很难让百分百的成员都同意目标表述的内容，但求同存异地形成一个成员认可的、可接受的目标是重要的，这样才能获得成员对团队目标的真实承诺。

最后，由于团队在运行过程中难免会遇到一些障碍，比如：组织大环境对团队运行缺乏信任、成员对团队目标缺乏足够的信心等。在决定团队目标以后，尽可能地对团队目标进行阶段性的分解，树立一些过程中的里程碑式的目标，使团队每前进一步都能给组织以及成员带来惊喜，从而增强团队成员的成就感，为一步步完成整体性团队目标奠定坚实的信心基础。

知识链接

70%的员工说工作友谊的最大好处是它营造了一种可以提供更多支持的工作环境。

85%的《财富》1 000 强企业采用基于团队的薪酬方案。

69%的员工说他们的团队没有得到足够的资源。

83%的被调查者把团队视为组织获得成功的一项关键要素。

33%的女性希望举行更多面对面的群体会议。

27%的男性希望举行更多面对面的群体会议。

40%的高管说在期限内完成任务是一名优秀团队成员最重要的特征。

2. 设计合理的组织结构

目标决定了团队最终要达成的结果，但高绩效团队还需要保证领导和组织结构能够提供导向和工作重点。在团队中，如何安排工作日程、需要开发什么技能、如何解决冲突、如何做出和修改决策、决定团队成员具体的工作任务，并使工作任务与团队成员个人的技能水平相匹配等问题，都需要团队的领导和团队结构发挥作用。

3. 培养团队成员的相互信任

高绩效团队的一个特点是，团队成员之间高度信任。但是，从个人关系中不难知道，信任是脆弱的，它需要很长时间才能建立起来，却又容易毁于一旦，破坏之后要想修复更是难上加难。如何培育信任感？管理人员和团队领导之间首先要建立起信任关系，然后才能在团队成员之间建立相互信任关系。

知识链接

培养团队成员相互信任感的方法有：1. 阐明既是为自己的利益而工作，又是在为别人的利益而工作；2. 经常用言行支持团队的工作；3. 学会开诚布公；4. 进行决策或进行评估时要公平；5. 对团队成员说出自己的感觉；6. 表明指导自己进行决策的基本价值观是一贯的；7. 学会保密；8、在团队中适时的展示自己的才能。

4. 塑造优秀的团队选手

高绩效的团队需要优秀的团队成员，要成为一名优秀的团队成员，个体必须学会与别人进行开诚布公的沟通；学会面对个体间的差异并解决冲突；学会个人的目标升华为团队的利益。这对于许多员工来说是一项极其艰巨，甚至是无法完成的任务。在这样的情况下，为了塑造优秀的团队成员，管理人员应该努力选拔那些人际关系技能较强、有可能成为有效团队选手的个人，应该对员工进行培训，开发其团队工作技能，并对个人的合作努力给予奖励。

5. 具有完善的绩效评估系统与奖酬体系

为了确保企业各个团队能够进行卓有成效的工作，管理层有必要制定适用于团队模式的评估体系和激励机制。在这里，最基本的前提是制定的评估体系和激励机制，必须是针对整个团队而不是个人，只有如此，才能体现团队的价值。在制定评估体系时，我们要明确评估的目的是：促进团队工作业绩，让成员了解工作进展情况以及明确要做的工作，鼓励成员提高能力和进步，促进成员之间的交流，纠正行动上的偏差，培养成员的主人翁责任感。根据这一目的，可制定如下评估体系：

（1）团队内部成员互相评议。每个成员的贡献由其他成员来进行评议，这些评议反映成员对团队所做的贡献，并在此基础上进行充分的讨论、沟通、达成新的共识，以利于下一步采取更有效的行动。

（2）用户满意程度。由外部用户以及内部用户评估团队的表现。①自我评估。由团队成员评估团队的表现。②团队负责人评估。由团队负责人/主管人员评估每一个成员。在这个过程中，团队负责人要注意是以平等交往而不是上下级的关系与成员进行沟通。

（3）管理层评估。由团队的上级管理部门对团队的工作业绩进行评估。在设计激励机制时，要从外在和内在两方面的激励进行考虑，外在激励包括工资、奖金、奖章、名誉、在报刊上刊登事迹、在公司大会上得到表扬、证书、礼物、旅行和宴会等。内在奖励包括实现小组目标后所获得的满足感，从牢固和谐的工作关系、创造性的挑战、增加的责任感和学习机会中所获得的幸福感。

企业针对团队绩效的激励是促使团队更好地发挥作用的重要手段，但从企业的角度来说，只是针对团队整体的一种激励，并不会明确到个人绩效的程度。如果不进行适当的分解，而一味地强调团队内的平均主义，就会出现“搭顺风车”的现象。当获得团队绩效激励时，团队的领导者应根据内部目标管理对工作的分解，确定每一个团队成员所产生的绩效高低，并予以相应的奖励或惩罚。那么，始终等待的人将不能获得任何的奖励甚至会因工作表现不佳而得到惩罚。因此，团队绩效激励的分解是解决“搭顺风车”的又一种有效方式。

第三节　全球团队管理的差异

团队在组织中的出现，根本上是组织适应快速变化环境的结果，“团队是高效组织应付环境变化的最好方法之一”。为了适应环境变化，企业必须简化组织结构层次和提供客户服务的程序，将不同层次中提供同一服务的人员或服务于同一顾客的不同部门、不同工序人员结合在一起，从而在组织内形成各种跨部门的团队。调查表明，80 年代以来，团队在美国企业组织中大量出现，例如 IBM、GE、AT&T 等大公司，所拥有的团队均达百个之多；同时，为了适应环境不断变化的要求，许多组织开始走向合作，从而在企业之间出现了一些跨组织团队，如波音公司在开发 777 客机过程中，先后组建了 235 个团队，其中大部分团队是由波音公司人员和其他公司人员共同组成，他们分别从事新机型的设计和飞机部件的制造工作，这些团队就是跨组织的团队。团队的大量涌现，不仅提高了组织的局部效率，而且在根本上改变了组织的构造和运作方式，提高了组织的整体运作效率。目前，世界各国企业在团队管理的实践和管理模式上都有所差异。

一、美国团队管理

20 世纪 80 年代以来团队在美国企业中大量出现，美国 70%以上的企业都拥有一个以上的团队，其中 31～45%拥有高度自我管理的团队。美国企业中，有数据表明 40%以上的团队拥有以下功能：制定工作进度，直接与客户、供应商打交道，制定生产定额与绩效目标；30%以上的团队拥有雇佣员工、绩效评估的功能。可见美国企业团队已具备一般意义的组织功能。美国企业对团队的控制较弱，多数企业都给予团队充分的自主权。以团队实践处于一般水平的克利夫兰 L-S 电子电镀公司为例：它的整个工厂是由自我管理型团队经营的，他们负责制定自己的工作日程表、轮换工作、设置生产目标、建立与能力相关的薪资标准、解雇员工、聘用员工等。专家预测，21 世纪，40%～50%的美国工人可以通过这种团队形式进行自我管理。美国企业中的团队就像是企业中的“自由分子”，它们拥有较大的自主权和比较全面的组织功能，因此，可以称美国的团队为“自由团队”。

二、欧洲团队管理

欧洲企业在 20 世纪 90 年代开始引入团队工作的模式。发展至今，欧洲企业拥有的团队数量较少。欧洲的团队管理有以下特点：第一，引入团队模式的同时，仍然保持着极强的自上而下的管理和指导方式。组织控制程度较强。第二，欧洲的团队主要出现在创新工作领域，并且独立于日常活动之外，受到高级管理层的保护，给予特别的资源支持。以在欧洲团队实践方面具有代表性的贝塔斯曼公司为例：这是一家德国公司，在 1989 年时代与华纳公司合并前，贝塔斯曼有限公司是全球最大的传媒公司。贝塔斯曼公司采取高度分权的结构，有 300 多个经营单位，每个单位都是独立的团队，它们在实施各自的目标方面拥有较大的自由度，但活动范围及文化理念受到组织的强大控制。

欧洲的团队集中于创新领域且有精英们组成，服从组织最高管理层的命令，受到组织的特别保护，形式上类似军队中为执行某一特殊任务而组成的“别动队”，因此可称之为“精英团队”。

三、日本团队管理

团队在日本企业中比较普遍，许多学者认为，团队工作模式是日本文化中固有的，作为日本习惯的协作工作方式存在而已。日本企业组织活动的本质是通力协作，团队成了日本企业基本的组织和工作模式。日本团队虽然也有较强的自主性，但团队本身却自愿终身依附于组织，而组织也有将其视为自己保护和照顾对象的强烈倾向。组织对团队的控制是通过团队自愿要求和接受来进行调整。

日本企业中团队的产生具有一定的自发性，并自愿依附于组织。在企业内部，因文化等因素自发产生的团队依附并逐渐融入管理流程，支持组织的决策与工作；在承包企业群中，因长期利益关系形成的“亲子”团队同样也自愿依附于大组织并逐渐成为它的一部分。因此，日本团队又称为“依附团队”。

四、国内团队管理的状况

中国企业的团队早在新中国成立初期集体主义的倡导中出现，在集体主义教育中，人们应该热爱集体、关心集体，对集体有较强的责任感、义务感、荣誉感，在集体工作中应发扬团结互助精神，从而提高集体的凝聚力与生产率。

随着国外团队管理的引入，中国的团队管理有了进一步的发展，目前，中国大多数企业的团队实践情况是：第一，组建的团队少；第二，组建团队的主要是为了解决组织遇到的特殊问题而特别抽调一些精英人员组成；第三，所组建的团队受到来自组织高层的保护和支持。因此中国大多数企业的团队管理模式类似于欧洲；但在江、浙一带的乡镇企业，团队实践水平较高。江、浙的一些小企业结合在一起，形成一些“小企业群集”，采用以团队为基础的运作模式，在一定的范围内，依靠地缘关系和宗族关系，形成生产型的稳定团队群集，在外贸或销售公司带动下，通过任务分解，迅速在群集内实现生产。这些小企业群集就是由许多团队组成的一个松散组织，其中的团队没有特别的支持和保护，每个团队受到的市场压力也比较大，一旦质量等方面出现问题，就可能失去任务或订单，遭到群集的抛弃，这在团队管理模式上类似于美国的团队管理。

复习题

一、思考题

1. 比较群体和团队的不同。
2. 管理者在管理全球团队时会面临哪些挑战？如何应对？
3. 为什么管理者应该刺激组织中具备相应的冲突？
4. 什么原因导致有越来越多的组织采用团队工作的方式？

二、案例分析

在混乱中实现秩序

想象一下，联邦快递公司的一架727喷气式飞机和美国空军的一架大型运输机在跑道上各不相让，陷入对峙，另一架飞机正前往机场跑道，美国海军和加拿大的许多直升机在机场上空盘旋，玻利维亚的一架DC-10飞机正在着陆，美国总统搭乘的一架波音757飞机也正在着陆，这是怎样一场噩梦。在海地发生地震后的最初几天，首都太子港的这个机场处于一片混乱之中。大量载有援助物资的飞机在唯一开放的跑道上见缝插针，随意停靠。于是，在地震发生后的那个夜晚，控制空中交通的美国空军特别行动部队组建了一个小组来从事这项任务。该小组在一片废墟中的一张折叠桌上开展工作，并且设法让许多满载急需物资的大型运输机安全着陆。

该团队没有花多长时间就建立了一个系统。海地航空部门的官员们，在美国和加拿大空中交通管制人员的大力协助下，与 30 或 40 英里之外的飞机取得联系，并让飞到太子港的飞机保持秩序。当飞机抵达 10 或 20 英里的范围内时，美国空军的这个团队结果指挥棒，并且引导飞机在这条唯一的跑道上着陆。虽然已经建立了这个系统，但这个团队发现他们仍然与驾机前来的飞行员及其政府发生冲突。如他们与一个法国机组就谁将首先着陆和谁停靠最长时间发生争执。虽然面临许多挑战，但这个团队为拥挤的空中交通提供了安全的引导。在接下来的几天和几周，飞机每 5 分钟就能够起飞和降落，总共带来 400 万磅的物资供应。

讨论题：

（1）如同案例所述，有时候团队必须迅速行动，你如何使得一个团队迅速集结并投入工作了？

（2）在危机情况下，一名团队领导者需要扮演什么角色？

（3）本案例中的这个团队需要具备哪些特征？

员工为什么愉快地通宵加班？

某个傍晚新任某制造企业的 CEO，突然接到个交货时间非常急迫的生产订单，由于工艺特殊，急需车间某小组数十个员工通宵加班。而恰巧就是此小组刚与企业发生严重的劳资矛盾，加上这些员工已工作了整个白天，身体非常疲倦。但为造就和形成高效团队的管理目标，争取实现这重要客户满意率和今后长期订单，CEO 尝试运用快乐管理和激励技巧，征求这些员工们意见并明确表示：他们可以拒绝加班；劳资纠纷可协商解决，时间不是现在，应依照“求是、求诚”原则；从现在开始，希望有个好的开端；劳资双方共同努力，保持好心情。员工们经过商议后答应，并提出四个要求：发加班费；加班时放音乐；供应夜点心；明天白天短暂休息。

经过通宵加班努力，在翌日清晨终于圆满完成任务，望着他们因通宵加班而熬红的眼睛，提货的客户和在场所有人，包括后来得知此事的老板都极其感动。

问题：员工为什么会愉快地通宵加班？

三、实践练习

1. 你认为优秀的团队成员应该具备什么特征？进行一些研究来回答此问题，并采用项目列表格式撰写一份报告来阐述你的发现。

2. 对头脑风暴进行研究，然后撰写一份报告，在报告中解释如何使得头脑风暴法成为一种有效的群体决策工具。

3. 百事公司负责全球卫生政策的高级副总裁正在建立一个有理想主义的科学家构成的团队，寻找百事立体脆的替代产品。这些拥有博士学位的内科医生和研究人员，其中许多已经在世界卫生组织等著名研究机构以及其他类似组织中树立了自己的威望，如今致力于通过让垃圾食品变得不那么糟糕，开发更健康的食品。假如由你来管理该精英团队，你将如何领导它？由 3～4 名同学组成一个小组进行讨论，并在班级分享你们的观点。

4. 用自己的语言，写下在本章中学到的关于如何成为一名优秀的管理者的三个要点。

第四篇

领　导

第十二章

领 导

学习目标

1. 了解领导的概念及其影响力。
2. 了解领导的作用。
3. 掌握三种不同的领导方式。
4. 掌握领导特质理论、领导行为理论和权变领导理论三大类型领导理论的具体内容。
5. 领会领导艺术。

导入案例

黄工程师为什么要走?

助理工程师黄大佑是名牌大学的高材生,毕业后第五年应聘到一家企业的工程部负责技术工作,他工作负责,勤勤恳恳,技术能力强,很快成为厂里有口皆碑的“四大金刚”之一,名字仅排在技术部主管陈工程师之后,虽然来厂工作4年了,然而工资却同仓库管理员不相上下,三口之家还是住在来时的那间平房里,对此,他心中常有不平。

贾厂长是一个有名的善于识人用人的老厂长。4年前,黄大佑调来报到时,贾厂长亲自吩咐相关人士写了“热烈欢迎黄大佑工程师到我厂工作”的红色大字挂在厂门口,并且交代要把“助理工程师”的“助理”两字去掉,这一细节确实让刚来的黄大佑十分激动,工作非常卖力。

两年前,厂里有指标申报工程师,黄大佑符合条件,但最后名额却让给了一个没有文凭、业绩平平的老同志。他有些想不通,想去找厂长,谁知厂长却先来找他了:“黄工,你还年轻,机会有的是。”去年,他想反映一下工资问题,因为来这里的其中一个目的就是想要高一点的工资,提高一下生活质量,但几次想开口,都没有勇气说。因为厂长不仅在生产会上大夸他的成绩,而且有好几次,外地的人来取经,贾厂长都会当着客人的面赞美他："黄工是我们厂的技术骨干，是一个有创新的……"平时哪怕厂长再忙，路上见到时，他都会拍着黄大佑的肩膀说两句，诸如"黄工，干得不错！""黄工，你很有前途"等。这的确让黄大佑兴奋，前段时间，他还把一项开发新产品的重任交给他，对他非常信任，但是……

最近，厂里建好了一批职工宿舍，听说数量比较多，黄大佑决心要反映一下自己的住房问题，谁知这次贾厂长又是先找他，还是像以前一样，拍着他的肩膀："黄工，厂里有意培养你入党，我当你的介绍人。"他又不好意思开口，结果，家又没搬成，老婆对他很有意见。

深夜，黄大佑对着一张报纸的招聘栏出神，第二天一早，贾厂长的办公桌上压着一个小纸条，上面写着：

贾厂长，您是一个懂得使用人才的好领导，我十分敬佩您，但我决定走了……

贾厂长纳闷：既然我是个好领导，为什么他要走呢？

在整个管理过程中，领导职能是连接决策、组织、控制等各个职能的纽带，是实现组织目标的关键。领导属于组织，又服务于组织，组织可授予领导明确的权力，领导便是对权力的运用。有了领导，组织才能生存、发展和运行，缺乏领导的组织不称其为组织，缺乏有效领导的组织是无力的、难以发展的组织。只有具备杰出领导能力的领导者，才能使组织具有强大的凝聚力与战斗力，才能率领被领导者实现组织的目标。

第一节　领导及领导者影响力

想一想：什么是领导？哪些人是领导者？

一、领导的内涵

学者们从不同角度研究或关注领导的不同侧面，对领导也有多种定义。概括起来，主要有以下几种：

其一，领导就是影响员工，要他们好好工作，努力完成组织目标的一个过程。

其二，领导就是一个人影响他人以其为某个目标而工作或帮助他们追求前程的过程。

其三，领导就是一个过程和一种特质。作为一个过程，领导即是非强制性的影响；作为一种特质，领导即是人们成功地利用影响力所具有的一系列特征。

其四，领导就是有意的过程，并且是建立在一定的影响的基础之上。也就是说，领导是一种远远不同于靠地位的权威、操纵或施压的过程。更确切地说，通过有意地施加影响、个人依赖自身的力量和可信性，从而改变或影响其他人及他们的环境。当跟随者选择跟随他们的领导者的时候，便产生了真正的领导。

其五，领导就是群体之间发生的一种相互作用。领导者是变革的代理人，他们对其他人的影响大于其他人对他们的影响。当一个群体中其他成员的动机达到极限时，领导行为就发生了。

综上所述，我们可以说，领导是在一定条件下为实现组织目标而对组织内群体或个体实行影响的行为过程。

领导主要包括下列三层含义：

1. 领导必须有领导者与被领导者，否则就不称其为领导。

2. 领导者拥有影响被领导者的能力或力量。这些能力或力量包括由组织赋予领导者的职位与权力，也包括领导者个人所具有的品德、才能、知识和感情等非权力的影响力。

3. 领导的目的是通过被领导者达到组织的目标。概括的讲，领导是指挥、引导和影响被领导者实现某种特定目标而努力的各种活动过程。

知识链接

领导与管理是一回事吗？

领导与管理是人们通常容易混淆的概念。事实上，领导职能与管理职能、领导者与管理者是既相互联系，又相互区别的，主要表现在：

（1）领导职能是管理职能的一部分，可以说管理职能的范围要大于领导职能。

（2）领导和管理活动的特点和着重点有所不同。领导活动是与人的因素密切关联的，侧重于对人的指挥和激励，更强调领导者的影响力、艺术性和非程序化管理，而管理活动更强调管理者的职责以及管理工作的科学性和规范性。

（3）如果把组织中的工作人员划分为管理人员和作业人员，则从理论上分析，所有的管理者都应该是领导者。因为不管他们处在什么层次，都或多或少地肩负着指挥他人完成组织目标的任务，因此都应成为拥有管理权力并能影响或促使组织成员努力实现既定目标的人。但是，现实中的管理者并不都能使自己成为这样的领导者，尽管他们表面上都处于领导的职位。这类管理者也许会在计划、组织和控制等职能方面做得非常出色，但只要不能有效地发挥对他人的领导作用，既不能居领导之“职”同时亦不行领导之“能”，那么他就不可能是名副其实的领导者。

另一方面，一个人可能是领导者，却并非是管理者。这是因为除正式组织外，社会上还存在着各种各样的非正式组织。作为非正式组织的领袖，他们并没有正式的职位和权力，也没有义务确立完善的计划、组织和控制职能，但是他们却能对其成员施加影响，起到激励和引导的作用，因此他们也被称为领导者。

二、领导的影响力

要实现有效的领导，关键是领导者在被领导者的心中有崇高的威望，而威望的高低则取决于领导者自身具备的影响力的大小。所谓影响力是一个人在与他人的交往中，影响和改变他人心理和行为的能力，包括权力性和非权力性的影响力。

1. 权力性影响力

也叫强制性影响力。是由社会赋予个人的职位、地位、权力等所构成的影响力。这种影响力的基础，一是在于法定的地位，正式组织中的上级主管部门赋予某个人以一定的职务和权力带有法定的性质，不是被领导者认为领导者有合法权力指挥、支配人们的工作行为，自己必须听命、服从；而是在于其奖惩权，领导者掌握着奖惩权，接受其领导就给予奖励，拒绝其领导的就给予惩罚，因此，就只有服从。

主要包括：

（1）传统因素。传统因素是指人们对领导者的一种传统观念，认为领导者总是不同于一般人。这种观念逐步成为某种形式的社会“规范”，使人们从小就打上了深刻的印记，影响着被领导者对领导者的服从感。这种传统观念所产生的影响力普遍存在，只要你是个领导者，就自然获得了这种力量。

（2）职位因素。职位因素是指个人在组织中的职务与地位。职位因素造成的影响力是以法定为基础的，与领导者本人的素质条件没有直接关系，它是由社会组织赋予领导者的一种力量。

（3）资历因素。资历是指领导者的资格和经历。资历因素是个人历史性的东西，一般人对资历较深的领导者比较敬重，由此产生的影响力也属强制性的。

想一想：权力性的影响力来自于外界还是领导者自身？领导者如果仅仅依靠权力性的影响力，会出现什么问题？

2. 非权力性影响力

非权力性的影响力，是指既没有正式的规定，也没有组织授予的形式，所以也叫自然性影响力，是靠领导者自身的威信和以身作则的行为来影响他人的。非权力性影响力产生的基础比权力性影响力产生的基础广泛得多。

构成非权力性影响力的因素主要包括：

（1）品格因素。是指领导者的品行、人格、作风等对人的影响。领导者如果品格高尚，就会使群众产生敬爱感，并使人们模仿和认同。不论职位多高，如果品行不好，领导者都会威信扫地，失去影响力。

（2）能力因素。是指领导人的领导能力与才干对人的影响。有才能的领导者会给组织带来成功，使人产生敬佩感，他的能力越强，人们的敬佩感也就越强。

（3）知识因素。是指领导者是否博学多才对下属产生的影响。领导者广博的知识，会使下属产生信赖感，从而增强其影响力。

（4）情感因素。是指领导者对人有真挚的感情。他的平易近人、关心帮助会使人产生亲切感，会增强其自身的吸引力。所以，搞好感情投资，领导者的影响力就会增强。

想一想：非权力性的影响力来自于外界还是领导者自身？其激励效果如何？如果仅仅依靠非权力性的影响力，会产生什么后果？

三、领导的作用

1. 指挥作用

在组织的集体活动中，领导者具有引导、指挥、指导或先导活动，帮助组织成员最大限度地实现组织的目标。在整个活动中，领导者不是站在组织成员的后面去推动、督促，而是作为带头人来引导组织成员前进，鼓舞人们去奋斗来实现组织的目标。

2. 协调作用

因为各人的才能、理解能力、工作态度、进取精神、性格、地位等不同，加上外部各种因素的干扰，人们之间在思想上发生各种分歧、行动上出现偏离目标的情况，这时需要领导者来协调人们之间的关系和活动，鼓舞人们去奋斗来实现组织的目标。

3. 激励作用

领导者为了使组织内的所有人都能最大限度地发挥其才能，以便实现组织的既定目标，就必须关心下属、激励和鼓励下属的斗志，充分调动组织中每个组织成员的积极性，使其以高昂的士气自觉、自动地为组织做出贡献。

管理故事

留个缺口给他人

一位著名企业家在做报告时，一位听众问：“你在事业上取得了巨大的成功，请问，对你来说，最重要的是什么？”

企业家没有直接回答。他拿起粉笔在黑板上画了一个圈，只是并没有画圆满，留下一个缺口。他反问道：“这是什么？”

“零”“圈”“未完成的事业”“成功”，台下的听众七嘴八舌地答道。

他对这些回答未置可否：“其实，这只是一个未画完整的句号。你们问我为什么会取得辉煌的业绩，道理很简单：我不会把事情做得很圆满，就像画个句号，一定要留个缺口，让我的下属去填满它。”

4. 纠正偏差作用

在实现组织目标的过程中，偏差是不可避免的。这种偏差的发生可能由于外部因素的影响，也可能由于内部不合理的组织结构、规章制度和管理人员的管理不力的影响。在领导过程中，领导者全面了解组织活动的各种信息，驾驭和支配组织成员及整个组织的活动，正确运用各种控制手段纠正偏差，消除导致偏差的各种因素。

管理故事

动物园的骆驼

在动物园里的小骆驼问妈妈：“妈妈妈妈，为什么我们的睫毛那么的长？”骆驼妈妈说：“当风沙来的时候，长长的睫毛可以让我们在风暴中都能看得到方向。”小骆驼又问：“妈妈妈妈，为什么我们的背那么驼，丑死了！”骆驼妈妈说：“这个叫驼峰，可以帮我们储存大量的水和养分，让我们能在沙漠里耐受十几天无水无食的条件。”小骆驼又问：“妈妈妈妈，为什么我们的脚掌那么厚？”骆驼妈妈说：“那可以让我们重重的身子不至于陷在软软的沙子里，便于长途跋涉啊。”小骆驼高兴坏了：“哗，原来我们这么有用啊！！可是妈妈，为什么我们还在动物园里，不去沙漠远足呢？”

无可置疑，每个人的潜能都是无限的，问题的关键在于找到一个能充分发挥潜能的舞台。好的管理者就是能为每一个员工提供这个合适舞台的人，我们需要细心观察，找到每一个员工的特长，并尽可能地为他们提供适合他们发展的舞台。一个好领导不一定是业务能力最强的人，但他一定是个懂得惜才、用才的人。

第二节 领导方式及理论

想一想：哪种领导方式是最好的？为什么？

一、领导方式

领导方式就是领导者进行活动时对待下级部属态度行为的表现。每一个领导者在对待下级和部属时，都拥有不同的态度和行为，如果把领导者对待下级领导的态度行为加以模式化，就形成了领导方式这一重要概念。

依据不同的划分标准和划分方式，领导方式有不同的类型：

1. 以领导活动的侧重点为标准进行划分，可分为任务取向型和人员取向型的领导方式

任务取向型的领导方式，主要关心组织效率，重视组织设计，明确职责关系，确定工作目标和任务。它注重任务的完成，而不注重人的因素，忽视人的情绪和需要，下属变成了机器；工作行为包括：建立组织，明确职责，规定信息交流渠道，完成任务的时间、地点及方法等。人员取向型的领导方式表现为尊重下属意见，重视下属的感情和需要，强调相互信任的气氛；领导者的关系行为包括：建立情谊，互相信赖，意见交流，授权，让部属发挥智慧和潜力并给予感情上的支持。领导者的重要工作之一就是让下属感觉到自己重要，这会鼓舞他们有更出色的表现，为组织的目标而作出自己的努力。一个真正优秀的领导者应该具备这样一个条件，他的下属都感觉到自己在领导者心目中的地位是最重要的。在现实生活中，领导者只有将任务取向型的领导方式和人员取向型的领导方式实现有机的结合，才能保证领导目标的达成。

2. 以领导组织活动的方式为标准，可划分为命令式、说服式和示范式的领导方式

命令式的领导方式完全以领导的法定影响力来进行领导的方式。说服式的领导方式是一种建立在领导者的影响力之上的领导方式。示范式领导方式是一种较为保守的领导方式，因为它是建立在下属对领导者的主动归依和主动模仿这一基础之上的。

3. 以领导者与被领导者的关系为标准，可划分为独断型、放任型与民主型的领导行为模式

独断型领导方式，独断型领导者以大权独揽的方式对下级进行领导，将决策权高度集中在自己手中，下属完全处于被动地位。他拥有完全的权力，并且承担全部责任。放任型的领导方式是一种回避权力和责任的领导方式，它主要通过让下属来建立自己的目标并解决问题。民主型的领导方式是居于以上两者之间的一种领导行为模式。

管理故事

哪种领导方式最有效？

ABC公司是一家中等规模的汽车配件生产企业。最近，对该公司的三个重要部门经理进行了一次有关领导类型的调查。

安西尔

安西尔对他们本部门的产出感到自豪。他总是强调生产过程、产量控制的必要性，坚持下属人员必须清楚的理解生产指令，以得到迅速、完整、准确的反馈。当他遇到小问题时，他会放手交给下级去处理，当问题很严重时，他则委派几个有能力的下属去解决。通常，他只是大致规定下属人员的工作方针、报告内容及完成期限。他认为只有这样才能更好的合作，避免重复工作。

安西尔认为，对下属人员采取“敬而远之”的态度是对一个经理来说最好的行为，所谓的“亲密无间”会导致纪律松懈。他不主张公开谴责或表扬某个员工，并相信他的每一位下属都有自知之明。他说，在管理中，最大的问题不是下属不愿意承担责任，而是他的下属可以有很多机会做很多事情，但他们并不是很努力地去做。

他表示不能理解以前他的下属如何能与一个毫无能力的前任经理相处。安西尔说，他的上司对他们现在的工作运转非常满意。

鲍勃

鲍勃认为每个员工都有人权，他注重于管理者有义务和责任去满足员工需要。他说，他常为他的员工做一些小事，如给员工两张在伽利略城举行的艺术展览的入场券。他认为，每张门票才 15 美元，但对员工和他的家人来说却远远超过 15 美元。这种方式也是对员工过去几个月工作的肯定。

鲍勃每天都要到工厂去一趟，与至少 20%的员工交谈。他不愿为难别人，他已经意识到在管理中有不利因素，但大都是由于生产压力造成的。他的想法是以一个友好、粗线条的管理方式对待员工。他承认，尽管在生产率上不如其他单位，但他相信他的雇员有高度的忠诚和士气，并坚信他们会因他的开明领导而努力工作。

查理

查理说他面临的基本问题是与其他部门的职责分工不清。他认为不论是否属于他们的任务都安排在他的部门，似乎上级并不清楚这些工作应该由谁来做。查理承认他没有提出异议，他说这样会使得其他部门的经理反感。他们把查理看做朋友，而查理并不这样认为。

查理说过去在不平等的分工会议上，他感到很窘迫，但现在适应了，对其他部门的领导也不以为然了。他认为纪律就是使得每个员工不停地工作，预测各种问题的发生。他认为作为一个好的管理者，没有时间像鲍勃那样紧握每个员工的手，告诉他们正在从事一项伟大的工作。他相信如果一个经理决定为将来的提薪与晋升对员工的工作进行考核，那么，员工则会更多考虑他们自己，由此会产生很多问题。他主张，一旦给一个员工分配了工作，就让他以自己的方式去做，取消检查，他相信员工都知道自己把工作做得怎么样。

如果说存在问题，就是他的工作范围和职责在生产过程中发生的混淆。查理的确想过，希望公司领导叫他到办公室听听他对某些工作的多数意见，然而他并不能保证这样做不会引起风波而使情况有所改变。他说他正在考虑这些事情。

问题：他们三人的领导属于什么类型？需要改变吗？为什么？

二、领导理论

一个组织事业的成败，也就是能否实现既定的目标，关键在于领导。关于如何当好领导，古今中外都有许多论述和研究，形成了诸多领导理论，就是关于领导的有效性的理论。人们对领导有效性的研究主要从三个方面进行，领导理论也分为三大部分：领导特质理论、领导行为理论、领导权变理论，如表 12—1 所示，即为三种领导理论各自的研究重点。

表 12—1　　三种领导理论的比较

领导理论	基本观点	研究目的	研究结果
领导特质理论	领导的有效性取决于领导者个人性格	好的领导者应当具备怎样的素质	各种优秀领导者的描述
领导行为理论	领导的有效性取决于领导行为和风格	怎样的领导行为和风格是最好的	各种最佳的领导行为和风格描述
领导权变理论	领导的有效性取决于领导者、被领导者和环境的影响	在不同的情况下，哪一种领导方式是最好的	各种领导行为权变模型描述

1. 领导特质理论

特质是指相对稳定的特点，如能力、心理动机或者一致的行为方式，即有效的领导具有一套相似的特征和特点。领导者是什么样的人？你可能会得到一系列的品质特征，如智慧、决策力、热情、实力、勇气、正直和自信等，这些都反应出领导的特质。

领导特质理论就是着重于研究领导者本身的素质、品质或个性特征对领导工作效能的影响。其基本方法是：先根据实际生活中不同的领导者领导效果的好坏，来归纳出成功的领导者和失败的领导者在个人品质或特质上有哪些差异，来进一步总结成功领导者的个人品质，并把这些归纳的结果作为一种理论标准，用于考察某个组织中的领导者是否具备这些品质，由此推断该领导者是否是一个成功的领导者。

长期以来，人们没有找到一些特质因素能对领导者与下属、以及有效领导者与无效管理者进行区分。不过，考察与领导高度相关的特质的研究却获得了成功，发现领导者有六项特质不同于非领导者。

第一，进取心。领导者表现出高努力水平，拥有较高的成就渴望，他们进取心强，精力充沛，对自己所从事的活动坚持不懈，并有高度的主动精神。

第二，领导愿望。领导者有强烈的愿望去影响和领导别人，他们表现为乐于承担责任。

第三，诚实与正直。领导者通过真诚与言行高度一致而在他们与下属之间建立相互信赖的关系。

第四，自信。领导者为了使下属相信他的目标和决策的正确性，必须表现出高度的自信。

第五，智慧。领导者需要具备足够的智慧来收集、整理和解释大量信息，并能够确立目标、解决问题和做出正确的决策。

第六，与工作相关的知识。有效的领导者对于公司、行业和技术拥有较高的知识水平。广博的知识能够使他们做出富有远见的决策，并能理解这种决策的意义。

一项调查表明，与领导有效性相关的特质的比例如下：

高智慧（75%），高度支配他人（57%），外向性（63%），有领袖魅力的领导者会拥有更好的下属和组织（72%）、会被认为更有效率（89%）、下属会更满意（90%）。

然而拥有这些特质并不能保证成为有效的领导者，因为其中忽略了情境因素。

想一想： 领导是天生的还是后天培养的？

2. 领导行为理论

领导品质理论注重的是领导者的个性特点对领导有效性的影响，领导行为理论则把重点放在研究领导者的行为风格对领导有效性的影响上，其中较典型的理论有：密西根大学的研究、俄亥俄州立大学的研究和管理方格图。

（1）利克特的四种领导方式理论。密西根大学社会研究所的利克特认为：一个有效的管理者应该面向下属开展工作，及时与下属沟通信息，从而使组织中的全体成员建立团结一致、互相支持的关系。这是一种有效的管理方式。为此，利克特假设了四种管理方式：

①专制命令式领导方式。这种方式的特点是，领导者发布指示，下属执行且不参与决策；领导者很少用奖励的方法激励下属，而较多地采用处罚的方式；领导者习惯于自上而下发布指示和命令，而不注意自下而上的信息反馈。

②温和命令式领导方式。这种方式的特征是，领导者兼用奖励和处罚的方法管理下属；自上而下和自下而上地双向沟通信息，适当地听取下属对决策的意见；适当地授权给下属，但加以严格的政策控制。

③协商—参与式领导方式。这种方式的特征是，领导者在决策前，较充分地听取下属的意见，并且适当地加以采纳；兼用奖励和处罚的方式管理下属，注意信息的双向沟通，调动下属的管理者进行具体的决策等。

④群体参与式领导方式。这种方式的特征是，领导者提出挑战性的目标，由下属根据目标自行决策并制定实施规划，主要采用奖励的方法，而较少采用处罚的方法来管理下属；保持上下级之间、同级之间信息渠道的畅通，使整个组织形成一种良好的气氛。

特别提示： 研究表明，用第四种方式从事管理工作的人是极有成就的领导人。因为用这种方式管理的组织在制定目标和实现目标等方面是十分有效的。在这类组织中，全体成员感到在实现价值、满足需要和愿望、达到目标和期望方面有共同的利益。个人目标和组织目标融为一体，工作的积极性和创造性能充分地发挥出来，而这些都归功于员工参与者管理的程度较深。

（2）四分图理论。四分图理论是由美国俄亥俄州立大学企业研究所的 R. M. Stogdill 和 C. L. Shartle 为核心的研究小组提出来的。这种理论把领导行为归纳为组织和体谅两个因素：组织即是组织设计、规章制度、责权关系等；体谅即是组织气氛、尊重下级、信息交流等。这两类因素的具体组合就形成四种领导行为，如图 12—1 所示。

如图 12—1 所示，图中有四个领导行为：低组织高体谅、高组织低体谅、高组织高体谅和低组织低体谅等。通过四分图可以确定不同的领导类型。

采取低组织高体谅的领导者注意关心爱护下属，经常与下属交换思想，交换信息，与下属感情融洽，但是组织内规章制度不严，工作秩序不佳，这是一类较仁慈的领导者。

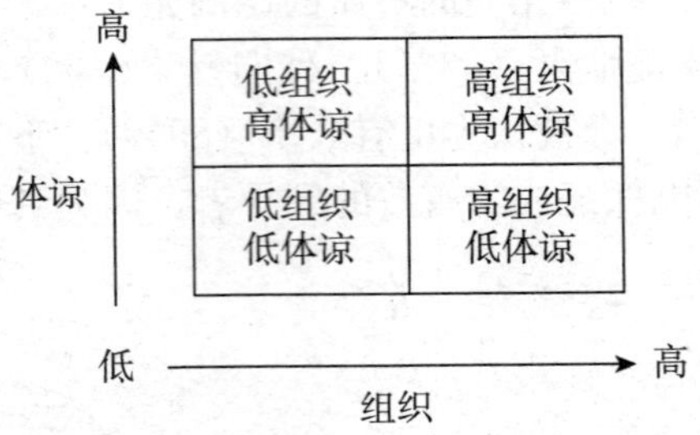

图 12—1　四分图

采取高组织低体谅的领导者注意严格执行规章制度，建立良好的工作秩序和责任制，但是不注意关心爱护下属，不与下属交流信息，与下属关系不融洽。这是一类较为严厉的领导者。

采取高组织高体谅的领导者注意严格执行规章制度，建立良好的工作秩序和责任制，同时关心爱护下属交流信息，沟通思想，想方设法调动组织成员的积极性，在下属心目中可敬又可亲。这是一类高效成功的领导者。

采取低组织低体谅的领导者不注意关心爱护下属，不与下属交换思想，交流信息，与下属关系不太融洽，也不注意执行规章制度，工作无序，效率低下。这是一类无能、不合格的领导者。

> **特别提示：** 以上四种方式其实就是说明领导行为是以人为中心还是以工作为中心，一般来讲，高组织高关心人的领导方式最佳。

（3）管理方格图理论。管理方格图理论由学者布莱克和穆登首先提出来的。二人设计这个管理方格图，横坐标表示领导者对生产的关心程度，纵坐标表示领导者对人的关心程度。横坐标和纵坐标都划分为 9 个尺度。纵横交叉形成一个有 81 格的管理图，表示 81 种不同的领导方式，如图 12—2 所示，其中横坐标为关心生产的程度，纵坐标为关心人的程度。

“对生产的关心”的含义是领导者对组织目标的关心程度，对组织效益的关心程度和对组织规章制度执行状况的关心程度等。

“对人的关心”的含义是领导者对组织员工的关心程度、工作环境状况、人际关系理解、信息沟通状况等。如图 12—2 所示，可以找出五种典型的领导方式：

①1.1 型管理方式亦称为贫乏型管理方式。领导者既不关心人，也不关心生产，对组织运行放任自流，无所作为，放弃领导应有的职责。

②1.9 型管理方式亦称为俱乐部型管理方式。领导者不关心生产和工作，主要关心人，组织内员工们都轻松地工作，友好地相处，但是组织目标实现却十分困难。

③9.1 型管理方式亦称为任务型管理方式。领导者十分关心生产和工作，关心组织目标的实现，制定严格的规章制度和奖惩制度来保证任务的完成，但对员工的关心不够，组

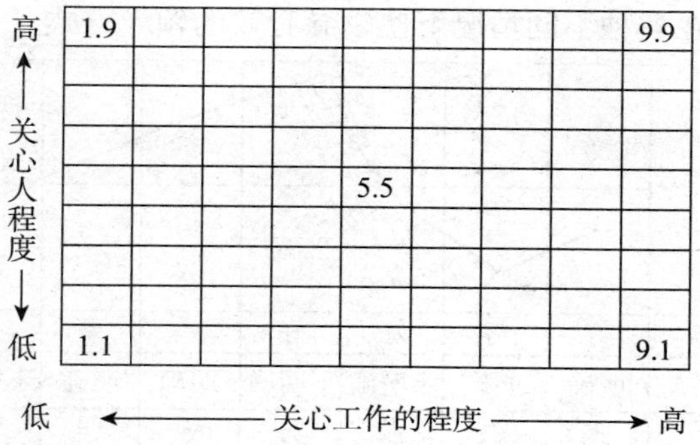

图 12—2　管理方格图

织内工作气氛不佳，员工的积极性不高。

④5.5 型管理方式亦称为中庸之道型管理方式。这种领导方式既不过于偏重人的关心，也不过于偏重生产任务。领导者能维持足够的生产效率和士气，但是创新不够。

⑤9.9 型管理方式亦称为团队型管理方式。领导者既十分关心人，也十分关心生产，善于把组织集体的目标和个人目标之间有机地结合起来，工作效率高而且工作环境好，这是最有效的一种管理方式。

从以上五种管理方式来看，采用 9.9 型管理方式的领导者最为成功。

想一想：我们是不是只有将以人为重和以工作为中心结合起来才能实施有效的领导？你认为最有效的领导是什么？

3. 领导权变理论

更多的管理学者和心理学家认为，管理者的领导行为不仅取决于他的品质、才能，还取决于他所处的环境，因此，领导行为应随环境因素的变化而变化，研究成果中以菲德勒模型、领导生命周期理论和路径目标理论最为典型。

（1）菲德勒权变模型。伊利诺大学的菲德勒从 1951 年开始，首先从组织绩效和领导态度之间的关系着手进行研究，经过长达 15 年的调查试验，提出了“有效领导的权变模式”，即菲德勒模型。他认为任何领导形态均可能有效，其有效性完全取决于是否与所处的环境相适应。他把影响领导者领导风格的环境因素归纳为三个方面：职位权力、任务结构和上下级关系。

①职位权力。职位权力指的是与领导者职位相关联的正式职权和从上级与整个组织各个方面所得到的支持程度，这一职位权力由领导者对下属所拥有的实际权力所决定。领导者拥有这种明确的职位权力时，组织成员将会更顺从他的领导，有利于提高工作效率。

②任务结构。任务结构是指工作任务明确程度和有关人员对工作任务职责明确的程度。当工作任务本身十分明确，组织成员对工作任务的职责也很明确时，领导者对工作过程易于控制，整个组织完成工作任务的方向就更加明确。

③上下级关系。上下级关系是指下属对一位领导者的信任、爱戴和拥护程度，以及领导者对下属的关心、爱护程度。这一点对履行领导职能是很重要的。因为职位权力和任务结构可以由组织控制，而上下级关系是组织无法控制的。

菲德勒根据上述三个方面情境因素的不同组合，归纳出 8 种不同类型的环境条件，如

图 12—3 所示，得出了在各种不同情况下使领导有效的领导方式。

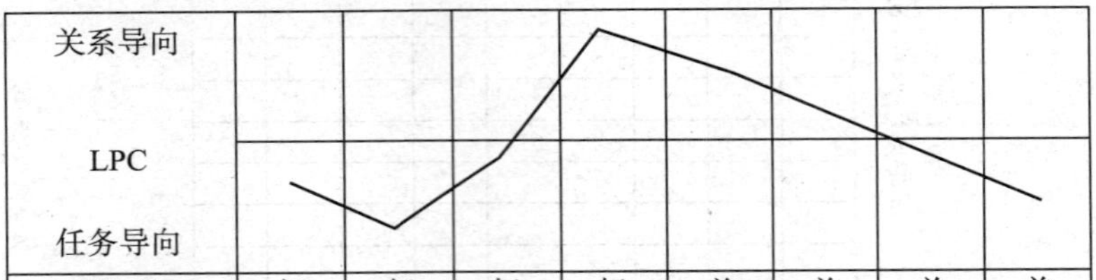

上下级关系	好	好	好	好	差	差	差	差
任务结构	明确	明确	不明确	不明确	明确	明确	不明确	不明确
职位权力	强	强	强	弱	强	弱	强	弱
环境	有利			中等			不利	
有效领导方式	任务导向型			员工导向型			任务导向型	

图 12—3　菲德勒权变领导模型

菲德勒认为，任务导向型领导者倾向于在有高控制力和低控制力的情境中绩效最高；关系导向型的领导者则在中等控制力的情境中最有绩效。如果情境要求任务导向型的领导者，而在此职位上的确需要关系导向型的领导者时，想达到最佳效果，要么改变情境，要么替换领导者。

菲德勒的权变理论存在不足，理论对领导情境的界定过于简单化，没有解释出现上述权变关系的原因，而且 LPC 量表对领导风格的测量还存在一些问题，如 LPC 量表回答者的分数并不稳定。

此外，权变量对于实践者而言也过于复杂和困难。尽管如此，菲德勒的权变理论开辟了领导研究权变思路，激发了大量新的理论构想和方法的讨论。

想一想：如何评价费德勒的权变理论？

(2) 领导生命周期理论。该理论由赫塞和布兰查德提出，他们认为下属的“成熟度”对领导者的领导方式起重要作用。所以，对不同“成熟度”的员工采取的领导方式有所不同。

所谓“成熟度”指人们对自己的行为承担责任的能力和愿望的大小，它取决于两个要素：工作成熟度和心理成熟度。工作成熟度包括一个人的知识和技能，工作成熟度高的人拥有足够的知识、能力和经验完成他们的工作任务而不需要他人的指导。心理成熟度指的是一个人做某事的意愿和动机，心理成熟度高的个体不需要太多的外部激励，他们靠内部动机激励。

在管理方格图的基础上，根据员工的成熟度不同，将领导方式分为四种：命令式、说服式、参与式和授权式，如图 12—4 所示。

①命令式。表现为高工作低关系型领导方式，领导者对下属进行分工并具体指点下属应当干什么、如何干、何时干，它强调直接指挥。因为在这一阶段，下属缺乏接受和承担任务的能力和愿望，既不能胜任又缺乏自觉性。

②说服式。表现为高工作高关系型领导方式。领导者既给下属以一定的指导，又注意保护和鼓励下属的积极性。因为在这一阶段，下属愿意承担任务，但缺乏足够的能力，有

积极性但没有完成任务所需的技能。

③参与式。表现为低工作高关系型领导方式。领导者与下属共同参与决策，领导者着重给下属以支持及其内部的协调沟通。因为在这一阶段，下属具有完成领导者所交给任务的能力，但没有足够的积极性。

④授权式。表现为低工作低关系型领导方式。领导者几乎不加指点，由下属自己独立地开展工作，完成任务。因为在这一阶段，下属能够而且愿意去做领导者要他们做的事。

根据下属成熟度和组织所面临的环境，领导生命周期理论认为随着下属从不成熟走向成熟，领导者不仅要减少对活动的控制，而且也要减少对下属的帮助。当下属成熟度不高时，领导者要给予明确的指导和严格的控制，当下属成熟度较高时，领导者只要给出明确的目标和工作要求，由下属自我控制和完成。

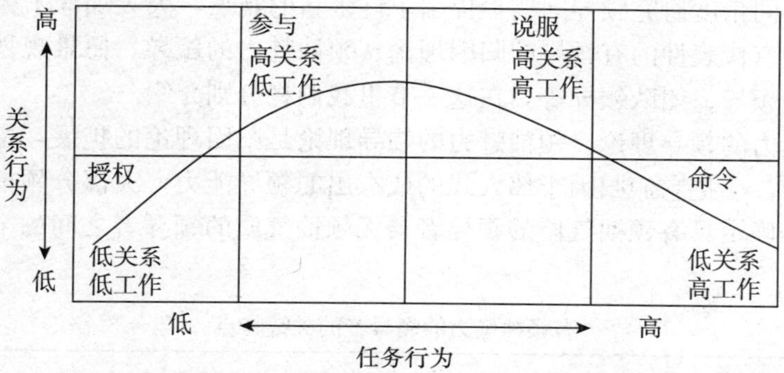

M4	M3	M2	M1
成熟	比较成熟	初步成熟	不成熟
有能力 有愿望	有能力 无愿望	无能力 有愿望	无能力 无愿望

下属的成熟度

图 12—4　领导生命周期理论

（3）路径—目标理论。路径—目标理论是以期望机率模式和对工作、对人的关心程度模式为依据，认为领导者的工作效率是以能激励下属来达到组织目标并且在工作得到满足的能力来衡量的。领导者的基本职能在于制定合理的、员工所期待的报酬，同时为下属实现目标，扫清道路，创造条件。根据该理论，领导方式可以分为四种：

①指示型领导方式。领导者应该对下属提出要求，指明方向，给下属提供他们应该得到的指导和帮助，使下属能够按照工作程序去完成自己的任务，实现自己的目标。

②支持型领导方式。领导者对下属友好、平易近人、平等待人、关系融洽和关心下属的生活福利。

③参与型领导方式。领导者经常与下属沟通信息，商量工作，虚心听取下属的意见，让下属参与决策，参与管理。

④成就指向型领导方式。领导者做的一项重要工作就是树立具有挑战性的组织目标，激励下属想方设法去实现目标，迎接挑战。

特别提示： 该理论告诉我们，领导者可以而且应该根据不同的环境特点来调整领导方式和作风，当领导者面临一个新的工作环境时，他可以采用指示型领导方式，指导下属建立明确的任务结构和明确每个人的工作任务；接着可以采用支持型领导方式，有利于与下属形成一种和谐的工作气氛。当领导者对组织的情况进一步熟悉后，可以采用参与型领导方式，积极主动地与下属沟通信息，商量工作，让下属参与决策和管理。在此基础上，就可以采用成就指向式领导方式，领导者与下属一起制定具有挑战性的组织目标，然后为实现组织目标而努力工作，并且运用各种有效的方法激励下属实现目标。

4. 当代的领导观

随着领导理论研究的不断深入，人们对领导的认识也是处于不断的发展之中。近年来，学者们从不同角度研究领导问题，提出了许多新的观点，大大加深了人们对领导的理解。其中，比较有代表性的有领导的归因理论、领袖魅力的领导、愿景规划的领导、事务型领导与变革型领导、团队领导等，在这一节里我们将分别介绍。

（1）领袖魅力的领导理论。领袖魅力的领导理论是归因理论的扩展，指的是当下属观察到某些行为时，会把它们归因于伟人式的或杰出的领导能力。大部分领袖魅力的领导理论研究，主要是确定具有领袖气质的领导者与无领袖气质的领导者之间的个性特点，如表12—2所示。

表 12—2　　有领袖魅力的领导者的关键特点

1. 自信对他们自己的判断和能力有充分的信心
2. 远见有目标，认为未来定会比现状更美好。目标与现状相差越大，下属越有可能认为领导者有远见
3. 清楚表述目标 他们能够明确地陈述目标，以使其他人都能明白，成为一种激励的力量
4. 坚定信念具有强烈奉献精神，愿意从事高冒险性的工作，承受高代价，为了实现目标能够自我牺牲
5. 不循规蹈矩的行为被认为是新颖、反传统的。当获得成功时，这些行为令下属惊诧而崇敬
6. 作为变革的代言人出现他们被认为是激进变革的代言人而不是传统现状的卫道士
7. 环境敏感性他们能够对需要进行变革的环境约束和资源进行切实可行的评估

有领袖魅力的领导者与下属的高绩效和高满意度之间有着显著的相关性，为有领袖魅力的领导者工作的员工，会因为受到激励而付出更多的工作努力，而且，由于他们喜爱自己的领导，也表现出更高的满意度。

想一想： 是否可以学做有领袖魅力的领导者？具有领袖气质的领导者天生就具有这些气质吗？

尽管仍有少数人强调领袖魅力不可能被学到，但大多数学者专家认为个体是可以经过培训而展现领袖魅力的。比如，研究者使商学院在校学生成功地“扮演”了有领袖魅力的角色，他们指导学生清晰地表述一个极高的目标，向下属传达高绩效的期望，并对下属达到这些目标所具备的能力表现出很有信心，重视下属的需要；学生们练习表现出有能力、

自信和动作的形象，并使用富有魅力的迷人语调。为了进一步捕捉领袖魅力的动作和生动特征，这些学生还被训练使用领袖魅力的非言语特点，他们或者坐在自己的办公桌上，或者在桌边漫步，身体向前倾向下属，保持直接的目光接触，以及呈现放松的姿态和生动的面部表情。研究发现，这些领导者的下属比无领袖魅力的领导者的下属表现出更高的工作绩效，对任务的适应性，以及对领导和群体的适应性更强。

特别提示： 有领袖魅力的领导者对于员工达到高绩效水平来说并不总是必须的，当下属的任务中包含观念性要素时最为恰当。然而，当危机和剧烈变革的需要减退时，有领袖魅力的领导者事实上可能会成为组织的负担，因为有领袖魅力的领导者过分地自信常常导致了许多问题，他们不能聆听他人所言，受到有进取心的下属挑战时会十分不快，并对所有问题总坚持自己的正确性。

（2）愿景规划的领导理论。愿景规划的领导者（visionary leaders）能够为人们设计一个现实的、可信的、诱人的前景目标，并向人们清晰明确地指出，这种目标建立在当前条件基础上，人们只要经过努力就会实现。

一个好的有效的领导者如何谈愿景规划呢？愿景应该具有引人注目的鲜明形象，它冲击着人们的情感、鼓舞着人们的热情、激发着人们的能量去实现组织目标。例如，迈克尔·戴尔（戴尔电脑公司）设计的企业愿景是，八天之内把一台组装好的个人电脑直接销售并送到顾客手中。

理想的愿景要符合时机与环境，并要反映出组织的独特点。重要的是让下属要相信这种愿景完全可以实现，也就是说，它具有挑战性，但肯定可以达到。因此，愿景规划的领导者应当具备三种品质：一是要具有生动清晰描述愿景的能力；二是要通过行动表达愿景实现的能力，具有勇于前进不惧失败的意志；三是要在不同的领导情境中施展并运用愿景的能力，表现出超乎常规的创新意识。

知识链接

59%的公司说自己重视的领导者品质是战略思维能力；

75%的公司说领导开发计划能够使员工更好地帮助组织实现目标和战略；

68%的公司说公司中的每个人都有机会开发和练习必要的领导能力；

72%的员工希望有一位领导者能够创建一个组织共享的愿景；

54%的公司说自己有一个行之有效的程序来识别潜在的领导者；

98%的美国CEO说自己把更多时间用于规章制度方面的事项；只有28%的美国CEO说自己把更多时间用于日常管理；

61%的印度领导者说设计并向下属清楚传达一条通往未来的路径是他们实施领导行为的重中之重。

（3）事务型领导与变革型领导。所谓事务型领导者是指通过明确角色和任务要求而指导下属达到预定目标的人。大多数领导理论讲的是事务型领导，如俄亥俄州立大学的研究、菲德勒权变模型、路径—目标理论、领导者参与模型。这些领导者通过明确角色和任务要求而指导或激励下属向着既定的目标活动。

变革型领导者是近些年热门的研究课题之一。所谓变革型领导者是指鼓励下属为了组织利益而超越自身利益，并对下属有着不同寻常的深远影响的人。

相当多的证据表明，变革型领导者显著优于事务型领导者，变革型领导需要领导者具有一定的能力，使得领导者能够识别变革需要、创设发展的愿景，并有效地实施变革。但我们不能将二者视为截然对立的两种类型，变革型领导是站在事务型领导肩膀上形成的，他们给下属灌输的不仅是运用那些已有观念来解决问题，而且要采用新观点新视角来解决问题。因此变革型领导更具领袖魅力，它比事务型领导更能使下属产生较高的努力水平、绩效水平以及较高的员工满意度。对于面临日益激烈的国内外竞争和建立现代企业制度任务的中国企业来说，变革型领导理论具有重要的现实意义。在实际管理中，需要根据不同企业组织的发展阶段和具体变革要求，确定相应的领导方式。

管理故事

与众不同的管理者

万事达卡公司的CEO彭安杰具有成功的领导经验。他出生于印度，在雀巢公司和百事公司磨砺了他的领导技能，之后跳槽到花旗银行负责他的亚太分部，他在花旗集团的工作非常具有挑战性，因为他发现这家大型的金融服务集团精于自己的各种业务，但却缺乏协调、协同及愿景。彭安杰承担了这项痛苦、艰巨的任务，大刀阔斧地打破了该集团的工作壁垒和条条框框，并且把各部门组合成一种伞状结构。当万事达卡公司向他提供总裁兼首席运营官的职位时，他抓住了这个大好机会。现如今作为万事达卡的首席执行官，他是该公司的啦啦队长，通过热情的拥抱以及在走廊里挥舞拳头来改变公司的低调、含蓄的企业文化。有位分析人士描述他“精力充沛、心胸坦荡并且具有强大的吸引力”。

（4）团队领导。目前，工作团队正逐渐成为各类组织中占主流的结构形式之一，因此带领团队工作的领导者的作用则越来越重要。然而，传统的“命令与控制”型领导已经阻碍了团队绩效的提高，必须从根本上改变领导团队的方式。

团队领导者的主要角色是建立信任与鼓舞士气，而不是指挥下属。团队领导者鼓励所有成员之间的互动以及团队与上级管理层、组织中的其他团队、顾客、供应商等之间的有效沟通。其工作重点应当是拓展团队的能力，而不再是仅仅关注个人。团队领导者通过提供培训机会、排除影响任务完成的障碍以及提供必要的资源来帮助团队成员。同样，团队领导者还注意培养团队成员的相互信任，以激发他们的巨大潜能。此外，团队领导者还努力创造团队的认同感。即领导者努力让团队成员理解他们的使命，通过设置更加具体的目标促进下属尽力完成。

与传统领导者忙于阻止个体之间冲突不同，团队领导者认可个别差异。毫无疑问，把多样化的个体融入一个高度承诺的团队，对每位团队领导者来说都是一种巨大的挑战。团队领导者尊重各种不同的意见与观点，鼓励所有成员自由表达自己的思想。与传统领导者忙于应急不同，团队领导者能预测并影响变革。

想一想：如何成为有效的团队领导者？

如表12—3所示，给出了高效团队领导者的关键行为，团队领导者应当不断地监控环境的变化，并随时准备采取各种应对措施。

表 12—3 高效团队领导者的关键行为

(1) 鼓励团队自我强化高绩效；
(2) 鼓励团队自我批评低绩效；
(3) 鼓励团队自己留心、监督与评估团队绩效；
(4) 鼓励团队在执行任务前认真安排；
(5) 为团队提供必要的设备与工具；
(6) 积极与其他团队沟通；
(7) 充分相信与信任团队成员。

三、21 世纪的领导

如前所述，21 世纪管理者所面对的环境已经与以前大相径庭，互联网的出现及应用已经完全改变了我们的生产、工作和生活，相应的，领导者的领导方式和工作内容也必须发生改变才能有效应对这种极富有挑战性的局面，这些改变包括：赢得信任、更多授权、跨文化领导。

1. 赢得信任

在现在这个不确定性很高的环境中，领导者的一个重要问题就是如何赢得信任和创建信誉，但这两者都是很不容易的。

知识链接

信誉与信任

信誉的主要内容是诚实，诚实可以说是令人尊敬的领导者最重要的特征，如果人们打算心甘情愿地追随某个领导者，他们首先需要确信这个人是否值得他们信任。有信誉的领导者是能干的和鼓舞人心的，他们能够有效传递自己的信心和热情。下属会根据领导者的诚实、胜任力及鼓舞能力来判断该领导的信誉。

信任与信誉是紧密交织的。信任是指对领导者的正直、品质和能力所持有的信心。如果下属信任一位领导，那么他们愿意被该领导的行动所影响，因为他们相信自己的权力和利益不会被辜负。

如果一个工作团队可以自主安排工作计划和进度，评估自己的工作绩效，甚至制定自己的招聘决策，信任就变得至关重要。员工必须相信管理者会公平、公正地对待他们，而管理者也必须相信员工会认真履行自己的职责。

由于跨职能团队或虚拟团队的成员、为供应商或顾客工作的人员或者是代表其他组织，通过战略联盟彼此共事的人员经常是临时性的，领导者便难以通过其正式权力来施加影响力，所以，迅速赢得信任并保持这种信任是这种工作成败与否的关键。

现在，领导的效果比以往更取决于赢得下属信任的能力。精简规模、财务挑战及越来越多的使用临时工，都损害了员工对领导者的信任，同时也动摇了投资者、供应商和顾客的信心。一项调查发现，只有 39%的美国员工和 51%的加拿大员工信任自己的高管。

2. 更多授权

授权就是指增加员工的决策自主权。数以百万计的员工个体和员工团队正在做出能够直接影响其工作的关键性业务决策。越来越多的公司实施员工授权的理由之一是需要由这些相关事项最为精通的人员来做出快速决策——他们往往是组织中的基层人员。如果组织想要在当今全球化的时代成功开展竞争，那么员工必须能够快速决策和实施变革。另一个原因在于组织的扁平化使得管理者有更大的管理跨度，为此，管理者不得不授权给下属。虽然员工授权并不是灵丹妙药，但当员工拥有足够的知识、技能和经验来圆满完成工作任务时，这种授权绝对是大有裨益的。

3. 跨文化领导

有效的领导者并不仅仅采用一种领导风格。他们会根据自己所在的具体环境来调整自己的风格。这里，在全球化的背景下，民族文化绝对是领导者在确定自己的领导风格时要考虑的重要变量。

民族文化之所以会影响到领导风格，是因为他会影响下属的应对方式。领导者不能也不应当随意选择自己的领导风格，而是要受到文化条件的约束，因为下属的期望是基于自己的文化背景。

知识链接

各种文化对领导行为的理解

韩国的领导者被期望对待员工如同家长；

对于阿拉伯的领导者，如果对方没有请求你就表现出仁慈和慷慨，会被其他阿拉伯人视为软弱可欺；

日本领导者被期望做法谦逊，而且说话较多；

斯堪的纳维亚地区与荷兰的领导者如果在公开场合表扬时点了个别员工的名字，很可能只会让这些个体感到尴尬，而不会激发他们产生工作动力。

马来西亚的有效的领导者被期望在更多的使用专制风格而不是参与风格显示出的同情心；

德国的有效领导者的特点是：高绩效导向，缺乏同情心，低自我保护意识，低团队导向，高度自治，高度参与。

第三节　领导艺术

领导不仅是科学，还是艺术。所谓领导艺术，是指领导者在行使领导职能时所表现出来的特殊技能。这种特殊技能不仅与领导者的实践经验有关，而且与领导者个人的才智、性格、风格密切相关。

一、领导艺术的特点

1. 随机性

领导艺术没有固定的模式，它既不是按照规范化程序办事，也不是运用数学的方法去解决问题，而是依据不同的时间、地点和条件，凭直觉判断事物，随机应变的处理问题。

2. 经验性

领导艺术来源于领导者的知识和经验，它不是单纯从理性的东西中推断出来的，而是以领导者独特的经验为基础，再加上相应的知识，由经验和知识升华而成。

3. 多样性

领导艺术是丰富多彩，千姿百态的，不同的领导在处理相同的事情时会使用不同的技巧，甚至相同的领导在不同的时间、地点处理类似的事情，也会使用不同的技巧。

4. 创造性

领导艺术是领导者智慧的结晶，是领导者创造性的工作，它不因循守旧、墨守成规，而是以新颖的构思和独特的方法，给人以耳目一新的感觉。

管理故事

各就各位

某知名作家去报社办报，结果没几天自己便主动辞职。这并不是说他没有能力写稿子，而是他的确不懂怎样把报纸办得令读者叫好，他自己也感觉比写小说还累，于是，此作家继续拿起他的笔写小说。

老板在用人上同样会遇上像作家这样的人才，他们的确是那类很优秀很出众的人才，只是由于他们对某些事务或某类工作不熟悉，工作起来不仅显得吃力，也显得被动。有的人适合搞科研，有的人适合做管理，有的人喜欢习文，有的人酷爱练武。一个优秀的领导，应该清楚地了解其下属的所长，让他们各就各位，各司其职。

如同那位作家，报纸没办好，即浪费了自己的时间，也为报社带来了不必要的经济负担。在这种情况下，老板最理智的办法就是让这个人回到他该去的地方，做他应该做得好的事情。即使把这个得意之才留下来，也只能是赔了夫人又折兵，不值得。

作为一个管理者，你必须十分明白全体的工作目标，了解团体的需要，并明白个人的工作情形，在适当的时候，做出明确果断的决定，不可受任何人情因素的阻碍，如此方能成功。

二、用人艺术

1. 建立客观的用人标准

视野开阔的领导者能吸纳五湖四海的人才，而心胸狭隘的领导者只会用自己身边的、熟悉的人，只会以自己的喜好来用人。

在选择人才方面应以以下几方面为标准。

（1）德才兼备，但不求全责备。德才兼备中，德是第一位的，同时，对人才身上的非本质的缺点要宽容，“金无足赤、人无完人”，人才常常锋芒毕露，弱点也易外露。

（2）公正廉明，不分亲疏。领导者也是人，有自己的喜怒偏好，但这些不应影响领导者用人原则：一是不以个人的标准去要求别人，如大刀阔斧开创型的领导不应舍弃稳健型的人才；二是破除用人上的定势，不要总是习惯使用自己熟悉的人员；三是分清工作关系与生活关系，不应将个人的情感掺杂进工作中。

(3) 破除条条框框，不拘一格降人才。要开阔视野，从组织内外广泛地选择人才，要打破地区限制、部门限制、所有制限制，灵活、多样的使用人才，要破除年龄的束缚，只要是人才都要重用，尤其对刚从院校毕业的年轻人应大胆选拔任用。不仅要从成功者中寻找人才，而且要善于从“失败者”中寻找人才，还要善于挖掘那些因种种原因未能充分体现自身价值的潜在人才。

管理故事

古木与雁

一天，庄子和他的学生在山上看见山中有一棵参天古木因为高大无用而免遭于砍伐，于是庄子感叹说：“这棵树恰好因为它不成材而能享有天年。”

晚上，庄子和他的学生又到他的一位朋友的家中作客。主人殷勤好客，便吩咐家里的仆人说：“家里有两只雁，一只会叫，一只不会叫，将那一只不会叫的雁杀了来招待我们的客人。”

庄子的学生听了很疑惑，向庄子问道：“老师，山里的巨木因为无用而保存了下来，家里养的雁却因不会叫而丧失性命，我们该采取什么样的态度来对待这繁杂无序的社会呢？”

庄子回答说：“还是选择有用和无用之间吧，虽然这之间的分寸太难掌握了，而且也不符合人生的规律，但已经可以避免许多争端而足以应付人世了。”

世间并没有一成不变的准则，面对不同的事物，我们需要不同的评判标准。对于人才的管理尤其明显，一个对其他企业相当有用的人对自己来说不一定有用，而把一个看似无用的人摆正地方也许就能为你创造出意想不到的收益。

聪明的领导人应该学会发现人才的优点，使得人尽其才，尽量避免人才浪费。

审慎选择适当人选是非常重要的，而这必须靠平日不断地观察，留意每个人的发展动态，在检视的过程中，不仅要发掘能干的部属，并且还要剔除办事不力的员工。

2. 合理地使用人才

管理的多样性和人才的多样性要求领导者必须艺术地整合人与事，合理配置人力资源，做到量才录用，按才定岗，用人所长，容人所短。

(1) 量才录用。要根据组织的性质和任务合理的录用人员，按职能相称的原则，把相应的各类人才安排到相应的岗位上。不要一味追求“超标准”的高规格人才，同时不要大材小用和小材大用，这些都会增加组织的管理成本，降低组织的运作效率并导致人力资源的浪费。

(2) 按才定岗。在工作分配和安排岗位时，应根据人才的特点、性格和要求将各类人才分配到最能发挥其能力水平的岗位上。如让外向型的人才从事公关、宣传、营销类工作。

(3) 扬长避短。高水平的领导善于识别下属的优点，同时也善于将下属的短处转化成长处。如让爱吹毛求疵的人当产品质检员，让谨小慎微的人管安全生产，让斤斤计较的人管财管物。

管理故事

黄金台招贤

《战国策·燕策一》记载：燕国国君燕昭王（公元前311—前279年）一心想招揽人才，而更多的人认为燕昭王仅仅是叶公好龙，不是真的求贤若渴。于是，燕昭王始终寻觅不到治国安邦的英才，整天闷闷不乐。

后来有个智者郭隗给燕昭王讲述了一个故事，大意是：有一国君愿意出千两黄金去购买千里马，然而时间过去了三年，始终没有买到，又过去了三个月，好不容易发现了一匹千里马，当国君派手下带着大量黄金去购买千里马的时候，马已经死了，可被派出去买马的人却用五百两黄金买来一匹死了的千里马。国君生气地说："我要的是活马，你怎么花这么多钱弄一匹死马来呢？"国君的手下说："你舍得花五百两黄金买死马，更何况活马呢？我们这一举动必然会引来天下人为你提供活马。"果然，没过几天，就有人送来了三匹千里马。

郭隗又说："你要招揽人才，首先要从招纳我郭隗开始，像我郭隗这种才疏学浅的人都能被国君采用，那些比我本事更强的人，必然会闻风千里迢迢赶来。"

燕昭王采纳了郭槐的建议，拜郭槐为师，为他建造了宫殿，后来没多久就引发了"士争凑燕"的局面。投奔而来的有魏国的军事家乐毅，有齐国的阴阳家邹衍，还有赵国的游说家剧辛等等。落后的燕国一下子便人才济济了，从此以后一个内乱外祸、满目疮痍的弱国，逐渐成为一个富裕兴旺的强国。接着，燕昭王又兴兵报仇，将齐国打得只剩下两个小城。

三、处事艺术

1. 高瞻远瞩、统领全局

领导者在观察和处理问题时，要站得高看得远，要有战略眼光和全局观念，要对当时当地的形势作出正确的估计和判断，并且善于敏锐地看清未来的发展趋势。要处理好组织与社会大系统之间的关系，处理好组织内各子系统之间的关系，在此基础上，作出部署，科学的调动人力、物力和财力，以保证有效的实现组织目标。切忌只顾眼前不顾长远，只顾部分不顾整体的行为。

2. 抓主要矛盾

任何组织都有千头万绪的事务，如果领导者事无巨细都亲自挂帅，则会淹没在琐碎的事务中，收到事倍功半的效果。因此，领导者应将主要精力放在抓大事和关键的事上，如重大决策、战略规划、组织用人、财务工作、重要外交、突发事件及瓶颈问题等。要抓准抓好这些大事，一抓到底，抓出成效。

3. 合理授权

是指领导者将其所掌握的部分权力授予下属，使下属在一定的监督之下，有相当的自主权和行动权，从而为下属完成任务提供必要的客观条件。因此，授权是领导者智慧和能力的扩展和延伸。

管理故事

鹦鹉

一个人去买鹦鹉，看到一只鹦鹉前标示：此鹦鹉会两门语言，售价二百元。

另一只鹦鹉前则标道：此鹦鹉会四门语言，售价四百元。

该买哪只呢？两只都毛色光鲜，非常灵活可爱。这人转啊转，拿不定主意。

结果突然发现一只老掉了牙的鹦鹉，毛色暗淡散乱，标价八百元。

这人赶紧将老板叫来问："这只鹦鹉是不是会说八门语言？"

店主说："不"。

这人奇怪了："那为什么又老又丑，又没有能力，会值这个价呢？"

店主回答："因为另外两只鹦鹉叫这只鹦鹉老板。"

这故事告诉我们，真正的领导人，不一定自己能力有多强，只要懂信任，懂放权，懂珍惜，就能团结比自己更强的力量，从而提升自己的身价。

相反许多能力非常强的人却因为过于完美主义，事必躬亲，认为什么人都不如自己，最后只能做最好的攻关人员，销售代表，成不了优秀的领导人。

管理者的授权行为是促进组织达到分权状态的重要途径。所谓授权，就是指上级管理者随着职责的委派而将部分职权委让给对其直接报告工作部署的行为。任何一个管理者，其时间、精力、知识和能力都是有限度的，一个人不可能事必躬亲去承担实现组织目标所必需的全部任务。授权可以使管理者的能力在无形中得以延伸，真正的管理者必须知道如何可以有效借助他人的力量去实现组织的目标。

特别提示： 授权的本质含义就是：管理者不要去做别人能做的事，而只做那些必须由自己来做的事。

科学、合理的授权过程是由四个有机联系的环节构成：

(1) 任务的分派。管理者在进行授权的时候，需要确定接受授权的人，即受权人所应承担的任务是什么。正是从实现组织目标而执行相应任务的需要出发才产生了授权。

(2) 职权的授予。即根据受权人开展工作、实现任务的需要，授予其采取行动或者指挥他人行动的权力。授权不是无限制的放权，而是委任和授放给下属在某些条件下处理特定问题的权力，所以，必须使受权者十分明确的知道所授予他们权限的范围。

(3) 职责的明确。从受权人这一方来说，他在接受了任务并拥有了所必需的权力后，相应的就有责任和义务去完成其所接受的任务，并就任务完成情况接受奖励或处罚。有效的授权必须做到使受权者"有职就有权，有权就有责，有责就有利"，并且授权前要遵循"因事择人，施能授权"和"职以能授，爵以功授"的原则，正确地选择受权者，做到职、责、权、利、能相互平衡。

(4) 监控权的确认。授权者应该明白自己对授予下属完成的任务执行情况负有最终的责任，为此需要对受权者的工作情况和权力使用情况进行监督检查，并根据检查结果调整所授权力或者收回权力。可以说，建立反馈机制、加强监督控制，这是确保授权者对受权者的行为保持监控力的一项重要措施，也是授权区别于"放任自流"做法的一个重要方面。

管理故事

子贱放权

孔子的学生子贱有一次奉命担任某地方的官吏，当他到任以后，却时常弹琴自娱，不管政事，可是他所管辖的地方却治理得井井有条，民兴业旺。这使那位卸任的官吏百思不得其解，因为他每天即使起早摸黑，从早忙到晚，也没有把地方治好，于是他请教子贱："为什么你能治理得这么好?"子贱回答说："你只靠自己的力量去进行，所以十分辛苦；而我却是借助别人的力量来完成任务。"

现代企业中的领导人，喜欢把一切事揽在身上，事必躬亲，管这管那，从来不放心把一件事交给手下人去做，这样使得他整天忙忙碌碌不说，还会被公司的大小事务搞得焦头烂额。

其实，一个聪明的领导人，应该是子贱二世，正确地利用部属的力量，发挥团队协作精神，不仅能使团队很快成熟起来，同时，也能减轻管理者的负担。

在公司的管理方面，要相信少就是多的道理：你抓得少些，反而收获就多了，管理者，要管头管脚（指人和资源），但不能从头管到脚。

特别提示： 授权应掌握的原则：

①授权留责。授权以后，领导者对下属的工作并非不闻不问，而要进行适当的控制和帮助。一旦下级的工作出了问题，领导者不能推卸责任，而应与下级共同承担责任。

②适度授权。领导者必须分清哪些权力可以下授，哪些权力应该保留。如果过度授权，等于领导者放弃权力，使管理失控，如果授权不充分，则会使领导忙于应付，下级也因未得到充分的权力而造成工作被动，影响工作效率。

③视能授权。领导者授什么权给下级，授多少权给下级，要根据下级的能力高低而定。下级的能力强，不妨让其多负责任、多取得点权力；能力弱则授权范围相对减少，待其能力提高后再逐步增加授权。

④逐级授权。领导者只能对自己的直接下属授权，不可越级授权，否则会造成组织系统的混乱，也影响了中层管理人员的积极性。

四、做自己时间的主人

做任何事情都需要占用时间，创造一切财富也都要耗用时间。时间似乎是一种用之不竭的资源，但对个人来讲，时间又是一个常数。因此，"时间就是金钱"，"时间就是生命"，这是一条实实在在的真理。领导者要做时间的主人，首先要科学的组织管理工作，合理的分层授权，把大量的工作分给副手、助手、下属去做，以摆脱繁琐事务的纠缠，腾出时间来做真正应该由自己做的事。时间管理的一个重要准备工作就是：了解你的时间是怎么花掉的？你可能想不起来，或者简单想一下觉得自己很清楚了，但我们的想象和现实经常有很大的差异，所以一定要详细分析你的时间使用现状。

1. 记录自己的时间消耗

有许多领导者忙了一天、一周或者是一个月，往往说不出究竟做了哪些事，哪些是自己应该做的，哪些是自己不该做的，年复一年的如此下去，浪费了许多宝贵的时间。为了珍惜自己的时间，把有限的时间用在自己应该做的领导工作上，应当养成记录自己时间消耗情况的习惯，每做一件事就记一笔账，写明几点到几点办什么事。每隔一两周，对自己的时间消耗情况进行一次分析。这时，就会发现自己在时间的利用上有许多惊人的不合理之处，从而就可找到合理利用自己时间的措施。

2. 学会合理地使用时间

时间的合理使用因人而异、而宜，取决于组织的特点、组织的管理体制和组织结构、领导者的分工以及各人的职责和习惯。所以很难有一个统一的标准。如表 12—4 所示，是根据中国一些优秀厂长的经验列出的，一般来说，这样的时间分配是比较合理的，但尚有改进的余地，如领导者每周用于学习、思考的时间偏少。

表 12—4　　领导者每周工作时间的分配

工作内容	每周小时数	时间使用方式
1. 了解情况，检查工作	6	每天 1 小时
2. 研究业务，进行决策	12	每次 2—4 小时
3. 与主要业务骨干交谈，做人的工作	4	每次 0.5—1 小时
4. 参加社会活动（接待、开会等）	8	每次 0.5—2 小时
5. 处理企业与外部的重大业务关系	8	每次 0.5—2 小时
6. 处理内部各部门的重大业务关系	8	每次 0.5—3 小时
7. 学习与思考	4	集中一次进行

管理故事

德鲁克的建议

有个钢铁厂的厂长，非常忙碌，总觉得时间不够用，他向管理大师德鲁克诉苦："我太忙了，如果谁能让我把每天的事情做完，我当场付他 2.5 万美元!"

德鲁克说："你能否分析一下自己做的每件事，什么是你想做而且做了的，有多少是你没计划但也做了的，这两类事情占的比重是多少?"厂长说："经常有突来的事情打乱我的时间安排，我参加了原本不想参加的仪式，做了不想做的接待，使得我没有时间专心做自己的事情，更没有时间来思考我该干些什么。"

德鲁克说："这样吧，你每天上班的前 5 分钟，把你想做的事情写下来，标题叫'今日主要事项，然后按照重要性排列。所谓重要性是根据你对目标的理解而定'最重要的事情放在第一位，以此类推，然后你先做第一件事，在完成第一件事情之前，不再做其他任何事情。如果你完成了你所列的 5 件事情，再考虑做别的事。"

厂长依照德鲁克的建议去做，每天如此，过了一段时间，他的工作安排的井井有条，而且效率极高，每周也如此，把每周的 5 件事列出来，一件件着手完成，每月也如此，效果终于出现了，他欣然付给德鲁克 2.5 万美元。经过几年的实践，他成了美国的钢铁大王。

3. 提高开会的效率

开会是交流信息的一种有效方式。领导离不开开会，但开会也要讲求艺术。企业领导者每年要开几百次会，但重视研究和掌握开会艺术的人却不多。有许多领导者整天沉溺于文山会海之中，似乎领导的职能就是开会、批文件，而开会是否解决了问题，效率如何，却全然不顾。只要开了会，该传达的传达了，该说的说了，就算尽到了责任。其实，不解决问题的会议有百害而无一利，开会也要讲求经济效益。会议占用的时间也是劳动耗费的一种。会议的成本应纳入企业经济核算体系之内进行考核，借以提高开会的效率，节约领导者和参会者的宝贵时间。

复习题

一、选择题

1. 下列各项中，哪些是属于民主式的领导方式，哪些是属于放任式的的领导方式：（　　）

①领导者在做出决策之前通常都要与下属商量；②对下属工作安排不具体，下属有一定程度的自由；③主要运用个人的权威而不是靠职位权力使人服从；④较少运用权力影响下属，给与下属高度的独立性；⑤领导者积极参加团体活动，与下级无任何心理上的距离。

A. ①②③④民主；⑤放任　　B. ①②③⑤民主；④放任

C. ①②③民主；④⑤放任　　D. ①③④民主；②④放任

2. 某高技术公司基于员工素质较高的实际，强调管理的最高状态是“无为而治”，尽量给知识员工以种种保障使其安心投入工作，尤其是将自己的知识融入产品，而下属也能够自我指挥和自我控制，很好地完成组织任务。根据管理方格论，该公司的管理者最接近于哪种领导风格？（　　）

A. 1，1 型　　B. 1，9 型　　C. 9，1 型　　D. 9，9 型

3. 彼得·德鲁克说，“领导者的唯一定义就是其后面有追随者。一些人是思想家，一些人是预言家，这些人都很重要，而且也很急需，但是，没有追随者，就不会有领导者。”这说明：（　　）

A. 追随者是领导者的最基本构成要素

B. 领导者是在追随者中自发产生的

C. 从时代发展的特征看，领导者的实质是追随关系

D. 思想家或预言家这些领导人不如追随者重要

4. 管理方格理论采用两个指标界定领导的行为风格，他们是：（　　）

A. 员工中心和任务中心　　B. 关怀维度和定规维度

C. 对于人的关注和对于生产的关注　　D. 关系导向还是员工导向

E. 员工导向还是任务导向

5. LPC 是指的（　　）

A. 最低潜力的工人　　B. 最不愿意共事的同事

C. 同事的领导才能　　D. 领导喜欢的同事

E. 低工资的同事

6. 让下属知道自己对他们的期望，工作完成的时间表，并对于如何完成工作提供一些具体的指导，这可以被视为是一种（　　）型的领导。

A. 指导型　B. 支持型　C. 参与型　D. 成就取向型

7. 如果想成为一名参与型领导人，必须（　　）

A. 让下属知道自己对他们的期望，工作完成的时间表，并对于如何完成工作提供一些具体的指导

B. 友好对待员工，关心他们的需求

C. 在进行决策之前咨询员工的意见并且能够适当的采纳

D. 了解下属的心理

8. 分析下属的状况，为下属设定挑战性的目标，并且鼓励他们努力达到自己的最佳水平。这是何种领导的角色？（　　）

A. 指导型　B. 支持型　C. 参与型　D. 成就取向型

9. 领导权变理论关注的是：（　　）

A. 领导者与被领导者及环境之间的相互影响

B. 领导者的个人特性对领导有效性的影响

C. 领导者的行为对领导有效性的影响

D. 领导方式的易变性

二、判断题

1. 法定权力、奖罚权都属于职权。（　　）

2. 管理方格论建立起了两种维度以衡量领导者更加关心员工还是更加关心组织。（　　）

3. 根据费德勒模型，领导者与下属的关系、任务结构和任务的内容是三种决定领导风格的关键因素。（　　）

4. 情境领导理论在考虑影响领导行为与后果之间的情境因素中，加入并强调了下属成熟度这一因素。（　　）

5. 对于不同成熟度的下属，应当采用不同的领导风格。（　　）

6. 费德勒模型的研究结果表明，两种领导风格中，关系取向的领导更适合在非常有利和非常不利的情境下工作；而任务取向的领导风格更适合在中等有利的情境下工作。（　　）

7. 管理方格论中，将领导者的导向行为特点分为“关心质量”和“关心人”两个方向。（　　）

8. 赋权意味着高层管理者向低层管理者传递责任和职权的过程，这个过程是高层管理者自身发起的，随时可以由高层管理者收回。而授权则意味着将部分责任和职权通过正式的组织链条或任命转给更低层次的管理者承担，更高层管理者无法凭借个人职权将其收回。（　　）

9. 权变理论认为，成功的管理者如果能够将自己的成功经验应用到另外一个组织中，也一定能够取得成功。（　　）

10. 领导职能就是运用影响力去激励员工以便促进组织目标的实现。（　　）

三、案例分析

谁的方式更有效

高明是一位空调销售公司的总经理。他刚接到有关公司销售状况的最新报告：销售额比去年同期下降了25%、利润下降了10%，而且顾客的投诉上升，更为糟糕的是，公司内部员工纷纷跳槽，甚至还有几名销售分店的经理提出辞呈。他立即召集各主管部门的负责人开会讨论解决该问题。会议上，高总说："我认为，公司的销售额之所以下滑都是因为你们领导不力。公司现在简直成了俱乐部。每次我从卖场走过时，看到员工们都在各处站着，聊天的、打电话的，无处不有，而对顾客却视而不见，他们关心的是多拿钱少干活。要知道，我们经营公司的目的是为了赚钱，赚不到钱，想多拿钱，门儿都没有。你们必须记住，现在我们迫切需要的是对员工的严密监督和控制。我认为现在有必要安装监听装置，监听他们在电话里谈些什么，并将对话记录下来，交给我处理。当员工没有履行职责时，你们要警告他们一次，如果不听的话，马上请他们走人……"

部门主管们对高总的指示都表示赞同，惟有销售部经理李燕提出反对意见。她认为问题的关键不在于控制力度不够，而在于公司没有提供良好的机会让员工真正发挥潜力。她认为每个人都有一种希望展示自己的才干，为公司努力工作并做出贡献的愿望。所以解决问题的方式应该从和员工沟通入手，真正了解他们的需求，使工作安排富有挑战性，促使员工们以从事这一工作而引以自豪，同时在业务上给予指导，花大力气对员工进行专门培训。

然而，高总并没有采纳李燕的意见，而是责令所有的部门主管在下星期的例会上汇报要采取的具体措施。

问题：

1. 该公司的问题在哪里？
2. 根据菲德勒的领导权变理论，高总应该采取怎样的领导方式？请具体分析。

办公室里的一天

为了及早处理办公桌上堆积如山的文件，王经理早上7：20就到了办公室，习惯性的先开始处理昨天的邮件，但他打开第一份邮件时，发现必须与同事一起合作才能完成与邮件有关的内容，不得不将其搁置一旁。而第二份邮件对他正在进行的一个项目有重大影响，于是他下楼为自己做了一份复印件，但他继续处理邮件时，发现一篇自己很感兴趣的文章，并沉迷其中，看完文章，他发现时间已经是9：00。

他不得不把信件放下而着手办一个项目的文件，因为明天就要向董事会报告项目的进展情况，但他还有两天的工作量没有完成。当他正思考时，张副经理和李科长进来，拉他去喝杯咖啡。因为他们急于告诉他昨晚娱乐的一些情况，王经理答应陪他们10分钟，但他没意识到结束聊天时，时间已经过去30分钟。但当他赶回办公室时，电话录音显示公司陈副总通知10：00有个会议，并希望王经理参加，因为会议内容涉及公司的各个部门。由于剩下的时间不够完成项目，他只得去参加了会议。会议冗长而枯燥，主要围绕公司的旧章程与规则进行了一些无关痛痒的讨论，王经理想自己反正已经来了，就坚持听完了会议。会议结束时11：30，隔壁办公室的宋经理拉王经理一起外出吃饭，盛情难却，王经理没推辞。

午饭后1：30回到办公室，王经理开始工作，但办公桌上的电话每10分钟就响一次，拜访者不断。下班时间到了，他的项目还是没有什么进展，他只得把文件装进公文包“唉，今晚又得赶工了！”他突然想起，张副经理和李科长怎么还有空晚上出去消遣呢？

问题：

1. 从时间管理的角度，王经理犯了哪些错误？
2. 如果你是王经理，你会如何安排今天的工作进度？
3. 为了高效完成工作，你给王经理什么建议？

谁拥有权力——职权、权力

王华明近来感到十分沮丧。一年半前，他获得某名牌大学工商管理硕士学位后，在毕业生人才交流会上，凭着他满腹经伦和出众的口才，力挫群芳，荣幸的成为某大公司的高级管理职员。由于其卓越的管理才华，一年后，他又被公司委以重任，出任该公司下属的一家面临困境的企业的厂长。当时，公司总经理及董事会希望王华明能重新整顿企业，使其扭亏为盈，并保证王华明拥有完成这些工作所需的权力。考虑到王华明年轻，且肩负重任，公司还为他配备了一名高级顾问严高工（原厂主管生产的副厂长），为其出谋划策。

然而，在担任厂长半年后，王华明开始怀疑自己能否控制住局势。他向办公室高主任抱怨道：“在我执行厂管理改革方案时，我要各部门制定明确的工作职责、目标和工作程序，而严高工却认为，管理固然重要，但眼下第一位的还是抓生产、开拓市场。更糟糕的是他原来手下的主管人员居然也持有类似的想法，结果这些经集体讨论的管理措施执行受阻，倒是那些生产方面的事情推行起来十分顺利。有时我感到在厂里发布的一些命令，就像石头扔进了水里，我只看见了波纹，随后过不了多久，所有的事情又回到了发布命令以前的状态，什么都没改变。”

问题：

（1）王华明和严高工的权力各来源于何处？

（2）严高工在实际工作中行使的是什么权力？你认为，严高工作为顾问应该行使什么样的职权？

（3）这家下属企业在管理中存在什么问题？如果你是公司总经理助理，请就案例中该企业存在的问题向总经理提出你的建议以改善现状。

四、实践练习

1. 选择你曾经或当前所属的某个群体或团队，观察该群体的领导者展现出哪种类型的领导风格？提供他使用该领导风格时的具体事例，评估他的领导风格，指出它是否适合该组织，为什么？如果你是该组织的领导者，你是否会采取不同的方式，为什么？

2. 分别观察你认为非常成功和并不成功的体育队伍，考察这两支队伍的领导风格。你如何评价每种领导风格？它是否适应这支队伍？为什么？你认为领导风格在多大程度上影响这支队伍的成绩？

3. 很可能每个人都遇到过某位糟糕的上司的经历。但怎样才算是一位糟糕的上司？

在这种情况下，你又能做些什么？由 3～4 位同学组成一个小组，列出你们认为的糟糕的上司的特征或行为，同时列出你们面对这样一位上司时能够做些什么（建议应该是建设性的切实可行的)？

4. 写出你认为是有效领导者的三个人。你认为他们表现出的什么特征是的他们成为有效领导者？用一个列表把这些特征写出来。

5. 用自己的语言，写下你再本章中学到的关于如何成为一名优秀管理者的三个要点，并设法与几位管理者交谈，向他们请教如何才能成为一个出色的领导者。把你的发现写成一份报告，准备在课堂上演讲。

第十三章

激 励

学习目标

1. 了解激励的涵义和过程。
2. 理解每一种激励理论。
3. 了解激励的内容。
4. 掌握每一种激励的方法。

导入案例

宏基公司的管理激励

台湾的宏基电脑是全球著名品牌，他的发展与其创业者施正荣的价值观和管理方式有重大关系。

为了让员工将个人利益与公司利益紧密联系在一起，宏基在创立的第三年就推动员工入股制。而要让员工有信心入股，财务透明化是前提。于是公司设计了一套制度，包括每季度公布财务报表，以净值作为买回离职员工股票的价格等。因此，在宏基电脑的股票上市前，内部就已经有公平的交易市场。

宏基从创立第一天，其财务就是公开的。当时公司只有11人，会计账本就放在桌上，谁都可以看见，公司一直认为员工理所应当有权了解公司的财务状况。这种做法，刚开始的确为管理者带来一些困扰，如有一位业务人员发现公司代理发展系统的毛利较高，就把业务拓展困难的责任归咎于价格太高。事实上，这个产品毛利高是因为售后服务成本较高。但公司并没有把会计账本藏起来，而是想办法和员工沟通清楚。

公司领导知道，大多数员工没有足够的钱入股，于是他们想由公司贴钱入股。早期，因为股东撤股，公司就买下了这部分股权，推动员工入股时，打八折卖给公司，公司再打对折卖给员工，差价由公司承担。

施正荣认为“人性本善”，当员工被尊重被授权时，就会将潜力发挥出来。所以，他对员工一向客气，并尽可能向下授权。开会时，他通常不会先发言，而是先让员工充分表达意见，之后他才提出自己的看法。有时他与下属的意见不一致，但如果下属坚持自己的观点，他也会尊重下属的意见，让他们去尝试。下属会非常珍惜这样的机会，会非常努力去证明自己的看法，员工的责任感也由此培养出来。特别是新进的员工，总会有些顾虑，放不开，但当主管主动授权给他们，慢慢地，他们的能力就施展出来了。

当然，不是每个人都喜欢他的这种授权，有些人就是喜欢主管帮他们出主意。有时候，下属意见不同，施正荣不会在自己还未全盘了解之前就下决定，而是让下属先自行协调，有些人因此抱怨他不够决断。但他的想法是，事事都帮下属决定会使得下属依赖性强，做错了还把责任推在上司身上，做对了也不知所以，经验无法积累，成长也有限。

宏基的授权管理，使得员工对公司的决策介入很深，有时难免会出现不同的意见，但施正荣很能包容，他说：“公司能有不同的声音是件好事。”

因为这样，他在面对下属的挑战时，就必须以沟通说服来代替命令，他只好又开始脑力运动。想出好的表达方式来回应，这产生了两个结果：他的表达能力与日俱增，可以将自己的想法推广并引起共识，想出让公司更进步的策略。

因为这样，宏基员工的民主意识非常强，不喜欢干涉别人，也不喜欢被管。开会时，就有主管嚷着：我们要跳出施正荣的框框。

但这种管理模式也是有代价的。并购来的公司未经过公司文化的熏陶，授权太快导致失控。早在1984年宏基创大投资成立时就出现了这样的问题。当时，施正荣的想法很单纯，他觉得很多有才华的年轻人在大公司任职，都在看老板的脸色，一不小心还会被“冷冻”起来，公司既然把事业做起来了，就应该帮助这些年轻人创业。结果创大的两个投资都失败了。因为彼此没有经过长期共事，对方不见得会体会和接受公司的方式。后来，宏基电脑股票上市后，公司奖金比较充裕，便在欧洲并购了几家公司，还是授权给当地的负责人经营。但是有些公司内部出现了问题，负责人不但不接受台湾派驻当地领导的改善意见，还将多位支援的同仁排挤出去；财务结构不健全，负责人还为不称职的财务主管辩护，这些都跟宏基的文化背道而驰。后来状况一再出现，公司不得不派人去整顿，才使得局面得以改善。

多年来，施正荣一直把培养人才当作最重要的事情，如今也有了成绩。他的许多部下现在个个都已具备独当一面的能力。他说，只要看看这个世界上那么多财大气粗的人，行为乱七八糟，道德还不如普通百姓，就会觉得仅仅追求财富真的没什么价值。

任何组织的成功，都要使组织中各成员的行为符合组织的要求，所以，组织的管理除了合理计划、安排组织的各项活动之外，重要的是如何去激励成员，使之在组织的各项活动中发挥最大的潜能。

第一节　激励概述

人们加入一个组织或者群体，都是为了达到他们个人所不能达到的目标。然而，进入组织的人们不一定会努力工作，贡献他们潜在的能力。他们为组织服务的愿意程度是有高低的，有的强烈，有的一般，也有的消极。如何使组织中的各类成员为实现组织的目标热情高涨地去工作，尽可能有效地贡献出他们的智慧和才能，这就是管理者要研究的激励问题。

想一想： 何为激励？

一、激励的涵义

激励就是领导者在领导活动中运用特定的方法，激发被领导者的动机，调动其主动性与创造性，使被领导者积极参与并主动配合完成工作任务的过程。领导激励，关键是激和励的结合。激是激发下属的动机、热情、活力；励是鼓励、强化被领导者与组织目标相一致的积极行为。领导激励的目的在于：激发人的正确动机，充分发挥人的智力效应，从而实现组织目标并保证其组织系统的有效存在与发展。

二、激励的过程

研究激励，先要了解人的行为过程。心理学家提示动机欲望支配着人们的行为，而动机又产生于人的需要。需要是人的一种主观体验，是对客观要求的必然反映，人在社会生活中形成的对某种目标的渴求和欲望构成了人的需要的内容，并成为人行为活动积极性的源泉。人的行为受需要的支配和驱使，需要一旦被意识到，它就以行为动机的形式表现出来。驱使人的行为向一定的方向努力，以达到自身的满足。

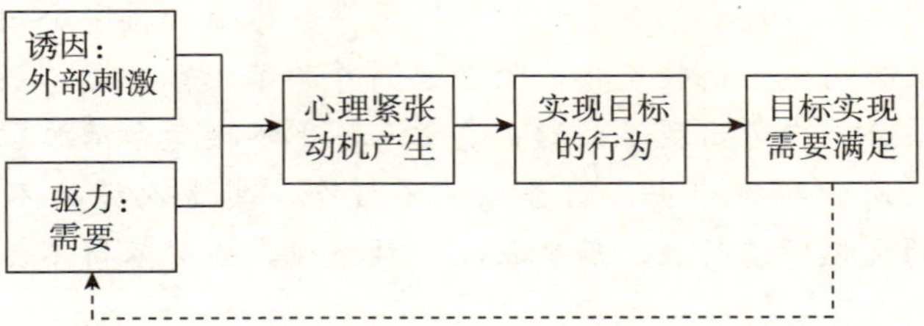

图 13—1　激励的过程

特别提示： 激励的实质是通过影响人的需求或动机达到引导人的行为的目的，它实际上是一种对人的行为的强化过程。

从感觉需要出发，在人的心理上引起不平衡状态，产生不安和紧张，导致欲望动机，有了动机就要选择和寻找目标，激起实现目标的行动。当需求得到满足，行为结束。心理紧张消除后，人们又会产生新的需求，形成新的欲望，引起新行为。如此循环往复。该连锁反应的过程，如图 13—1 表示。

由此可见，激励可以说是通过创造外部条件来满足人的需要的过程。人的行为的始点是需要。所谓需要，就是人们对某种事物或目标的渴求和欲望，包括基本需要和各种高层次的需要。当人的需要未得到满足时，心理上会产生一种不安和紧张，这种状态会促成一种导向某种行为的内在驱动力，这就是动机。所谓动机，就是诱发行为指向目标的一种内在状态。当人有了动机之后就会导致一系列寻找、选择和达到目标的行为。如果人的行为达到了目标，就会产生心理和生理上满足，原有的需要满足了，新的需要又会产生，从而又引起人的新的行为。

第二节 激励理论

自20世纪二、三十年代以来，国外许多管理学家、心理学家和社会学家从不同角度对怎样激励人的问题进行了大量的研究，并提出了许多激励理论。下面介绍几种主要的激励理论。

一、需要层次论

需要层次论是由美国著名的心理学家和行为学家马斯洛（A. Maslow）提出来的。早在1943年，马斯洛在《人的动机理论》一文中，首次提出了需要层次论，把人的需要分成生理需要、安全需要、友爱和归属的需要、尊重的需要、自我实现的需要五个层次。并于1954年在其名著《动机与人格》中作了进一步阐述。这一理论，几十年来流传甚广，是行为科学家试图揭示需要规律的主要理论，如图13—2所示。

马斯洛需要层次理论的主要内容有：

1. 人是有需求的动物

人的需求要看他已经拥有了什么来决定，只有尚未满足的需求才构成激励，已经满足的需求不再是激励的因素。

2. 人的需求多种多样

大致可分为五个层次：

（1）生理的需要。这是人类为维持自身生命的最基本需要。它包括吃、穿、住及休息等需要。只有这些最基本的需要被满足到维持生命所必须的程度后，才会出现另外的、更高级的需要。否则，其他的需要都不能起到激励人的作用。生理需要不是无止境的，当达到一定程度后，其对行为的始发导向、强化作用就会大大减少。

（2）安全的需要。这是人类要求保障自身安全、摆脱失业和丧失财产等威胁的需要。当一个人的生理需要得到了一定的满足之后，他就想满足安全的需要。即不仅考虑到目前，而且考虑到今后，考虑自己的身体免遭危险，考虑已获得的基本生理需要及其他的需要不再丧失和被剥夺。例如：要求摆脱失业的威胁，要求在生病及年老时生活有保障，要求工作安全并免除职业病的危害，希望解除严格的监督以及不公正的待遇，希望干净和有秩序的环境，希望免除战争和意外的灾害等。

（3）社交的需要。这是社会交往的需要。当生理及安全的需要得到相当的满足后，友爱和归属的需要便占据主导地位。因为人类是有感情的动物，人们希望与别人交往，避免孤独，希望与同事之间和睦相处，关系融洽。人们希望归属于一个团体以得到关心、爱护、支持、友谊和忠诚，并为达到这个目的而做出努力。

(4) 尊重的需要。当一个人第三层次的需要得到满足以后，他通常不只是满足于做群体中的一员，开始产生尊重的需要，包括自尊和受人尊重两个方面。自尊意味着“在现实环境中希望有实力、有成就、能胜任和有信心，以及要求独立和自由”；受人尊重是指“要求有名誉或威望，可看成别人对自己的尊重、赏识、关心、重视或高度评价”。自尊需要的满足使人产生一种自信的情感，觉得自己在这个世界上有价值、有实力、有能力、有用处。而这些需要一旦受挫，就会使人产生自卑感、软弱感、无能感。

(5) 自我实现的需要。这是马斯洛理论中最高层次的需要，指的是一种使人能最大限度地发挥自己的潜能并完成某项工作或某项事业的欲望。马斯洛对此有过描述：即使以上所有的需要都得到满足，我们往往（如果不是经常的话）仍会产生新的不满，除非本人正在干着合适的工作。音乐家必须演奏音乐，画家必须绘画，诗人必须写诗，这样才能使他们感到最大的快乐。人们能做什么，就应该做什么。我们把这种需要称为自我实现。

自我实现的需要，指的就是使他的潜能得以实现的向往。这种向往可以说成是希望自己越来越成为所期望的人物，完成与自己能力相称的一切事情。

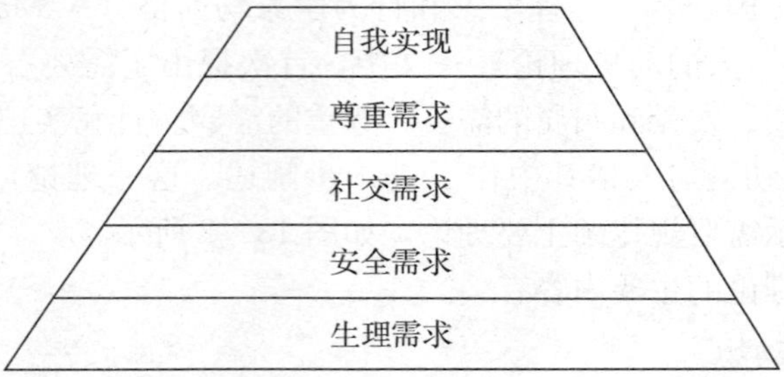

图 13—2　马斯诺需求层次理论

3. 五种需要遵循一定的递进规律

一般而言，生存和安全需要属于较低层次的物质方面的需要；社交、尊重和自我实现的需要，则属于较高层次的、精神方面的需要。马斯洛认为，人需要遵循递进规律，在较低层次的需要得到满足之前，较高层次的需要强度不会很大，更不会成为主导的需要。当低层次的需要获得相对的满足后，下一个较高层次的需要就占据了主导地位，成了驱动行为的主要动力。

思考：需要层次理论的贡献是什么？对以后的激励理论有何影响？

二、双因素论

双因素理论是美国心理学家赫兹伯格（F. Herzberg）于 1959 年提出的。20 世纪 50 年代后期，他和他的同事在匹兹堡地区对九个企业中的 203 名会计师和工程师采用“关键事件法”进行调查访问，要会计师和工程师们回答两个问题：第一，什么原因使你愿意干你的工作？第二，什么原因使你不愿意干你的工作？赫兹伯格在研究调查结果后提出双因素理论。

赫兹伯格发现对上述两个问题有两类明显不同的反映。经过分析，他认为企业中影响人的积极性的因素可按其激励功能不同，分为保健因素和激励因素。

1. 保健因素

保健因素是指和工作环境或条件相关的因素。这类因素处理不当或者说这类需要得不到满足，会导致职工的不满，甚至会严重挫伤职工的积极性；反之，这类因素处理得当，能防止工人产生不满情绪，但不能使职工有更高的积极性。由于这类因素带有预防性，只起保持人的积极性、维持工作现状的作用，为此这类因素称为“保健因素”。赫兹伯格发现保健因素主要有10个：公司的政策和行政管理；技术监督系统；与监督者个人之间的关系；与上级的关系；与下级的关系；工资；工作安全性；个人的生活；工作环境；地位。

2. 激励因素

激励因素是指和工作内容联系在一起的因素。这类因素的改善，或者使这类需要得到满足，往往能给职工以很大程度上的激励，产生工作的满意感，有利于充分、持久地调动职工的积极性；即使不具备这些因素和条件，也不会引起职工太大的不满意。由于这类因素能够激发人们做出最大的努力，所以称之为激励因素。赫兹伯格认为激励因素主要有6个：工作本身具有挑战性；奖励；晋升；成长；负有较大的责任；成就感。

赫兹伯格认为保健因素不能直接起到激励人们的作用，但能防止人们产生不满的情绪。保健因素改善后，人们的不满情绪会消除，但并不会导致积极后果。而激励因素才能产生使职工满意的积极效果。

赫兹伯格认为，传统的满意——不满意的观点（认为满意的对立面是不满意）是不正确的。满意的对立面应该是没有满意，不满意的对立面是没有不满意。如图13—3所示。

传统观点
满意--------------- 不满意　　不满意--------------- 没有不满意
赫兹伯格观点　　（保健因素）
满意--------------- 没有满意
（激励因素）

图13—3　满意—不满意对立面图

赫兹伯格的双因素论在现代工作激励理论中有着重要地位。他的研究提醒人们必须充分注意工作本身的满足对激励的重要意义，使得人们对工作激励的内容有了新的认识，赫兹伯格的双因素论在国内外有很大影响。

知识链接

双因素理论自产生起，就有人对它提出了批评，这也是该理论的缺陷之处。主要有以下四点：

(1) 赫兹伯格调查取样的数量和对象缺乏代表性。样本仅有203人，数量较少，而且对象是工程师、会计师，他们在工资、安全、工作条件等方面都比较好，因此，这些因素对他们自然不会起激励作用，不能代表一般职工的情况。

(2) 赫兹伯格在调查时，问卷的方法和题目有缺陷。首先，把好的结果归结于自己的努力，而把不好的结果归结于客观的条件或他人身上，这是人们一般的心理状态，人们的这种心理特征在他的问卷中无法反映出来。其次，赫兹伯格没有使用满意尺度的概念。人们对任何事物总不是那么绝对，要么满意，要么不满意，一个人很可能对工作一部分满意一部分不满意，或者比较满意，这在他的问卷中也是无法反映的。

(3) 赫兹伯格认为，满意和生产率的提高有必然的联系，而实际上满意并不等于劳动生产率的提高，这两者并没有必然的联系。

(4) 赫兹伯格将保健因素和激励因素截然分开是不妥的。实际上保健因素和激励因素、外部因素和内部因素都不是绝对的，他们相互联系并可能互相转化。保健因素也能够产生满意，激励因素也能够产生不满意，例如奖金既可以成为保健因素，也可以成为激励因素，工作成绩得不到认可也会使人闹情绪，以致消极怠工。

三、“ERG”理论

“ERG”理论，又称成长理论，是由美国心理学家奥德弗根据已有试验和研究，于二十世纪七十年代初提出的一种激励理论。

这一理论系统的阐述了一个关于需要类型的新模式，发展了赫兹伯格和马斯洛的理论。他把马斯洛的需要层次压缩为三种需要，即生存、相互关系、成长需要。

1. 生存需要

指的是全部的生理需要和物质需要，如衣、食、住，组织中的报酬，对工作环境和条件的要求等。这一类需要大体上和马斯洛需要层次中的生理需要、部分安全需要相对应。

2. 相互关系需要

指的是人与人之间的关系、联系的需要。这一需要类似于马斯洛需要层次中的部分安全需要、全部友爱和归属需要、以及部分尊重需要。

3. 成长需要

指的是一种要求得到提高和发展的内在欲望。不仅要求充分发挥个人的潜能有所作为和成就，而且还包含开发新能力的需要。这一需要与马斯洛的需要层次中，部分尊重的需要和整个自我实现需要相对应。

奥德弗认为这三种需要之间没有明显的界限，它们是一个连续体，这一理论限制性较少，易于应用。它对各种需要之间的内在联系有更详细具体的阐述：

(1) 各个层次的需要得到的满足越少，则这种需要就越为人们所渴望。例如，满足生存需要的工资越低，人们就越希望得到更多的工资。

(2) 较低层次需要满足的越充分，对较高层次的需要往往就会越强烈。例如，生存、相互关系需要得到了充分的满足，成长需要就会突出出来。

(3) 较高层次的需要满足得越少，则对较低层次需要的渴求也就越多。例如，成长的需要得到的满足越少，则对人与人关系的需要渴求就越大。

此外，ERG 理论不仅提出了需要层次的“满足——上升”趋势，而且也指出了“挫折——倒退”的趋势。这一规律在管理中很有启发意义。因为在实际生活中，职工之所以追求低层次需要，往往是因为领导者在管理上的失策，未给职工提供能满足高层需要的环境和条件所致，奥德弗这一观点可以说是对激励理论的最大贡献。

思考：ERG 理论与马斯洛的需要层次理论有什么不同？

四、成就需要理论

成就需要理论是美国哈佛大学教授麦克利兰（David McClelland）及其学生在二十世纪五十年代提出来的。他们对成就需要这一因素做了大量研究，认为成就需要具有挑战性，引发人的快感，增加奋斗精神，对行为起主要影响作用。

成就需要激励理论主要研究在人的生理需要基本得到满足的条件下，人还有哪些需要。麦克利兰认为，人们在生理需要得到满足以后，还有三种基本的激励需要，就是：

1. 对权力的需要

具有较高权力欲的人，对施加影响和控制表现出很大的兴趣。这样的人一般寻求领导者的地位；他们常常表现出喜欢争辩、健谈、强有力、直率和头脑冷静，并且善于提出问题和要求；也常常喜欢教训别人，并乐于讲演。

2. 对归属和社交的需要

具有这方面需要的人，通常从友爱、情谊、人际之间的社会交往中得到欢乐和满足，并总是设法避免因被某个组织或社会团体拒之门外而带来的痛苦。他们喜欢保持一种融洽的社会关系，享受亲密无间和相互谅解的乐趣，随时准备安慰和帮助危难中的伙伴。

3. 对成就的需要

有成就需要的人对胜任和成功有强烈的要求，同样也担心失败；他们乐意、甚至热衷于接受挑战，往往为自己树立有一定难度而又不是高不可攀的目标；他们对风险一般采取现实主义的态度；他们愿意承担所作工作的个人责任，对他们正在进行的工作情况，希望得到明确而又迅速的反馈；他们一般喜欢表现自己。

想一想：管理者是否都需要具备较强的成就需要？

麦克利兰认为，具有高度成就需要的人对于企业和国家都有重要的作用。企业拥有这样的人越多，发展就越快越能取得经济效益。国家拥有这样的人越多，就越兴旺发达。据他的调查，英国在 1925 年时拥有高成就需要的人数在 25 个国家中名列第五位，当时英国确实是一个兴旺发达的国家。1950 年再做调查时，英国拥有高成就需要的人数，在 39 个国家中名列第 25 位，事实上第二次世界大战以后的英国也确实在走下坡路。他还认为，可以通过教育和培养造就出高成就需要的人。所以无论是企业还是国家都要注意发现、培训有成就需要的人。

管理故事

工资全额浮动为何失灵？

WH 建筑装潢公司是国家建设部批准的建筑装饰一级企业，企业实力雄厚，效益可观。

铝门窗及幕墙分厂是总公司下属最大的分厂，曾经在一线个人和经营人员中率先实行工资全额浮动，收到了很不错的效果。为了进一步激发二线工人、技术人员及分厂管理干部的积极性，该分厂宣布全面实行工资全额浮动。决定宣布后，连续两天，技术组几乎无人画图，大家议论纷纷，抵触情绪很强。经过分厂领导多次做工作，技术组最终被迫接受了现实。

实行工资全额浮动后，技术人员的月收入就是在基本生活补贴的基础上，按当月完成设计任务的工程产值提取设计费。如玻璃幕墙设计费，基本上按工程产值的0.27%提取。当然，技术人员除了画工程设计方案图和施工图，还必须作为技术代表参加投标，负责计算材料用量及加工、安装现场的技术指导和协调工作。分配政策的改变使得小组每日完成的工作量有较大幅度提高。组员主动加班加点，过去个别人"磨洋工"的现象不见了。但随之而来的是小组出现了争抢任务的现象，大家都想搞产值高、难度小的项目设计，而难道大见效短的项目备受冷落。

彭某原来主动要求开发自动消防系统配套的排烟窗项目，有心填补国内空白，但实行工资全额浮动三个月后，他向组长表示，自己能力有限，希望放弃这个项目，要求组长重新给他布置设计任务。

李某年满58岁，是多年从事技术工作的高级工程师，实行工资全额浮动后，他感到沉重的工作压力。9月，他作为呼和浩特某装饰工程的技术代表赴呼市投标，由于种种原因，该工程未能中标，他出差20多天，刚接手的另一项工程设计处于准备阶段，故当月无设计产值，仅得到基本生活补贴78元，虽然在随后的10月份，他因较高的设计产值而得到1 580元的工资，但他依然难以摆脱强烈的失落感，他向同事们表示他打算申请提前退休。

尽管技术组组长尽可能公平地安排设计任务，平衡大家的利益，但意见还是一大堆。小组内容人心浮动，好几个有跳槽的意向，新分配来的大学生小王干脆不辞而别，组长感到自己越来越难做了。

五、弗罗姆的期望理论

期望理论是由美国耶鲁大学教授、心理学家弗罗姆（V. H. Vroom）首先提出的，他于1964年在《工作与激励》一书中提出了这个理论。这种理论一出现，就受到国外管理学家和实际管理工作者的普遍重视。目前，人们已经把期望理论看作最主要的激励理论之一。

期望理论是一种通过考察人们的努力行为与其所获得的最终奖酬之间的因果关系，来说明激励过程并以选择合适的行为达到最终的奖酬目标的理论。这种理论认为，当人们有需要，又有达到这个需要的可能，其积极性才高。激励水平取决于期望值和效价的乘积。其公式是：

激发力量（M）＝效价（V）×期望值（E）

M（Motive force）激发力量的高低，是指动机的强度，即调动一个人积极性，激发其内在潜力的强度。它表明人们为达到设置的目标而努力的程度。

V（Value）效价，是指目标对于满足个人需要的价值，即一个人对某一结果偏爱的强度（$-1\leqslant V\leqslant 1$）。

E（Expectancy）期望值，是指采取某种行为可能导致的绩效和满足需要的概率。即采取某种行为对实现目标可能性的大小（$0\leqslant E\leqslant 1$）。

这个公式实际上提出了在进行激励时要处理好三方面的关系，这些也是调动人们积极性的三个条件：

1. 努力与绩效的关系

人总是希望通过一定的努力能够达到预期的目标，如果个人主观认为通过自己的努力达到预期目标的概率较高，就会有信心，就可能激发出很强的工作力量。但是如果他认为目标太高，通过努力也不会有很好的绩效时，就失去了内在的动力，导致工作消极。这种关系可在公式的期望值这个变量中反映出来。

2. 绩效与奖励的关系

人总是希望取得成绩后能够得到奖励，这种奖励是广义的，既包括提高工资、多发奖金等物质方面的奖励，也包括表扬、自我成就感、得到同事们的信赖、提高个人威望等精神方面的奖励。如果他认为取得绩效后能够获得合理的奖励，就有可能产生工作热情，否则就可能没有积极性。

3. 奖励与满足个人需要的关系

人总是希望自己所获得的奖励能满足自己某方面的需要。然而由于人们在年龄、性别、资历、社会地位和经济条件等方面都存在着差异，他们对各种需要得到满足的程度就不同。因而对于不同的人，采用同一种办法给予奖励能满足的需要程度不同，所激发出来的工作动力也就不同。

后两方面关系可以在弗罗姆公式中的效价这个变量上体现出来。弗罗姆把这三方面关系用框图表示出来。如图 13—3 所示。

个人努力------→取得绩效------→组织奖励------→满足个人需要程度

关系Ⅰ　　　　关系Ⅱ　　　　关系Ⅲ

图 13—3　期望理论三方面的关系

这个公式表明，激发力量的大小与效价、期望值有密切的关系，效价越高、期望值越大，激发力量也越大。反之亦然。如果其中一个变量为零（毫无意义或毫无可能），激发力量也就等于零。这就说明了为什么非常有吸引力的目标，也会无人问津。

特别提示： 1. 管理者不要泛泛地抓一般的激励措施，而应当抓多数被组织成员认为效价最大的激励措施。

2. 设置某一激励目标时应尽可能加大其效价的综合值，如果每月的奖金多少不仅意味着当月的收入状况，而且与年终分配、工资调级和获得先进工作者称号挂钩，则将增大效价的综合值。

3. 适当加大不同人实际所得效价的差值，加大组织希望行为和非希望行为之间的效价差值。如只奖不罚与奖罚分明，其激励效果大不一样。

4. 适当控制期望概率和实际概率。期望概率既不是越大越好，也不是越小越好，关键要适当。当一个期望概率远高于实际概率时可能产生挫折，而期望概率太小时又会减少某一目标的激发力量。实际概率最好大于平均的个人期望概率，使大多数人受益。但实际概率应与效价相适应，效价大，实际概率可以小些，效价小，实际概率可以大些。

六、波特和劳勒的期望模式

波特（L. W. porter）和劳勒（E. E. lawler）以期望理论为基础导出了一种本质上更完备的激励模式，并把它主要用于对主管人员的研究。

如图 13—4 所示，其中包括的主要变量：

1. 努力，是指个人所受到的激励强度和所发挥出来的能力。个人所作努力的程度综合取决于个人对某项奖酬（例如：工资、奖金、提升、认可、友谊、某种荣誉等）效价的主观看法及个人对努力将导致这一奖酬的概率的主观估计。奖酬对个人的效价因人而异，决定于它对个人的吸引力。而个人每次行为最终得到的满足，又会以反馈的形式影响个人对这种奖酬的估价。同时，个人对努力可能导致奖酬的期望值的主观估计，和个人的经历或经验密切相关。每一次的工作绩效也会以反馈形式影响个人对成功期望值的估计。努力还和绩效有一定的关系，但不一定导致高绩效，因为，绩效还受其它更多的因素的影响。

2. 绩效，是工作表现和实际成果。绩效不仅取决于个人所作的努力程度，而且也受个人能力与素质（如必要的业务知识、技能等）及环境的影响。

3. 奖酬，是绩效所得到的奖励的报酬。其包括内在奖酬和外在奖酬，这两种奖酬和个人对奖酬所感受到的公平感揉合在一起，影响着个人的满足感。波特和劳勒认为，内在性奖酬更能带来真正的满足，并与工作绩效密切相关；此外，公平感也会受到个人对工作绩效自我评价的影响。

4. 满足，是个人实现某项预期目标时所体验到的满意感觉。一般人都认为，有了满意才能有绩效，而波特和劳勒却认为，先有绩效才能获得满足。

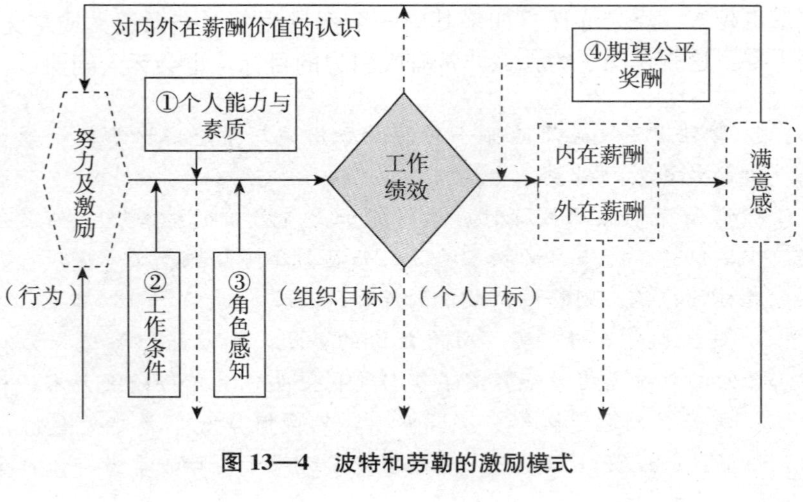

图 13—4　波特和劳勒的激励模式

特别提示： 管理者在运用上述模式时，要做好以下几项工作：

①尝试估计工作者的满意水平。

②从活动中比较不同工作者的满足水平。为了激励个体的积极性，并不需要提高满足程度，而只要加强满足工作结果之间的联系。

③要使职工对自己工作的期望更有力，就要设法使其通过自己的努力来获得激励。

④如果这些期待不够有力，就需要重新考虑刺激是否恰当，人们如何看待这些刺激。

七、公平理论

公平理论又称社会比较理论，是由美国心理学家亚当斯（J. S. Adams）于 1956 年提出的。亚当斯着重研究奖酬分配的公平性、合理性对职工生产积极性的影响。

亚当斯认为：人们的工作动机，不仅受其所得报酬的绝对值影响，而且要受到报酬的相对值的影响。即每个人都把个人的报酬与贡献的比率同他人的比率作比较，如比率相等，则认为公平合理而感到满意，从而心情舒畅努力工作；否则就会感到不公平不合理而影响工作情绪。这种比较过程还包括同本人历史的贡献报酬比率作比较。可用公式表示如下：

$$\frac{\text{个人所得的报酬}}{\text{个人的贡献}}=\frac{\text{（用作比较的）另一个人所得的报酬}}{\text{（用作比较的）另一个人的贡献}}$$

这里亚当斯把贡献与报酬看成是一种投入与产出的交换关系，他所说的贡献包括体力和脑力的消耗，包括技术水平、智慧、经验和工作态度，具体则体现为工作数量与质量。他所说的报酬包括物质和精神的奖酬，如工资、奖金、津贴、晋升、名誉地位等。

在一个组织里，大多数人往往喜欢不断的与他人进行比较，并对公平与否的程度作出判断。从某种意义上说，工作动机激发的过程，实际上就是人与人之间进行比较、作出判断，并据以指导行动的过程。人们对某些不公平感可能忍受一段时间，但是这种不公平感时间长了，可能会对一桩明显的小事而引起强烈的反应。

特别提示： 人们在进行比较时，对贡献与报酬的评价全凭个体的主观感觉，只有当个体主观上感到“不公平”时，才会产生一种力图恢复“公平”的愿望。“不公平”感对大多数人来说，是一种令人不安甚至厌恶的刺激，为消除这种刺激产生的紧张状态，个体则会产生一种内在的驱动力，这就形成了一种激励，其强度与个体所感受到的不公平程度成正比例。亚当斯指出，这样一种激励可以表现成几种形式，如：试图改变其所得报酬或贡献，有意或无意的曲解自己或他人的报酬与贡献，或竭力改变他人的贡献或报酬等。

亚当斯及后来的研究者，在研究关于工资报酬方面的不公平感对人们的劳动态度的影响后，得出如下结论：

（1）在计时工资制下，当人们感到报酬过高时，他会以提高产量、改进质量，即增加自己对工作的“贡献”，来消除不公平感；当感到报酬过低时，就会降低产量、质量，即减少自己的“贡献”，来求得心理平衡。

（2）在计件工资制下，当职工感到报酬过高时，为了“保护”现有定额标准，防止企业降低单件工资及避免职工间可能出现的矛盾，他会降低产量，但力图提高质量，即降低自己的“报酬”又增加“贡献”来消除不公平感；当感到报酬过低时，就会力图增加产量，但可能会不太注意质量，即增加自己的“报酬”，但并不增加自己的“贡献”，以取得公平。

公平理论提出的基本观点是客观存在的，作为管理者应从这里得到一些有益的启示：

（3）公平奖励职工。要求公平是任何社会普遍存在的一种社会现象。公平理论第一次把激励和报酬的分配联系在了一起，说明人是要追求公平的，从而揭示了现实生活中的许多现象。比如一名研究生的月工资是 1 500 元，他并没有觉得不满，但当单位新来的一名大学生每月也拿 1 500 元时，他就会觉得不公平，马上会产生不满情绪。所以管理者在激励工作中不应用孤立的眼光看待某个人，而应该考虑其参照对象，充分运用公平理论的原理。管理者在工作任务的分配、工作绩效的考核、工资奖金的评定以及待人处事等方面，能否做到公正合理，这既是衡量工作水平高低的重要因素，又是保证企业安定、人际关系良好、职工积极性充分发挥的重要因素。企事业领导要坚持绩效与奖酬挂钩的原则，公平奖励职工。

（4）加强管理，建立平等竞争机制。人的工作动机不仅受绝对报酬的影响，而且更重要的是受相对报酬的影响。人们在主观上感到公平合理时，心情就会舒畅，人的潜力就会充分发挥出来，从而使组织充满生机和活力。这就启示我们管理者必须坚持“各尽所能，按劳分配”的原则，把职工所作的贡献与他应得的报酬紧密挂钩。只有打破平均主义，才能调动职工的积极性。合理的奖酬是以公正科学的评价为基础的。一些组织出现的不公平现象，主要是由于缺乏科学的评价标准和措施。因此，企业还要科学的建立系统的评价指标体系，来公正的评价职工的劳动，建立平等的竞争机制。

（5）教育职工正确选择比较对象和认识不公平现象。公平理论表明公平与否都源于个人感觉，个人判别报酬与付出的标准往往都会偏向于自己有利的一方，也就是说，人们在心理上会自觉或不自觉地产生过低估价别人的工作绩效，过高估计别人的工资收入倾向，而且也常常选择一些比较性不强的比较对象，这些情况都会使职工产生不公平感，这对组织是不利的。因此，管理者应能以敏锐的目光察觉个人认识上可能存在的偏差，适时做好引导工作，确保个人工作积极性的发挥。

想一想：造成职工的不公平感的原因是什么？

八、强化理论

强化理论是由美国哈佛大学心理学教授斯金纳（B. F. Skinner）提出的。强化是心理学术语，是指通过不断改变环境的刺激因素来达到增强、减弱或消失某种行为的过程。这个理论特别重视环境对行为的影响作用，认为人的行为只是对外部环境刺激所作的反应，只要创造和改变外部的环境，人的行为就会随之改变。对于管理者来说，这种理论的意义在于用改造环境（包括改变目标和完成工作任务后的奖惩）的办法来保持和发挥积极行为，减少或消除消极行为，把消极行为转化为积极行为。

1. 强化的类型

根据强化的性质和目的可分为四种类型：

（1）积极强化。在行为发生以后，立即用某种有吸引力结果，即物质的精神鼓励来肯定这种行为，在这种刺激的作用下，个体感到对他有利，从而增强以后行为反应的频率，这就是正强化。通常正强化的因素有奖酬，如表扬、赞赏、增加工资、奖金和奖品，分配干有意义的工作等。

（2）惩罚。当某一不合要求的行为发生以后，即以某种带有强制性和威胁性的结果，如批评、降薪、降职、罚款、开除等来创造一种令人不快乃至痛苦的环境，或取消现有的令人愉快和令人满意的条件，以示对这种不合要求的行为的否定。从而达到减少消极行为或消除消极行为的目的。

（3）消极强化（逃避性学习）。这种强化方式是指预先告知某种不符要求的行为或不良绩效可能引起的后果，允许人们通过按所要求的方式行事或避免不符合要求的行为，来回避一种令人不愉快的处境。如果人们能按所要求的方式行事时，即可减少或消除这种令人不愉快的处境，从而使人们增加积极行为出现的可能性。消极强化与积极强化的目的是一致的，但两者采用的手段不同。

（4）自然消退（也称衰减）。是指撤消对原来可以接受的行为的正强化，即对这种行为不予理睬，以表示对该行为的轻视或某种程度的否定。研究表明，一种行为长期得不到正强化，会逐渐消失。

2. 强化的时间安排

在运用强化手段时，不仅要考虑采用何种方式，而且在何时以及它发生的间隔次数问题也需认真考虑。主管人员可以根据下属的行为情况不同而采用不同的强化方式，它主要分为连续的强化和间断的强化两种。

（1）连续的强化，是每次发生的正确行为都给予强化。

（2）间断的强化，是指非连续的强化，不是每次发生的行为都受到强化。间断的强化还可以按时间间隔是否固定、强化的比例是否变化而分为四种形式：固定间隔强化；可变间隔强化；固定比率强化；可变比率强化。

①固定间隔的强化。是指强化的时间固定不变。例如，计时工资、月度奖，年终分红等。

②可变间隔的强化。是指没有固定的时间，随时都有可能实施强化。如临时检查卫生、学生的抽查考试等。这些措施主要便于督促人们的努力。口头表扬或临时性奖励也属此类。

③固定比例的强化。是指按预先规定的一定比率进行强化。例如计件工资等。

④可变比率的强化。是指没有完全固定的比率，对行为的强化带有较大的随机性。例如分等综合奖。

特别提示： 主管人员在运用强化理论改造下属的行为时，应遵循的原则是：

①因人制宜采取不同的强化模式。人们的年龄、性别、职业和文化不同，需要就不同，强化方式也应不一样。对一部分人有效的，对另一部分人不一定有效。要依照强化对象的不同需要采用不同的强化措施。

②要设立一个目标体系，分步实现目标，不断强化行为。在鼓励人前进时，不仅要设立一个鼓舞人心而又切实可行的总目标，而且要将总目标分成许多小目标。这是因为：对于庞大的、复杂的（一般也是远期的）目标，不是一次性强化就了事，在实现目标过程中职工不能经常得到成功结果的反馈和强化，积极性便会逐渐消退。相反，应把这个庞大目标分成若干阶段性目标，通过许多“小步子”的完成而逐渐完成。对每一小步取得的成功结果，管理者都应予以及时强化，以长期保持职工奔向长远目标的积极性，而且通过不断的激励可以增强信心。

③要及时反馈、及时强化。所谓及时反馈就是通过某种形式和途径，及时将工作结果告诉行动者。无论结果好与坏，对行为都具有强化的作用，好的结果能鼓舞信心，继续努力，坏的结果能促使其分析原因，及时纠正。

④ 奖惩结合、以奖为主。强化理论认为，一种行为长期得不到正强化，就会逐渐消退。根据这个规律，一些成功的企业，都十分注意采用以奖励为主的正强化办法调动职工积极性。即使是在运用惩罚等强化手段时，一并告诉职工应该怎样做，力求严肃认真、实事求是、处理得当。当有所改正的表现时，随即就给予正强化。

知识链接

塑造组织行为的汉默尔规则

规则 1：不要对所有的个体给予同样的奖励。为了使行为强化有效果，奖励应基于工作绩效。对每个人都给予同样的奖励，实际上是强化了不好或中等表现，忽视了突出表现。

规则 2：注意忽略强化对员工行为产生的影响。管理者做出反应或不作出反应都会影响下属行为。没表扬一个理应受到表扬的下属，会导致他下一次工作时不那么努力。

规则 3：一定要让人们清楚如何做才能得到奖励。组织应该建立一个行为标准，让每个人都知道怎么做才能得到奖励，下属也可以相应调整他们的工作方式。

规则 4：务必告诉下属他们错在哪里。如果管理人员收回对下属的奖励，却不说明理由，下属会迷惑不解，他会行感到自己被愚弄了。

规则 5：不要当众惩罚员工。训斥下属也许是制止不当行为的有效方式，但当众指责会使得下属感到难堪和屈辱，并可能会引起团队内全体成员的不满。

规则 6：要公正。一种行为应得到与其结果相对应的奖励。没有奖励应得到奖励的人，或是过度奖励不值得奖励的下属，都会削弱奖励的效果。

第三节　激励实务

一、综合激励模式

1. 综合激励模式的内容

综合激励模式是由罗伯特·豪斯（Robert House）提出来的，他通过一个模式把上述几类激励理论综合起来，把内外激励因素都归纳进去了，其代表公式是：

$$M = Vit + Eia(Via + EejVej)$$

其中：

M：代表某项工作任务激励水平的高低，即动力的大小；

Vit：代表工作本身所提供的效价，它所引起的内激励不计任务完成与否及其结果如何，故不包括期望值大小的因素，即期望值为1；

Eia：代表完成任务内在的期望值，也就是主观上对完成任务可能性的估计；

Via：代表完成任务的效价；

Eej：代表完成工作任务能否导致获得某项外在奖酬的期望值；

Vej：代表某项外在奖酬的效价。

（i：内在的；e：外在的；t：任务本身的；a：完成；j：外在的奖酬项目）

上述展开的公式中包括了三项内容：

Vit 表示工作任务本身的效价，即某项工作对工作者本人有用性的大小，也就是这项工作本身的内激励力的大小。

$Eia\ Via$ 表示工作任务的完成所引起的内激励作用。

$Eia \sum Eej\ Vej$ 表示各种外在奖酬所起的激励效果之和。其中引入两项期望值，Eia 是对完成工作任务可能性的估计，Eej 是对完成工作任务与获得奖酬的可能性的估计。

这三项内容中，第一项纯属内在激励；第二项属于内在激励，但着眼于工作任务本身完成的效价即完成工作任务的重要意义；第三项则以完成工作任务为前提，研究工作任务完成后导致结果的可能性与效价，主要是外在的奖酬带来的激励。这三部分激励力量各自发挥着自己的作用，相辅相成，但不一定要缺一不可。

2. 综合激励模式的对我们的启示

豪斯的公式强调了任务本身效价的内激励作用；突出了完成工作任务内在的期望值与效价；兼顾了因任务完成而获取外在奖酬所引起的激励，对主管人员将会有极大的启迪。

要提高人们的积极性，必须从内、外激励两个方面入手。

（1）提高内激励。内激励来源于对工作活动本身及完成工作所带来的满足感。对提高激励的政策来说，提高内激励更为重要。因为这样不仅可以减少对外酬的需要，在奖酬不足或不为人们所重视的情况下尤为重要。而且内激励高则工作自觉性强，不需要管理人员过多监督。

内激励包括 Vit 、Via 和 Eia 三个变量，下面分别看看每个因素在提高激励水平方面有哪些有效的方法。

Vit—内酬效价。要提高内酬效价，主要办法有三条：①使该项活动多样化，有变化，以免枯燥单调，或定期轮换不同职务，实现工作的扩大化和丰富化；②尽量减少工作任务的不确定性，使每个人都清楚了解自己所做的工作的性质与内容；③使工作能为人们提供更多交往的机会，以满足社会的需要；④尽量做到专业对口，使工作者有兴趣。

Via—对完成任务的效价。提高这种效价的办法主要有下列三条：①提高每个人对其工作成果的全面性和统一性的认识；②提高人们对自己所完成工作的重要性的认识；③提高人们对工作后果的责任感。

Eia—完成任务内在的期望值，也就是主观上对完成任务可能性的估计。

对完成任务期望值，即对完成任务可能性的估计，这也是外激励的前提条件。因为只有主观上认为有完成任务的期望时，才有可能取得他想要的奖励。要提高这个期望值主要有三个办法：①对职工进行培训，增强其工作的信心，提高其完成任务的能力；②为职工创造完成任务的条件，帮助他们克服工作中的困难；③重视工作效果的及时反馈，不断把情况和意见告诉职工，使其能迅速修正行为。

（2）提高外激励。外激励是由 Eia、Eej 和 Vej 三个因素所组成的，Eia 已经分析过了，下面分析后两个因素在提高激励水平方面的有效方法。

Eej——完成任务后能否取得奖酬的可能性。要提高这种可靠性，主要办法是：认真贯彻按绩效付酬的原则，赏罚分明，使各项政策兑现；对常规性工作实行计件付酬；对需要有高技巧和创造性的工作，要根据其客观效果付酬，可由领导判断，力求公正。

Vej——外酬的效价。由于外酬的种类繁多，每个人对各种外酬的需要、爱好及重视程度各异，为了使外酬发挥应有的作用，就必须使外酬符合每个人的所好。为此，就要进行周密调查，按每个人的不同要求安排奖酬。

管理故事

赵副厂长该怎么办

赵林德是某汽车零件制造厂的副厂长，分管生产。一个月前，他为了搞好生产，掌握第一手资料，就到第一车间甲班去蹲点调查。一个星期后，他发现工人劳动积极不高，主要原因是奖金太低，所以每天产量多的工人生产二十几只零件，产量少的生产十几只零件。

赵林德和厂长等负责人商量后，决定搞个定额奖励试点，每天每人以生产 20 只零件为标准，超过 20 只零件后，每生产一只零件奖励 0.5 元。这样，全班二十三个人都超额完成任务，最少的每天生产 29 只零件，最多的每天生产 42 只零件，这样一来，工人的奖金额大大超过了工资，使其他班和其他车间的工人十分不满。

现在又修改了奖励标准，每天超过 30 只零件后，每生产一只零件奖励 0.5 元，这样一来，全班平均生产每天只维护在 33 只左右，最多的人不超过 35 只，赵林德观察后发现，工人并没有全力生产，离下班还有一个半小时左右，只要 30 只任务已完成了，他们就开始休息了。他不知道如何进一步来调动工人的积极性了。

思考：赵林德的做法有何不妥之处？针对目前的情况该如何改进？

二、激励的方法

根据积极性的运动规律，调动人们的积极性的基本途径是：激发和满足正当、合理的需要，提高人们的思想觉悟，创造一个良好的富有激励性的环境。对此可以通过多种手段来实现。实践中常用的手段和方法有：

1. 目标激励

一个为员工所接受的清楚的目标，可以使员工受到激励。所以，目标激励是至关重要的、有效的激励手段。目标管理理论将目标的具体性、参与决策、明确规定时间、绩效反馈作为目标激励的四个组成部分。目标设定需要相当的管理技术。具体的、有挑战性的、可实现的目标总是在某些具体条件下更有效；在群体中，成员之间的相互协作对群体的绩效至关重要。但员工亲自参加目标的制定时，士气会更高，也会产生更大的责任感来完成目标。

管理故事

与众不同的管理者

约翰·古德奈特创办了世界上最大的私营软件公司，自《财富》杂志制定最佳雇主榜单之日起，该公司13年来连续荣登该榜单，从无间断。他是SAS公司联合创始人之一，也是该公司的CEO。他坚信必须要照顾好员工。公司给予员工的灵活性和额外津贴是如此神奇，甚至连谷歌都使用SAS作为范例。古德奈特紧紧围绕“创建员工与公司之间的彼此信任”这个理念来创建公司的文化，公司员工非常喜爱这种文化。公司的年离职率只有2%，并且利润率大大提高。需要认清的一件事是：你的员工是你最重要的资产。

2. 奖惩

奖励包括物质奖励和精神奖励，前者主要通过增加工资或奖金等，后者主要指通过各种形式的表扬，给予一定的荣誉等等来调动人的积极性。其中物质奖励是最古老和传统的激励方式之一，中国古代就有“重赏之下，必有勇夫”之说。

在运用奖励时，要根据本组织的实际情况，在调查分析的基础上，制定科学的奖励制度。一般说来，制定奖励制度必须遵守两个重要的原则：①组织为其成员提供的奖励必须对其成员有较高的价值，即组织成员认为这种奖励对他有重要的意义；②组织制定的奖励制度要使其成员得到的报酬与他们的工作绩效相联系，即工资奖金与绩效挂钩。对不同的奖励制度，可以从重要性、数量上的灵活性、使用的频率、可见性、低成本等五个方面进行评价。这五种奖励方式并不是相互排斥的，且各有优缺点，可以结合起来运用。

在运用激励措施时，只奖不惩是不行的，只奖不惩在管理上是一种封闭的表现。适当的惩罚也是一种教育，有时是更实际更深刻的教育，因为许多健康的行为事实上都是来自于自然惩罚的过程。许多期望行为是从自己和别人非期望行为所得到的惩罚中受教育而来的。但是，惩罚容易引起负作用，如产生不满、对立、关系紧张、丧失信心和行为固化等。为消除惩罚产生的负作用，必须正确使用惩罚手段，如在惩罚之前要发安民告示、奖惩比例要适当、要言行一致、从善意出发等。

知识链接

美国著名管理学家米切尔·拉伯夫经过20年的调查和研究，总结出这样一条规律，即“人们会去做受到奖励的事情。”因而把奖励组织所期望的行为称之为“现代行为管理的基本原则”。事实证明，组织中许多不合理的行为都是由于奖励不当造成的。根据在激励方面组织常犯的错误，拉伯夫提出，组织应特别注意奖励以下10种行为：奖励彻底解决问题，而不是奖励只图眼前见效的行为，以确保组织的长远利益；奖励承担风险而不是回避风险的行为；奖励善于用创造力而不是愚蠢的盲从行为；奖励果断的行动而不是光说不作的行为；奖励多动脑筋而不是一味苦干；奖励使事情简化而不是使事情不必要的复杂化；奖励沉默而有效率的人，而不是奖励喋喋不休者；奖励有质量的工作，而不是匆忙草率的工作；奖励忠诚者而不是跳槽者；奖励团结合作而不是奖励互相对抗。

3. 工作设计

工作设计问题主要是组织向其成员分配工作任务和职责的方式问题，也包括创造一个良好的工作环境和生活环境。工作设计是否得当对激发职工的工作动机、增强职工的工作满意感以及提高生产率都有重大的影响。

工作设计的发展，经历了工作专业化、工作扩大化和工作丰富化三个阶段。工作专业化强调利用工作专业化、重复性和低技术要求等手段，来达到高效率的组织目标，但这么做产生了工作者对工作的厌烦情绪。工作扩大化强调扩大工作范围来抵消工作者的厌烦情绪，但这也只是一种权宜之计。工作丰富化是让工人有机会参与工作的计划和设计，得到信息反馈，估价和修正自己的工作，使工人对工作本身产生兴趣，增加责任感和成就感。

工作扩大化与工作丰富化的区别在于，工作扩大化是扩大工作的水平负荷，即增加同类工作的数量，对工作技能水平的要求则大致相同。而工作丰富化是从纵向扩大工作范围，即扩大工作的垂直负荷，要求任职者完成更复杂的任务，负更大的责任，有更多的自主性，因而对人们的能力和技能也提出了更高的要求。

知识链接

工作丰富化是指在工作中赋予员工更多的责任、自主权和控制权。它不是水平的增加员工工作的内容，而是垂直的增加工作内容。这样员工会承担更多重的任务、更大的责任，员工有更大的自主权和更高程度的自我管理，还有对工作绩效的反馈。

工作扩大化是指工作范围的扩大或工作多样性，从而给员工增加了工作种类和工作强度。工作扩大化使员工有更多的工作可做。通常这种新工作同员工原先所做的工作非常相似，这种工作设计导致高效率，是因为不必把产品从一个人手中传给另一个人因而节约时间。此外，由于完成的是一整个产品，而不是在一个大件上单单从事某一项工作，这样在心理上也可以得到安慰。该方法是通过增加某一工作的工作内容，使员工的工作内容增加，要求员工掌握更多的知识和技能，从而提高员工的工作兴趣。

4. 职工参与管理

职工参与管理是指在不同程度上让职工和下级参加组织决策，参加各级管理工作的研究和讨论。这样做可以使下级感受到上级主管的信任，从而体验到自己的利益同组织的利益、组织的发展密切相关而产生强烈的责任感。多数人由于参加商讨与自己有关的问题而受到激励，这也为实现组织目标提供了保证。当然，让职工参加管理，并不意味着主管人员可以放弃自己的职责。主管人员必须在民主管理的基础上，尽职尽责做好本职工作。职工民主管理的真正含义在于增强职工的主人翁责任感，密切领导和群众的关系，使组织得到蓬勃的发展。

5. 榜样激励

榜样的力量是无穷的。大多数人都不甘落后，但往往不知道怎么干，或在困难面前缺乏勇气，通过树立先进典型和领导者的宣传示范，可以使人们找到一面镜子、一把尺子和一根鞭子，使人们增添克服困难和争取成功的决心及信心。榜样激励就是通过满足职工的模仿和学习的需要，引导职工的行为到组织目标所期望的方向。榜样激励的方法是树立企业内的英雄模范人物的形象，号召和引导模仿学习。

在工商企业的实际管理工作中，有着多种多样的激励方式，管理者可以根据员工的实际情况，选择合适的激励方式，以达到调动人们工作积极性的目的。

知识链接

未来的激励

长期以来，组织在分配奖励时都想当然的认为一种奖励适合所有员工。管理者通常认为每个人都想获得更多薪酬和假期。但随着这种的科层制色彩越来越淡，其区分奖励方案的能力不断提高，这些因素都鼓励管理者采取因人而异的方法来激励员工。

组织中存在大量对一个有吸引力的潜在奖励，包括更高的工资、奖金、压缩工作时间、延长假期、带薪休假、弹性工作时间、兼职就业、有保证的工作安全、更高的养老金、大学学费报销、个人休假、购房补贴、杰出贡献奖、公司付费的俱乐部会员资格及在家办公。未来，大多数组织将建立个人化奖励体系，以最大限度激励员工。

复习题

一、选择题

1. 以下哪项理论建立在努力、业绩和产出的关系基础上？（　　）

A. 公平理论　　B. 期望理论
C. 强化理论　　D. 双因素理论
E. ERG 理论

2. 以下哪项理论强调了行为和其相应的后果？（　　）

A. 双因素理论　　B. 需求层次理论
C. 强化理论　　D. ERG 理论
E、公平理论

3.. 当下属出色的完成任务以后，李经理当众表扬了他们，这是一个什么样的行为？（　　）

A. 消失　　B. 消极强化
C. 避开学习　　D. 积极强化
E. 以上都不对

4. 以下哪项需要不是马斯洛提出的？（　　）
A. 安全需要　　B. 报酬需要
C. 心理需要　　D. 尊重需求
E、自我实现需要

5. 影响别人以实现组织目标的能力被称为？（　　）
A. 激励　　B. 领导
C. 劝服　　D. 承诺
E. 组织公民

6. 以下哪项权力是来自于职位的权力？（　　）
A. 榜样权　　B. 强制权
C. 奖赏权　　D. 法定权
E. 专家权

二、判断题

1. 一切内心要争取的条件、欲望、需要、动力等，都构成对人的激励。（　　）
2. 人们可以受到内部激励、外部激励，也可以同时受到两种激励。（　　）
3. 当代的激励观是建立在“经济人”假设基础上的。（　　）
4. 马斯洛的五层次需求包括：生理需求，安全需求，从属需求，感情需求和自我实现需求。（　　）
5. ERG 理论认为，人们共存在 3 种核心的需要，即生存的需要、安全的需要和成长发展的需要。（　　）
6. 双因素理论强调了激励和惩罚因素在管理人们中的不同作用。（　　）
7. 人们为了达到公平状态，可能通过对投入的减少来实现。（　　）
8. 期望理论认为，某一活动对某人的激励力量取决于他所能得到结果的全部预期价值乘以他认为达成该结果的期望概率。（　　）
9. 强化理论将强化行为分为积极强化和消极强化两种行为。（　　）

三、案例分析

华东输油管理局的激励方式

华东输油管理局有 8 000 多名职工，10 000 万余名职工家属，管理着沧临、濮临和鲁宁三条输油管线，担负着华北、胜利、中原三大油田生产原油的输送任务。这样一条地下大动脉，在中国经济建设中有着重要的战略意义。

但在管线建成投产后的一段时间内，出现了职工不安心在泵站工作、劳动纪律松懈等问题，基层单位的领导常常花费很大气力做思想工作而收效并不大。通过调查、分析，找出了问题的原因。从客观原因上看，输油生产有着与其他企业不同的点多、线长和分散等特点，四个输油公司和 20 多个输油泵站，70%以上建在远离城镇的乡村，正是这种特殊性，给生产第一线的职工带来了一系列困难，如购粮买菜、子女上学、幼儿入托、家属就业、食堂伙食花样少和质量差，以及业余文化生活单调等等。从主观原因上看，一些单位的领导片面的强调“先生产，后生活”甚至把生活后勤工作和生产对立起来，这样就形成了落后的生活后勤和广大职工、家属生活方面的需要不能相适应的矛盾，并逐渐上升为影响职工思想情绪、影响生产的主要矛盾。例如在几个问题比较突出的泵站，有20%以上的职工向领导提出请调报告，有的由于食堂办的差，50 多个职工竟有 30 多个煤油炉，做小锅的人数远远超过了在食堂就餐的人数；有的由于吃菜困难，职工中脱岗买菜的现象时有发生；有的为了买一斤盐、一支牙膏也要跑几里路。

问题：

1. 该管理局的工作性质和特点如何？

2. 针对该局的实际情况，分析该如何调动员工的积极性？

想从工作中得到什么？

谷歌每天有 3 000 多名申请者。这也难怪，公司每两周有一次按摩，洗衣间、游泳池、温泉、应有尽有的各种免费美食，作为一个雇员，还想要什么呢？听起来这是一份很理想的工作，但谷歌公司还是有许多员工离职了，这说明这些津贴福利并不足以把员工留住。

在《财富》杂志评出的最佳雇主榜单上，谷歌连续四年位居前五名，其中有两年还位居榜首。谷歌的高管之所以决定为员工提供丰富的福利待遇，出于以下几个原因：在残酷的市场竞争中吸引最优秀的员工；帮助员工处理耗时的个人琐事以节省工作时间；让雇员感觉受到重视；使雇员长期保持谷歌人身份。但大量的谷歌人还是跳槽或放弃诱人的福利选择自己创业。例如，肖恩·纳普和他的两个同事，产生了一个关于如何处理网络视频的构想，他们就离开了谷歌，或者正如一个人所描述的“他们把自己从天堂里驱逐出来，开始自己创业。”但这三个人离开公司时，谷歌很想把他们以及他们的计划留下来，于是谷歌给了他们一张空白支票，但这三个人意识到他们将负责所有艰苦的工作而最终坐享其成的是谷歌，所以他们带着创业的激情断然离开了。

如果这仅仅是个偶然，那么很快会被人忘记，但事实并非如此，其他充满天赋的谷歌员工也做过同样的选择。事实上，有那么多人已经离开了谷歌以至于他们成立了一个非正式的前谷歌人企业家校友俱乐部。

问题：

1. 在谷歌工作是怎样的？你对该公司的工作环境如何评价？

2. 谷歌为其员工投入了很多，但还是不足以留住某些优秀员工。运用你学习的各种激励理论来分析这种情况。

3. 你认为谷歌在激励员工方面面临的最大挑战是什么？

4. 如果你正在管理一个谷歌员工团队，你将怎样保持他们的积极性？

四、实践练习

1. 列举一份工作对你而言最为重要的五项标准（如收入、认可、有挑战性的工作、友谊、地位、从事新任务的机会、旅行机会等等），按照重要程度对他们排列。

2. 描述一项你最近付出极大努力才完成的任务。运用本章中的任意一个激励理论来解释你的行为。

3. 注意你受到强烈激励和没有受到激励的时候，写下对这些情况的描述。考虑是什么因素导致你受到的激励产生变化？

4. 采访三位或更多管理者，了解他们公司的性质及激励员工的方式。他们发现最有效的激励方式是什么？将你的发现写进你的报告中并在课堂上介绍给大家。

5. 认真考虑你毕业之后想从工作中得到什么。列出你认为重要的因素，如一个快乐的工作环境、一份有挑战性的工作、弹性的工作时间、有趣的同事等等，讨论如何发现某份特定的工作是否会帮你实现这些目标。

6. 用自己的语言，写下在本章中学到的关于如何成为一名优秀的管理者的三个要点。

第十四章

沟　通

学习目标

1. 了解沟通的过程和方式。
2. 清楚人际沟通的掌握及其改善。
3. 能明了正式沟通和非正式沟通的优缺点。
4. 掌握组织沟通改善的方法。

导入案例

看球赛引起的风波

东风机械的金工车间是该厂唯一进行倒班的车间。一个星期六晚上，车间主任去查岗，发现二班的年轻人几乎都不在岗位，据了解，他们都去看电视现场转播的足球比赛去了。车间主任气坏了，在星期一的车间大会上，他一口气点了十几个人的名。没想到他的话音刚落，人群中不约而同地站起几个被点名的青年，他们很不服气的异口同声地说："主任，你调查了没有，我们并没有影响生产任务，而且……"主任没等几个青年把话说完，严厉地警告说："我不管你们有什么理由，如果下次再发现谁脱岗去看电视，扣发当月的奖金!"

谁知，就在宣布"禁令"的那个星期的周末晚上，车间主任去查岗时又发现，二班的10名青年中竟有6名不在岗，主任气得直跺脚，质问当班的班长是怎么回事，班长无可奈何地从工作袋中掏出三张病假条和三张调休条说："昨天都好好的，今天一上班都送来了"。说着，班长瞅了瞅了大口吸烟的车间主任，然后朝围上来的工人挤了挤眼儿，凑到主任身边讨了根烟，边吸边劝道："主任，说真的，其实我也是身在曹营心在汉，那球赛太精彩了，您只要灵活一下，看完了电视大家再补上时间，不是两全其美吗？上个星期五的二班，据我了解，他们为了看电视，星期五就把活提前干完了，您也不……"车间主任没等班长把话说完，扔掉还燃着的半截香烟，一声不吭地向车间对面还亮着灯的厂长办公室走去。剩下在场的十几个人，你看看我，我看看你，都在议论着这回该有好戏看了。

思考：如何处理这件事？

沟通是人们社会活动的重要组成部分，沟通几乎伴随着人们各种社会活动而存在。在各类组织中，管理的有效性在很大程度上取决于良好的沟通，管理专家斯蒂芬·罗宾斯认为，管理者所做的每件事都包含着沟通，而且组织的管理层级越高，沟通对管理者越重要，管理者用于沟通上的时间也越多。一项研究表明，一个基层管理人员工作时间的20%～50%用于语言沟通；而中层和高层管理人员工作时间的66%～87%用于面对面和电话形式的沟通，当然，如果加上阅读和书写文件报告等，用于管理沟通的时间就更多了。

第一节　沟通概述

一、沟通的涵义

沟通是指可理解的信息或思想在两个或两个以上人群中传递或交换的过程，目的是激励或影响人的思想或行为。

整个管理工作都和沟通有关。在组织内部，有员工之间的沟通、员工与工作团队之间的沟通、工作团队之间的沟通；在组织外部，有组织与客户之间的沟通、组织之间的沟通。

随着信息手段的现代化和经济活动的全球化，企业已经不太可能采取一般性的纵向整合方式扩大企业的边界，企业的盈利区间开始向企业之间的关系领域移动，即网络形式正在与企业纯粹的市场交易关系共存。这样一来，虽然可能增大企业与别的组织之间的协调成本，但同时因信息的传递和共享，又会降低企业的交易成本或因市场组织复杂化而产生的信息搜寻成本。

想一想：为什么要沟通？

二、沟通的过程

在沟通过程中，至少存在着一个发送者和一个接受者，即信息发出方和信息接受方。其中沟通的载体成为沟通渠道，编码和解码分别是沟通双方对信息进行的信号加工形式如图14—1所示，信息在两者之间的传递是通过下述几个方面进行的。

（1）发送者需要向接受者传送信息或者需要接受者提供信息，这里所说的信息包括的很广，诸如想法、观点、资料等。

（2）发送者将这些信息译成接受者能够理解的一系列符号，为了有效的进行沟通，这些符号必须能够符合适当的媒体。例如，如果媒体是书面报告，符号的形式应选择文字、图表或者照片。

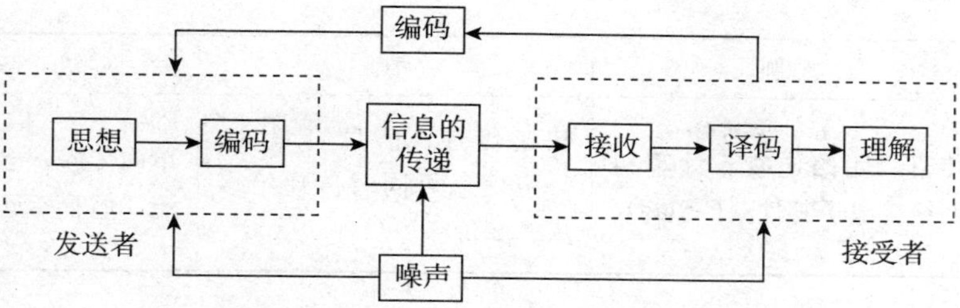

图 14—1　沟通过程简图

(3) 将上述符号传递给接受者。由于选择的符号种类不同，传递的方式也不同。传递的方式可以是书面的，也可以是口头的，甚至还可以通过形体动作来表示。

(4) 接受者接受这些符号。接受者根据这些符号传递的方式，选择相对应的接受方式。

(5) 接受者将这些符号译为具有特定含义的信息。由于发送者翻译和传递能力的差异，以及接受者接受和翻译水平的不同，信息的内容和含义经常被曲解。

(6) 接受者理解信息的内容。

(7) 发送者通过反馈来了解他想传递的信息是否被对方准确无误的接受。

特别提示： 整个沟通过程容易受到噪声的影响。噪声包括难以辨认的字迹、电话中的静电干扰、接收者的疏忽大意或者是来自机器或同事的背景声音。可以说，对意思的理解造成干扰的任何事情都是噪声，而且噪声能够在沟通过程中的任何时候都造成信息失真。

三、沟通的方式

1. 按照功能划分，沟通可以分为工具式沟通和感情式沟通。

工具式沟通指发送者将信息、知识、想法、要求传达给接受者，目的是影响和改变接受者的行为；感情式沟通指沟通双方表达情感，获得对方精神上的同情和谅解，最终改善相互之间的人际关系。

2. 按照方法划分，沟通可分为口头沟通、书面沟通、非语言沟通和电子媒介沟通，如表 14—1 所示。

表 14—1　各种沟通方式比较

沟通方式	举例	优点	缺点
口头	交谈、讲座、讨论会、电话	快速传递、快速反馈、信息量很大	传递中经过层次愈多信息失真愈严重、核实越困难
书面	报告、备忘录、信件、文件、内部期刊、布告	持久、有形、可以核实	效率低、缺乏反馈
非语言	声、光信号，体态、语调	信息意义十分明确，内涵丰富，涵义隐含灵活	传递距离有限，界限模糊，只能意会，不能言传

续前表

沟通方式	举例	优点	缺点
电子媒介	传真、闭路电视、计算机网络、电子邮件（E-Mail）	快速传递、信息容量大、一份信息可同时传递给多人、廉价	单向传递，电子邮件可以交流，但看不见表情

3. 按照组织系统，沟通可分为正式沟通和非正式沟通；按照是否进行反馈，沟通可分为单向沟通和双向沟通，如表 14—2 所示。

表 14—2　单向沟通和双向沟通的比较

因　素	结　果
时间	双向沟通比单向沟通需要更多的时间
信息和理解的准确程度	在双向沟通中，接受者理解信息和发送者意图的准确程度大大提高
接受者和发送者的置信程度	在双向沟通中，接受者和发送者都比较相信自己对信息的理解
满意	接受者比较满意双向沟通，发送者比较满意单向沟通
噪音	由于与问题无关的信息较易进入沟通过程，双向沟通的噪音比单项沟通要大得多

四、沟通的作用

1. 沟通是组织实现目标的重要手段

组织的设立是有着特定目标的，组织的发展也取决于目标的实现，但组织目标的制定、实施和完成，是需要组织员工充分的交流、统一思想、步调一致。沟通的首要作用是把抽象的组织目标转化为组织中每个成员的具体行动，并使成员意识到实现目标对其的重要意义以及如何能有效的实现目标。

2. 沟通有助于管理者更好的决策

沟通可以提高管理者决策的质量，缩短决策时间。首先，管理者决策前，通过各种沟通形式，搜集大量相关信息，供决策者考虑，利用不同的信息数据制定多种决策方案可供决策者选择；其次，由于人的“有限理性”，所以在决策时，很难完全正确认识客观现实，但集中多人的智慧，采取多种选择方案，可以相对减少决策的失误。要实现这一过程，沟通是必不可少的；再次，决策的过程时刻伴随着信息的传递，信息交流的快速充分与否直接决定了决策的质量和效果。

3. 沟通能有效激励员工

组织管理者的重要职能之一就是激励和影响下属，而主管人员对下属的评价是影响员工积极性的主要方面。研究表明，管理者与员工的定期沟通会提高员工的满意度，从而提高工作效率，降低组织的缺勤率和流动率。但在实际的组织活动中，管理人员时刻都在与组织中的其他员工沟通或联系、召开会议、委派任务、交换意见、调查问题等等，如果管理人员掌握了良好的沟通技巧，会有效激发员工的工作积极性，提高员工士气，增强组织内部的凝聚力。

管理故事

企业管理应重视员工参与

某公司张经理在实践中深深体会到，只有运用各种现代科学的管理手段，充分与员工沟通，才能调动员工的积极性，才能使企业充满活力，在竞争中利于不败之地。首先，张经理直接与员工沟通，避免中间环节。他告诉员工自己的电子信箱，要求员工尤其是外地员工大胆反映实际问题，积极参与企业管理，多提建议和意见。经理本人则每天上班时先认真阅读来信，并进行处理。其次，为了建立与员工的沟通体制，公司又建立了经理公开见面会制度，定期召开，也可因重大事情临时召开，参加会议的员工是员工代表、特邀代表和自愿参加的员工代表。每次会议前，员工代表都广泛征求群众意见，提交给经理并在公开见面会上解答。2004 年 12 月，调资晋级和分房两项工作刚开始时，员工中议论较多。公司及时召开了会议，厂长就调资和分房的原则、方法和步骤等做了解答，使部分员工的疑虑得以澄清和消除，保证了这两项工作的顺利进行。

第二节　人际沟通

一、人际沟通的障碍

人际沟通过程中存在着信息失真的潜在可能性，这主要是有以下因素所导致：

1. 过滤

过滤指故意操纵信息，使信息显得对接受者更为有利。比如，管理者所告诉上司的信息都是他想听到的东西，这位管理者就是在过滤信息。

特别提示： 过滤的程度与组织结构的层级和组织文化两个因素有关。在组织等级中，纵向层次越多，过滤的机会也越多。组织文化则通过奖励系统或鼓励或抑制这类过滤行为。如果奖励越注重形式和外表，管理者便越有意识按照对方的品味调整和改变信息。

2. 选择性知觉

在沟通过程中，接受者会根据自己的需要、动机、经验、背景及其个人特点有选择的去看或去听信息。翻译的时候，接受者还会把自己的兴趣和期望带进信息之中。如果一名面试主考认为女职员总是把家庭的位置放在事业之上，则会在女性求职者中看到这种情况，无论求职者是否真有这种想法。

3. 情绪

在接收信息时，接受者的感觉也会影响到他对信息的解释，不同的情绪感受会使个体对同一信息的解释截然不同。极端的情绪体验，如狂喜或抑郁，都可能阻碍有效的沟通。这种状态常常使我们无法进行客观而理性的思维活动，带之以情绪性的判断。因此最好避免在很沮丧的时候作决策，此时我们无法清楚地思考问题。

4. 语言

同样的词汇对不同的人来说含义是不一样的。年龄、教育和文化背景是三个最明显的因素，它们影响着一个人的语言风格以及他对词汇的界定。在一个组织中，员工常常来自于不同的背景。另外，横向的分化使得专业人员发展了各自的行话和技术用语。在大型组织中，成员分布的地域十分分散（有些人甚至在不同国家工作），而每个地区的员工都使用该地特有的术语或习惯用语。纵向的差异同样造成了语言问题，比如，像刺激和定额这样的词汇，对不同的管理层有着不同的含义。高层管理者常常把它们作为需要，而下级管理者则把这些词汇理解为操纵和控制，并由此而产生不满。

5. 非言语提示

非言语沟通几乎总是与口头沟通相伴，如果二者协调一致，则会彼此强化。比如，上司的言语告诉我他很生气，他的语调和身体动作也表明很愤怒，于是我推断出他很恼火，这极可能是个正确的判断。当非言语线索与口头信息不一致时，不但会使接受者感到迷茫，而且信息的清晰度也会受到影响。如果上司告诉你他真心想知道你的困难，而当你告诉他情况时，他却在浏览自己的信件，这便是一个相互冲突的信号。

6. 信息超载

是指信息超出我们的处理能力。随着信息化、全球化及网络化的到来，电子邮件、电话、短信、传真机参加会议和阅读专业资料的大量数据和信息向我们涌来，这往往会超出我们的处理能力。统计表明，87%的员工使用电子邮件，且每个商务邮件用户每天平均花107分钟来处理这些邮件，这大概是每天工作时间的25%。当信息超出人们的处理能力时，人们往往会忽略、忽视、遗忘或有选择性的挑选信息，或者干脆停止沟通，最后的结果必然是信息遗漏和沟通效果受到影响。

二、人际沟通的改善

1. 积极倾听

倾听是对信息进行积极主动的搜寻。在倾听时，接受者和发送者双方都在思考。有效的倾听是积极主动的，而单纯的听则是被动的。积极的倾听是一项辛苦的劳动，你需要精力集中，需要彻底理解说话者所说的内容。积极倾听常常比说话更容易引起疲劳，因为它要求脑力的投入，要求集中全部注意力。我们说话的速度是平均每分钟150个词汇，而倾听的能力则是每分钟可接受将近1 000个词汇，二者之间的差值显然留给了大脑充足的时间，使其有机会神游四方。

知识链接

积极倾听的要求

第一，目光接触。当你在说话时对方却不看你，你的感觉如何？大多数人将其解释为冷漠和不感兴趣。你用耳朵倾听，他人却通过观察你的眼睛判断你是否在倾听，目光接触可以使你集中精力，减少分心的可能性，并能鼓励说话的人。

第二，赞许性的点头。有效的倾听者会对所听到的信息表现出兴趣，赞许性的点头、恰当的面部表情，向说话人表明你在认真聆听。

第三，避免分心动作。表现出感兴趣的另一做法是避免那些表明思想走神的举动。如看表、心不在焉的翻阅文件、拿着笔乱写乱划等等，这会使说话者感觉到你很厌烦或不感兴趣。另外，这也表明你并未集中精力，因而很可能会遗漏一些说话者想传递的信息。

第四，提问。这一行为提供了清晰度，保证了理解，并使说话者知道你在倾听。

第五，复述。复述指用自己的话重述说话者所说的内容，重述已经说过的话的原因是：核查你是否认真的倾听，如果你的思想在走神，你肯定不能精确复述出完整的内容；这样可以检验自己理解的准确性。

第六，避免中间打断说话者。在你做出反应之前先让说话者讲完自己的想法，在说话者说时不要去猜测他的想法，当他说完时你就会知道了。

第七，不要多说。大多数人乐于畅谈自己的想法而不是聆听他人所说。很多人之所以倾听仅仅因为这是能让别人听自己说话的必要付出。尽管说话可能更有乐趣而沉默使人不舒服，但我们不可能同时做到听和说，一个好听众知道这个道理并且不会多说。

第八，角色转换。有效的倾听者能够使说者到听者，听者再回到说者的角色转换十分流畅。

2. 运用反馈

很多沟通问题直接是由于误解或信息不准确造成的，如果管理者在沟通过程中使用反馈则会减少这些问题的发生。反馈可以用言语方式，也可以用非言语方式。当管理者问接受者："你明白我的话了吗？"所得到的答复代表着反馈，让接受者用自己的话复述信息，如果管理者听到的复述正如本意，则可增强理解与精确性。综合评论可以使管理者了解接受者对信息的反应。另外，绩效评估，薪金核查以及晋升都是反馈的重要形式。

特别提示： 对积极反馈的感知比消极反馈更快更准，而且，积极反馈几乎总是被接受，消极反馈则常常遭到抵制，因为人们希望听到好消息而讨厌坏消息，积极反馈正是大多数人希望听到的，并且人们总认为自己确实如此。这意味着你应认识到这种潜在的抵触，并学会在最易于接受的情境下使用消极反馈。研究表明，当消极反馈来自于可靠的信息源或其形式客观时，最容易被接受，而只有当消极反馈来自于地位很高或很值得依赖的人时，主观印象才会有分量。

知识链接

有效反馈的要求

1. 反馈应尽量具体。反馈应具体化而不是一般化，要避免下面这样的陈述："你的工作态度很不好"或"你的出色工作留给我深刻印象"它们过于模糊。

如果这样说："我对你的工作态度很感到忧虑，昨天的员工会议你迟到了半个小时，并告诉我你还没来得及阅读我们正在讨论的初步报告。今天你又要提前走3个小时去看医生。”或者说：“你对我们的客户所做的工作让我很满意，上个月他们在我公司的购买总额提高了22%。几天前我接到对方打来的电话，称赞你对于产品的变化回答得极为迅速。”这两个陈述均针对于具体行为，它们告诉你因何批评或赞扬。

2. 批评应对事不对人，表扬时既对事又对人。反馈应针对于工作，而永远不要因为一个不恰当的活动而指责个人，说某人“很笨”、“没能力”等，这样常常会导致相反的结果，它会激起极大的情绪反应，这种反应很容易忽视了工作本身的错误。当你进行批评时，记住你指责的是工作相关行为，而不是个人。你可能很冲动的想说某人“无礼且迟钝”（也许这是真的），但这与事无关。最好这样说：“你三次打扰了我，都是因为不紧急的事情。而你又知道我正在与客户通长途电话。”

3. 把握反馈的良机。接受者的行为与获得对该行为的反馈相隔时间非常短，反馈最有意义。比如，当新员工犯了一个错误时，最好紧接在错误之后或在一天工作结束时就能够从主管那里得到改进的建议，而不是要等到几个月后的绩效评估阶段才获得。如果你需要花时间重新回想当时的情境和恢复某人的记忆，那么你所提供的反馈很可能是无效的。当然，如果你尚没有获得充足的信息，或者你很恼火，或者情绪极为低落，此时仅仅为了快速的目的而匆忙提供反馈则会适得其反。

4. 确保理解。你的反馈是否足以清楚、完整、使接受者能全面准确的理解你的意思？每一次成功的沟通都需要信息的传递与理解。

5. 使消极反馈指向接受者可控制的行为。让他人记住那些自己无法左右的缺点毫无意义，消极反馈应指向接受者可以改进的行为。比如，责备员工因为忘记给钟表上闹铃而上班迟到是有价值的，但要责备他因为每天上班必乘的地铁出了电力故障，使她在地铁里整整呆了一个半小时因而迟到则毫无意义，这种情况是他自己无法改变的。

3. 简化语言

由于语言可能成为沟通障碍，因此管理者应该选择措辞并组织信息，以使信息清楚明确，易于接受者理解。管理者不仅需要简化语言，还要考虑到信息所指向的听众，以使所用的语言适合于接受者。记住，有效的沟通不仅需要信息被接收，而且需要信息被理解。通过简化语言并注意使用与听众一致的言语方式可以提高理解效果。比如，在所有的人都理解其意义的群体内的行话会使沟通十分便利，但在本群体之外使用行话则会造成无穷问题。

特别提示： 在传递重要信息时，为了使语言问题造成的不利影响减少到最低程度，可以先把信息告诉不熟悉这一内容的人。比如，在正式沟通之前让接受者阅读演讲词是一种十分有效的手段，有助于确认含混的术语、不清楚的假设或不连续的逻辑思维。

4. 抑制情绪

如果认为管理者总是以完全理性化的方式进行沟通，那太天真了。我们知道情绪能使信息的传递严重受阻或失真。当管理者对某件事十分失望时，很可能会对所接受的信息发生误解，并在表述自己信息时不够清晰和准确。那么管理者应该如何行事呢？最简单的办法是暂停进一步的沟通直至恢复平静。

5. 注意非言语提示

我们说行动比言语更明确，因此很重要的一点是注意你的行动，确保它们和语言相匹配并起到强化语言的作用。非言语信息在沟通中占据很大比重，因此，有效的沟通者十分注意自己的非言语提示，保证它们也同样传达了所期望的信息。

第三节　组织沟通

一、正式沟通

正式沟通是通过组织明文规定的渠道进行信息的传递和交流。例如，组织规定的汇报制度，定期或不定的会议制度，上级的指示按组织系统逐级向下传达，或下级的情况逐级向上级反映等等，都属于正式的沟通。在正式的沟通渠道中存在五种典型的沟通网络，即轮式、“Y”式、链式、圆周式和全通道式，这些沟通网络对群体活动效率有不同的影响，如表 14—3 所示。

轮式又称为星式，其中 X 显然是群体的领导。在这一网络中，成员间缺少沟通，这将导致成员满意感降低，只有领导者一个人得到满意。如果群体的任务复杂，那么这一沟通网络所带来的工作质量将很低。但如果任务简单，而且成员都愿意接受领导者的权威，那么它的效果将是积极的。“Y”式与轮式很相似，唯一的区别就是还有更高一级的领导者 Z。

表 14—3　五种沟通网络比较

沟通网络	轮式	“Y”式	链式	圆周式	全通道式
图示	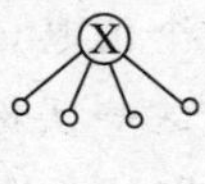	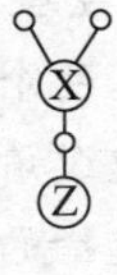	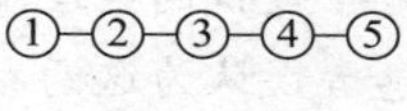	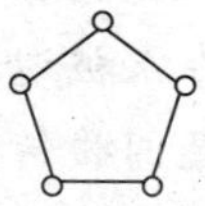	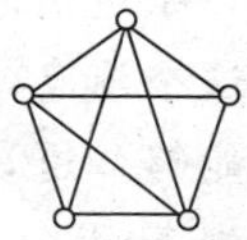
领导明确性	高	高	中等	中等	低
成员满意感	低	低	中等	中等	高
任务复杂	低	低	中等	中等	高
任务简单	高	高	中等	中等	中等

链式沟通是指人们只与群体中的某些人沟通，而他们各自又有沟通的对象，谁是领导不明确。在这种网络中，成员的满意感比轮式强一些。从群体绩效来看，这种网络在完成简单和复杂任务时，绩效都属中等。其主要缺点是协同努力差，它不像一个集体，领导权威比较弱。

圆周式与链式非常相似，唯一的区别是首尾二人有联系，其优缺点与链式的也很相似。

全通道式网络中，所有的人都可以与其他任何一人沟通。其结果是领导不明确，似乎每一成员都有决策权。在全通道网络中，群体成员满意度很高，完成复杂任务的绩效也很高。当任务简单时，绩效只是中等，主要是其所费的时间较长。由于时间是最有价值的资源，所以在解决简单任务时，最好使用轮式沟通网络。

显然，每种沟通网络均有优缺点，作为管理者要权衡利弊来决定使用何种网络，解决问题的质量和过程都是权衡的标准。

二、非正式沟通

非正式沟通主要指的是通过小道消息沟通。戴维斯曾对小道消息的传播进行了研究，发现有四种传播方式，如图 14—2 所示。

单线式的传播方式是通过一连串的人把消息传播给最终的接收者。流言式是一个人主动把小道消息传播给其他人。偶然式是按偶然的机会传播小道消息。集束式是把小道消息有选择地告诉自己的朋友或有关的人。

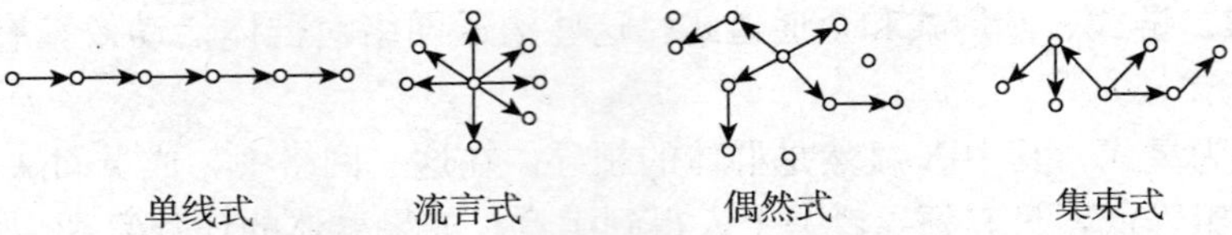

图 14—2　四种小道消息传播网络

戴维斯的研究结果证明，小道消息传播的最普通形式是集束式。

管理故事

在一个大公司里，总经理准备邀请 36 名地位较高的经理到郊外野餐。在发出请贴之前，小道消息已经传播出去。据调查，36 名被邀请的经理在接到请贴之前几乎全部知道了这个消息，而在未被邀请的地位较低的经理中，只有两个知道这个消息，这二个人之所以能够知道，还是因为传播消息者误认为这两人也在被邀请之列。这一实例以及其他许多实例表明，小道消息的传播者往往只把消息告诉经过选择的对象，即按集束式传播消息。

小道消息的传播者往往是固定的一些人，在任意群体中，总有这么一些喜欢发布新闻或闲聊的人。其他人不是从领导而是从这些人得知群体中将要发生的事情，有许多重要信息就是通过这一渠道传播的。

关于小道消息的传播存在着不同的观点，一些人认为传播小道消息是散布流言蜚语，应严加禁止。另一些人认为通过非正式沟通渠道散布小道消息，也能在企业中起积极作用。应该说，非正式沟通是客观存在的，关键是管理者能否利用它为群体或组织的目标服务。

思考：小道消息能够杜绝吗？管理者应该如何管理小道消息？

三、组织沟通的障碍

在沟通的过程中，由于存在着外界干扰以及其他种种原因，信息往往丢失或被曲解，使得信息的传递不能发挥正常的作用。因此组织的沟通存在有效沟通的问题。所谓有效沟通，简单的说就是传递和交流信息的可靠性和准确性高，表明了组织对内外噪音的抵抗能力，因而和组织的智能是连在一起的。沟通的有效性越明显，说明组织智能就越高。影响有效沟通的障碍包括下列因素：

1. 个人因素

个人因素主要包括两大类，一是有选择的接受，另一个是沟通技巧的差异。所谓有选择地接受，是指人们拒绝或片面的接受与他们期望不一致的信息。研究表明，人们往往听或看他们感情上能够接纳的东西，或他们想听或想看的东西，甚至只愿意接受中听的，拒绝不中听的。除了人们接受能力有所差异外，许多人运用沟通的技巧也很不相同。有的人擅长口头表达；有的人擅长文字描述。所有这些问题都妨碍有效的沟通。

2. 人际因素

人际因素主要包括沟通双方的相互信任、信息来源的可靠度和发送者与接受者之间的相似程度。沟通是发送者与接受者之间“给”与“受”的过程。信息传递不是单方面，而是双方面的事情，因此，沟通双方的诚意和相互信任至关重要。上下级间的猜疑只会增加抵触情绪，减少坦率交谈的机会，也就不可能进行有效的沟通。

信息来源的可靠性由下列四个因素所决定：诚实，能力，热情，客观。有时，信息来源可能并不同时具有这四个因素，但只要信息接受者认为具有即可。信息来源的可靠性实际上是由接受者主观决定的，就个人来说，员工对上级是否满意很大程度上取决于他对上级可靠性的评价；就团体而言，可靠性较大的工作单位或部门比较能公开、准确和经常的进行沟通，它们的工作成就也相应的较为出色。

沟通的准确性与沟通双方间的相似性有着直接的关系。沟通双方特征的相似性影响了沟通的难易程度和坦率程度。沟通一方如果认为对方与自己很接近，那么他将比较容易接受对方的意见，并且达成共识。相反，如果沟通一方视对方为异己，那么信息的传递将很难进行下去。

3. 结构因素

结构因素包括地位差别、信息传递链、团体规模和空间约束四个方面。研究表明，地位的高低对沟通的方向和频率有很大的影响，地位悬殊越大，信息越趋向于从地位高的流向地位低的。事实清楚的表明，地位是沟通中的一个重要障碍。

信息通过的等级越多，到达目的地的时间也越长，信息失真则越大。这种信息连续的从一个等级到另一个等级时所发生的变化，称为信息链传递现象。

当工作团体规模较大时，人与人之间的沟通也相应变得较为困难，这是由于沟通渠道的增长大大超过人数的增长。

企业中的工作常常要求员工只能在某一特定地点进行操作，这种空间约束的影响往往在员工单独于某位置工作或在数台机器之间往返运动时尤为突出。空间约束不利于员工之间的交流，限制了他们的沟通。一般来说，两人之间的距离越短，他们交往的频率也就越高。

知识链接

工作场所设计与沟通

工作场所设计应该有助于以下工作的进行：聚精会神的工作、协作、学习、社会化，要考虑到所有的组织沟通和人际沟通，目的是实现有效沟通。

两种常用的设计要素对沟通具有很大影响：

一种是隔墙和屏障。当今的许多组织很少使用有形的隔墙和屏障。在开放式格子间办公的员工与团队成员进行面对面沟通的次数，要比可视性更低的区域办公的员工多出60%。更多员工处于同一个工作区域意味着会发生更多面对面的沟通。员工密度高的工作场所团队成员沟通的次数比密度低的场所高出84%。如果员工之间的沟通和协作非常重要，那么管理者需要在工作场所设计中考虑这种可视性和密度。

另一种是可调节式的工作安排、设备和办公家具的可获得性。由于越来越多的组织已经转向了非传统的工作安排，因而可调节、量身定做的员工办公场所变得至关重要，且能够显著影响组织沟通。研究发现，可调节式隔墙可以增强私密性，并可更有效的沟通。

随着公司压缩办公场所节约成本，管理者需要确保更狭小且更开放的办公场所。如果办公场所在为员工提供一些私密空间之余还可以使员工能够有效协作，那么人际沟通和组织沟通的水平就会提高，并促进组织的整体绩效。

4. 技术因素

技术因素主要包括语言、非语言暗示、媒介的有效性和过量信息。

大多数沟通的准确性依赖于沟通者赋予字和词的含义。由于语言只是个符号系统，本身没有任何意思，它仅仅是我们描述和表达个人观点的符号或标签。每个人表述的内容常常是由他独特的经历、个人需要、社会背景等决定的。因此，语言和文字极少对发送者和接受者双方都具有相同的含义，更不用说许许多多不同的接受者。语言的不准确性还不仅仅表现在对符号的不同理解，而且它能激发各种各样的感情，这些感情可能又会进一步歪曲信息的含义。同样的字词对不同的团体来说，会导致完全不同的感情和不同的含义。

知识链接

25%的员工说自己不会对常规问题进行反馈，以避免浪费时间；

47%的 WI-FI 用户说自己每隔 1 个小时或更短的时间就迫不及待地想查看电子邮件、发送即时信息或登陆社交网站；

被一份电子邮件打断之后，你需要 64 秒钟来收回自己的思绪；

69%的高管说自己如今会向员工发送更多信息；

37%的员工所自己如今从管理者那里收到更多信息；

54%的员工说公司禁止员工在工作时间访问社交网站；

在雇主提供无线通讯设备后，42%的员工觉得雇主希望自己可以随时保持联系；

由于工作被工作事情打断，员工平均每天要损失 28%的工作时间。

管理人员十分关心不同沟通工具的效率。一般来说，书面和口头沟通各有所长。书面沟通常常用于传递篇幅较长、内容详细的信息。其优点是：为读者提供适合自己的速度、用自己的方式阅读材料的机会，易于远距离传递，易于储存并在做决策时可提取信息，因为经过多人审阅所以比较准确。

口头沟通适合于需要翻译或精心编制，才能使拥有不同观念和语言才能的人理解的信息。其优点是：快速传递信息，并且希望立即得到反馈；可传递敏感的秘密的信息；可传递不适用书面媒介的信息；适合于传递感情和非语言暗示的信息。

想一想： 1. 选择什么样的沟通方式取决于哪些因素？

2. 由于信息技术，员工无时无刻都可以被组织联系上，这会给员工带来什么问题？

四、组织沟通的改善

1. 明确沟通的重要性，正确对待沟通。

管理人员十分重视计划、组织、领导和控制，对沟通常有疏忽，认为信息的上传下达有了组织系统就可以了，对非正式沟通中的“小道消息”常常采取压制的态度，这表明企业管理层没有从根本上对沟通给予足够的重视。

2. 缩短信息传递链，拓宽沟通渠道，保证信息的畅通无阻和完整性。

如减少组织机构重叠，在利用正式沟通的同时，开辟高层管理人员至基层管理人员的非正式沟通渠道，以便于信息的传递。

3. 加强平行沟通，促进横向交流。

通常，企业内部的沟通以与命令链相符的垂直沟通居多，部门间、车间间、工作小组间的横向交流较少，而平行沟通却能加强横向的合作。这一方式对组织间的沟通尤为奏效。

4. 强化有效信息的甄选。

我们生活在一个信息爆炸的年代，企业主管人员面临着“信息过量”的问题。例如，管理人员只能利用他们所获得信息的1/100到1/1 000进行决策。信息过量不仅使主管人员没有时间去处理信息，而且也使他们难于向同事提供有效而必要的信息，沟通也随之变得困难重重。

知识链接

互联网世界中的沟通

现在，一些公司会禁止在一周内发送电子邮件，目的是让员工彼此之间真正解决问题，因为太多的电子邮件会让员工筋疲力尽。但让员工摆脱这种控制也不容易。调查发现，20%的大型公司员工说自己经常会使用博客、微信、社交网站、维基及其各种网络服务。管理者了解到，所有这些新技术在带来沟通便利的同时，也带来了很多挑战，这些挑战包括：

1. 法律和安全问题

不恰当的使用电子邮件、博客及其他各种在线沟通方式都可能导致各种法律问题。现在，电子信息是可以被法庭接受的证据。如在对安然公司的审判中，检察官提交了相关的电子邮件和其他文件作为证据，这些证据表明被告对投资者实施了诈骗。有专家认为“今天，电子邮件和即时信息就如同电子学上的DNA证据”。此外，管理者还需要关注安全问题。

调查发现，26%的受调查公司声称自己因为受敏感信息或负面信息曝光的影响。管理者需要确保信息的安全，员工的电子邮件和博客不应该透露公司的机密信息，公司的电脑和电子邮件系统应当受到严密的保护。

2. 人际交往

互联网时代带来的另一种沟通挑战是人际交往的缺乏。即便是两个人面对面沟通时，也并不总是相互理解。因此，当在虚拟环境中沟通时，要相互理解和协作以完成任务会变得极具挑战性。有些公司会鼓励员工更多的在现实世界中开展协作，同时鼓励员工充分利用实施沟通软件和社交网络来开展协作和建立牢固的关系，这种交往形式对年轻员工来说更具吸引力。

复习题

一、选择题

1. 以下哪项是管理者可能用到的沟通方式？（　　）

A. 现场会议　　B. 电话会议

C. 正式的谈话　　D. 以上都可以

2. 沟通的关键因素包括（　　）

A. 编码，信息和反馈　　B. 编码、噪音和符号

C. 信息、循环和解码　　D. 反馈、信息和认知

E、反馈、循环和认知

3. 接受者只有通过（　　）的过程才能解释信息的含义。

A. 编码　　B. 交换　　C. 解码　　D. 反应　　E. 忽略

4. 非语言沟通当在使用以下哪项沟通渠道时最具有影响力？（　　）

A. 可视会议电话　　B. 正式的信函

C. 当面的沟通　　D. 报纸的文章

5. 向上的沟通通常不会用于哪类信息的传递？（　　）

A. 业务改善的建议　　B. 业绩报告战略性决策

C. 财务和会计　　D. 信息冤屈和争辩

6. 适用于领导者工作任务繁重，需要有人协助筛选信息，提供决策依据，同时又要对组织实行有效控制的情况的沟通网络是：（　　）

A. 环式沟通　　B. 链式沟通　　C. Y 式沟通　　D. 轮式沟通

7. A 处长出差一个星期回到机关，他刚打开办公室的门，许多科长就聚过来，主动汇

报工作进展，请示下一步工作。A 处长快刀斩乱麻，一个上午，就将工作处理得非常圆满。根据这种情况，你认为下述说法中哪种最适当的反映了该组织与领导的特征？（　　）

A. 链式沟通、民主式管理　　B. 环式沟通、民主式管理

C. 轮式沟通、集权式管理　　D. 全通道式沟通、集权式管理

二、判断题

1. 在日常的沟通方式中，非语言沟通的影响有时候甚至超过了语言沟通。（　　）
2. 组织内仅存在向下和向上两种沟通渠道。（　　）
3. 人们的语言风格有时候也会造成沟通的无效。（　　）
4. 全通道式沟通是一种既有效果又有效率的沟通方式。（　　）
5. 向上沟通的内容之一是绩效评估的反馈信息。（　　）
6. “静默语”即不知不觉中向周围的人发出的信号，这属于视觉印象而不是沟通。（　　）
7. 沟通就是沟通各方达成一致意见的过程。（　　）

三、案例分析

递送灾难

美国达美乐比萨店的两名员工一时兴起在北卡罗来纳州康诺弗氏一家比萨店的厨房中拍摄了一个粗俗的恶作剧，并且出于好玩，将它发布在了 You-Tube 以及其他的一些网站上。视频显示，一名达美乐员工正在准备用于外卖的三明治，他把奶酪抹在自己的鼻子上，把鼻涕喷在三明治上，并且违反了其他很多卫生条例；而另一名员工则在旁边解说。第二天，有超过 100 万名网友观看了这个视频并感到恶心，而且对达美乐的议论也传遍了推特和谷歌。

达美乐公司很快认识到，社会媒介能注意到细微的事件并把他们升级为营销危机。公司的发言人说：“我们被两名白痴用一台摄像机和一个糟糕的念头弄的措手不及。”公司最初得知这段视频时，公司高管没有意识到问题的严重性，也没有采取积极的应对措施，他认为争论会逐渐平息，但让他没有想到的是这种负面影响就像病毒感染一样迅速传播。一家社会媒介营销公司的首席营销官说，你认为它不会扩散，那就是它将越闹越大的时候。达美乐公司的高管发现，仅仅几天之内，公司的名声就受到严重损害。顾客对产品品质的看法正从正面转变为负面。一位品牌专家说：“这段视频描绘的内容足够生动，它足以制造一场轩然大波，并引起人们的深思。”

那么这两名肇事员工受到了什么处分？虽然他们告诉达美乐公司的高管说他们实际上从来没有把受到污染的食物外送出去，但他们还是被解雇了，并被控以重罪。而且，达美乐公司发布了公司自己制作的视频。这段视频强调，在 You-Tube 网站上的这起事件发生之后公司总经理迅速、妥善地处理了该事件。

问题：

（1）除了这段视频的粗俗和恶心之外，从对沟通进行管理的角度来说，你对这种情况有何看法？

（2）你认为达美乐公司的高管最初为什么要采取一种袖手旁观的态度？这种应对为什

么是个错误?

(3) 达美乐公司的其他比萨店如何防止发生这种类型的错误?

(4) 类似的事件以及他们在任何时间、任何地点发生的可能性是否意味着工作场所应当禁止各种形式的社会媒介? 这个故事对关于通信技术的公司政策有何启示?

节约后的致歉

如果能给公司带来1 000万美元的节约，大多数的管理人员会对此给予赞赏，除非这意味着这要砍掉一个他们所喜爱的项目。但是，一个刚走出校门的年轻人却从此举中得到了深刻的教训。

从表面上看情况似乎一清二楚，这家拥有700个床位的美国中西部医院门前有一个停车场，在高峰期间常常拥挤不堪，给病人及其家属带来了诸多的不便。即使医院的管理人员并没有那么强的道德感，光从财务方面考虑，鉴于最近有越来越多的患者另寻他处就医给医院带来了很大的损失，这一点也迫使医院的院长助理查尔斯得问题想办法解决办证。

查尔斯吩咐刚从大学拿到工商管理硕士学位的莫里对这种情况做一调查，并提出改进意见。要是问题尚不严重，医院可能会设法将楼前的一块空地腾作停车场。要是问题非常严重，就要考虑建一个新的多层停车场，为此得投资1 000万美元。查尔斯在对莫里作了这次交代以后便到外地休假三个星期。

希望自己能一展身手的这位年轻人，在接受任务后进行了两周的调查，分析了停车场发出的印有停车时间标记的票据，最后发现一个不曾预料到的事实：停车场之所以拥挤，完全是因为医院的职工不顾院规将车停放在这里，而不是停在靠近高速公路的一个较不方便但宽敞的停车场。医院并不需要作1 000万美元的投资，它需要的只是强化已颁布的停车规定。

因为院长助理仍在休假中，这位年轻人便把他的发现直接在一次大型的会议上报告给了高层经理人员。听到这条令人振奋的消息后这些高层经理人员对莫里说了一番鼓励和感激的话，然后要求他的部门作进一步的研究。

在院长助理返回前一切都进展顺利。可是，这天查尔斯回来了，听说他提议的1 000万美元的投资项目被取消了，这使他看起来像个低能者，而且更令他难受的是，在院白领职工中很少得到遵守的停车条例现在得到了三令五申后仍无所成效。不幸的莫里在他的上司责备下不得不向院长助理道歉并且又承担了寻找落实院停车条例最有效方式的任务。

在思量了各种方案后。莫里最后向一个副总裁和几位部门负责人提议，下午5点钟在门前停车场会合，准备当面逮住那些违规停车的职工，并要求他们缴纳停车时间内的所有停车费。如此进行了连续两天后，院门前的这块停车场在高峰期间也有一半是空的。

至于那位年轻的毕业生莫里，他不久就离开医院，在一家私人公司找到了新的工作。他离开时对曾经同窗的一些朋友们说自己得到了一次深刻的教训，现在明白了过度的坦诚与精明为人之间有何等的区别。

问题:

(1) 这位MBA毕业生的做法有何不妥之处吗? 为什么?

(2) 你如果是莫里，你会怎么做以避免类似情形的发生?

(3) 依你之见，在组织中处理好人际关系是否有必要使用政治(或权术)手段? 坦诚相处与精明为人这两者在工作中哪个更重要? 你怎么看待工作中的伦理问题?

四、实践练习

1. 社交网站非常有趣，与老朋友甚至家人保持联系是加入社交网站的乐趣之一。但你的同事甚至你的上司想要与你交友时，将会发生什么情况？专家说你应该谨慎处理这种情况，你对此有何看法？你是否愿意向你在工作中认识的人打开一扇进入你私人生活的窗户？此种情况下，有可能会出现什么道德事项？

2. 我们都在土豆网及其他各种在线视频网站上观看过各种千奇百怪的视频，但如果把在线视频用于工作目的，会有什么效果？在你看来，在线视频对工作有什么用处？利用在线视频有哪些优点和缺点？

3. 研究优秀沟通者的特征，记住这些特征并不断实践，从而让自己也成为优秀的沟通者。

4. 记录一下你在一天内使用了哪些类型的沟通方式，哪种沟通方式你使用的最多或最少？你选择沟通方式是否有效？原本是否能够改进沟通效果？如何改进？

5. 记录你在一天内看到其他人使用的非语言沟通。非语言沟通是否总伴随着语言沟通？

6. 研究各种新型的 IT 设备，撰写一篇报告来描述至少三种这些设备的正面和负面影响及他们对员工和组织的适用性。

7. 调查三位以上管理者以获得他们对如何成为一名优秀沟通者建议，把这些信息做成项目列表的形式，并准备在课堂上宣讲。

8. 调查 10 名办公室职员，询问他们平均每天收到的电子邮件数量，每天查收几次电子邮件，是否认为每周一天禁止使用电子邮件是个好主意，以及为什么这样认为，将此整理成一篇报告。

9. 用自己的语言，写下你在本章中学到的关于如何成为一名优秀的管理者的三个要点。

第五篇

控　制

第十五章

控制与控制过程

学习目标

1. 认识控制的含义及必要性。
2. 理解控制与管理其它职能之间的关系。
3. 区分不同的控制类型，并明确各自的特点与作用。
4. 掌握有效控制的原理和要求。
5. 掌握控制活动的过程及主要步骤。

导入案例

愤怒的汤姆

汤姆担任一家工厂的厂长已经一年多了。他刚看了工厂有关今年实现目标情况的统计资料，厂里各方面工作的进展并不理想出乎意他的料之外，他为此气得说不出一句话来。他记得就任厂长后的第一件事情就是亲自制定了工厂一系列计划目标。具体的说，他要解决工厂的浪费问题，要解决职工超时工作的问题，要减少废料的运输问题。他具体规定：在一年要把购买原材料的费用降低10%～15%，把用于支付工人超时工作的费用从原来的11万美元减少到6万美元，要把废料运输费用降低3%，他把这些具体目标告诉了下属有关方面的负责人。然而，他刚看过的年终统计资料却大大出乎他的意料，原材料的浪费比去年更为严重，原材料的浪费竟占总额的16%，职工超时费用也只降低到9万美元，远没有达到原定的目标，运输费用也根本没有降低。

他把这些情况告诉了负责生产的副厂长，并严肃批评了这位副厂长，但副厂长争辩说："我曾对工人强调过要注意减少浪费的问题，我原以为工人也会按我的要求去做的。"人事部门的负责人也附和着说："我已经为消减超时的费用作了最大的努力，只对那些必须支付的款项才支付。"而负责运输方面的负责人则说："我对未能把运输费用减下来并不感到意外，我已经想尽了一切办法。我预测，明年的运输费用可能要上升3%～4%”。

在分别和有关方面的负责人交谈之后，汤姆又把他们召集起来布置新的要求，他说：“生产部门一定要把原材料的费用降低10%，人事部门一定要把超时费用降到7万美元；即使是运输费用要提高，但也决不能超过今年的标准，这就是我们明年的目标，我到明年底再看你们的结果”。

在管理实践中，管理者们事先制定的目标与行动方案似乎无懈可击，但实际执行的结果却非常糟糕，这究竟是怎么回事？

第一节　控制概述

一、控制的含义

组织活动由于受外部环境和内部条件变化的影响，实际执行结果与预期目标不完全一致的情况是时常发生的。对管理者来讲，重要的问题不是研究工作有无偏差，或者是否可能出现偏差，而在于能够及时发现已出现的偏差或预见到潜在的偏差，采取措施予以纠正和预防，以确保组织的各项活动能够正常进行，组织的预定目标能够顺利实现。

控制是管理工作过程中一项不可缺少的职能。所谓控制，从其最传统的意义方面说，就是对组织中的所有活动进行衡量和纠偏，以确保组织的目标和为此而制定的计划得以实现。但从广义的角度来理解，控制工作实际上应包括纠正偏差和修改标准这两方面的内容。所谓修改标准，就是在必要的时候对原定的控制标准和目标进行适当的修改。就像在大海航行的船只，一般情况下船长只需对照原定航向调整由于风浪和潮流作用而造成的航线偏离，但当出现巨大的风暴或故障时，船只也有可能需要改变航向，驶抵新的目的地。

因此，作为管理重要职能的控制是指：为了确保组织的目标以及为此而拟订的计划能够实现，各级主管人员根据事先确定的标准或因发展需要而重新拟订的标准，对下级的工作进行衡量和测评，并在出现偏差时进行纠正，以防止偏差继续发展或今后再度发生；或者，根据组织内外环境的变化和组织发展的需要，在计划的执行过程中，对原计划进行修订或制定新的计划，并调整整个管理工作的过程。由此可见，控制的结果可能有两种：一是纠正实际工作与原有计划及标准的偏差，二是纠正组织已经确定的目标及计划与变化了的内外环境的偏差。这也是控制在组织管理中的主要作用所在。

管理故事

组织管理中的控制职能

1999年4月22日，中央电视台“新闻调查”栏目播出了“搁浅的撤职令”，报道了某省的一件处理违纪干部的事件。1995年，该省的一位局长因违反土地法而被省纪检部门撤职，相当简单明了的事情由于上级纪检部门没有按照规定将处理意见行文下达，市里有关部门在长达三年的时间里没有对相关人员作出处置，上级纪检部门也没有过问，在大家认为相安无事的时候，有关报纸刊登出“三年撤不掉的一个局长”的文章，爆出该局长被撤职三年仍未下台的新闻，引起多方领导的关注，搁浅的撤职令终于被再度提上议程，但此事直至节目播出时还没有处理意见。

思考：组织管理中类似这样的事件很多，我们怎样才能避免这类事件的不断发生？

二、控制的必要性

名人名言

如果计划从来不需要修改，而且是在一个全能领导人的指导之下，由一个完全均衡的组织完美无缺的来执行，那就没有控制的必要了。

——美国北得克萨斯州立大学企业管理教授亨利·西斯克

然而，这种理想的状态是不可能成为企业管理的现实的。无论计划制定得如何周密，由于各种各样的原因，人们在执行计划的活动中总是会或多或少的出现与计划不一致的现象。

在现代管理系统中，人、财、物等要素的组合关系是多种多样的，时空变化和环境影响很大，内部运行和结构有时变化也很大，加上组织关系错综复杂，随机因素很多，处在这样一个十分复杂的系统中，要想实现既定的目标，执行为此而拟定的计划，求得组织在竞争中的生存和发展，不进行控制工作是不可想象的。对组织而言，控制职能的必要性主要是由下述原因决定的：

1. 环境变化的影响

在现代社会中，竞争日趋激烈，组织所处的内、外部环境是一个复杂、多变而不稳定的环境。组织的管理者即便是在制定计划时，进行了全面的、细致的预测，考虑了各种实现目标的有利条件和影响因素，但由于环境条件是变化的，计划制订者受其本身的素质、知识、经验和技巧的限制，预测不可能完全准确，制定的计划在执行中可能会出现偏差，还会发生未曾预料到的情况。这时，控制工作就起了执行和完成计划的保障作用，以及在管理控制中产生新的计划、新的目标和新的控制标准的作用。计划目标的时间跨度越大，控制也就越为重要。

2. 组织成员素质对计划执行的影响

组织已经制定了的计划，是由组织的相应员工来执行的。而每个员工的工作动机、态度等个性特征不同，对计划的理解、态度等也不尽相同，而且每个员工的工作能力也不一样，能否胜任其所承担的职责，这些都会影响到计划的执行，有可能产生有利的影响，但也有可能会起不利的作用，从而会产生偏差。因此，组织必须有监督、调节的机制，来保证计划目标的完整实现。

3. 组织规模扩大所引起的分权管理的影响

一般来讲，小企业生产单一产品，就无需详细的计划，简单的记录生产情况就可以了。而当组织规模扩大、业务变得复杂时，就需要通过划分相应的部门和层次来实行分权管理，而且分权程度越高，控制就越有必要。组织中的每一级管理者都必须定期或不定期的检查其直接下属的工作，以保证授予他们的权力得到正确的利用并实现组织的目标和计划任务。为此，必须建立起相应的控制系统，以保证各方面的协调、统一，不出差错或者少出差错，一旦出错，能够及时地予以更正。否则，就可能无法正常的运转。这方面，中国早期的民营企业从崛起到衰败有过许多的惨痛教训。

管理故事

三株的发展轨迹

在中国企业群雄榜上，三株曾经是一个响当当的名字。

1994 年 8 月，吴炳新父子成立济南三株实业有限公司，三株口服液研制成功。

1996 年，三株销售达到 80 亿元。

1997 年，三株的全国销售额却比上年锐减 10 个亿。吴炳新在年终大会上痛陈三株“十五大失误”。

1998 年，三株在常德闹出“八瓶三株口服液喝死一条老汉”事件，接着，又传闻三株申请破产的消息。

1999 年，三株的 200 多个子公司已经停业，几乎所有的工作站和办事处全部关闭。

2000 年，三株企业网站消失，全国销售近乎停止。

具有讽刺意味的是：三株曾经无数次地许下誓言，要在 20 世纪内将人类的寿命延长 10 年，可是，三株自己的“寿命”却不过短短的六七年。探究三株陨落的原因，主要还是在于扩张速度过快，各方面的监管和控制跟不上，以至于一个不实的新闻就成为其迅速衰落的导火索。

三、控制与计划、组织和领导之间的关系

控制作为管理的基本职能之一，它与计划、组织、领导等其他管理职能有着密不可分的联系。

1. 控制与计划的关系

控制与计划是既互相区别、又紧密相连的。计划为控制工作提供标准，没有计划，控制也就没有依据。但如果只有计划，不对其执行情况进行控制，目标就很难得到圆满实现。控制与计划的密切关系，具体可归纳为四个方面：

(1) 计划起着指导性作用。管理者在计划的指导下，领导各方面工作，以便达到组织目标。控制则是为了保证组织的产出与计划一致而产生的一种管理职能。

(2) 计划预先指出了所期望的行为和结果，而控制则是把握按计划指导实施的行为和结果。

(3) 管理者只有获取关于每个部门、每条生产线以及整个组织过去和现状的信息，才能制定出有效的计划，而这些信息中的绝大多数都是通过控制过程得到的。

(4) 如果没有计划来表明控制的目标，管理者就不可能进行有效的控制。有目标和计划而没有控制，人们可能知道自己干了什么，但无法知道自己干得怎么样，存在哪些问

题，哪些地方需要改进。反之，有控制而没有目标和计划，人们将不知道要控制什么，也不知道怎么控制。实行决策和控制都是为了实现组织的目标，两者是互相依存的。

2. 控制与组织的关系

如果把组织看作是一个由若干子系统组成的开放系境，那么控制就是其中的一个非常重要的子系统。组织的最高层首先根据组织所面临的外部环境和组织的内部条件制定组织目标，计划子系统根据目标和环境状况而制定管理计划。这些计划一方面下达给运行系统，付诸实施；另一方面要送到控制系统储存起来，作为与实际绩效进行比较的依据。运行系统的有关投入、运行过程以及产品的信息要反馈给控制系统，控制系统在收集了这些资料，结合外部环境的资料后进行分析，并同所储存的计划进行比较，最后决定是否更正运行活动或是提出修改计划。在控制的过程中，可能会根据内外环境或其他因素的变化，导致对目标与计划的修改，改变组织机构、更换人员以及领导方式方法做出重大改变等等，这实际上是开始了新一轮的管理过程。

3. 控制与领导的关系

领导是在计划和组织的基础上对使用各种资源的人员进行指挥，而控制只是在此基础上对具体组织活动实施一定的检查和调整。管理者通过他人完成任务并负有最终的责任，为此，必须建立控制系统，以便使自己可以自始至终的掌握他人完成任务的情况和进度，了解实际工作的进展是否符合原定目标，是否需要作出相应的调整和改变。离开控制，领导就可能流于形式，收不到实效。

在管理工作中，控制与管理的其他职能，如计划、组织和领导等是密不可分的，是各个层次管理部门的主要职能，特别是每一位负责计划执行的主管的主要职责。有些组织的主管人员常常忽略了这一点，认为实施控制主要是上层和中层管理人员的职能，基层部门的控制就不大需要了。其实各层主管人员只是所负责的控制范围各不相同，但各个层次的主管都负有执行决策计划实施控制的职责。

特别提示： 管理中的控制系统好比一辆汽车的制动系统，如果出现缺陷，即使有最精准的方向盘、最好的发动机、最扎实的底盘、最漂亮的车身，也不能上路。

四、控制的目标

由管理者作为一项重要的管理职能来开展的控制工作，我们通常称之为管理控制。在现代管理活动中，管理控制的目标主要有两个：

1. 限制偏差的累积

一般来说，任何工作的开展都不免要出现些偏差。虽然小的偏差和失误不一定会立即给组织带来严重的损害，但在组织运行一段时间后，随着小差错的积少成多和积累放大，最终可能对决策目标的实现造成威胁，甚至给组织酿成灾难性的后果。防微杜渐，及早发现潜在的错误和问题并进行处理，有助于确保组织按预定的计划运行下去。所以，有效的管理控制系统应当能够及时的获取偏差信息，及时采取矫正措施，以防止偏差的累积而影响组织目标的顺利实现。

2. 适应环境变化

组织的计划和目标制定出来以后，总要经过一段时间的实施才能够实现。在这段实施过程中，组织内部的条件和外部的环境可能会发生一些变化，如组织内部人员和结构的变化、政府可能出台新的政策和法规、市场因素的变化等，这些变化的内外环境不仅会妨碍决策计划的实施进程，甚至可能影响决策本身的科学性和现实性。因此，任何组织都需要构建有效的控制系统，帮助管理人员预测和把握内外环境的变化，并对这些变化所带来的机遇或威胁作出正确、及时的反应。

知识链接

海尔的"OEC"管理控制法则

"OEC"管理法，即英文"Overall、Every、Control and Clear"的缩写。其内容：O-Overall（全方位）、E-Everyone（每人）、Everything（每件事）、Everyday（每天）、C-Control（控制）、Clear（清理）。"OEC"管理控制法也可表示为："日事日毕、日清日高"即：每天的工作每天完成，每天工作要清理并要每天有所提高。"OEC"管理控制法由三个体系构成：目标体系→日清体系→激励机制。首先确立目标；日清是完成目标的基础工作；日清的结果必须与正负激励挂钩才有效。这个管理控制法的执行过程是非常枯燥的。它的实施需借助于一个叫做3E卡的记录卡，要求每个工人每天都要填写一张3E卡，3E卡将每个员工每天工作的七个要素（产量、质量、物耗、工艺操作、安全、文明生产、劳动纪律）量化为价值，每天由员工自我清理计算日薪（员工收入就跟这张卡片直接挂钩）并填写记账、检查确认后给班长，不管多晚班长都要把签完字的卡拿回来，再签完字交给上面的车间主任，车间主任审核完后再返回来，就这样单调的工作天天填月月填，不管几点钟下班都得完成。

"OEC"管理控制法则是海尔管理文化的重要组成部分，它的实施为海尔带来了今天辉煌的成就。

五、控制的内容

1. 对员工的控制

组织目标的实现是通过人来完成的，管理者需要通过组织其他成员的工作来实现目标。因此管理者要使员工按照期望的方式去工作是非常重要的。为了做到这一点，就必须对组织中的员工进行控制。包括：甄选、识别、雇用那些价值观和个性符合管理者期望的人；通过职务设计，决定个体在组织中可从事的任务以及工作的节奏；管理者亲临现场限制员工行为和纠正他们的偏差；培训员工，形成组织期望的工作方式；通过正规化的规则如职务说明来控制员工；建立健全组织的绩效评估体系。

2. 对财务运行的控制

为保证企业获取利润，维持企业的正常动作，必须要进行财务控制。财务控制主要包括审校各期的财务报表，以保证合理的现金流通，保证债务负担恰当，保证各项资产都得到有效的利用，保证各项费用开支的合理等等。预算是最常用的财务控制方法，它能为管理者提供一个比较与衡量支出的定量标准，并据此能够指出标准与实际开支之间的偏差。

3. 对作业的控制

作业是指从劳动力、原辅材料等资源到最终产品和服务的转换过程。组织中的作业质量从根本上决定了组织向社会所提供的产品和服务的质量，而作业控制就是通过对作业过程的控制，来评价并提高作业的效率和效果，从而提高组织提供的产品和服务的质量。组织中常见的作业控制有：采购控制、生产控制、质量控制和库存控制等。

4. 对信息的控制

随着人类步入信息社会，信息在组织中的地位越来越高，不精确的、不完整的、不及时的信息会大大降低组织效率。因此，在现代组织中对信息的控制显得尤为重要。对信息的控制就是要建立一个管理信息系统，使它能及时地为管理者提供充分、可靠的信息。

5. 对组织绩效的控制

组织绩效是组织高层管理者的控制对象，组织目标的实现与否都从这里反映出来。无论是组织内部的人员，还是组织外部的人员和组织，如证券分析家、潜在的投资者、资金供应者、资源供应商以及政府部门都十分关注组织的绩效。要有效实施对组织绩效的控制，关键在于科学的评价、衡量组织的绩效。一个组织的整体发展效果很难用一个指标来衡量，生产率、产量、市场占有率、员工福利、组织的成长性等都可能成为衡量指标，关键是看组织的目标取向，即要根据组织完成目标的实际情况并按照目标所设置的标准来衡量组织绩效。

管理故事

麦当劳公司的控制

"质量超群，服务优良，清洁卫生，货真价实"。这是麦当劳一贯的经营理念，麦当劳的产品从选料、加工烹制程序乃至厨房布置都是标准化的，严格控制的。

麦当劳的各分店都是由当地人所有和经营管理。鉴于在快餐饮食业中维持产品质量和服务水平是其经营成功的关键，因此，麦当劳公司在采取特许连锁经营这种战略开辟分店和实现地域扩张的同时，特别注意对连锁店的管理控制。如果管理控制不当，使顾客吃到不对味的汉堡包或受到不友善的接待，其后果就不仅是这家分店将失去这批顾客及其周遭人光顾的问题，还会波及影响到其他分店的生意，乃至损害整个公司的信誉。为此，麦当劳公司制定了一套全面、周密的控制标准。

麦当劳公司主要是通过授予特许权的方式来开辟连锁分店。公司在出售其特许经营权时非常慎重，总是通过各方面调查了解后挑选那些具有卓越经营管理才能的人作为店主，而且事后如发现其能力不符合则撤回这一授权。

麦当劳公司还通过详细的程序、规则和条例，使分布在世界各地的麦当劳分店的经营者和员工们都进行标准化、规范化的作业。麦当劳公司对制作汉堡包、炸土豆条、招待顾客和清理餐桌等工作都事先进行详实的动作研究，确定各项工作开展的最好方式，然后再编成书面的规定，用以指导和规范各分店管理人员和一般员工的行为。公司在芝加哥开办了专门的培训中心——汉堡包大学，要求所有的特许经营者在开业之前都接受为期一个月的强化培训。回去之后，还要求他们对所有的工作人员进行培训，确保公司的规章条例得到准确的理解和贯彻执行。

为了确保所有特许经营分店都能按统一的要求开展活动，麦当劳公司总部 66 管理人员还经常走访、巡视世界各地的经营店，进行直接的监督和控制。例如，有一次巡视中，公司总部管理人员发现某家分店自作主张，在店厅里摆放电视机和其他物品以吸引顾客，这种做法因与麦当劳的风格不一致，立即得到了纠正。除了直接控制外，麦当劳公司还定期对各分店的经营业绩进行考评。为此，各分店要及时提供有关营业额、经营成本和利润等方面的信息，这样总部管理人员就能把握各分店经营的动态和出现的问题，以便商讨和采取改进的对策。

第二节　控制的类型

一、反馈控制、前馈控制和现场控制

按控制时间点的不同来分，控制可分为反馈控制、前馈控制和现场控制。三者之间的关系如图 15—1 所示。

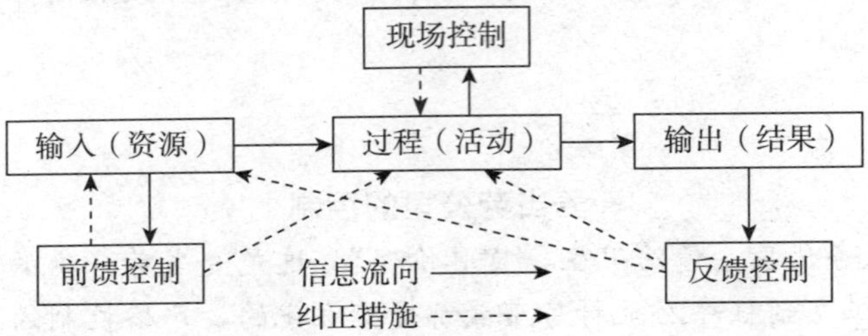

图 15—1　反馈控制、前馈控制、现场控制比较示意图

1. 反馈控制

反馈控制也称为事后控制，是根据过去的情况来调整未来的行动，即将计划执行过程或执行结果的信息，与计划和标准进行比较来发现偏差，并进一步分析产生偏差的原因，采取措施纠正偏差。这是一种最主要也是最传统的控制方式。反馈控制作用发生在行动作用之后。其特点是把注意力集中在行动的结果上，并以此作为改进下次行动的依据。其目的并非要改进本次行动，而是力求能“吃一堑，长一智”，改进下一次行动的质量。许多事物的发展是循环往复、呈螺旋状推进的，事后控制能给后面的工作提供信息和借鉴，以便改进工作。例如，企业的经营活动就是一个不断投入、不断产出的过程，有关市场信息的反馈对企业至关重要，如用户意见和建议、竞争者动向、库存情况分析等都必须认真对待，以便在后续的工作中加以改进。

特别提示：反馈控制的对象可以是行动的最终结果，如企业的产量、销售额、利润等等；也可以是行动过程中的中间结果，如新产品样机、工序质量、产品库存等等。在组织中使用反馈控制的例子很多，如生产成品的质检、人事的考评、对各类财务报表的分析等等。这类控制对组织营运水平的提高发挥着很大的作用。但是从一个控制周期看，采用反馈控制的方法，却使组织系统对运转过程中产生偏差的纠正滞后了一个周期，即它是一种等到问题发生后再进行纠正的控制方法。因此，不论其分析如何正确，措施如何得力，但对已经形成的结果来说是无济于事的，它无法改变已经存在的事实。为了解决这个问题，就产生了另一种控制方法，即前馈控制方法。

2. 前馈控制

前馈控制也称事前控制或称预先控制，是指在计划实施前，为防止将来计划执行过程中产生偏差，预先规定计划执行过程中应遵守的规则和规范等，规定每一项工作的标准，并建立偏差显示系统，使人们在工作之前就已经知道如何做。这是一种面向未来的控制，而不是等事件发生后再进行的控制。

前馈控制的重点是通过制定计划的政策、规章及各种说明书，提出执行计划和完成任务等各项要求来实现的。如为完成计划制定某些特殊的政策；企业招聘员工时的考核评估；检验入库材料的质量以及编制预算；设备的预先维修；工厂在需求高峰来临之前，已添置机器，安排人员，加大了生产量，以防供不应求；公司在预计到产品需求量下降之前就开始准备开发新产品上市，等等。显然，预先控制的对象是系统输入的各种资源，包括人、财、物、技术、信息等等。

前馈控制的优点是：它不是等问题发生后再采取控制和措施的，而是把问题消灭在发生之前，有利于提高控制的成效；同时，前馈控制和针对某项计划实施所依赖的条件实施控制，不是针对具体人，因此易于被人们接受；另外前馈控制的标准和措施是明示的，有利于培养员工自我控制的觉悟和能力，调动员工的主动性、积极性。但是，前馈控制是在情况发生之前就对它进行预测或估计，对计划实施过程中将可能发生的各种内外变化和干扰的情况很难准确、完整的估计。所以，前馈控制的难度较大，对控制者的要求较高。

3. 现场控制

现场控制，又称过程控制或事中控制。是计划执行过程中所实施的控制，即在计划执行过程中，对活动中的人和事进行观察、监督、指导和纠正偏差的过程。其特点是在行动过程中现场控制，能及时发现偏差，及时纠正偏差，立竿见影，将损失控制在较低程度。主管人员通过深入现场亲自监督、检查、指导和控制下属人员的活动。现场控制通常包括两项职能：一是技术性指导，即对下属的工作方法和程序等进行指导；二是监督，确保下属完成任务。

现场控制被较多的用于对企业生产经营活动现场的控制，由基层管理者执行。因此，这是一种主要为基层主管人员所采用的控制方法。现场控制有助于提高管理者的领导能力和管理水平，有助于增强员工的责任意识和自我控制能力，但也存在着弊端和局限性，比如，管理者的现场控制受管理者时间、精力的限制，难以做到全面和及时；管理者的现场控制容易造成管理者与被管理者心理上的对立，同时，自我控制与相互监督，受员工觉悟、看问题的角度、知识和检测手段等多种因素的限制。

特别提示：就一个控制周期来说，前馈控制、现场控制和反馈控制是处于三个不同时间点的控制方法，即分别表现为事前、事中和事后的不同控制。而这三种控制方式虽然各有特点，但在实际应用中往往是交叉使用的。前馈控制虽然可以事先作好准备，防患于未然，但有些突发事件是防不胜防的，这时必须辅之以现场控制。否则，将前功尽弃。同样，不论是前馈控制还是现场控制，都要用反馈控制来检验，因为计划是否按预定执行，不是仅靠想像就行了，必须有真实的业绩支持，另外，在循环发展的过程中对前一个阶段是反馈控制，但对后一个阶段则往往是前馈控制。而且，现场控制没有准备与积累也是难于奏效的。

管理故事

扁鹊的医术

魏文王问名医扁鹊说："你们家兄弟三人，都精于医术，到底哪一位最好呢？"扁鹊答说："长兄最好，中兄次之，我最差。"魏文王再问："那么为什么你最出名呢？"扁鹊答说："我长兄治病，是治病于病情发作之前。由于一般人不知道他事先能铲除病因，所以他的名气无法传出去，只有我们家的人才知道。我中兄治病，是治病于病情初起之时。一般人以为他只能治轻微的小病，所以他的名气只及于本乡里。而我扁鹊治病，是治病于病情严重之时。一般人都看到我在经脉上穿针管来放血、在皮肤上敷药等大手术，所以以为我的医术高明，名气因此响遍全国。"魏文王说："你说得好极了"。

二、战略控制、管理控制和任务控制

从问题的重要性和影响程度来划分，可分为战略控制、管理控制和任务控制。

战略控制是对战略计划实现程度的控制。战略控制中不仅要进行反馈控制，更常需要进行前馈控制。也就是说，在战略控制过程中常常可能引起战略计划的重大修改或重新制定。因为这个缘故，人们倾向于将战略的计划与控制系统笼统的称作战略计划系统，而将任务的计划与控制系统称作是任务控制系统。同理，在较低层次的管理控制中以反馈为手段的常规控制占主要地位。随着组织层次的提高和管理责任的加重，前馈控制的成分就越来越大。

管理控制是一种财务控制，即利用财务数据来监测企业的经营活动状况，以此考评各责任中心的工作实绩，控制其经营行为。管理控制通称为责任预算控制。

任务控制亦称运营控制，主要是针对基层生产作业和其他业务活动进行的。其控制的主要任务是确保按质、按量、按期和按成本完成工作任务，因此以反馈控制为主。

特别提示：在组织管理中，战略控制比较管理控制和任务控制更为重要也更加困难。

三、外在控制与内在控制

外在控制与内在控制是按控制力量的来源分类的。外在控制是指一单位或个人的工作目标和标准由其他的单位或个人来制定和监督，自己只负责检测、发现问题和报告偏差。例如，上级主管的行政命令监督、组织程序规则的制约等，都是外在强加的控制。

与之不同，内在控制不是“他人”控制，而是一种自动控制或自我控制。自我控制的单位或个人，不仅能自己检测、发现问题，还能自己订立标准并采取行动纠正偏差。例如，目标管理就是一种让低层管理人员和工人参加工作目标的制定，并在工作中实行自主安排实现目标的方法手段、自我检查评价工作结果并主动采取处理措施的一种管理制度和方法。目标管理通过变“要我做”为“我要做”，使人们更加热情、努力的去实现自己参与制定的工作目标。当然，目标管理只有在个人目标与组织目标差异较小、员工素质普遍较高时采用才容易奏效。而在目标差异较大、员工素质较低时，较多的外在强加控制则是需要的。

特别提示： 对组织的管理者而言，如何将外部的控制力转化成内在的控制力，使组织拥有一种长效的机制和活力，是一项重要的工作。

四、专业控制

控制工作可以按其所发生的专业领域进行分类，但在不同类型的组织中，由于其具体专业活动的内容不尽相同，所以控制对象也有差异。在企业组织中，专业控制的内容有：库存控制、进度控制，产量控制、预算控制、内部和外部审计、人事管理控制等。

第三节　控制的原理和要求

一、控制工作的原理

要使控制工作发挥应有的作用，在建立控制系统或进行控制活动时应遵循以下几个原理：

1. 未来导向原理

未来导向原理是指控制工作应当着眼未来，而不是只有当出现了偏差才进行控制。由于在整个控制系统中存在着时间滞后的情况，所以一个控制系统越是以前馈而不是以简单的信息反馈为基础，则管理人员越是能够有效的预防偏差或及时采取措施纠正偏差。也就是说，控制应该是向前的，这才合乎理想。

2. 反映计划原理

反映计划原理是指计划越明确、完善和综合化，则控制越能用来体现这类计划，控制也越能有效的为管理的需要服务。每一项计划每一项工作都各有其特点。所以，为实现每一项计划每一项工作所设计的控制系统和所进行的控制工作，尽管基本过程是相似的，但在确定什么标准、控制哪些关键点、收集什么信息、采用何种方法评定绩效、由谁来控制和采取纠正措施等方面，都必须按不同计划的特殊要求和具体情况来设计。因为控制的任务是保证计划能按预期的目的执行，所以一个控制系统就不能在没有计划的情况下设计，而且设计还要反映计划的要求。

3. 关键点控制原理

关键点控制原理是指管理人员选择计划的关键点来作为控制的标准，可以使控制更为有效。因为人的精力是有限的，控制的费用也是有限的，所以管理人员没有必要考查计划执行的每个细节，他们只需注意那些对计划的执行起到举足轻重作用的关键性问题或因素，并能够以此来掌握任何一个偏离了计划的重要偏差，而不必事事留意。管理人员如何选择关键点也体现了个人的管理艺术和水平。

知识链接

木桶定律

一只木桶盛水的多少，并不取决于桶壁上最高的那块木板，而恰恰取决于桶壁上最短的那块木板。人们把这一规律总结成为“木桶定律”或“木桶理论”。根据这一核心内容，“木桶定律”还有三个推论：其一，只有当木桶壁上的所有木板都足够高时，木桶才能盛满水，只要这个木桶里有一块不够高度，木桶里的水就不可能是满的；其二，比最低木板高的所有木板的高出部分是没有意义的，高得越多，浪费就越大；其三，要想提高木桶的容量，应该设法加高最低木板的高度，这是最有效也是惟一的途径。与木桶定律相似的还有一个链条定律：一根链条最薄弱的环节和其他环节一样承受着相同的强度，那么链条越长，就越薄弱。

4. 直接控制原理

直接控制原理是指管理人员及其下属的素质越高，就越不需要进行直接控制。直接控制是相对于间接控制而言的，它是通过提高管理人员的素质来进行控制工作的。直接控制的指导思想认为，合格的管理人员出的差错最少，他能觉察到正在形成的问题，并能及时的采取纠正措施。所谓“合格”，就是指他们能熟练运用管理的概念、原理和技术，能以系统的观点来进行管理工作。

二、有效控制的要求

要使控制工作发挥作用，取得预期的成效，具体应用上述几个原理时，要注意满足以下几个要求：

1. 控制的客观性

控制应该客观，这是对控制工作的基本要求。在对工作绩效进行评价时，管理人员比较容易介入主观因素。这可能来自两种心理方面的作用，一种是“晕轮效应”，即以点代面，把人的行为的某一点覆盖于人的全部行为之上；另一种是"优先效应"，即把第一印象看得很重要，先入为主以至于影响今后的评价。管理人员应严防上述两种心理效应在评价工作中的出现，因为如果没有对绩效客观的评价或衡量，就不可能有正确的控制。保证控制客观性的最有效的办法就是建立客观的、准确的和适当的标准。这种标准可以是定量的，也可以是定性的，但不论形式怎样，标准必须合理，高低适度，能够达到，而且应该是可以测定和可以考核的。

管理故事

老农移石

有一位老农的农田当中，多年以来横亘着一块大石头，这块石头碰断了老农的好几把犁头，还弄坏了他的种耕机。老农对此无可奈何，巨石成了他种田时挥之不去的心病。一天在又一把犁头打坏之后，想起巨石给他带来的无尽麻烦，老农终于下决心要了结这块巨石。于是，他找来撬棍伸进巨石底下。他惊讶地发现，石头埋在地里并没有想像的那么深那么厚，稍使劲就可以把石头撬起来，再用大锤打碎，清出地里，老农脑海里闪过多年来被巨石困扰的情景，再想到其实他可以更早些把这桩头疼事处理掉，禁不住一脸的苦笑。

2. 控制的灵活性

控制系统应该具有足够的灵活性以适应各种不利的变化，或利用各种新的机会。面对已更改的计划，或者出现了未预料到的情况，控制仍应能发挥作用。况且，几乎没有处于极稳定的环境而不需要适应性的组织，任何组织都需要随时间和条件的变化而调整其控制方式。

想一想：控制是不是要不惜一切代价？

3. 控制的经济性

控制是一项需要投入人力、物力、财力的事情，从经济的角度看必须是合理的，如果控制所付出的代价比得到的好处要大，那么就失去了意义。任何控制系统产生的效益都必须与其投入的成本进行比较。为了使成本最少，管理人员应该尝试使用能产生期望结果最少量的控制。这个要求看起来简单，但做起来比较复杂。因为一个管理人员有时很难确定某个控制系统究竟能带来多少效益，也难以计算其费用到底是多少，是否经济也是相对的，因为控制的效益随业务活动的重要性和规模的大小而不同。在实际工作中，我们应尽可能有选择的进行控制，精心选择控制点；另外，尽可能改进控制方法和手段以降低消耗提高效益。

4. 控制的及时性

控制时机的选择十分重要。较好的控制必须能及时发现偏差，及时提供信息，使管理人员能迅速采取措施加以更正。再好的信息如果过时了，也将是毫无用处的，而且往往会造成不可弥补的损失。时滞现象是反馈控制的一个难以克服的困难。虽然检查实施将结果同标准比较能找出偏差，可能还会花费很长的时间，但分析偏差产生的原因，提出纠正偏差的具体办法也许旷日持久，当真正采取这些办法去纠正偏差时，实际情况可能有了很大变化。解决这一问题的最好办法是采取预防性控制措施。一个真正有效的控制系统应该能预测未来，及时发现可能出现的偏差，预先采取措施，调整计划，而不是等问题真的出现了再去解决。

5. 控制的全局性

在组织结构中，各个部门及成员都在为实现其各自的或局部的目标而活动着。许多管理人员在进行控制工作时，往往从部门的利益出发，只求能正确实现自己局部的目标而忽视了组织总目标的实现。其实组织的总目标是要靠各部门及全体成员协调一致的活动才能实现的。因此对一个合格的管理人员来说，在进行控制工作时，不能没有全局观点，要从整体利益出发来实施控制，将各个局部的目标协调一致。

6. 控制应有相应的纠正措施

有效的控制不仅可以指出偏差，而且还应能揭示哪些环节发生了偏差，应由谁负责，并能建议如何纠正这种偏差。管理者应能够通过落实所拟定的措施，使执行中的偏差得到尽快矫正，或者形成新的控制标准和目标。只有通过适当的计划工作、组织工作、人事工作和领导工作来纠正偏差，才能证明该控制系统是有效的。

管理故事

戴尔公司与电脑显示屏供应商

戴尔公司创建于1984年，是美国一家以直销方式经销个人电脑的电子计算机制造商，是目前全球IT界发展最快的公司之一。戴尔公司是以网络型组织形式来运作的企业，它联结有许多为其供应计算机硬件和软件的厂商。其中有一家供应厂商，电脑显示屏做得非常好。戴尔公司先是花很大的力气和投资使这家供应商做到每百万件产品中只能有1 000件瑕疵品，并通过绩效评估确信这家供应商达到要求的水准后，戴尔公司就完全放心地让他们的产品直接打上“Dell”商标，并取消了对这种供应品的验收、库存。类似的做法也发生在戴尔其他外购零部件的供应中。通常情况下，供应商需将供应的零部件运送到买方那里，经过开箱、触摸、检验、重新包装，经验收合格后，产品组装商便将其存放在仓库中备用。为确保供货不出现脱节，公司往往要贮备未来一段时间内可能需要的各种零部件。这是一般的商业惯例，因此，当戴尔公司对这家电脑显示屏供应商说道：“这型显示屏我们今年会购买400万到500万台左右，贵公司为什么不干脆让我们的人随时需要、随时提货”的时候，商界人士无不感到惊讶，甚至以为戴尔公司疯了。戴尔公司的经理们则这样认为，开箱验货和库存零部件只是传统的做法，并不是现代企业运营所必要的步骤，遂将这些“多余的”环节给取消了。戴尔公司的做法就是，当物流部门从电子数据库得知公司某日将从自己的组装厂提出某型号电脑数量时，便在早上向这家供应商发出配领多少数量显示屏的指令信息，这样等到当天傍晚时分，一组组电脑便可打包完毕分送到顾客手中。如此，不但可以节约了检验和库存成本，也加快了发货速度，提高了服务质量。

第四节　控制的过程

控制作为一种活动过程，是由一系列活动组成的。即在组织目标的实施中，不断把计划与实施情况进行比较，发现两者之间的差距，并找出产生这种差距的原因，然后制定新的改进措施，这就是控制过程。因此，控制的过程一般包括三个步骤，即确定标准、衡量绩效和纠正偏差。如图 15—2 所示。

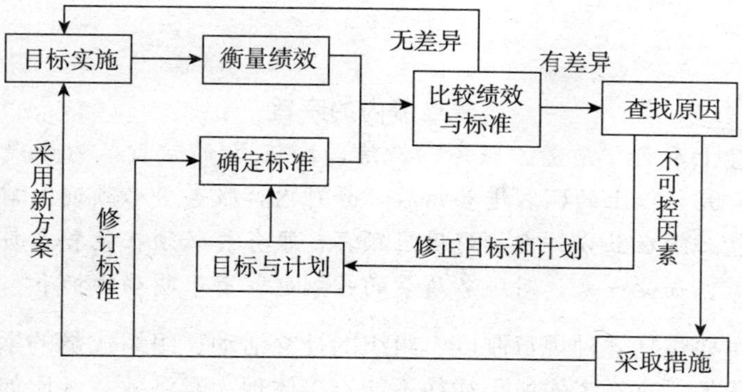

图 15—2　控制过程图

一、确定标准

控制是依据一定的标准去衡量和掌握实际工作的过程及其成果。因此，任何控制的实施，都要有可衡量、可比较的标准。所谓标准，就是衡量实际工作绩效的尺度，它们是从整个计划方案中选出的，可以给管理者一个信号，使其不必过问计划执行过程中的每一个具体步骤，就能够对计划的执行过程实施有效的控制。控制标准的订立对计划工作和控制工作实际起着承上启下的作用。如前所述，计划是控制的依据，但各种计划的详尽程度是不一样的。有些计划已经制定了具体的、可考核的目标或指标，这些指标就可以直接作为控制的标准。但大多数的计划是相对比较抽象的、概括的，这时需要将计划目标转换为更具体的、可测量和可考核的标准，以便于对所要求的行为结果加以测评，如图 15—2 所示。

然而，由于不同的企业和不同的部门的特殊性，有待衡量的产品与服务种类繁多，有待执行的计划方案也数不胜数，所以不存在可供所有管理人员使用的统一标准。但是所有的管理人员必须使他们的控制标准与其控制工作的需要相一致。计划方案的每个目标，这些方案所包括的每项活动、每项政策、每项规程以及每项预算，都可以成为衡量实际业绩或预期业绩的标准。控制标准的种类很多，可以是定量化的标准，也可以是定性化的标准。

定量化的标准一般有：时间标准，主要反映工作时间进度的各种标准，如交货期、工时等；数量标准，这是一类非货币衡量标准，通常用于耗用原材料、雇佣劳动力、提供产品及服务等基层单位。如产品产量、废品数量、单位设备台时产量、单位产品原材料消耗等；价值量标准，主要是反映工作和活动所发生的耗费及获得的经济效果，如单位产品的直接成本和间接成本、单位产品的原材料成本、期间费用、销售额、利润额等；质量标准，主要反映活动及其成果的水平及质的要求，如产品等级、合格率、次品率等；综合标准，主要反映单独使用上述标准无法反映的组织目标，如劳动生产率、投资利润率等等。一般来说，定量化的标准通常使用统计分析法，根据组织拥有的资料来确定，它常用数学语言对活动要求进行描述，故又称统计性标准。制定定量标准的主要方法有经验估计法、数理统计法和工程测量法等。

管理故事

麦当劳内的宗旨

麦当劳在经营上奉行“质量、服务、清洁、价值”的宗旨，为体现其宗旨，公司制定的工作标准是：95%以上的顾客进餐馆后三分钟内，服务员必须迎上前去接待顾客；事先准备好的汉堡包必须在五分钟内热好供应顾客；服务员必须在就餐人员离开后五分钟内把餐桌打扫干净等。如此一来，对服务质量的控制也就有了明确的标准。

定性的标准主要包括各种规章制度、组织的社交活动、组织成员的素质要求等等。这些标准是很难量化的，这类工作成果往往不能直接体现为经济效益。比如企业思想政治工作所引起的职工思想觉悟的变化，企业的教育培训工作所导致的职工能力、技术水平的提高，企业的公共关系活动所带来的企业形象的变化，企业的民主管理所发挥的职工积极性和主动性等等，都很难量化衡量，其效果也不能马上看到。定性标准一般使用文字语言对活动要求进行描述。

知识链接

肯德基规定服务人员的仪表仪容和卫生要求

(1) 工作时，必须穿戴整洁的深色防滑皮鞋，必须穿袜子。

(2) 女性可化淡妆，男性不可蓄胡须。

(3) 根据卫生要求，在生产区工作时间不可戴任何首饰及手表。

(4) 女性头发应当梳理整齐，不得遮面；男性前发不过耳，后发不可越领。

(5) 手指甲应修剪整齐并不可涂抹指甲油。

(6) 在工作开始前，休息后回到工作区域或任何手可能变脏的时候，必须洗手消毒。

(7) 如果你患的疾病有传染性，如重感冒或传染性眼炎，餐厅管理组有权要求你暂不上班，待健康情形完全恢复再开始工作。

在管理实践中，定性标准与定量分析应该互相结合起来使用。

二、衡量绩效

标准一经确立，对照标准衡量实际工作成绩，分析判断有无偏差，对计划执行过程和结果作出客观评价，并认真分析和研究造成偏差的原因，这是控制过程的第二步。衡量绩效的目的是获取与既定控制标准相关的信息，以判断事物或人们的行为是否符合标准，作为下一步行动的依据。如检验产品的质量是否合格，核算部门的费用是否在预算范围之内，考核评价某位主管是否称职等等。衡量的作用除了获取信息，还可以表达管理者的态度。当管理人员对某项活动认真监测衡量时，表明对这项活动是重视的，因此，就影响人们的行为作用而言，衡量考评比规定标准的作用更大。一旦放弃衡量考评，标准就会逐渐被人遗忘。衡量绩效这一过程分为两个步骤：一是测定或预测实际工作成绩；二是进行实绩与标准的比较。这实际上是控制过程的信息收集阶段，也是为纠正偏差提供切实的准备活动。

特别提示： 如果标准的确立已经比较合理，那么衡量绩效这一步骤的工作质量则取决于是否及时掌握了计划执行过程与结果的真实信息。获得信息可以通过两种方式：一种方式是测定已产生的工作结果；另一种方式是预测即将产生的工作结果。管理者可以通过个人观察、统计报告、口头汇报和书面报告等方法获得信息来衡量绩效。这些方法所获得的信息并不一定能够真实的反映实际情况。例如组织内部的本位主义、局部利益可能使内部报告存在报喜不报忧、隐瞒和夸张的现象。当用这样的信息与标准比较并据此采取纠偏措施时，就会使控制“差之毫厘，失之千里”。但是，在实际工作中，将它们结合起来，可以大大丰富信息的来源并提高信息的准确度。

在衡量绩效的过程中，保证信息的及时性、有效性和可靠性是非常重要的。具体来说，信息必须满足以下要求；首先，正确。即信息要客观的反映实际情况，保证使用信息的人能作出正确的判断。只有正确的信息才能作出正确的抉择，不正确的信息比没有信息造成的结果更糟。其次，及时。所谓及时有两个要求：一是对那些时过境迁、不能追忆和不能再现的重要信息要及时记录；二是信息的加工、检索和传递要快。如果信息不能及时提供给信息的使用者，即使是正确的信息也会因贻误时机而失去使用价值。再者，适用。是指信息在种类、范围、内容、详细程度、精确性和需用频率上必须符合使用人的要求。提供不适用的信息，不仅会造成信息的大量冗余，从而增加信息处理工作的负担和费用，而且还会给使用者查找所需信息带来困难，造成时间浪费甚至经济上的损失。最后，经济。即要求使用信息所带来的价值大于获取信息而支付的代价。只有这样，控制才有意义。

管理故事

沃尔玛成功的秘诀

沃尔玛的全球采购战略、配送系统、商品管理、电子数据系统、天天平价战略在业界都是可圈可点的经典案例。可以说，所有的成功都是建立在沃尔玛利用信息技术整合优势资源，信息技术战略与零售业整合的基础之上。早在60年代中期，山姆·沃尔顿只拥有几家商店的时候，他就已经清醒的认识到：管理人员必须能够随时随地获得他所需要的数据。如：某种商品在沃尔玛的商店里一共有多少？上周的销售量呢？昨天呢？去年呢？订购了多少商品？什么时候可以到达？在管理信息系统应用之前，这样的工作必须通过大量的人工计算与处理才能得到。

因此实时控制处于任何地点的商店想法只是一个梦想而已。要在现有的基础上扩大经营规模，只有密切追踪信息处理技术的进步。在信息技术的支持下，沃尔玛能够以最低的成本、最优质的服务、最快速的管理反应进行全球运作。1974年，公司开始在其分销中心和各家商店运用计算机进行库存控制。1983年，沃尔玛的整个连锁商店系统都用上条形码扫描系统。1984年，沃尔马开发了一套市场营销管理软件系统，这套系统可以使每家商店按照自身的市场环境和销售类型制订出相应的营销产品组合。在1985至1987年之间，沃尔玛安装了公司专用的卫星通信系统，该系统的应用使得总部、分销中心和各商店之间可以实现双向的声音和数据传输，全球4 000多家沃尔玛分店也都能够通过自己的终端与总部进行实时的联系。在1997年沃尔玛花了几亿美元，安装完成了沃尔玛第一套真正的计算机网络系统。不断的改进使得沃尔玛到了1988年就拥有了全国最大的私有卫星通讯网络。90年代沃尔玛提出了新的零售业配送理论：集中管理的配送中心向各商店提供货源，而不是直接将货品运送到商店。其独特的配送体系，大大降低了成本。新世纪开始，沃尔玛又投资90亿美元开始实施“互联网统一标准平台”的建设。凭借先发优势、科技实力，沃尔玛的店铺冲出阿肯色州，遍及美国，走向世界。高新技术的快速引进，不仅极大地提高了沃尔玛的工作效率，而且成了公司核心竞争力的一部分，它的竞争对手们在跟进的过程中，不仅动作迟缓，而且步履沉重，这就造就了这个零售帝国的逐步强大。

三、纠正偏差

想一想：是否所有偏离标准的情况都要作为问题来处理？

通过衡量成效，就可以发现计划执行中的问题。但并非所有偏离标准的情况均需作为“问题”来处理，这里有个容限的幅度。所谓容限，就是准许偏差存在的上限与下限范围，在这个界限范围内即便实际结果与标准之间存有差距，也被认为是正常的。就能对计划与实际做出比较。因此，当衡量绩效的结果比较令人满意，或偏差是在规定的“容限”之内，可维持现状；如果发现偏差超出了“容限”范围，就要分析偏差产生的原因，而后采取措施来纠正偏差。

一般认为，造成实际严重偏离计划的原因可以归纳为四类：第一类原因是组织外部环境的变化，影响到组织目标与计划难以实现。如贷款利率的大幅度提高，可能会使组织计划内的资金筹措目标不能实现。这些由于组织外部环境因素而造成的偏差，是管理者无法控制的。因此，管理者可能采取的措施只是调整组织目标和计划，使之与外部环境相适应。管理者采取的主动措施则是增强对外部环境的预见性。第二类原因是组织的目标方针调整所造成的偏差。第三类原因是计划本身的不完善造成的。第四类原因是计划执行者的原因造成的，包括工作表现不好所造成的负偏差，也包括工作表现特别好所造成的正偏差。

根据以上分析，按照造成偏差的原因不同，组织系统纠正偏差可以从以下几个方面进行：

其一，调整原来的计划标准，通过对偏差的分析，若发现原来制定的计划标准偏高或偏低时，都应当对原来的计划标准进行调整和修正。

特别提示：在现实生活中，当某个员工或某个部门的实际工作与目标之间的差距非常大时，他们往往首先想到的是责备标准本身。比如，学生会抱怨扣分太严而导致他们的低分；销售人员可能会抱怨定额太高致使他们没有完成销售计划。人们不大愿意承认绩效不足是自己努力不够的结果，作为一名管理人员对此应保持清醒的认识。如果你认为标准是现实的，就应该坚持，并向下属讲明你的观点，否则就应当做出适当的调整。

其二，调整组织系统的运行，若预定的计划标准是符合实际的，就应当通过调整组织系统的运行来纠正偏差，即发挥管理的组织、领导和其他职能的作用，对系统输入的各种要素进行重新的调整，并使其能以新的组合方式运行。这种措施的具体方式可以是：管理策略的调整、组织结构的完善、及时进行补救、加强人员培训以及进行人事调整等。

控制过程其实可以看作是整个管理系统的一个组成部分，并且是和其他管理职能紧密相联的。管理人员可以运用改变航道的原理重新制定计划或调整目标来纠偏；可以运用组织职能重新委派职务或进一步明确职责来纠偏；也可以通过改善领导方式方法或运用激励政策来纠偏。控制活动与其他管理职能的交叉重叠，说明了在管理人员的职务中各项工作是统一的，说明管理过程是一个完整的系统。

复习题

一、思考题

1. 如何理解控制与其它管理职能之间的关系？控制的对象主要包括哪些？
2. 比较反馈控制、前馈控制和实时控制。
3. 有效控制的要求有哪些？
4. 定量控制标准与定性控制标准各有什么特点？试举例说明。
5. 控制活动主要包括哪些步骤？采取纠偏措施时应注意哪些问题？

二、案例分析

应该进行电话费的控制吗？

一年来，某公司全体员工在李总的领导下，不计辛劳的工作，公司取得了骄人的业绩。但到了年终，李总发现伴随着公司业务的平稳增长，公司行政部门电话费快速上升，与公司业务发展需要明显不符。李总就公司的电话费如何控制，责令公司办公室王主任拿出具体管理办法，采取有效措施堵塞管理漏洞。而接到命令的王主任即为此事犯难，公司各部门电话公事私事都用早已成惯例，再者公司历来没有各部门电话费的使用管理标准。

问题：

1. 现在公司经营情况良好，要严格控制电话的使用，是否必要？
2. 若你是王主任，如何制定公司各部门电话费的使用管理标准？

第五航站楼的首次运营

由英国航空公司投资 86 亿美元修建的伦敦希斯罗机场的第五航站楼是英国最大的独栋建筑，耗费了 20 年的筹划和 1 亿小时的人力，有超过 10 英里长的行李传送带，被英国女王称为是 21 世纪进入英国的门户。然而在航站楼投入使用的第一天就出现了诸多问题：冗长的传送线路以及行李处理延误使得大量航班被迫取消，并因此滞留了大量愤怒的乘客。其主要问题是航站楼的高科技行李处理系统的故障所致。

第五航站楼配有 96 个自助值机柜台、超过 90 个快速值机柜台、54 个标准值机柜台及几英里长的行李传送带，估计每小时可以处理 12 000 件行李，每年可接纳 3 000 万名乘客。它原本是用来缓解希斯罗机场的拥堵问题的，但在航站楼开始运行的几个小时里，问题不断。行李工人无法迅速整理传送进来的行李。到达的乘客需要花费一个小时以上的时间等待行李。想要登机的旅客根本来不及办理登机手续，只能眼睁睁看着飞机起飞。有一段时间，航站楼只让没有行李的旅客办理登机手续，但是又出现了乘客传送带系统的故障。此外，有些自动扶梯不能运行，有些乘客手机无法使用，新地下站台的一扇门也不能使用，有些经验不足的售票员不知道机场到地铁线的各个地铁站之间的票价……

如果英国航空公司在航站楼投入运营之前对整个运营系统进行一下全面的检测，是否就会避免发生这些问题？但对所有系统的全面检测，需要花费 6 个月的时间以及 16 000 名志愿者进行的 4 轮真实场景检测。

尽管第五航站楼的首日亮相问题多多，但幸运的是，一切都在好转。最近的一项顾客满意度调查表明，80%的顾客办理乘机手续的等待时间少于 5 分钟。乘客们对航站楼的休息室、餐厅、设备和氛围都非常满意。

问题：

1. 本案例中，你认为哪种类型的控制——前馈控制、事中控制和反馈控制最为重要？为什么？

2. 在这种情况下，原本应当如何直接纠正行动？

3. 英国航空公司的控制措施是否能够更加有效？以何种方式？

三、实践练习

1. 实地走访一家企业，调查该企业目前的经营状况，并与企业主管交流有关管理控制方面的主要内容和形式。

2. 进入一家著名企业的网站，收集有关企业管理控制方面的信息，并运用有效控制的原理与要求对其存在的问题进行分析。

3. 根据你的学习目标和计划，制定一个关于保持良好学习行为的标准。

4. 用自己的语言，写下你在本章中学到道德关于如何成为一名优秀的管理者的三个要点。

第十六章

控制方法和手段

学习目标

1. 认识预算控制的种类及优缺点。
2. 理解财务报表的意义及财务分析的基本方法。
3. 区别内部审计与管理审计的不同范围与作用。
4. 掌握存货控制和质量控制方法的具体应用过程。
5. 了解现代组织绩效综合控制的主要手段。

导入案例

施乐公司的标杆管理法

1976年前后，一直保持着世界复印机市场实际垄断地位的施乐公司受到了来自国内外，特别是日本竞争者的挑战，如佳能、NEC等公司以施乐的成本销售产品仍能够获利，而产品开发周期、开发人员则分别比施乐公司短或少50%。面对竞争者的威胁，施乐公司最先发起向日本企业学习的运动，开展了广泛、深入的标杆管理。

早在1979年，施乐公司最先提出了"Benchmarking"的概念，一开始只在公司内的几个部门做标杆管理工作，到1980年扩展到整个公司范围。当时，以高技术产品复印机主宰市场的施乐公司发现，有些日本厂家以施乐公司制造成本的价格出售类似的复印设备。由于这样的大举进攻，其市场占有率几年内从49%锐减到22%。为应付挑战，公司最高领导层决定制定一系列改进产品质量和提高劳动生产率的计划，其中的方法之一就是标杆管理。公司的做法是，首先广泛调查客户公司对公司的满意度，并比较客户对产品的反应，将本公司的产品质量、售后服务等与本行业领先企业作对比。公司派雇员到日本的合作伙伴富士以及其他日本公司考察，详细了解竞争对手的情况，并对竞争对手的产品作反求工程。接着公司便要确定竞争对手是否领先，为什么领先，存在的差距怎样才能消除。对比分析的结果使公司确信从产品设计到销售、服务和雇员参与等一系列方面都需要加以改变。最后公司为这些环节确定了改进目标，并制定了达到这些目标的计划。

实施标杆管理后的效果是明显的。通过标杆管理，施乐公司使其制造成本降低了50%，产品开发周期缩短了25%，人均创收增加了20%，并使公司的产品开箱合格率从92%上升到99.5%，公司重新赢得了原先的市场占有率。行业内有关机构连续数年评定，就复印机6大类产品中施乐公司有4类在可靠性和质量方面名列第一。

此后，施乐公司的标杆管理对象，不光着眼于同行的竞争对手，而且扩大到非同行的竞争对象，或将其他行业的产品进行比较研究。研究项目既可以某种产品为目标，也可以管理过程中的某个环节为目标，一切以改进管理水平、提高产品质量为转移。例如，该公司发现他们在处理低值货品上浪费很大，于是，针对这个问题，专门组织了一个由五个副总裁参加的标杆管理小组，进行标杆管理分析。该小组首先详细了解处理订单的过程，列出公司处理订单的工作流程图。然后，选择14个经营同类产品的公司（包括IBM、数字设备公司、休利特·帕卡德公司等）逐一进行考察。结果发现，施乐公司把精力浪费在千篇一律的按序号记录货物的工作上，高、低价货物混在一起，管理混乱，既消耗人力，又浪费时间。与别的公司相比，每处理一份订单要多花80～90美元，而它所研究的其他公司只需25～35美元，仅此一项就可节省数千万美元。施乐还向L. L Bean这样的装备户外设施的非同行请教，他们能够快速而又准确的完成订单。施乐发现他们的仓库工人“选择并完成”一个订单的速度是施乐的三倍。他们依靠的不是高技术，而是智能化的规划和适当的计算机软件。

施乐公司一直把标杆管理作为产品改进、企业发展、赢得竞争对手和保持竞争优势的重要工具。公司的最高层领导都把标杆管理看作全公司的一项经常性活动，并指导其所属机构和成本中心具体实施标杆管理。而施乐公司本身也因为在标杆管理方面取得的引人注目的成就，于1989年获得了Malcolm Bald ridge国家管理奖。

控制的方法多种多样。如何有效的运用控制方法是成功地进行控制的重要保证。由于控制与计划有着密切关系，所以许多计划方法本身就是控制方法。例如预算方法、审计控制方法、存货控制方法等。本章重点介绍几种常用的控制的技术和方法。

第一节　预算和非预算控制

一、预算控制

预算是政府部门和企业使用最广泛的控制手段，是用财务数字或非财务数字来表明预期的结果，即用数量的形式对组织未来的活动和各部门、各环节的工作在时间和空间方面所作的统筹安排和具体规划，如企业通过金额和数量反映企业的各项计划。

预算控制是通过编制预算，然后以编制的预算为基础，来执行和控制企业经营的各项活动，并比较预算与实际的差异，分析差异的原因，然后对差异进行处理。预算的编制与控制过程是密切联系的，通过编制预算，可以明确组织及其各部门的目标，协调各部门的工作，评定各个部门的工作业绩，控制企业的日常经营活动。

1. 预算的种类

按照不同的分类标准，预算有很多的种类。一个组织可以有整个组织的预算，也可以建立部门、单位及个人的预算。从预算的时间来说，虽然也可能有月度和季度的预算，但一般来说，财务上的预算多为 1 年期。另外，虽然预算一般都是指财政上的货币，如收入、支出和投资预算等，但是，预算的种类一般可划分为经营预算、投资预算和财务预算三大类。

（1）经营预算。经营预算是指企业日常发生的各项具有实质性活动的预算，它主要包括销售预算、生产预算、直接材料采购预算、直接人工预算、制造费用预算、单位生产成本预算、销售及管理费用预算等等。

销售预算是编制全面预算的基础。企业应首先根据市场预测和企业生产能力的情况，确定销售目标、编制年度及季度、月份的销售数量、销售单价、销售金额及销售货款收入情况。

生产预算是根据销售预算所确定的销售数量，按产品名称、数量分别编制生产预算。生产预算必须考虑合理的存货量，预计生产量：预计销售量＋预计期末存货量＝预计期初货量。生产预算编制好后，为了保证均衡生产，一般还必须编制生产进度日程表，以便控制生产进度。

直接材料采购预算是根据生产预算所确定的生产量以及各个产品所消耗材料的品种、数量、单价，根据生产进度确定材料采购数量及现金支付情况。

直接人工预算是根据生产所需的工时，确定各个工种总工时和工资率及直接人工成本。

制造费用预算是根据销售量和生产量水平确定各种费用总额，包括制造部门的间接人工费、间接材料费、维修费及厂房折旧费等。

单位生产成本预算是根据直接材料、直接人工及制造费用预算确定单位产品生产成本。

销售及管理费用预算是根据销售预算情况及各种费用项目确定销售及行政管理人员薪金、保险费、折旧费、办公费及交际应酬费等。

（2）投资预算。投资预算包括组织为添置建筑物、机器、设备等固定资产方面的投资预算和其他方面的投资预算。当组织的收入超过支出时，超出部分就可以用来进行投资。对于投资方面的预算，一定要慎重考虑，单独列出，必须使这部分资金的使用同组织的长期计划和整个资金的分配使用计划紧密结合起来。对于数额大、回收期长的投资项目，还应有专项预算。

（3）财务预算。财务预算是企业在计划期内反映现金收支、经营成果及财务状况的预算，它主要包括现金预算、预计损益表、预计资产负债表、预计现金流量表。必须指出的是，前述的各种经营预算和投资预算中的资料，都可折算成金额反映在财务预算内，这样，财务预算就成为各项经营业务和投资的整体计划，故又称总预算。

管理故事

不能忽视预算

程某是一家有一定规模的中小企业的经营者，这几年在艰难的创业过程中渡过了一个又一个难关、克服了一个又一个困难，及时抓住了市场机遇，使企业在很短的时间内得以迅速成长壮大。但是，随着企业规模的不断扩大，管理上常显得捉襟见肘，比如明明账上有利润，但在接一项重要订单时，突然发现资金周转不过来；又如在进行某一业务时，总认为会有一定的利益，但结果又往往与预想不符。

李某经营着一家化工厂，生意做得红红火火，有了一定的资金积累。这几年看到房地产赚钱，于是投资办了一家房地产公司，但楼盖到一半，突然发现钱不够用。原因是每一项工程费用都超出计划费用，原已筹集的资金已不敷使用，而银行看到该公司停工，也不再贷款，原来的贷款又到了期，李某焦头烂额。

想一想：以上两个例子的发生原因是什么？产生这些问题的症结到底在那儿？

预算控制是一种被广泛采用的控制方法。但是，作为一种控制方法，预算控制既有它的优点，也有它固有的缺点。预算控制的优点是，它能把整个组织内所有部门的活动用可考核的数量化方式表现出来，以便查明其偏离标准的程度并采取纠正措施。预算控制的缺点是，过度预算，即详细的费用支出预算剥夺了管理者为管理其部门所需的自由；过多的根据预算数字来苛求项目计划无疑会导致控制的不灵活，那么预算的作用将会被削弱或无效，尤其是长期预算。

但是，这种优点本身也是缺点，因为它使得组织把控制的注意力只集中于那些可以计量的东西，从而忽视了对其他方面工作的控制。因此，为了使预算控制良好运行，首先，管理者应牢记：预算仅仅是所设计的工具而不能用于代替管理，它有局限性。其次，预算的制定和管理必须得到高层管理的全力支持。再次，确保所有与预算有关的管理者都能参与预算的准备和制定，而不仅仅是被迫接受已定的预算。最后，要想使预算控制有效，管理者要关注他的部门在预算内的实际业绩和预测业绩方面的信息。这些信息必须能及时得到，否则，信息的有效性也会被影响。

特别提示：作为一个企业的经营者，必须对预算敏感，要牢记预算中的各种数字，学会运用预算控制企业。要将预算的各种指标分解到各年度、各部门，并做到：天天看预算、周周评预算、月月结预算。所谓天天看预算就是要求各部门的负责人每日都要关注各种报表，并与预算比较，看看自己是否完成任务，做到心中有数；周周评预算就是在每天看预算的基础上，周末把每周的经营结果及时加以统计，若处于亏损状态，财务部就要找相关部门的负责人来分析，首先分析脱离预算的原因，如果由于本周没有完成预算而形成亏损，那么本周未完成的预算就需要在以后几周去弥补，从而在此基础上调整以后各周的预算，力争完成原定总预算；月月结预算就是如果到了月末，这个部门还处于未完成预算的状态，管理层就要召开以这个部门为中心的会议，专题讨论如何保证预算的有效完成，只有这样，才能体现预算的刚性，警示其它部门重视预算管理，达到以预算控制企业经营的目的。

用预算控制企业，要发挥全员的主观能动性，调动各级相关责任人的积极性，要通过预算指标的分解，使企业的目标变成一个个部门的小目标，使每个部门的责任者能够心中有数的进行生产和经营，以达到用预算控制下级、控制各部门，督促各级管理人员努力工作，从而保证企业的大目标得以按预算实现。

2. 预算的程序

企业编制预算，一般应按照“上下结合、分级编制、逐级汇总”的程序进行。

(1) 下达目标。企业董事会或经理办公室根据企业发展战略和预算期经济形势的初步预测，在决策的基础上，提出下一年度企业预算目标，包括销售或营业目标、成本费用目标、利润目标和现金流量目标，并确定预算编制的政策，由预算委员会下达给各预算执行单位。

(2) 编制上报。各预算执行单位按照企业预算委员会下达的预算目标和政策，结合自身特点以及预测的执行条件，提出详细的本单位预算方案，上报企业财务管理部门。

(3) 审查平衡。企业财务管理部门对各预算执行单位上报的财务预算方案进行审查、汇总，提出综合平衡的建议。在审查、平衡过程中，预算委员会应当进行充分协调，对发现的问题提出初步调整意见，并反馈给有关预算执行单位予以修正。

(4) 审议批准。企业财务管理部门在有关预算执行单位修正调整的基础上，编制出企业预算方案，报财务预算委员会讨论。对于不符合企业发展战略或者预算目标的事项，企业预算委员会应当责成有关预算执行单位进一步修订、调整。在讨论、调整的基础上，企业财务管理部门正式编制企业年度预算方案，提交董事会或经理办公会审议批准。

(5) 下达执行。企业财务管理部门对董事会或经理办公室审议批准的年度总预算，一般在次年 3 月底以前，分解成一系列的指标体系，由预算委员会逐级下达各预算执行单位执行。

3. 预算的编制方法

企业可以根据不同的预算项目，分别采用固定预算、弹性预算、增量预算、零基预算、定期预算和滚动预算等方法编制各种预算。

(1) 固定预算编制方法。固定预算，又称静态预算，是根据预算期内正常的、可实现的某一既定业务量水平为基础来编制的预算。一般适用于固定费用或者数额比较稳定的预算项目。

固定预算的缺点表现在：一是过于呆板，因为编制预算的业务量基础是实现假定的某个业务量。在这种方法下，不论预算期内业务量水平实际可能发生哪些变动，都只按事先确定的某一个业务量水平作为编制预算的基础。二是可比性差。当实际的业务量与编制预算所依据的业务量发生较大差异时，有关预算指标的实际数与预算数就会因业务量基础不同而失去可比性。例如，某企业预计业务量为销售 100 000 件产品，按此业务量给销售部门的预算费用为 5 000 元。如果该销售部门实际销售量达到 120 000 件，超出了预算业务量，固定预算下的费用预算仍为 5 000 元。

(2) 弹性预算编制方法。弹性预算是在按照成本（费用）习性分类的基础上，根据量、本、利之间的依存关系，考虑到计划期间业务量可能发生的变动，编制出一套适应多种业务量的费用预算，以便分别反映在不同业务量的情况下所应支出的成本费用水平。该方法是为了弥补固定预算的缺陷而产生的。编制弹性预算所依据的业务量可能是生产量、销售量、机器工时、材料消耗量和直接人工工时等。

弹性预算的优点表现在：一是预算范围宽；二是可比性强。弹性预算一般适用于与预算执行单位业务量有关的成本（费用）、利润等预算项目。

弹性预算的编制，可以采用公式法，也可以采用列表法。

①公式法。公式法是假设成本和业务量之间存在线性关系，成本总额、固定成本总额、业务量和单位变动成本之间的变动关系可以表示为：

$$Y = a + bx$$

其中 Y 是成本总额，a 表示不随业务量变动而变动的那部分固定成本，b 是单位变动成本，x 是业务量，某项目成本总额 Y 是该项目固定成本总额和变动成本总额之和。这种方法要求按上述成本与业务量之间的线性假定，将企业各项目成本总额分解为变动成本和固定成本两部分。

公式法的优点是在一定范围内预算可以随业务量变动而变动，可比性和适应性强，编制预算的工作量相对较小；缺点是按公式进行成本分解比较麻烦，对每个费用子项目甚至细目逐一进行成本分解，工作量很大。

②列表法。列表法是指通过列表的方式，与各种业务量对应的预算数列示出来的一种弹性预算编制方法。

列表法的主要优点是可以直接从表中查得各种业务量下的成本费用预算，不用再另行计算，因此直接、简便；缺点是编制工作量较大，而且由于预算数不能随业务量变动而任意变动，弹性仍然不足。

(3) 增量预算编制方法。增量预算是指以基期成本费用水平为基础，结合预算期业务量水平及有关降低成本的措施，通过调整有关费用项目而编制预算的方法。增量预算以过去的费用发生水平为基础，主张不需在预算内容上作较大的调整，它的编制遵循如下假定：

第一，企业现有业务活动是合理的，不需要进行调整；

第二，企业现有各项业务的开支水平是合理的，在预算期予以保持；

第三，以现有业务活动和各项活动的开支水平，确定预算期各项活动的预算数。

例如，某企业上年的制造费用为 50 000 元，考虑到本年生产任务增大 10%，按增量预算编制计划年度的制造费用为：

计划年度制造费用预算 = 50 000×（1+10%）= 55 000（元）

增量预算编制方法的缺陷是可能导致无效费用开支项目无法得到有效控制，因为不加以分析地保留或接受原有的成本费用项目，可能使原来不合理的费用继续开支而得不到控制，形成不必要开支合理化，造成预算上的浪费。

(4) 零基预算编制方法。零基预算的全称为“以零为基础的编制计划和预算方法”，它是在编制费用预算时，不考虑以往会计期间所发生的费用项目或费用数额，而是一切以零为出发点，从实际需要逐项审议预算期内各项费用的内容及开支标准是否合理，在综合平衡的基础上编制费用预算的方法。

零基预算的程序如下：

第一，企业内部各级部门的员工，根据企业的生产经营目标，详细讨论计划期内应该发生的费用项目，并对每一费用项目编写一套方案，提出费用开支的目的以及需要开支的费用数额。

第二，划分不可避免费用项目和可避免费用项目。在编制预算时，对不可避免费用的项目必须保证资金供应；对可避免费用的项目，则需要逐项进行成本与效益分析，尽量控制不可避免项目纳入预算当中。

第三，划分不可延缓费用项目和可延缓费用项目。在编制预算时，应根据预算期内可供支配的资金数额在各费用之间进行分配。应优先安排不可延缓费用项目的支出。然后，再根据需要，按照费用项目的轻重缓急确定可延缓项目的开支。

零基预算的优点表现在：①不受现有费用项目的限制；②不受现行预算的束缚；③能够调动各方面节约费用的积极性；④有利于促使各基层单位精打细算，合理使用资金。

（5）定期预算编制方法。定期预算是指在编制预算时，以不变的会计期间（如日历年度）作为预算期的一种编制预算的方法。这种方法的优点是能够使预算期间与会计期间相对应，便于将实际数与预算数进行对比，也有利于对预算执行情况进行分析和评价。但这种方法固定以 1 年为预算期，在执行一段时期之后，往往使管理人员只考虑剩下来的几个月的业务量，缺乏长远打算，导致一些短期行为的出现。

2. 滚动预算编制方法

滚动预算又称连续预算，是指在编制预算时，将预算期与会计期间脱离开，随着预算的执行不断地补充预算，逐期向后滚动，使预算期始终保持为一个固定长度（一般为 12 个月）的一种预算方法，形式类似于滚动计划。

滚动预算的基本做法是使预算期始终保持 12 个月，每过 1 个月或 1 个季度，立即在期末增列 1 个月或 1 个季度的预算，逐期往后滚动，因而在任何一个时期都使预算保持为 12 个月的时间长度，故又叫连续预算或永续预算。这种预算能使企业各级管理人员对未来始终保持整整 12 个月时间的考虑和规划，从而保证企业的经营管理工作能够稳定而有序进行。

二、非预算控制

1. 视察

视察也许算得上是一种最古老、最直接的控制方法，它的基本作用在于获得第一手的信息。作业层（基层）的主管人员通过视察，可以判断出量、质量的完成情况以及设备运转情况和劳动纪律的执行情况等；职能部的主管人员通过视察，可以了解到工艺文件是否得到了认真的贯彻，生产计划是否按预定进度执行，劳动保护等规章制度是否被严格遵守，以及生产程序中存在哪些偏差和隐患等；而上层主管人员通过视察，可以了解到组织方针、目标和政策是否深入人心，可以发现职能部门的情况报告是否属实及员工的合理化建议是否得到认真对待，还可以从与员工的交谈中了解他的情绪和士气等。所有这些，都是主管人员最需要了解的，但却是正式报告中见不到的第一手信息。

但是，视察的优点还不仅仅在于能掌握第一手信息，它还能够使得组的管理者保持和不断更新自己对组织的感觉，使他们感觉到事情是否进展顺利以及组织这个系统是否运转得正常。视察还能够使得上层主管人员发被埋没的人才，并从下属的建议中获得不少启发和灵感。此外，亲自视察就有一种激励下级的作用，它使得下属感到上级在关心着他们。所以，管理人经常亲临现场视察，有利于创造一种良好的组织气氛。

当然，主管人员也必须注意视察可能引起的消极作用。例如也存在这样的可能，即下属可能误解上司的视察，将其看作是对他们工作的一种干涉和不信任，或者是看作不能充分授权的一种表现，这是需要引起注意的。

尽管如此，亲临视察的显著好处仍使得一些优秀的管理者始终坚持这种做法。一方面即使是拥有计算机化的现代管理信息系统，计算机提供的实时信息，作出的各种分析，仍然代替不了主管人员的亲身感受与亲自了解；另一方面，管理的对象主要是人，是要推动人们去实现组织目标，而人所需要是通过面对面的交往所传达的关心、理解和信任。

管理故事

“走动式”管理

美国麦当劳快餐店创始人雷·克罗克，是美国有影响的大企业家之一，他不喜欢整天坐在办公室里，大部分时间都用在“走动式”管理上，即到所属各公司、各部门走走、看看、听听、问问。公司曾有一段时间面临严重亏损，有些经理把许多宝贵的时间耗费在抽烟和闲聊上。于是克罗克想出一个“奇招”，要求将所有经理的椅子靠背都锯掉，经理们只得照办。开始很多人骂克罗克是个疯子，不久大家悟出了他的一番“苦心”，纷纷走出办公室，开展“走动式”管理，及时了解情况，现场解决问题，终于使公司扭亏转盈，有力的促进了公司的生存和发展。

知识链接

走动式管理这一概念最早是由管理学大师帕卡斯尔（R. Pascale）提出，后经过汤姆·彼得斯在《追求卓越》一书中把走动式管理具体化，使得这一管理理念名噪一时，被无数企业誉为“圣经中的圣经”。进入 21 世纪，管理的理念发生着日新月异的变化，而走动式管理被越来越多的企业纳入常态的管理机制，要求各级主管深入市场，走到员工和客户中去，了解工作进度和存在的问题、听取客户反馈的意见、检视员工的执行力。

2. 报告

报告是用来向负责实施计划的主管人员全面、系统的阐述计划的进情况、存在的问题及原因、已经采取了哪些措施、收到了什么效果、预计能出现的问题等情况的一种重要方式。控制报告的主要目的是提供一种如必要即可用作纠正措施依据的信息。

对控制报告的基本要求是必须做到：适时、突出重点、指出例外情况、尽量简明扼要。通常，运用报告进行控制的效果，取决于主管人员对报告的要求。管理实践表明，大多数主管人员对下属应当向他报告什么，缺乏明确的要求。随着组织规模及其经营活动规模的日益扩大，管理也日益复杂，主管人员的精力和时间是有限的，从而，定期的情况报告也就越发显得重要。根据负责实施计划的上层主管人员对掌握情况的需要，报告的内容及要求可归纳为以下四个方面。

（1）投入程度。就是说，主管人员需要确定他本人参与的程度；他需要确定他应在每项计划上花费多少时间，应介入多深。

（2）进展情况。就是说，主管人员需要获得哪些应由他向上级或向其它关单位（部门）汇报的有关计划进展的情况，诸如：我们的进度如何、怎样向我们的客户介绍计划进展情况、在费用方面我们做得如何、如何向客户解释费用问题等。

（3）重点情况。就是说，主管人员需要在向他汇报的材料中挑选哪些应他本人注意和决策的问题。

（4）全面情况。就是说，主管人员需要掌握全盘情况，而不能只是了解特殊情况。

知识链接

GE的报告制度

美国通用电器（GE）公司建了一种行之有效的报告制度。报告主要包括以下八个方面的内容：

1. 客户的鉴定意见以及上次会议以来外部的新情况。这方面报告的作用在于使上级主管人员判断情况的复杂程度和严重程度，以便决定他是否要入以及介入的程度。

2. 进度情况。这方面报告的内容是将工作的实际进度与计划进度进行比较，说明工作的进展情况。通常，拟定工作的进度计划可以采用“计划评技术”。对于上层主管人员来说，他所关心的是处于关键线路上的关键工作的完成情况，因为关键工作若不能按时完成，那么整个工作就有可能误期。

3. 费用情况。报告的内容是说明费用开支的情况。同样，要说明费用情况，必须将其与费用开支计划进行比较，并回答实际的费用开支为什么超了原定计划，以及按此趋势估算的总费用开支（超支）情况，以便上级主要人员采取措施。

4. 技术工作情况。技术工作情况是表明工作的质量和技术性能的完成状况和目前达到的水平。其中很重要的问题是说明设计更改情况，要说明设更改的理由和方案，以及这是客户提出的要求还是我们自己做出的决定等。以上关于进度、费用和技术性能的报告，从三个方面说明了计划执行情况。下面是要报告需要上层主管人员决策和采取行动的那些项目，分为当前的关键问题和预计的关键问题两项。

5. 当前的关键问题。报告者需要检查各方面的工作情况，并从所有存的问题中挑出三个最为关键的问题。他不仅要提出问题所在，还需说明对这个计划的影响，列出准备采取的行动，指定解决问题的负责人，以及规定解决问题的期限，并说明最需要上级领导帮助解决的问题所在。

6. 预计的关键问题。报告的内容是指出预计的关键问题。同样也需要详细的说明问题，指出其影响，准备采取的行动，指定负责人和解决问题的期限。预计的关键问题对上层主管人员来说特别重要，这不仅是为他们制定长期决策时提供选择，也是因为他们往往认为下属容易陷入日常问题而对未来漠不关心。

7. 其他情况。报告的内容是提供与计划有关的其他情况。例如，对组及客户有特别重要意义的成就，上月份（或季、年）的工作绩效与下月份主要任务等。

8. 组织方面的情况，报告的内容是向上层领导提交名单，名单上的人可能会去找这位上层领导，这位领导也需要知道他们的姓名。同时还要审整个计划的组织工作，包括内部的研制开发队伍以及其他的有关机构（部门）。

除了上述二种比较传统的非预算控制方法以外，比较现代的非预算控制方法如损益控制法和计划评审法（这两种方法我们已经分别在决策与计划的相关章节中进行了叙述）等也颇为常用。

第二节 财务分析和审计控制

一、财务分析法

财务报表是用于反映企业经营的期末财务状况和计划期内的经营成果的数字表。财务报表分析，也称经营分析，就是以财务报表为依据来判断企业经营的好坏，并分析企业经营的优劣势。财务报表分析法主要有实际数字法和比率法两种。实际数字法是用财务报表中的实际数字来分析，但有时这种绝对的数字因为可比性问题，不能准确反映企业的不同时期或不同企业间的实际水平。

特别提示： 对于组织经营活动中的各种不同度量之间的比率分析，是一项非常有效的控制技术或方法。“有比较才会有鉴别”，也就是说，信息都通过事物之间的差异传达的。一般说来，仅从有关组织经营管理工作成效的绝对数量的度量中是很难得出正确结论的。例如，仅从一个企业年创利 1 000 万元这个数字上很难得出什么明确的概念，因为我们不知道这个企业的销售额是多少；不知道它资金总数是多少；不知道它所处的行业的平均利润水平是多少；也不知道企业上年和历年实现利润是多少等等。所以，在我们作出有关一个组织经营活动是否有显著成效的结论之前，必须首先明确比较的标准。

企业经营活动分析中常用的比率可以分为两大类，即财务比率和经营比率。前者主要用于说明企业的财务状况；后者主要用于说明企业经营活动状况。

1. 财务比率

财务比率及其分析可以帮助我们了解企业的偿债能力和盈利能力等财务状况。

流动比率是企业的流动资产与流动负债之比，它反映了企业偿还需要付现的流动债务的能力。一般来说，企业资产的流动性越大，偿债能力就越强；反之，偿债能力则弱，这样会影响企业的信誉和短期偿债能力。因此，企业资产应具有足够的流动性。

负债比率是企业总负债与总资产之比，它反映了企业所有者提供的资金与外部债权人提供的资金的比率关系。只要企业全部资金的利润高于借入资金的利息，且外部资金不在根本上威胁企业所有权的行使，企业就可以充分的向债权人借入资金以获取额外的利润。

盈利比率是企业利润与销售额或全部资金等相关因素的比例关系，它们反映了企业在一定时期从事某种经营活动的盈利程度及其变化情况。管理控制中常用的比率有销售利润率和资金利润率。

2. 经营比率

经营比率也称活力比率，是与资金利用有关的几种比例关系。它们反映了企业经营效率的高低和各种资源是否得到了充分利用。常用的经营比率有：

库存周转率。它是销售总额与库存平均价值的比例关系，反映与销售收入相比库存数量是否合理，表明投入库存的流动资金的使用情况。

固定资产周转率。它是指销售总额与固定资产之比，反映单位固定资产能够提供的销售收入，表明企业固定资产的利用程度。

销售收入与销售费用的比率。它表明单位销售费用能够实现的销售收入，在一定程度上反映了企业营销活动的效率。

在企业经营管理实践中，除了上述两类比例分析外，还常常用市场占有率和相对市场占有率指标等比例分析法来衡量企业的竞争实力。

二、审计控制

审计是对反映企业资金运动过程及其结果的会计记录及财务报表进行审核、鉴定，以判断其真实性和可靠性，从而为控制和决策提供依据。根据审查主体和内容的不同，审计一般分为三种：外部审计、内部审计和管理审计。

（1）外部审计。外部审计是由外部机构（如会计师事务所）选派的审计人员对企业财务报表及其反映的财务状况进行独立的评估。为了检查财务报表及其反映的资产与负债的账面情况与企业真实情况是否相符，外部审计人员需要抽查企业的基本财务记录，以验证其真实性和准确性，并分析这些记录是否符合公认的会计准则和记账程序。

特别提示： 外部审计实际上是对企业内部虚假、欺骗行为的一个重要而系统的检查，因此起着鼓励诚实的作用。由于知道外部审计不可避免的要进行，企业就会努力避免做那些在审计时可能会被发现的不光彩的事。

（2）内部审计。内部审计是由企业内部的机构或由财务部门的专职人员来独立进行的。内部审计兼有许多外部审计的目的。它不仅要像外部审计那样核实财务报表的真实性和准确性，还要分析企业的财务结构是否合理；不仅要评估财务资源的利用效率，而且要检查和分析企业控制系统的有效性；不仅要检查目前的经营状况，而且要提供改进这种状况的建议。

（3）管理审计。外部审计主要核对企业财务记录的可靠性和真实性；内部审计在此基础上对企业政策、工作程序与计划的遵循程度进行测定，并提出必要的改进企业控制系统的对策建议；管理审计的对象和范围则更广，它是一种对企业所有管理工作及其绩效进行全面系统的评价和鉴定的方法。管理审计虽然也可由组织内部的有关部门进行，但为了保证某些敏感领域得到客观的评价，企业通常聘请外部的专家来进行。

管理审计的方法是利用公开记录的信息，从反映企业管理绩效及其影响因素的若干方面将企业与同行业其他企业或其他行业的著名企业进行比较，以判断企业经营与管理的健康程度。

特别提示： 管理审计在实践中遇到了许多批评，其中比较重要的意见认为，这种审计过多评价组织过去的努力和结果，而不致力于预测和指导未来的工作，导致有些企业在获得了极好评价的管理审计后不久就遭到了严重的财政困难。尽管如此，管理审计不是在一两个容易测量的活动领域进行了比较，而是对整个组织的管理绩效进行了评价，因此可以为指导企业在未来改进管理系统的结构、工作程序和结果提供有用的参考。

第三节　产品库存和质量控制

一、库存控制

必要的库存是商品生产和流通得以连续进行的条件，正常的库存反映了商品生产与流通的客观需要，而超过了这一需求，其超出部分就会形成积压，就会增加企业的成本。因此，企业必须对其存货进行有效的控制。

管理故事

电子行业的存货规则

21世纪初期，戴尔公司的库存量相当于5天的出货量，康柏的库存天数为26天，一般PC机厂商的库存时间为2个月，而中国IT巨头联想集团是30天。戴尔公司分管物流配送业务的副总裁迪克·亨特说，高库存一方面意味着占有更多的资金，另一方面意味着使用了高价物料。戴尔公司的库存量只相当于一个星期出货量，而别的公司库存量相当于四个星期出货量，这意味着戴尔拥有3%的物料成本优势，反映到产品低价就是2%或3%的优势。迈克尔·波特曾说："在电子产业里，科技改变的步调之快，可以让你手上拥有的存货价值在几天内就跌落谷底。而在信息产业，信息的价值可以在几个小时、几分钟，甚至几秒钟内变得一文不值。存货的生命，如同菜架上的生菜一样短暂。对于原料价格或信息价值很容易快速滑落的产业而言，最糟糕的情况便是拥有存货。"

库存控制的方法很多，本书主要介绍制定经济合理库存量的方法、控制库存量在规定范围内变动的订货方式。

1. 库存的经济批量

企业库存按其作用一般分为经常库存和保险库存。保险库存是指为了防备物资在因客观原因（如运输延误、交货期拖延等）未能按期进货的情况下，生产不至中断而建立的物资库存。它一般是企业库存的不变部分，一旦被动用应及时补充。库存决策的主要内容之一就是确定经济合理的物资库存数量，包括经常库存数量和保险库存数量。

经常库存数量也就是每次采购的批量，一般采用经济订购批量法来确定。经济采购批量是在一定时期内某种产品的总费用（采购总费用与储存费用之和）为最少时的产品采购批量，如图16—3所示。每次采购批量的大小，会引起两种费用发生相反的变化。一是订购费用，即用在该项物资采购上的费用，包括运杂费、差旅费、采购手续费、验收费用等。一般地讲，每次的订购费是一个常数，它与每次采购的数量无关。在年需要量一定的情况下，采购批量越大，采购次数就越少，全年采购费用就越小，反之亦然。因此，年采购费用与采购批量成反比。二是保管费用，即物资在存储过程中所发生的费用。包括库房及仓储设备的折旧费、修理费，保管人员的工资，储备物资的保险费、损失费及占用资金的利息等。每次采购的数量越多、保管费就越多。因此，保管费与采购批量成正比。由于节省这两类费用的要求是相对立的，所以，在确定订购批量时，必须把两类费用结合起来考虑，求出一个经济订购批量，即是年订购费与年保管费之和最小的订购批量。

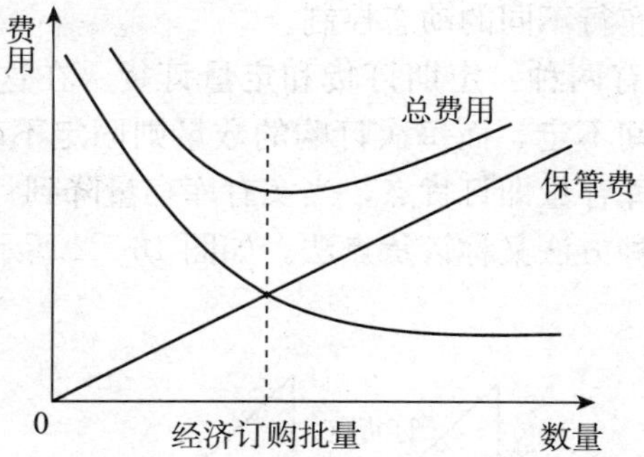

图 16—1　经济订购批量模式

确定经济采购批量需要一定的前提条件：一是产品的需求量要相对均衡、稳定，计划期（通常为一年）内采购总数量一定；二是货源充足、稳定，每次采购不受限制；三是产品单价和运费率相对固定不变，不受采购批量大小的影响；四是仓储条件、资金条件不受限制。

在一定时期内某种产品的采购总数量已定的前提条件下，采购总费用与采购批次成正比关系，而与采购批量成反比关系；储存总费用与采购批量成正比关系，而与采购批次成反比关系，如图 16—1 所示。

经济采购批量的计算公式为：

$$经济采购批量=\sqrt{\frac{2\times 年采量\times 平均每次采用}{位商品价格\times 位商品存用率}}$$

$$=\sqrt{\frac{2\times 年采量\times 平均每次采用}{位商品年存用}}$$

可用字母表示为：

$$Q=\sqrt{\frac{2\times D\times C}{P\times I}}=\sqrt{\frac{2\times D\times C}{H}}$$

式中：D 为年采购总数量（即年需求量），C 为平均每次的采购费用，P 为单位商品价格（即商品单价），I 为单位商品年储存费用率，H 为单位商品年储存费用，Q 为经济采购批量。求出了经济采购批量后，就可计算年总费用 T_C 。用字母表示为

$$T_C=\sqrt{2\times D\times C\times H}$$

为防止供货误期，企业一般均设立保险储备，并制定经济合理的储备量标准（保险储备定额）。保险储备定额的计算公式如下：

保险储备定额＝平均每日需要量×保险天数

保险储备天数一般根据历史资料计算出物资到货的平均误期天数，再结合计划期的可能情况加以确定。

设立保险储备要占用一定量的资金，支付较大的储备费用。所以对某些物资，如果较易采取措施恢复供应，则可允许有一定量的缺货而不设立保险储备。

2. 库存控制的订货方式

库存控制不仅要确定物资库存的最佳数量，还要控制物资库存的动态变化。通过选择订货方式可以对物资库存实行不同的动态控制。

物资的订货方式主要有两种：定期订货和定量订货。在这里，主要介绍定量订货方式。定量订货就是订购时间不定，而每次订购的数量则固定不变，如等于经济订购批量。具体办法是预先规定一个库存量即订货点，当实有库存量降到订货点时，就按固定的订购数量提出订货或采购。这种方法又称订货点法。如图 16—2 所示：

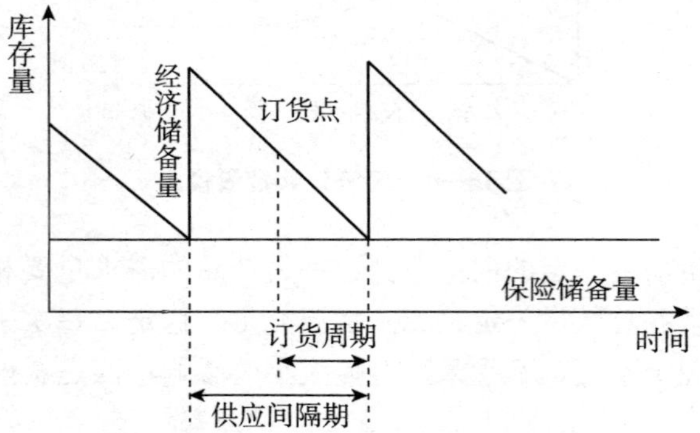

图 16—2 物资储备结构

管理故事

先锋电子公司的库存控制

先锋电子公司是一家总部位于日本东京的年销售收入 642 万亿日元的全球化电子消费品公司。公司在全世界设立了 150 多个分支机构。在激烈的市场竞争中，管理层逐渐意识到控制公司的库存水平在电子消费品行业中的重要性。因此决定对其整个供应链进行整合，并且确定了明确的战术目标，即：削减库存；库存风险的明细化；降低生产销售计划的周期。公司通过对需求变动原因的收集和分析，制定高精度的销售计划，同时通过缩短计划和周期，尤其是销售计划和生产的周期来达到削减库存的目的；通过基于客观指标的需求预测模型，依靠统计手法所得的需求预测，和反映销售意图的销售计划分离的机制来使库存风险的明细化；同时通过系统引入，预测、销售计划业务的效率化，各业务单位的生产销售计划标准化、共享化，来制定未来销售拓展计划，并进而达到生产销售计划周期的降低。

销售计划的预测模型在先锋电子的推行取得了积极的成效：在管理咨询公司的帮助下，先锋电子可以依靠系统制定出综合多方因素的销售计划，并且，通过生产、销售计划的编制精度的提高，使得原材料等物料的采购提前期从 4 天减少到 2 天。

二、质量控制

产品质量是指能够满足人们需要的自然属性或特点，即产品的使用价值。质量控制的目的是以经济的方法，生产出用户满意的产品。为此，质量控制要从产品质量的变化同所发生费用的变化方面进行经济分析，找出最佳的质量水平并将其作为产品质量目标加以控制。

一般地讲，随着产品质量的提高，生产产品的费用也会相应的增加。当质量水平达到一定水平后，哪怕是质量的微小提高，也要付出极大的努力，而导致成本的大幅度增加；另一方面，随着产品质量的提高，产品售价也会相应的提高，但当价格达到一定水平后，质量的提高，对价格的影响会越来越小。产品质量与成本、价格的关系，如图16—3所示。

由图16—3可知，不同的质量等级有着不同的价格、成本和利润与之对应，使利润最大的质量等级Q_0，就是最佳质量等级。以上分析是从生产领域的角度考虑的，其成本仅指设计制造成本。如果从产品的设计制造一直到使用消费等全过程即产品寿命周期的角度考虑，其成本就应是从产品开发、制造、销售直到使用期间的全部成本，即包括由研制和生产阶段的费用所形成的产品制造成本和产品在使用过程中的能源消耗、维修、操作、管理费用等所构成的产品使用成本两部分。

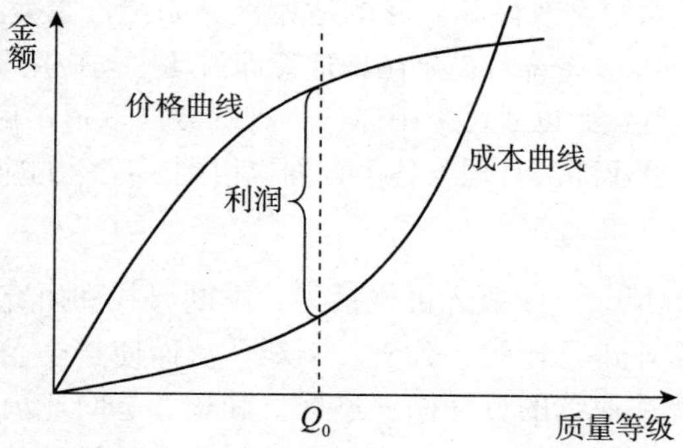

图16—3　质量、成本、价格的关系

这就是所讲的寿命周期成本。制造成本与使用成本往往是互为消长的，即制造成本高时，由于产品质量好会带来使用成本的降低；反之，制造成本低，使用成本就要高些。因此，从社会的角度考虑，最佳的质量等级或质量水平应是使产品寿命周期成本最低的质量水平。

制造成本和使用成本与质量水平的关系，如图16—4所示。

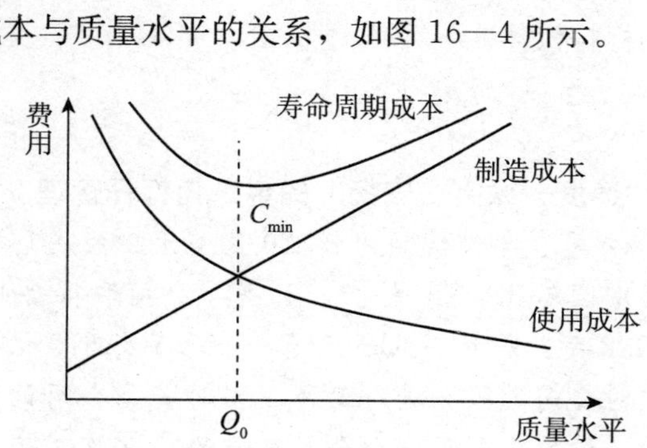

图16—4　质量、成本关系图

由图 16—6 可知，由于制造成本和使用成本的消长关系，使寿命周期成本有个最低点。寻找寿命周期成本最低时的质量水平 Q_0，是质量控制的重要工作。

第四节 现代组织绩效综合控制技术

一、标杆管理法

在本章开篇导入的案例中我们介绍了施乐公司实施标杆管理法的卓越成就。标杆管理法由美国施乐公司于 1979 年首创，是现代西方发达国家企业管理活动中支持企业不断改进和获得竞争优势的最重要的管理方式之一，西方管理学界将其与企业再造、战略联盟一起并称为 20 世纪 90 年代三大管理方法。标杆管理方法较好的体现了现代知识管理中追求竞争优势的本质特性，因此具有巨大的实效性和广泛的适用性。如今，像美国的杜邦、柯达、通用、福特、美孚埃克森及 IBM 等这些著名企业在日常管理活动中均应用了标杆管理法，而在中国像海尔、李宁、联想等知名企业也通过采用标杆管理的方法取得了巨大成功。此外，标杆管理在许多公共管理部门和事业部门管理等各个方面也得到了广泛的应用。

1. 标杆管理的含义

标杆管理（Benchmarking）的概念可概括为：不断寻找和研究同行一流公司的最佳实践，并以此为基准与该企业进行比较、分析、判断，从而使自己企业得到不断改进，进入或赶超一流公司，创造优秀业绩的良性循环过程。其核心是向业内或业外的最优秀的企业学习。通过学习，企业重新思考和改进经营实践，创造自己的最佳实践，这实际上是模仿创新的过程。

2. 标杆管理的基本要素

标杆管理主要有以下三个要素：

（1）标杆管理实施者，即发起和实施标杆管理的组织。

（2）标杆伙伴，也称标杆对象，即定为“标杆”被学习借鉴的组织。它包括组织内部的标杆伙伴和组织外部的标杆伙伴。

管理故事

“速度—微笑—安抚”的金三角标杆管理

2000 年，埃克森美孚公司全年销售额为 2 320 亿美元，位居全球 500 强第一位。人均产值为 193 万美元，约为中国石化的 50 倍。而让美孚公司取得如此骄人业绩的关键，在于其实施的标杆管理。1992 年，美孚石油还只是一个每年有 670 亿美元收入的公司，但年初的一个调查让公司决定对公司的服务进行变革。当时美孚公司询问了服务站的 4 000 位顾客什么对他们是重要的，结果得到了一个令人震惊的数据：仅有 20%的被调查者认为价格是最重要的。其余的 80%想要三件同样的东西：能提供帮助的友好员工、快捷的服务和对他们的消费忠诚予以认可。

根据这一发现，美孚开始考虑如何改造遍布全美的 8 000 个加油站，讨论的结果是实施标杆管理。公司由不同部门人员组建了 3 个团队，分别以速度（经营）、微笑（客户服务）、安抚（顾客忠诚度）命名，以通过对最佳实践进行研究作为公司的标杆，努力使客户体会到加油也是愉快的体验。

速度小组找到了 Penske，它在 Indy500 比赛中以快捷方便的加油站服务而闻名。速度小组仔细观察了 Penske 如何为通过快速通道的赛车加油，这个团队身着统一的制服，分工细致，配合默契。速度小组还了解到，Penske 的成功部分归于电子头套耳机的使用，它使每个小组成员能及时的与同事联系。

微笑小组考察了丽嘉—卡尔顿宾馆的各个服务环节，以找出该饭店是如何获得不寻常的顾客满意度的。结果发现卡尔顿的员工都深深的铭记：自己的使命就是照顾客人，使客人舒适。微笑小组认为，美孚同样可以通过各种培训，建立员工导向的价值观，来实现自己的目标。

安抚小组到“家居仓储”去查明该店为何有如此多的回头客。在这里他们了解到：公司中最重要的人是直接与客户打交道的人，这意味着企业要把时间和精力投入到如何招聘和训练员工上。安抚小组的调查改变了公司的观念，使领导者认为自己的角色就是支持一线员工，让他们把出色的服务和微笑传递给客户，传递到公司以外。

（3）标杆管理项目，也称标杆管理内容，即存在不足，通过标杆管理向他人学习借鉴以谋求提高的领域。

3. 标杆管理的实施过程

根据施乐公司的经验，标杆管理的实施过程包括 5 个阶段和 10 个步骤，下面以施乐公司的标杆管理为例，说明如下：

（1）规划阶段。

①确定标杆管理的内容。此系标杆管理的第一步。施乐实施的第一个标杆管理的内容是关于复印机制造的。施乐震惊地发现其日本的竞争对手竟然以其成本价出售高质量的复印机，因此，针对这个问题开展了标杆管理研究，并取得了很好的成果。

②确定标杆管理的对象。施乐首先研究它的一个日本子公司，富士—施乐，然后是佳能等公司，以此来确定它的日本对手的相关成本是否与他们的价格一样低。

③搜集标杆管理的数据。研究证实，美国的价格确实比日本的要高。日本的成本控制水平成了施乐的目标。来自公司主要领域的管理人员纷纷前往施乐的日本子公司考察并收集信息。

（2）分析阶段。

①确定目前的绩效差距。之所以日本对手的复印机能够以施乐公司的成本价销售，它们之间在执行上必然存在着差距。施乐公司将搜集到的信息用来发现差距。

②确定将来的绩效水平。根据差距分析，计划未来的执行水平，并确定这些目标应该如何获得及保持。

（3）综合阶段。

①交流标杆管理的成果。所有的施乐员工都在质量培训中至少获得过 28 小时的培训，

而且有很多员工则进行了高级质量技术的培训。一旦一个新的标杆管理项目确定，它都将被公司的员工拿来讨论，这样其他人可以在其日常操作中更有效的使用。

②确立要实现的目标。施乐公司发现，购得的原料占其制造成本的70%，原料成本细微的下降可以带来大量的利益。公司将其供应商基数从20世纪80年代初的5 000多个削减到目前的420个，不合格零件的比率从1980年的10‰下降到目前0.225‰，6/7的质量检查人员重新安排了工作，95%的供应零件根本不需要检查，零件的购得时间从1980年的39个星期下降到8个星期，购买零件的成本下降了45%。这些目标并不是必须同时确立，但是随着标杆管理过程的进行工作的推进，它们都顺利实现了。

(4) 行动阶段。

①形成行动计划。必须制定具体的行动计划。施乐公司制定了一系列的计划，使得领先时间减少了，复印机的质量提高了。

②实施和监控行动计划。标杆管理必须是一个调整的过程，必须制定特定的行动计划以及进行结果监控以保证达到预定目标。

③重新标杆管理。如果标杆管理没有取得理想的效果，就应该重新检查以上步骤，找出具体的原因，再重新进行标杆管理工作。

(5) 见效阶段。在对日本行业进行了标杆管理之后，施乐并没有停止不前。它开始了对其他竞争对手、一流企业的标杆管理。1996年，施乐公司是世界上惟一一个获得所有的三个重要奖励的公司：日本Deming奖、美国MalcolmBaldrige国家质量奖以及欧洲质量奖。显然，采用标杆管理使施乐公司受益匪浅。

二、六西格玛管理法

1. 六西格玛的概念

σ（Sigma，西格玛）是一个希腊字母，在统计学中用来表达数据的离散程度，即标准差。对于任何变量 ξ，$E\xi$ 为其平均值，$\xi - E\xi$ 为其离差，离差平方的平均值为方差，方差的平方根为标准差。标准差可以通过以下公式求得：

$$\sigma = E(\xi - E\xi)^2$$

式中：E——平均值符号

一般情况下，变量大多服从正态分布的规律。正态分布是一种对称的分布，靠近平均值的数据较多而远离平均值的数据较少。σ描述的就是数据与其平均值的离散程度，σ的值越大，表明数据越分散，越有机会超出允许的偏差范围。

通常而言，对于产品的质量或工艺过程的某项指标，企业会规定一个目标值和一个允许的偏差范围。假定有两个工厂，都生产某种型号的零件，该零件长度的目标值为100毫米，允许偏差的下限和上限分别为98、102毫米，甲工厂生产的10个零件长度分别为99、98、100、101、100、102、100、99、101、100毫米；乙工厂生产的10个零件长度分别为99、98、100、101、102、100、99、97、101、103毫米。尽管两个工厂生产的零件长度平均值都是100毫米，但由于甲工厂的标准差要比乙工厂小，因此，甲工厂的10个零件全部合格，而乙工厂合格的零件只有8个，废品率为20%。此时，乙工厂的标准差为5.48毫米，远远大于2毫米的允许偏差范围。

特别提示： 质量特性一旦偏离目标值就会造成损失，质量特性越远离目标值，造成的损失就越大。质量改善的目标之一就是要使标准差变小。

为了降低废品率，乙工厂的管理者决定采用 6σ 标准。他用 6 个 σ 去分摊可以被允许的 2 毫米偏差，则每个 σ 仅为 0.33 毫米，由于 σ 数值大大缩小，管理标准一下子严格了很多，就可以大大减少乃至消除生产废品的可能性。σ 前面的倍数越大，表明品质管理越严格。传统的公司品质已提升至 3σ，此时，产品的合格率已达至 93.32%的水平，只有 6.68%为废品。通过将标准提高到 6σ，进一步缩小标准差，收窄数据分布的范围，可以大大减少产品品质落在允许的偏差范围之外的概率。达到 6σ 意味着每百万机会缺陷数（DPMO，Defect Per Million Opportunities）只有 3.4 个，如表 16—1 所示。

表 16—1　　6σ 管理法转换表

合格率（%）	DPMO（百万机会缺陷数）	σ
30.85	691 500	1
69.15	308 500	2
93.32	66 800	3
99.38	6 200	4
99.977	230	5
99.999 66	3.4	6

可见，6σ 管理（6σ Approach）是为追求同业领先地位而全面策划、持续规范化的质量改进活动。它以提升品质作为主线，以顾客需求为中心，利用对事实和数据的分析，改进企业的业务流程能力。6σ 管理成功的将质量意识与企业每个员工的日常工作水乳交融在一起，改变了传统的以检查审核为主的质量控制观念，从企业核心流程的角度保证了最终产品的质量。

六西格玛管理是一种战略，因为它关注全面的顾客满意度。同时它也是一种准则，因为它遵循规范化的六西格玛改进模型，即我们所熟悉的 DMAIC。该改进模型的五个步骤是：

（1）定义（Define）：定义关键输出并识别需要改进的差距；

（2）测量（Measure）：收集整理能够帮助缩小差距的数据，为量化分析做好准备；

（3）分析（Analyze）：分析数据；

（4）改进（Improve）：通过修改或重新设计来改进现有的作业流程；

（5）控制（Control）：控制新的流程，确保维持一定的绩效水平。

六西格玛管理是七种质量管理工具的集合。我们将在本章的第四节对它们进行简要介绍，即调查表、帕累托图、因果分析图、相关图、分层法、直方图及控制图。

2. 6σ 管理的特征

作为持续性的质量改进方法，6σ 管理具有如下特征：

（1）对顾客需求的高度关注。6σ 管理以更为广泛的视角，关注影响顾客满意的所有方面。6σ 管理的绩效评估首先就是从顾客开始的，其改进的程度用对顾客满意度和价值的影响来衡量。6σ质量代表了极高的对顾客要求的符合性和极低的缺陷率。它把顾客的期望作为目标，并且不断超越这种期望。企业从3σ开始，然后是4σ、5σ，最终达到6σ。

（2）高度依赖统计数据。数据是实施6σ管理的重要工具，以数字来说明一切，所有的生产表现、执行能力等，都量化为具体的数据，成果一目了然。决策者及经理人可以从各种统计报表中找出问题在哪里，真实掌握产品不合格情况和顾客抱怨情况等，而改善的成果，如成本节约、利润增加等，也都以统计资料与财务数据为依据。

（3）重视业务流程的改善。6σ管理将重点放在产生缺陷的根本原因上，认为质量是靠流程的优化，而不是通过严格对最终产品的检验来实现的。企业应该把资源放在认识、改善和控制原因上而不是放在质量检查、售后服务等活动上。质量不是企业内某个部门和某个人的事情，而是每个部门及每个人的工作，追求完美成为企业中每一个成员的行为。6σ管理有一整套严谨的工具和方法来帮助企业推广实施流程优化工作，识别并排除那些不能给顾客带来价值的成本浪费，消除无附加值活动，缩短生产、经营循环周期。

（4）积极开展主动改进型管理。掌握了6σ管理方法，就好像找到了一个重新观察企业的放大镜。人们惊讶的发现，缺陷犹如灰尘，存在于企业的各个角落。这使管理者和员工感到不安。要想变被动为主动，努力为企业做点什么。员工会不断的问自己：现在到达了几个σ？问题出在哪里？能做到什么程度？通过努力提高了吗？这样，企业就始终处于一种不断改进的过程中。

（5）倡导无界限合作、勤于学习的企业文化。

3. 6σ管理的组织结构

6σ管理需要一套合理、高效的人员组织结构来保证改进活动得以顺利实现。在过去，之所以有80%的全面质量管理（TQM）实施者失败，最大原因就是缺少这样一个组织结构。

（1）6σ管理委员会。6σ管理委员会是企业实施6σ管理的最高领导机构。该委员会主要成员由公司领导层成员担任，其主要职责是：设立6σ管理初始阶段的各种职位；确定具体的改进项目及改进次序，分配资源；定期评估各项目的进展情况，并对其进行指导；当各项目小组遇到困难或障碍时，帮助他们排忧解难。成功的6σ管理有一个共同的特点，就是企业领导者的全力支持。6σ管理的成功在于从上到下坚定不移的贯彻，企业领导者必须深入了解6σ管理对于企业的利益以及实施项目所要达到的目标，从而使他们对变革充满信心，并在企业内倡导一种不断改进的变革氛围。

（2）执行负责人。6σ管理的执行负责人由一位副总裁以上的高层领导担任。这是一个至关重要的职位，要求具有较强的综合协调能力的人才能胜任。其具体职责是：为项目设定目标、方向和范围；协调项目所需资源；处理各项目小组之间的重叠和纠纷，加强项目小组之间的沟通等。

（3）黑带。黑带（Black Belt）来源于军事术语，指那些具有精湛技艺和本领的人。黑带是6σ变革的中坚力量，对黑带的认证通常由外部咨询公司配合公司内部有关部门来完成。黑带由企业内部选拔出来。全职实施6σ管理，在接受培训取得认证之后，被授予黑带称号，担任项目小组负责人，领导项目小组实施流程变革，同时负责培训绿带。黑带的候选人应该具备大学数学和定量分析方面的知识基础，需要具有较为丰富的工作经验。他们必须完成160小时的理论培训，由黑带大师一对一的进行项目训练和指导。经过培训的黑带应能够熟练的操作计算机，至少掌握一项先进的统计学软件。那些成功实施 6σ 管理的公司，大约只有 1%的员工被培训为黑带。

（4）黑带大师。这是 6σ 管理专家的最高级别，其一般是统计方面的专家，负责在 6σ 管理中提供技术指导。他们必须熟悉所有黑带所掌握的知识，深刻理解那些以统计学方法为基础的管理理论和数学计算方法，能够确保黑带在实施应用过程中的正确性。统计学方面的培训必须由黑带大师来主持，黑带大师的人数很少，只有黑带的 1/10。

（5）绿带。绿带（Green Belt）的工作是兼职的，他们经过培训后，将负责一些难度较小的项目小组，或成为其他项目小组的成员。绿带培训一般要结合 6σ 具体项目进行 5 天左右的课堂专业学习，包括项目管理、质量管理工具、质量控制工具、解决问题的方法和信息数据分析等。

一般情况下，由黑带负责确定绿带培训内容，并在培训之中和之后给予协助和监督。

4. 6σ 管理的实施程序

（1）辨别核心流程和关键顾客。随着企业规模的扩大，顾客细分日益加剧，产品和服务呈现出多标准化，人们对实际工作流程的了解越来越模糊。获得对现有流程的清晰认识，是实施 6σ 管理的第一步。

（2）定义顾客需求。

（3）针对顾客需求评估当前行为绩效。如果公司拥有雄厚的资源，可以对所有的核心流程进行绩效评估。如果公司的资源相对有限，则应该从某一个或几个核心流程入手开展绩效评估活动。

（4）辨别优先次序，实施流程改进。对需要改进的流程进行区分，找到高潜力的改进机会，优先对其实施改进。如果不确定优先次序，企业多方面出手，就可能分散精力，影响 6σ 管理的实施效果。

（5）扩展、整合 6σ 管理系统。当某一 6σ 管理改进方案实现了减少缺陷的目标之后，如何巩固并扩大这一胜利成果就变得至关重要了。因此需要提供连续的评估以支持改进，同时定义流程负责人及其相应的管理责任，并实施闭环管理，不断向 6σ 绩效水平推进。

特别提示： 成功的六西格玛项目与公司的战略方向是相关的。它是一种以管理为导向、基于团队并由专家领导的方法。并且，实施六西格玛需要大量的时间，尤其是来自管理层的时间。这些高层必须阐明计划，传达公司的目标并获得员工的认同，并且在给他人树立榜样方面发挥显著作用。

管理故事

6σ 管理在企业中的实践

1. 摩托罗拉：6σ 管理的先驱

最早实施 6σ 管理的是摩托罗拉公司。摩托罗拉公司早先以生产军用通讯设备著称。20 世纪 80 年代初，随着移动电话的兴起，该公司开始开发移动电话机。作为高科技产品，移动电话机对可靠性要求极高。延用常规的 3σ 控制标准进行产品制造过程的质量控制，使得产品质量屡屡报警。在这样的情况下，摩托罗拉公司专门组织资深质量工程师从事可靠性质量控制，通过数年的研究和实践，首创了 6σ 管理方法，将传统的以 3σ 为标准的质量控制方法，改革为以6σ为标准的过程控制方法，极大程度的限制了不合格产品流入下道工序，保证了装配的质量和产品的可靠性。摩托罗拉公司1987年开始导入6σ管理，仅仅用了2年的时间，公司就获得了美国马可姆·波里奇国家质量奖。3年后，公司的6σ管理战略取得了空前的成功，产品的不合格率从6 210DPMO（约4σ）减少到32DPMO(5.5σ)，在此过程中，节约的成本超过20亿美元。随后，德州仪器公司（TexasInstruments)、联信公司（AlliedSignal，后与霍尼维尔Honeywell等在各自的制造流程中推广6σ管理，均获得成功。

2. 通用电气：6σ管理名声大振

6σ管理真正名声大振，是在通用电气公司全面实施6σ管理模式取得辉煌业绩之后。1995年，在公司董事长兼CEO杰克·韦尔奇的主持下，GE开始推行6σ管理方法。作为与产品服务、全球化并列的三大战略之一，6σ管理为通用电气公司的发展立下了汗马功劳。自实施6σ管理以来，公司的营业利润从1995年的66亿美元飙升为1999年的107亿美元。6σ管理的收益1997年为3亿美元，1998年达到7.5亿美元，1999年达到15亿美元。韦尔奇简直是疯狂的迷上了6σ管理，他说：“6σ管理永远的改变了GE。所有的人(从6σ的热心者到工程师、审核员、科学家以及将公司领向新世纪的高层领导）都是6σ这一公司正在运作的管理方法的忠实信徒”。6σ管理最终使GE发展成为全球最大、最成功的多元化经营的跨国公司。韦尔奇也被人们赞誉为“世界头号CEO”。

3. 其他公司

6σ管理很快受到其他世界级大公司的关注，很多美国大公司相继实施这种先进的管理方法。一直在质量领域领先全球的日本企业也在20世纪90年代后期纷纷加入6σ管理的行列，这其中包括索尼、东芝等。韩国的三星、LG也开始了向6σ管理进军的旅程。几乎所有的《财富》500强制造型企业都陆续实施了6σ管理战略。花旗银行、亚马逊网站等一些服务性企业也开始实施6σ管理，以提高服务质量、维护客户忠诚度。6σ管理不再只是一种单纯的面向制造性业务流程的质量管理方法，也成为有效的提高服务性业务流程的管理方法。

三、平衡计分卡

平衡计分卡（The Balanced Scorecard，简称BSC）于20世纪90年代初由哈佛商学院的罗伯特·卡普兰（Robert Kaplan）和研究所所长诺朗诺顿（Nolan Norton Institute)、美国复兴全球战略集团创始人兼总裁戴维·诺顿（David Norton）所从事的“未来组织绩效衡量方法“一种绩效评价体系”。当时该计划的目的，在于找出超越传统以财务量度为主的绩效评价模式，以使组织的策略能够转变为行动而发展出来的一种全新的组织绩效管理方法。平衡计分卡自创立以来，在国际上，特别是在美国和欧洲，很快引起了理论界和客户界的浓厚兴趣与反响。

平衡计分卡被《哈佛商业评论》评为75年来最具影响力的管理工具之一，它打破了传统的单一使用财务指标衡量业绩的方法。而是在财务指标的基础上加入了未来驱动因素，即客户因素、内部经营管理过程和员工的学习成长，在集团战略规划与执行管理方面发挥非常重要的作用。根据解释，平衡计分卡主要是通过图、卡、表来实现战略的规划。

1. 平衡计分卡的含义与本质特征

平衡计分卡是指根据企业组织的战略要求而精心设计的指标体系。按照卡普兰和诺顿的观点"平衡计分卡是一种绩效管理的工具。它将企业战略目标逐层分解转化为各种具体的相互平衡的绩效考核指标体系，并对这些指标的实现状况进行不同时段的考核，从而为企业战略目标的完成建立起可靠的执行基础"。

> **特别提示：** 一架新型的喷气式飞机上安装有空速表、测高仪、燃料表等许多仪器为飞行员提供多方面的信息。飞行员只有对这些信息加以综合利用，才能完成一次安全的飞行。平衡记分卡正如飞机上众多仪表所起的作用一样，平衡计分卡能够为企业的成功之路提供各方面有用的信息，助其实现长远的目标。

平衡记分卡的本质特征主要体现在：

（1）平衡计分卡是一个系统性的战略管理体系，是根据系统理论建立起来的管理系统。平衡计分卡是一个核心的战略管理与执行的工具，是在对企业总体发展战略达成共识的基础上，通过设计实施，将其四个角度的目标、指针以及初始行动方案有效地结合在一起的一个战略管理与实施体系。它的主要目的是将企业战略转化为具体的行动，以创造企业的竞争优势。

（2）平衡计分卡是一种先进的绩效衡量的工具。平衡计分卡将战略分成四个不同角度的运作目标，并依此四个角度分别设计适量的绩效衡量指标。因此，它不但为企业提供了有效运作所必需的各种信息，克服了信息的庞杂性和不对称性的干扰，更重要的是，它为企业提供的这些指标具有可量化、可测度、可评估性，从而更有利于企业进行全面系统的监控，促进企业战略与远景目标的达成。

（3）平衡计分卡作为一种沟通工具。它是整个系统最基础和最强大的特性。一个精心设计的清晰而有效的绩效指标，清楚的描述你指定的战略并使抽象的远景与战略变得栩栩如生。据调查，实施平衡计分卡之前，不到50%的人说他们知道并理解企业组织的战略。而在实施平衡计分卡一年之后，该比例上升到87%！

（4）平衡计分卡强调绩效指标之间的因果关系。平衡计分卡与其他绩效管理系统的差别在于注重因果关系。

2. 平衡记分卡原理流程分析

平衡记分卡是一套从四个方面对公司战略管理的绩效进行财务与非财务综合评价的评分卡片，不仅能有效克服传统的财务评估方法的滞后性、偏重短期利益和内部利益以及忽视无形资产收益等诸多缺陷，而且是一个科学的集公司战略管理控制与战略管理的绩效评估于一体的管理系统，如图16—5所示。其基本原理和流程简述如下：

（1）以组织的共同愿景与战略为内核，运用综合与平衡的哲学思想，依据组织结构，将公司的愿景与战略转化为下属各责任部门（如各事业部）在财务（Financial）、顾客（Customer）、内部流程（Internal Processes）、创新与学习（Innovation & Learning）等四个方面的系列具体目标（即成功的因素），并设置相应的四张计分卡。

（2）依据各责任部门分别在财务、顾客、内部流程、创新与学习等四种计量可具体操作的目标，设置对应的绩效评价指标体系，这些指标不仅与公司战略目标高度相关，而且

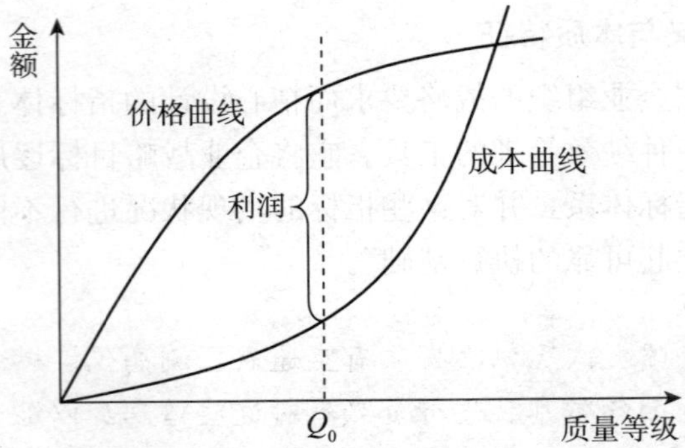

图 16—5　平衡计分卡流程图

是以先行（Leading）与滞后（Lagging）两种形式，同时兼顾和平衡公司长期和短期目标、内部与外部利益，综合反映战略管理绩效的财务与非财务信息。

（3）由各主管部门与责任部门共同商定各项指标的具体评分规则。一般是将各项指标的预算值与实际值进行比较，对应不同范围的差异率，设定不同的评分值。以综合评分的形式，定期（通常是一个季度）考核各责任部门在财务、顾客、内部流程、创新与学习等四个方面的目标执行情况，及时反馈，适时调整战略偏差，或修正原定目标和评价指标，确保公司战略得以顺利与正确地实行。

管理故事

平衡计分卡适合中国吗？

在2006年初，广东某企业把平衡计分卡作为公司的一项考核制度，开始在企业内实施，张小姐作为人力资源部的绩效经理直接负责平衡计分卡的推广事宜。然而，到了年底，平衡计分卡的推行并没有顺利实施，反而在公司内部的上上下下有不少抱怨和怀疑。甚至有人说“原来的考核办法就像是一根绳子拴着我们，现在想用四根绳子，还不就是拴得再紧点，为少发奖金找借口？”。“其实，我们发现有些公司遇到的情况和我们现在差不多。因此，我不知道这到底是我们的问题，还是因为平衡计分卡真的不适合中国企业。”张小姐说起这些，显得颇有些无奈。

想一想：导致这家企业实施平衡记分卡失败的原因是什么？

3. 平衡记分卡的实施原则

一个结构严谨的平衡计分卡，应包含一连串连结的目标和量度，这些量度和目标不仅前后连贯，同时互相强化。就如同飞行仿真器一般，包含一套复杂的变量和因果关系，其包括领先、落后和回馈循环，并能描绘出战略的运行轨道和飞行计划。建立一个转战略为评估标准的平衡计分卡须遵守三个原则：

（1）因果关系；

（2）成果量度与绩效驱动因素；

（3）与财务连结。

此三原则将平衡计分卡与企业战略连结，其因果关系链代表目前的流程和决策，会对未来的核心成果造成哪些正面的影响。这些量度的目的是向组织表示新的工作流程规范，并确立战略优先任务、战略成果及绩效驱动因素的逻辑过程，以进行企业流程的改造。

4. 平衡记分卡的实施步骤

在实际应用过程中，企业需要综合考虑所处的行业环境、自身的优势与劣势以及所处的发展阶段、自身的规模与实力等。总结成功实施平衡计分卡企业的经验，一般包括以下步骤：

(1) 公司的愿景与战略的建立与倡导。公司首先要建立愿景与战略，使每一部门可以采用一些绩效衡量指标去完成公司的愿景与战略；另外，也可以考虑建立部门级战略。同时，成立平衡计分卡小组或委员会去解释公司的愿景和战略，并建立财务、客户、内部流程、学习与成长四个方面的具体目标。

(2) 绩效指标体系的设计与建立。本阶段的主要任务是依据企业的战略目标，结合企业的长短期发展的需要，为四类具体的指标找出其最具有意义的绩效衡量指标。并对所设计的指标要自上而下，从内部到外部进行交流，征询各方面的意见，吸收各方面、各层次的建议。这种沟通与协调完成之后，使所设计的指标体系达到平衡，从而能全面反映和代表企业的战略目标。

(3) 加强企业内部沟通与教育。利用各种不同沟通渠道如定期或不定期的刊物、信件、公告栏、标语、会议等让各层管理人员知道公司的愿景、战略、目标与绩效衡量指标。

(4) 确定每年、每季、每月的绩效衡量指标的具体数字，并与公司的计划和预算相结合。注意各类指标间的因果关系、驱动关系与连接关系。

(5) 绩效指标体系的完善与提高。首先对于平衡计分卡在该阶段应重点考察指标体系设计的是否科学，是否能真正反映本企业的实际。其次要关注的是采用平衡计分卡后，对于绩效的评价中的不全面之处，以便补充新的测评指标，从而使平衡计分卡不断完善。最后要关注的是已设计的指标中的不合理之处，要坚决取消或改进，只有经过这种反复认真地改进才能使平衡计分卡更好地为企业战略目标服务。

复习题

一、思考题

1. 何谓预算控制？编制预算的方法有哪些？各有什么特点？
2. 比例分析法的优点是什么？常用的比例分析法有哪几种？
3. 内部审计与管理审计有什么区别？
4. 产品质量与其成本和价格的关系怎样理解？
5. 什么是标杆管理？其实施过程包括了哪些阶段和步骤？
6. 六西格玛管理的主要作用是什么？
7. 如何理解平衡记分卡原理？其实施的原则和步骤是什么？

二、案例分析

普特南姆公司的问题

普特南姆公司是美国设计生产工业和商业用空调设备的主要厂家之一。公司的大部分产品是标准件，但还有相当数量的产品（包括销售量很大的产品）是为办公大楼和工厂使用而专门设计的。这家公司在产品设计上有所革新，而且有一个杰出的顾客服务部门，但它的良好声誉主要是因为它的产品质量好，能迅速满足客户对设备的要求。

由于公司发展迅速，所以不得不仔细考虑现金的需求量，特别是应收账款和库存量。许多年来，该公司通过严格的控制，把库存量保持在月销售量的1.8倍的水平上，即每年周转7次左右。但是几乎在没有先兆的情况下，库存量突然猛增至月销售量的3倍。公司发现库存量高于正常水平达1 200万美元。以库存费用为库存金额的30%计（包括利息、仓储管理费和产品老化费等），就容易估计出这一多余的库存量每年要花去公司税前利润360万美元。此外，还迫使公司向银行请求更多的贷款。

公司总经理理查捷·辛普逊注意到这件事后，他表示担心，而且有些恼火。他被告知的是：库存量上升的主要原因是事前估计原材料会短缺，所以预购了很多，而且新的电子计算机程序不能如预期的那样发挥作用，结果使生产和采购人员不能得到有关近几个月来所发生的库存量的完全信息。

辛普逊的态度是：没有一家公司在没有预先通知的情况下，会允许这种超额库存量现象的发生，而且也不能期望主管人员通过过去的历史资料来控制企业。他指示他的财务副总经理提出一个计划方案来，以使今后能较好地控制库存量。

问题：

1. 你认为普特南姆公司的控制系统有什么问题？

2. 前馈控制系统对解决问题是否会有所帮助？你认为应该怎样在普特南姆公司应用这一系统？

3. 你能否再提出其他的控制措施？

三、计算题

根据下面提供的数据资料计算经济订购批量。

（1）XH公司生产的摩托车需用量为3 000辆，平均每辆价格为4 000元。

（2）采购成本。主要包括采购人员处理一笔采购业务的旅费、住勤费、通讯费等。以往采购人员到XH公司出差，乘飞机住宾馆、坐出租车，一次采购平均用16至24天，采购员各项支出每人平均为6 700元，每次订货去二名采购员，采购成本为：6 700×2＝13 400（元/次）。

（3）每辆摩托车的年库存维持费用。包括：所占用资金的机会成本。每辆摩托车平均价格为4 000元，银行贷款利率年息为6%。所占用资金的机会成本为4 000×6%＝240（元/每辆每年）；房屋成本。每辆车年房屋成本为130元；仓库设施折旧费和操作费平均10元/每辆每年；存货的损坏、丢失、保险费用平均20元/每辆每年。以上合计每辆车的年保存维持费用为：240＋130＋10＋20＝400元。

四、实践练习

1. 选择两种你每周都要做的任务（如购物、打扫卫生等），对每种任务，找出你如何（1）提高完成任务的效率；（2）提高完成任务的质量。

2. 实地走访一家公司，调查该公司在产品库存和质量控制方面的实际做法并进行分析。

3. 向 30 个左右的人调查其是否遇到过办公室愤怒。具体询问他们是否遇到过下列行为：咆哮或其他语言滥用行为；他们自己向同事的咆哮；就工作相关事情哭闹；发现某位员工故意损坏机器或办公设备；在工作场所目睹身体暴力；攻击其他同事等。用一个表格整理你的发现，准备在课堂上展示这些发现。

4. 对员工进行纪律处分是管理者最不愿意但又不得不去做的事情。调查三位管理者对一个实施处分的经历。什么类型的员工行为导致了处分？几位管理者对此实施了什么处分？处分员工时，他们认为最困难的是什么？他们对处分员工有何建议？

5. 假如你要改进某项技能，或改变某种习惯。假设你有 3 个月的时间来启动你的项目和获得所需要的资金，起草一份行动计划，简要勾勒出你需要做些什么、何时去做以及如何了解自己是否成功实现计划中的每个步骤。注意要符合实际，但也不要把自己的阳光放得太低。估计你的计划，你会获得哪些外部帮助或资源？你可以通过什么方式获得他们？把这些内容添加到你的计划中。其他某个人是否可以遵循你制订的这些步骤来实现你设置的目标？你还需要对计划做出哪些调整？

参考文献

1. 徐金发．企业伦理学．北京：科学出版社，2008.
2. 刑以群．管理学．北京：高等教育出版社，2007.
3. 娄成武，魏淑艳．现代管理学原理（第二版）．北京：中国人民大学出版社，2007.
4. 芮明杰．管理学．北京：高等教育出版社，2004.
5. 罗珉．管理学．北京：机械工业出版社，2008.
6. 杨文士，焦叔斌等．管理学（第三版）．北京：中国人民大学出版社，2009.
7. 姚丽娜．新编现代企业管理．北京：北京大学出版社，2012.
8. 姚丽娜．管理学教程．杭州：浙江大学出版社，2007.
9. （美）斯蒂芬·P. 罗宾斯．管理学（第11版）．北京：中国人民大学出版社，2013.
10. 陈嘉莉．管理学原理与实务．北京：北京大学出版社，2008.
11. 周志春，孙玮林．管理学．杭州：浙江大学出版社，2004.
12. 李彦斌．管理学．北京：机械工业出版社，2011.
13. 叶陈刚．企业伦理与文化．北京：清华大学出版社，2007.
14. 张德．管理学是什么．北京：北京大学出版社，2006.
15. 吴维库．领导学．北京：高等教育出版社，2006.
16. 关培兰．组织行为学．北京：中国人民大学出版社，2008.
17. （美）斯蒂芬·P. 罗宾斯：管理学（第7版）．北京：中国人民大学出版社，2004.
18. 周三多．管理学（第二版）．北京：高等教育出版社，2005.
19. 芮明杰．管理学——现代的观点．上海：上海人民出版社，1999.
20. （美）F. M. 谢勒．技术创新：经济增长的原动力．北京：新华出版社，2001.
21. （美）P. 德鲁克等．未来的管理．成都：四川人民出版社，2000.
22. （日）金指基．熊彼特经济学．北京：北京大学出版社，1996.
23. 周三多，陈传明，鲁明泓．管理学——原理与方法（第四版）．上海：复旦大学出版社，2005.
24. 樊耘，李随成，齐棒虎．管理学．西安：陕西人民出版社，2001.
25. 陈建萍．企业管理学——理论、案例与实训．北京：中国人民大学出版社，2004.
26. 杨孝伟，赵应文．管理学——原理、方法与案例．武汉：武汉大学出版社，2004.
27. （美）菲利普·科特勒．企业的社会责任．北京：机械工业出版社，2006.
28. 徐波．管理学案例集．上海：上海人民出版社，2004.
29. 宋晶，郭凤霞．管理学原理．大连：东北财经大学出版社，2004.
30. 邢以群．管理学．杭州：浙江大学出版社，2005.
31. 程延江．管理学教程．哈尔滨：哈尔滨工业大学出版社，2003.
32. 刘志坚，徐北妮．管理学——原理与案例．广州：华南理工大学出版社，2003.
33. 彭勇行．管理决策分析．北京：科学出版社，2003.
34. 吴照云．管理学．北京：经济管理出版社，2003.
35. 李宗红，朱洙．企业文化：胜敌于无形．北京：中国纺织出版社，2003.
36. 席酉民．管理研究．北京：机械工业出版社，2000.

37. 徐国良，王进．企业管理案例精选精析（第三版）．北京：中国社会科学出版社，2006.
38. 孙岩．孙子兵法商学院．北京：中国长安出版社，2006.
39. 候先荣，吴奕湖．企业创新管理理论与实践．北京：电子工业出版社，2003.
40. 夏敬华，金昕．知识管理．北京：机械工业出版社，2003.
41. 袁和平．团队管理．深圳：海天出版社，2002.
42. 邓泽民．知识经济与创新．北京：煤炭工业出版社，2002.
43. 袁庆明．技术创新的制度结构分析．北京：经济管理出版社，2003.
44. 张耀辉．产业创新的理论探索：高新产业发展规律研究．北京：中国计划出版社，2002.
45. 赵涛等．管理学．天津：天津大学出版社，2004.
46. 孙成志等．管理学．北京：中国金融出版社，2005.
47. 张玉利．管理学（第二版）．天津：南开大学出版社，2004.
48. 张明玉．管理学．北京：科学出版社，2005.
49. 谭力文等．管理学．武汉：武汉大学出版社，2004.
50. 余敬．管理学．武汉：中国地质大学出版社，2006.
51. 李品媛．管理学．大连：东北财经大学出版社，2004.
52. 程延江．管理学教程．哈尔滨：哈尔滨工业大学出版社，2003.
53. 陈传明，周小虎．管理学．北京：清华大学出版社，2003.
54. 尤利群．现代管理学．杭州：浙江大学出版社，2004.
55. 单凤儒．管理学基础．北京：高等教育出版社，2000.
56. 王利春，李大伟．管理学基础．北京：首都经济贸易大学出版社，2001.
57. 徐盛华，陈子慧．现代企业管理学．杭州：浙江大学出版社，2004.
58. 徐波．管理学案例集．上海：上海人民出版社，2003.
59. 潘大钧．管理学教程．北京：经济管理出版社，2003.
60. 王凯．管理学基础．北京：高等教育出版社，2000.
61. 傅家骥．技术创新学．北京：清华大学出版社，1998.
62. 杨治华，钱军．知识管理——用知识建设现代企业．南京：东南大学出版社，2002.
63. 王凯，蔡根女．管理学原理．北京：高等教育出版社，2001.
64. 周志春，孙玮林．管理学．杭州：浙江大学出版社，2004.
65. 都国维．管理原理．南京：东南大学出版社，2003.
66. 邢以群．管理学（第 3 版）．杭州：浙江大学出版社，2012.
67. （新加坡）博维咨询编著．六十八个经典寓言故事．北京：华夏出版社，2008.08.
68. 周三多，陈传明，鲁明泓．管理学——原理与方法（第五版）．上海：复旦大学出版社，2010.
69. 范军．百年管理事典．北京：中华工商联出版社，2003.
70. 赵文明，许静初．百年管理箴言．北京：中华工商联出版社，2002.
71. 梁素娟，王艳明．德鲁克管理思想大全集．北京：企业管理出版社，2010.
72. （美）斯蒂芬·P. 罗宾斯，戴维·A. 德森佐，玛丽·库尔特．管理学原理与实践（第七版）．毛蕴诗主译．北京：机械工业出版社，2010.
73. （美）加雷思·琼斯，珍妮弗·乔治，查尔斯·希尔．当代管理学（第二版）．李建伟，严勇，周晖等译．北京：人民邮电出版社，2003.
74. 邱庆剑，黄雪丽．改变世界的管理方法．北京：中国经济出版社，2004.
75. 鲨鱼的天敌——强与弱的辩证法．［J］中外管理．2009（3）.
76. http://smartplan.com.cn
77. 杰伊·海泽巴里·伦德尔．运作管理原理．寿涌毅译．北京：北京大学出版社．2010.

78. http://www/purise. com，有修改 .
79. http://www. doc88. com.
80. http：//emarket4. bokee. com/3081219. html.
81. http：//www. chinadmd. com.
82. http：//www. 0755rc. com.

教师信息反馈表

为了更好地为您服务，提高教学质量，中国人民大学出版社愿意为您提供全面的教学支持，期望与您建立更广泛的合作关系。请您填好下表后以电子邮件或信件的形式反馈给我们。

您使用过或正在使用的我社教材名称		版次	
您希望获得哪些相关教学资料			
您对本书的建议（可附页）			
您的姓名			
您所在的学校、院系			
您所讲授的课程名称			
学生人数			
您的联系地址			
邮政编码		联系电话	
电子邮件（必填）			
您是否为人大社教研网会员	□ 是，会员卡号：__________ □ 不是，现在申请		
您在相关专业是否有主编或参编教材意向	□ 是　□ 否 □ 不一定		
您所希望参编或主编的教材的基本情况（包括内容、框架结构、特色等，可附页）			

我们的联系方式：北京市西城区马连道南街 12 号
中国人民大学出版社应用技术分社
邮政编码：100055
电话：010-63311862
网址：http://www.crup.com.cn
E-mail：smooth.wind@163.com